DAVID FOSKETT
PATRICIA PASKINS
STEVE THORPE
JOHN CAMPBELL

COGINIO YMARFEROL

AR GYFER DIPLOMA LEFEL 1

atebol

Y fersiwn Saesneg:

© Hodder Education, sy'n rhan o Hachette UK, 338 Euston Road, Llundain NW1 3BH
Cyhoeddwyd y fersiwn gyntaf fel Foundation Practical Cookery yn 2009
Y fersiwn yma © 2013 David Foskett, Patricia Paskins, Steve Thorpe, John Campbell

Y fersiwn Cymraeg:

Hawlfraint y cyhoeddiad Cymraeg © Atebol Cyfyngedig 2017
Cyhoeddwyd yn y Gymraeg gan Atebol Cyfyngedig, Adeiladau'r Fagwyr, Llanfihangel Genau'r Glyn, Aberystwyth, Ceredigion SY24 5AQ

www.atebol.com

ISBN: 978-1910574843

Golygwyd gan Menna Wyn, Lliwen Jones, Eirian Jones a Glyn Saunders Jones

Dyluniwyd gan Ceri Jones

Argraffwyd gan Melita

Diolch i'r canlynol am eu sylwadau gwerthfawr wrth baratoi'r llyfr: David Foskett am ei gefnogaeth i ddarparu deunyddiau Cymraeg; Huw Morgan, Coleg Ceredigion; Elaine Evans, a Mair Jones, Grŵp Llandrillo, Coleg Meirion-Dwyfor a Linda Thomas, Coleg Sir Gâr

Ariennir yn rhannol gan Lywodraeth Cymru fel rhan o'i rhaglen gomisiynu adnoddau addysgu a dysgu Cymraeg a dwyieithog

Cynnwys

Sut mae defnyddio'r llyfr hwn

Mae *Coginio Ymarferol ar gyfer Diploma Lefel 1* yn cwmpasu popeth sydd ei angen arnoch ar gyfer astudio cwrs Diploma Lefel 1 mewn Cyflwyniad i Goginio Proffesiynol. Mae'r llyfr wedi'i rannu yn 12 pennod, ac mae pob pennod yn trafod un o'r 12 uned sydd yn rhan o'r cymhwyster Diploma.

Mae'r nodweddion canlynol yn y llyfr:

Rhestr gynhwysion i wneud cyfrannau llai a mwy.

Y gwaith paratoi sydd angen ei wneud.

Lluniau cam wrth gam o sut i baratoi'r seigiau.

Cyngor proffesiynol o'r gweithle, sy'n cysylltu theori â bywyd go iawn.

Bocsys Iechyd a diogelwch, gyda chyngor ar ddiogelwch bwyd a materion iechyd a diogelwch sy'n angenrheidiol.

Yn y ryseitiau defnyddir eiconau i ddangos y prif ddulliau coginio. Felly os ydych am ymarfer ffrio bas, chwiliwch am yr eicon hwnnw. Dyma'r eiconau:

Berwi

Pobi

Stemio

Rhostio

Potsio

Ffrio bas

Stiwio neu gaserol

Ffrio dwfn

Grilio

Brwysio

Defnyddio'r Codau QR

Mae fideos a ryseitiau yn rhad ac am ddim ar y wefan; ond yn Saesneg mae'r rhain i gyd. Cadwch olwg am godau QR trwy'r llyfr i gyd. Maen nhw'n edrych fel hyn.

Er mwyn defnyddio'r codau QR i weld y fideos bydd angen darllenydd cod QR arnoch ar gyfer eich ffôn clyfar/llechen. Mae llawer o ddarllenyddion am ddim ar gael, yn dibynnu ar ba ffôn clyfar/llechen yr ydych yn ei ddefnyddio. Rydym wedi darparu rhai awgrymiadau isod, ond nid yw hon yn rhestr gyflawn a dylech lawrlwytho meddalwedd sy'n cydweddu â'ch dyfais a'r system weithredu yn unig. Nid ydym yn cymeradwyo unrhyw un o'r cynnyrch trydydd parti sy'n cael eu rhestru isod, ac rydych yn eu lawrlwytho ar eich cyfrifoldeb eich hun.

- ar gyfer iPhone/iPad, Qrafter - http://itunes.apple.com/app/qrafter-qr-code-reader-generator/id416098700
- ar gyfer Android, QR Droid – https://market.android.com/details?id=la.droid.qr&hl=en
- ar gyfer Blackberry, QR Scanner Pro – http://appworld.blackberry.com/webstore/content/13962
- ar gyfer Windows/Symbian, Upcode – http://www.upc.fi/en/upcode/download/

Ar ôl ichi lawrlwytho darllenydd cod QR, agorwch yr ap a'i ddefnyddio i dynnu llun o'r cod. Wedyn bydd y fideo yn llwytho ar eich ffôn clyfar/llechen.

Os nad ydych yn gallu darllen y cod QR neu os ydych yn defnyddio cyfrifiadur, bydd y ddolen gyswllt wrth ochr y cod yn eich arwain yn syth at yr un fideo.

Gellir gweld yr amodau a'r telerau sy'n rheoli'r adnoddau ar-lein rhad ac am ddim drwy fynd i http://bit.ly/yfVC0P.

Diolchiadau

Ffotograffau

Mae'r rhan fwyaf o'r ffotograffau yn y llyfr hwn wedi'u tynnu gan Andrew Callaghan, Callaghan Studios. Ni fyddai'r ffotograffiaeth wedi bod yn bosib heb gymorth hael yr awduron ynghyd â'u cydweithwyr a'u myfyrwyr ym Mhrifysgol Gorllewin Llundain. Hoffai'r cyhoeddwyr gydnabod y canlynol yn arbennig am eu gwaith.

John Campbell, Olly Rouse a Gary Farrelly a drefnodd y gwaith coginio. Fe'u cynorthwywyd yn y gegin gan:

- Sapphira Greenyer
- Ryan Hester
- Omar Khan
- James Knowles
- Tarkan Nevzat
- Elizabeth Rose.

Mae'r awduron a'r cyhoeddwyr yn ddiolchgar i bawb a fu'n gysylltiedig â'r llyfr am eu gwaith caled.

Cydnabyddiaeth

Gwnaed pob ymdrech i olrhain perchnogion hawlfraint y deunydd a atgynhyrchwyd yma. Hoffai'r awduron a'r cyhoeddwyr ddiolch i'r canlynol am roi caniatâd i atgynhyrchu lluniau hawlfreintiedig.

Top tudalen 3 © omicron – Fotolia, gwaelod © Bananastock/Photolibrary Group Ltd/Getty Images; tudalen 4 © Stockbyte/Getty Images Ltd; top tudalen 5 © Silke Wolff – Fotolia.com, gwaelod © Monkey Business – Fotolia.com; tudalen 7 Compass; tudalen 21 Booker Group; tudalen 24 © AVAVA – Fotolia; tudalen 25 chwith © clearviewstock – Fotolia, de © James Steidl – Fotolia; top tudalen 26, y ffotograff gan Eric Erbe; y lliwio digidol gan Christopher Pooley/y deunydd a gynhyrchwyd gan ARS, yn eiddo i'r cyhoedd; gwaelod tudalen 26 Aptara; top tudalen 49 © Julián Rovagnati – Fotolia.com, gwaelod © Morgan Lane Photography/iStockphoto.com; top tudalen 51 Compass, gwaelod © auremar – Fotolia; top tudalen 55 © Samuel Borges – Fotolia, gwaelod © auremar – Fotolia; top tudalen 60 Lincat Ltd, canol © chaoss – Fotolia, gwaelod Enodis; top a chanol tudalen 61 Enodis, gwaelod Compass; top tudalen 62 Enodis, gwaelod © Sam Bailey/Hodder Education; tudalen 63 yn gyfan Enodis; top tudalen 64 Enodis, gwaelod RH Hall; top tudalen 65 © Sam Bailey/Hodder Education, canol Victor Manufacturing Ltd, gwaelod Enodis; tudalen 66 wedi'i atgynhyrchu drwy ganiatâd caredig True Manufacturing UK; tudalen 67 (1) Russums, (2) © Eugen Wais – Fotolia, (3) © Joe Gough – Fotolia, (4) Russums, (5) © Coprid – Fotolia, (6) Russums, (7) yr awduron, (8) Russums; tudalen 68 (1–4) Russums, (5) © vich – Fotolia, (6–9) Russums; tudalen 69 (1–4) Russums, (5) © Schlierner – Fotolia, (6) © Metta image/Alamy, (7) © Fotosearch/SuperStock, (8–10) Russums; tudalen 70 (1–3) Russums, (4) © bradcalkins – Fotolia, (5) © Marc Dietrich – Fotolia; tudalen 71 (1–2) Russums, (3) © dbvirago – Fotolia, (4–7) Russums, (8) © shutswis – Fotolia,

Rhagair

Un o'r llyfrau cyntaf i mi ei ddefnyddio fel myfyriwr oedd Coginio Ymarferol, ac rwyf yn dal i'w ddefnyddio i'm helpu i ysgrifennu ryseitiau hyd heddiw! Yn sail i'r holl beth y mae partneriaeth gadarn â'r diwydiant, sy'n sicrhau bod y llyfr yn adlewyrchu arferion modern a fydd yn eich paratoi ar gyfer eich gyrfa, yn union fel y gwnaeth fy mharatoi innau. Felly rwyf yn llawn cynnwrf fy mod yn gallu ysgrifennu'r rhagair ar gyfer y llyfr cyffrous newydd Coginio Ymarferol Lefel 1 gan David Foskett a'i dîm ymroddgar ar gyfer myfyrwyr sy'n frwdfrydig am y diwydiant. Mae'r llyfr yn gyfuniad o elfennau allweddol, ryseitiau wedi'u dethol yn ofalus, a ffotograffau proffesiynol sy'n dangos y canllawiau'n glir gam wrth gam ynghyd â lluniau

defnyddiol o'r cynnyrch gorffenedig, gan amlygu arbenigedd y cogyddion proffesiynol.

Dechreuodd fy ngyrfa fel cogydd proffesiynol pan oeddwn yn 16 oed pan gychwynnais gael hyfforddiant ffurfiol yng Ngholeg Technegol Scarborough, gan ennill gwobr Myfyriwr y Flwyddyn dair blynedd yn olynol. Ar ôl hynny rhoddodd Anthony Worrall Thompson gyfle arbennig imi weithio yn Llundain yng ngheginau 190 Queensgate, ac yna yn dell'Ugo. Fe wnes i barhau i weithio yn Llundain ac yn Ffrainc mewn bwytai sêr Michelin, a phan oeddwn yn 21 oed agorais yr Hotel and Bistro du Vin yng Nghaerwynt (Winchester) fel y Pen-cogydd, lle'r oeddwn yn newid y fwydlen yn ddyddiol!

Ers fy nyddiau yn Scarborough, rwyf wedi gallu agor tai bwyta, ysgrifennu niler o'm llyfrau coginio fy hun, ynghyd â mentro i fyd teledu, sy'n rhywbeth rwyf yn ei fwynhau'n fawr fel rhan o'm swydd. Er bod y diwydiant wedi rhoi cynifer o gyfleoedd arbennig i mi, mae bwyd yn dal i fod yn rhan ganolog o bopeth! Ni fyddwn wedi gallu cyflawni hyn oll heb ddealltwriaeth gadarn o'r elfennau sylfaenol. Mae sgiliau a ryseitiau sylfaenol yn allweddol gan eu bod yn darparu fframwaith hynod werthfawr ar gyfer gyrfa lwyddiannus mewn coginio proffesiynol. Mae Coginio Ymarferol yn darparu sylfaen amhrisiadwy o ran gwybodaeth a sgiliau proffesiynol, gan gydbwyso'r traddodiadol â'r modern ac rwyf yn siŵr y bydd y gyfrol Coginio Ymarferol newydd hon yn hynod werthfawr i chi yn ystod eich hyfforddiant.

James Martin

Y diwydiant lletygarwch ac arlwyo

Mae'r bennod hon yn rhoi sylw i Uned 101, Ymchwilio i'r diwydiant lletygarwch ac arlwyo.

Erbyn diwedd y bennod hon fe ddylech chi fod yn gallu:

- Esbonio ystyr lletygarwch
- Esbonio ystyr arlwyo
- Disgrifio strwythur a sectorau'r diwydiant lletygarwch ac arlwyo
- Rhestru'r mathau gwahanol o waith lletygarwch ac arlwyo sydd ar gael
- Adnabod y sefydliadau gwahanol yn y sector masnachol a'r sector gwasanaeth
- Disgrifio prif nodweddion y sefydliadau lletygarwch ac arlwyo

- Adnabod strwythurau staffio'r gwahanol fathau o sefydliadau arlwyo
- Rhestru prif rolau'r swyddi mewn sefydliadau arlwyo
- Rhestru'r mathau o gymwysterau sydd ar gael yn y diwydiant lletygarwch ac arlwyo
- Adnabod yr hyfforddiant a'r profiad sydd ar gael yn y sector lletygarwch ac arlwyo
- Rhestru hawliau a chyfrifoldebau cyflogaeth
- Adnabod cymdeithasau sy'n gysylltiedig â choginio proffesiynol.

Lletygarwch ac arlwyo

Beth yw ystyr lletygarwch?

Ystyr **lletygarwch** yw croesawu pobl a gofalu amdanyn nhw drwy ddarparu gwasanaethau fel bwyd, diod a llety. Gallai hynny fod drwy ddarparu ystafelloedd gwely ac ystafelloedd cyfarfod mewn gwesty, er enghraifft. Mewn rhai achosion, bydd lletygarwch hefyd yn cynnwys adloniant.

Beth yw ystyr arlwyo?

Ystyr **arlwyo** yw darparu bwyd a diod.

Strwythur, sectorau a gweithrediadau'r diwydiant lletygarwch ac arlwyo

Y diwydiant lletygarwch yw un o'r diwydiannau mwyaf yn y DU. Dyma un o'r cyflogwyr mwyaf (yn cyflogi bron i ddwy filiwn o bobl) ac mae'n dal i gynyddu. Felly, mae llawer iawn o gyfleoedd i weithio ym maes lletygarwch ac arlwyo, ac mae'n rhoi cyfleoedd ardderchog am swyddi, addysg a hyfforddiant. Mae pob gweithrediad yn wahanol, a phob un yn cynnig cyfleoedd a heriau gwahanol.

Mae hi'n bosib rhannu'r diwydiant yn ddau sector, sef y **sector masnachol** a'r **sector gwasanaeth cyhoeddus**.

Y sector masnachol

Prif bwrpas pob sefydliad yn y sector masnachol yw darparu lletygarwch ac arlwyo.

Mae'r sector masnachol yn cynnwys y mathau canlynol o sefydliadau:

Tabl 1.1 Mathau o sefydliad masnachol

Sefydliad	Swyddogaethau
Gwestai a thai llety	Llety ac arlwyo
Tai bwyta	Arlwyo
Caffis a siopau gwerthu bwyd cyflym	Arlwyo
Tafarnau, bariau a chlybiau nos	Arlwyo
Casinos a lleoliadau gamblo	Arlwyo
Atyniadau i ymwelwyr a gwasanaethau i dwristiaid (e.e. amgueddfa, parc antur neu sinema)	Arlwyo
Hosteli	Llety ac weithiau arlwyo
Teithio (e.e. awyrennau, rheilffyrdd a llongau pleser)	Arlwyo ac weithiau llety
Digwyddiadau (e.e. twrnamaint chwaraeon a phriodas)	Arlwyo
Lletygarwch corfforaethol	Arlwyo
Contract	Arlwyo ac weithiau llety

Y sector gwasanaeth cyhoeddus

Enw arall ar y sector gwasanaeth cyhoeddus yw'r sector cost neu'r sector gwasanaethau bwyd. Yn y sector hwn, nid darparu lletygarwch yw prif bwrpas y cwmni. Fel arfer bydd y lletygarwch yn cael ei ddarparu gan gwmni arall. Er enghraifft, prif bwrpas banc yw cynnig gwasanaethau ariannol, ond gall gwasanaeth lletygarwch ac arlwyo ar gyfer y banc gael ei ddarparu gan gontractwr.

Os yw'r arlwyo'n cael ei ddarparu gan gontractwr neu os yw'n wasanaeth mewnol, bydd gofyn iddo barhau i wneud elw neu arian dros ben.

Mae'r sector cyhoeddus yn cyfeirio at y mathau canlynol o sefydliadau:

Tabl 1.2 Mathau o sefydliadau sector gwasanaeth cyhoeddus

Sefydliad	Swyddogaethau o fewn y sector
Ysbytai a chartrefi gofal preswyl (cartrefi nyrsio)	Arlwyo a llety
Carcharau	Arlwyo a llety
Lluoedd arfog	Arlwyo a llety
Prydau bwyd mewn ysgolion	Arlwyo (darparu bwyd yn bennaf, nifer fach o ddiodydd)
Ffreutur mewn coleg	Arlwyo
Arlwyo diwydiannol	Arlwyo ac weithiau llety

Nodweddion sefydliadau yn y sectorau masnachol a gwasanaeth cyhoeddus

Gwestai

Prif bwrpas gwesty yw darparu llety. Bydd rhai gwestai hefyd yn darparu lle cyhoeddus i bobl gyfarfod, cyfleusterau sba a hamdden, a chyfleusterau cynnal digwyddiadau. Bydd pob gwesty'n darparu bwyd a diod, heblaw am westai pris rhesymol efallai.

Mae gwestai'n cynnwys:

- Tai llety – llety gwely a brecwast
- Gwestai pris rhesymol (e.e. Travelodge, Premier Inn). Bydd y gwestai hyn yn gwerthu ystafelloedd gwely'n fwy rhad na sawl gwesty arall.
- Un seren
- Dwy seren
- Tair seren
- Pedair seren
- Gwestai moethus (e.e. pum seren)
- Cadwynau gwestai mawr (e.e. Hilton, Intercontinental, Radisson Edwardian, Mandarin Oriental, Sheraton)

▲ Gwesty

Bydd y rhan fwyaf o westai ar agor 24 awr y dydd, 365 diwrnod y flwyddyn, ac eithrio gwestai tymhorol sy'n cau yn ystod cyfnodau mwy tawel. Bydd gwestai mewn trefi gwyliau, er enghraifft, ar agor rhwng mis Mai a mis Hydref yn unig, a byddan nhw'n cau dros y gaeaf.

Mae'r ffordd y bydd gwestai'n gweithredu'n amrywio o le i le ac yn ôl y math o raddfa seren sydd gan y gwesty. Rhaid i westai wneud yn siŵr bod eu cynnyrch a'u gwasanaeth yn bodloni disgwyliadau'r cwsmeriaid. Mae polisi prisio gwahanol yn cael ei osod yn ôl y math o gwsmer y mae'r gwesty'n darparu ar ei gyfer, a bydd dodrefn y gwesty'n amrywio eto yn ôl faint o sêr sydd ganddo. Er enghraifft, bydd gwesty moethus yn chwaethus iawn ac yn fwy drud na gwesty busnes, sef gwesty ymarferol ac yn aml heb unrhyw ffrils. Mae angen i bob gwesty ddarparu amgylchedd diogel, cyfforddus, pleserus a glân, sy'n cynnig gwerth am arian.

Mae digon o gyfleoedd i gael gwaith mewn gwestai. Bydd angen cogyddion, gweinyddwyr bwyd, staff derbynfa, goruchwylwyr tŷ bwyta, rheolwyr cyffredinol a staff glanhau mewn gwesty. Hefyd, mae ganddyn nhw arbenigwyr technoleg gwybodaeth, rheolwyr marchnata, rheolwyr cyfrifon a staff digwyddiadau a gwledda, a pheirianwyr cynnal a chadw, i enwi ambell swydd.

Tai bwyta

Mae dros 65,000 tŷ bwyta yn y DU. Mae'r rhain yn cynnig dewis eang o fwyd, gan gynnwys bwyd o Ewrop, China, Japan, India, México, Libanus a'r Caribî a llawer iawn mwy.

Dyma'r categorïau gwahanol o dai bwyta:

- Bwyd cyflym
- Brasserie
- Bistro
- Tŷ bwyta ffurfiol
- Caffis
- Siopau coffi

▲ Tŷ bwyta

Gall yr amserau agor amrywio, yn dibynnu ar y lleoliad, y math o wasanaethau sy'n cael eu cynnig, a'r galw amdano. Bydd rhai tai bwyta'n cau ar ddydd Llun; bydd rhai'n cynnig swper yn unig. Yng nghanol dinasoedd, bydd llawer yn agor i ginio ac yn cynnig swper hwyr.

Mae lleoliad yn ffactor pwysig wrth ddewis agor tŷ bwyta. Er enghraifft, wrth agor tŷ bwyta ffurfiol, rhaid iddo fod mewn ardal fydd yn denu cwsmer sydd am ddewis bwyd o safon ac sy'n gallu fforddio talu.

Mae dyluniad, dodrefn ac addurniadau tai bwyta yn gallu amrywio'n fawr iawn, a bydd y pethau hyn yn adlewyrchu'r math o gwsmer y mae'r tŷ bwyta'n ceisio ei ddenu. Bydd gan lawer o dai bwyta cadwyn yr un dyluniad a'r un dodrefn ymhob un o'u tai bwyta, er mwyn hybu a gwarchod brand y cwmni. Mewn tai bwyta ffurfiol, sicrhau profiad cyfforddus a moethus sy'n bwysig. Mewn tai bwyta bwyd cyflym, mae'r seddau'n fach ac fel arfer dydyn nhw ddim yn gyfforddus iawn, er mwyn annog pobl i beidio ag aros yn rhy hir.

Bydd prisiau'n amrywio mewn tai bwyta yn ôl yr arddull, y math o weithrediad, y lleoliad, a'r math o gwsmer y maen nhw'n ceisio'i ddenu. Bydd rhai pobl yn disgwyl talu pris uchel am eu bwyd a dydyn nhw ddim yn fodlon mynd i fwyty os ydy'r pris yn rhy isel, am eu bod nhw'n ystyried fod pris yn adlewyrchu ansawdd.

Cyrsiau cyntaf
Salad endif gyda *Roquefort*, cennin syfi a chnau Ffrengig
Eog wedi'i fygu gyda dresin leim a radis poeth, wedi'i weini gyda blini
Hanner dwsin o wystrys *Fines de Claer*
Rafioli ham gyda ffa gwyn, *trompettes* a phersli

Prif gyrsiau
Cyw iâr fferm wedi'i rostio, *tagliatelle* asbaragws a madarch morel
Lleden (*sole*) wedi'i ffrio yn y badell gyda menyn brown a chaprys
Pysgodyn darn arian gyda chrwst cennin syfi a sinsir, cawl persawrus
Asen rost o gig eidion Aberdeen Angus gyda phwdin swydd Efrog a thatws rhost
Cacen risotto saffrwm gyda thomato wedi'i lenwi, llysiau wedi'u grilio a chaws Parmesan

Pwdinau
Parfait anis gyda bara sinsir a ffigys port sbeislyd
Tarten afal gyda hufen tolch a Chalfados
Peren wedi'i rhostio mewn mêl gyda saws caramel a chwstard cardamom
Soufflé bricyll a siocled

▲ Dyma fwydlen tŷ bwyta ffurfiol

Mae amrywiaeth o swyddi i'w cael mewn tai bwyta, gan gynnwys cogydd, gweinydd, croesawydd a rheolwr. Bydd y sgiliau a'r arbenigedd sydd eu hangen ar staff yn amrywio. Bydd angen i rai sefydliadau gyflogi pobl lled-fedrus (*semi-skilled*), er enghraifft sefydliad sy'n gwerthu bwyd cyflym neu sy'n arlwyo ar raddfa fawr, ond mewn tai bwyta ffurfiol bydd angen cogyddion a staff gweini medrus iawn (*highly skilled*).

Caffis a siopau bwyd cyflym
Mae llawer o wahanol fathau o gaffis a lleoedd bwyd cyflym ar gael.

Dyma enghreifftiau o siopau bwyd cyflym poblogaidd: McDonalds, Burger King a Subway. Bydd cadwynau bwyd cyflym fel McDonalds yn agor saith niwrnod yr wythnos, ac yn aml fe fyddan nhw ar agor yn hwyr gyda'r nos. Mae rhai ohonyn nhw, mewn trefi prysur ac yng nghanol dinasoedd, ar agor 24 awr y dydd, ac mae'n bosib casglu eich bwyd yn syth o'r car – gwasanaeth dreifio i mewn.

Bydd tŷ bwyta bwyd cyflym ar gael mewn ardal ble mae llawer o bobl yn pasio heibio, a'r bobl hynny angen bwyd ar frys. Er enghraifft, mae siopau sglodion a siopau bwyd tecawê yn llwyddo gerllaw colegau, ysgolion, prifysgolion ac mewn ardaloedd siopa.

Mewn siopau bwyd cyflym, bydd yna reolwyr, goruchwylwyr shifftiau yn ogystal â phorthorion a staff glanhau.

Mae caffis yn cynnwys cadwynau poblogaidd fel Starbucks a Costa, caffis annibynnol neu gaffis ar gyfer gyrwyr tacsi neu yrwyr cludiant. Fel arfer, unigolion fydd yn rhedeg caffis bach, a nhw fydd yn prynu'r bwyd, yn ei goginio ac yn gweini y tu ôl i'r cownter. Mae'n bosib y bydd ganddyn nhw ryw gymaint o staff cymorth.

▲ Siop bwyd cyflym

Tafarnau a bariau

Roedd tafarnau'n arfer gwerthu diodydd alcoholig yn unig ond erbyn hyn mae llawer ohonyn nhw'n paratoi bwyd fel byrbrydau bar hefyd. Bydd rhai tafarnau'n darparu gwasanaeth tŷ bwyta llawn. Yr enw am dafarnau felly yw tafarnau bwyd *(gastro pubs)*.

Mae bariau sy'n gweini diodydd alcoholig i'w gweld mewn sawl math gwahanol o weithrediad. Er mwyn gwerthu diodydd alcoholig rhaid i chi wneud cais am Drwydded Bersonol gan y cyngor lleol. Bydd angen Trwydded Safle *(Premises Licence)* ar y busnes hefyd.

▲ Tafarn fwyd

Y sector gwasanaeth bwyd arlwyo contract

Mae cwmnïau arlwyo contract yn gallu darparu gwasanaethau ar gyfer y sector masnachol neu'r sector gwasanaeth cyhoeddus - mewn gwestai, tai bwyta, ysgolion, colegau, ysbytai ac awyrennau. Yn ogystal â darparu bwyd a diod, maen nhw'n darparu dewis o wasanaethau gan gynnwys diogelwch, gwasanaethau ar gyfer y dderbynfa, cynnal a chadw, rheoli pla a manwerthu. Dyma enghreifftiau o gwmnïau sy'n darparu gwasanaethau contract: ISS, Aramark, Compass, Initial a Sodexo.

Mae swyddi ym maes arlwyo contract yn cynnwys swyddi prif gogyddion, cogyddion, staff gweini bwyd, staff y dderbynfa, rheolwyr a chyfarwyddwyr gweithredu. Mae'r rhan fwyaf o gwmnïau arlwyo contract yn dangos agwedd hyblyg at staffio; bydd llawer yn defnyddio system wahanol i'r system **partie** draddodiadol a bydd cogyddion a chynorthwywyr yn rhannu'r gwaith.

Ysbytai a chartrefi preswyl

Yn y sector hwn, mae nyrsys a chynorthwywyr gofal wedi derbyn hyfforddiant i ofalu am bobl. Maen nhw'n gwneud yn siŵr bod pobl yn cael diogelwch a gofal personol, cynhesrwydd, cysur, llety o safon uchel a phrydau bwyd.

Mewn ysbytai, mae bwyd yn rhan bwysig o'r broses o wella. Mae'n helpu i gryfhau'r cleifion er mwyn iddyn nhw wella. Mae deietegwyr yn cael eu cyflogi i wneud y gwaith hwn. Maen nhw'n chwarae rhan bwysig mewn sicrhau bod cleifion yn derbyn y maeth cywir i'w gwella, ac yn eu cynghori am ddeiet iach ar ôl iddyn nhw adael yr ysbyty. Bydd gwasanaethau arlwyo mewn ysbytai'n paratoi bwyd 365 diwrnod y flwyddyn, rhwng tua 6am ac 8pm.

Mae'r un peth yn wir mewn cartrefi nyrsio a chartrefi gofal. Bydd cleifion a phreswylwyr yn cael dewis o frecwast, cinio a swper.

Bydd ysbytai hefyd yn darparu ar gyfer staff ac ymwelwyr. Yn rhai o ysbytai'r GIG mae yna siopau coffi o'r stryd fawr ar gyfer cleifion ac ymwelwyr. Fe allan nhw hefyd ddarparu lletygarwch ar gyfer cyfarfodydd a chynadleddau bach.

Ymysg swyddi mewn ysbytai a chartrefi gofal, mae swyddi prif gogyddion, cogyddion, cynorthwywyr cegin, staff gweini bwyd, rheolwyr arlwyo a rheolwyr gwasanaethau gwesty. Bydd gan ysbytai dîm o gogyddion medrus a lled-fedrus

▲ Arlwyo mewn ysbyty

sy'n gwneud amrywiaeth o swyddi. Bydd y rheolwr arlwyo'n cydweithio â'r prif gogydd i sicrhau bod y cleifion a'r staff yn cael bwyd da a maethol.

Ffreutur mewn coleg a phrifysgol

Gall gwasanaethau lletygarwch mewn coleg a phrifysgol fod dan ofal gwasanaethau lletygarwch mewnol y coleg neu gontractwr allanol. Bydd y gwasanaethau lletygarwch yn darparu brecwast, cinio a swper. Byddan nhw hefyd yn arlwyo ar gyfer digwyddiadau preifat. Cafodd sawl tŷ bwyta mewn colegau a phrifysgolion eu gwella i greu amgylchedd bwyta pleserus sy'n cyd-fynd â safonau llawer o dai bwyta'r stryd fawr.

Mewn ffreutur coleg, mae'n rhaid i'r pris fod yn rhesymol i'r myfyrwyr sy'n ceisio byw ar arian prin.

Ymysg swyddi mewn sefydliadau fel hyn, mae prif gogyddion, cogyddion, staff gweini bwyd, rheolwyr a goruchwylwyr. Bydd y swyddi sydd ar gael yn amrywio rhwng un coleg a'r llall.

Cinio ysgol

Mae gofyn i ysgolion weini bwyd ffres, maethlon gan ddilyn canllawiau maeth llym. Mae llawer o'r ystafelloedd bwyta mewn ysgolion yn cael eu defnyddio ar gyfer mwy nag un pwrpas, er enghraifft fel neuadd ymgynnull neu gampfa.

Ymysg y swyddi sydd ar gael mewn ysgolion, mae cogyddion, cogyddion cynorthwyol a rheolwyr ardal. Fel arfer, bydd angen prif gogydd / rheolwr cegin a nifer o gynorthwywyr cegin. Mae hyn yn dibynnu ar y math o wasanaeth sy'n cael ei gynnig a nifer y prydau sy'n cael eu gweini.

Gwasanaethau mewn carcharau

Menter fawr yw darparu bwyd a diod ar gyfer carcharorion a staff. Bydd angen gweini brecwast, cinio a swper. Bydd carcharorion yn gweithio yn y gegin hefyd, o dan oruchwyliaeth. Mewn sawl carchar, mae modd iddyn nhw astudio ar gyfer cymwysterau coginio proffesiynol.

Ymysg y swyddi arlwyo sydd ar gael mewn carcharau, mae cogyddion (sef swyddogion y carchar fel arfer). Yn y rhan fwyaf o garcharau, bydd yna brif gogydd a nifer fach o staff cegin yn cael eu cyflogi gan y carchar.

Lluoedd arfog

Mae'n bwysig paratoi bwyd iach a maethol i'r fyddin, y llynges a'r llu awyr er mwyn gwneud yn siŵr bod pawb yn cael digon o fwyd i gynnal eu brwdfrydedd. Ar wahân i ddarparu bwyd a diod yn y barics, bydd angen i gogyddion y lluoedd arfog baratoi bwyd allan yn y maes boed hynny ar dir neu

▲ Dyma enghraifft o fwydlen sylfaenol mewn ysbyty

▲ Dyma enghraifft o fwydlen cinio ysgol

ar ffwrdd llong. Bydd angen cynnal y safonau ble bynnag y bydd y milwyr yn cael eu hanfon. Bydd hyn yn aml yn gallu arwain at waith trefnu manwl. Bydd y lluoedd arfog yn hyfforddi eu cogyddion a'u staff gweini i baratoi bwyd o safon.

Mae swyddi'n cynnwys pob gradd o gogydd ar wahanol raddfeydd yn y lluoedd arfog. Weithiau byddan nhw'n cyflogi hyfforddwyr nad ydyn nhw'n filwyr. Bydd gwahanol raddfeydd ymysg staff gweini bwyd hefyd. Mae ganddyn nhw batrymau staffio gwahanol sy'n dibynnu ar yr uned maen nhw'n gweithio ynddi, er

▲ Paratoi bwyd i'r fyddin

enghraifft bydd y trefniadau yn ystafell fwyta'r swyddogion yn wahanol iawn i'r hyn fydd yn digwydd ar faes y gad.

Arlwyo diwydiannol

Dyma sector eang, sy'n gyfrifol am fwydo pobl sy'n gweithio mewn swyddfeydd, ffatrioedd a sefydliadau masnachol. Mae arlwyo diwydiannol yn darparu bwyd a diod, ac mewn rhai amgylchiadau, yn darparu llety hefyd. Mae'n cynnwys tai bwyta hunanwasanaeth, tai bwyta ffurfiol, *brasseries*, siopau coffi, bwyd i fynd a bariau byrbryd. Mae hefyd yn cynnwys digwyddiadau neu achlysuron arbennig.

Gall y dodrefn a'r addurniadau fod yn debyg i'r hyn sydd i'w weld ar y stryd fawr, a chynnig profiad bwyta rhagorol. Bydd tai bwyta corfforaethol preifat mewn rhai sefydliadau mawr yn gweini bwyd a diod o'r safon uchaf.

Mae amrywiaeth eang o swyddi ar gael, gan gynnwys prif gogydd, cogyddion, staff gweini bwyd a diod, rheolwyr, goruchwylwyr, staff derbynfa a bwtleriaid.

Gweithgaredd

1 Beth yw ystyr lletygarwch corfforaethol?

2 Beth yw ystyr arlwyo diwydiannol?

3 Mae dau brif sector yn y diwydiant arlwyo: y sector masnachol yw un ohonyn nhw. Beth yw enw'r sector arall?

4 Un sefydliad sy'n darparu llety yw gwesty. Rhowch enw dau sefydliad arall sy'n darparu llety.

5 Mae tafarnau bwyd yn darparu gwasanaeth arlwyo. Rhowch enw dau sefydliad arall sy'n darparu gwasanaeth arlwyo.

GEIRIAU ALLWEDDOL

Lletygarwch – croesawu, gofalu am bobl drwy gynnig gwasanaethau fel bwyd, diod a llety.

Arlwyo – darparu bwyd a diod.

Sector masnachol – darparu gwasanaethau lletygarwch ac arlwyo yw prif bwrpas y sefydliad.

Sector gwasanaeth cyhoeddus – dim darparu gwasanaeth lletygarwch yw prif bwrpas y cwmni.

Cymwysterau, hyfforddiant a phrofiad er mwyn gallu cael eich cyflogi yn y diwydiant

Mae'r diwydiant lletygarwch yn cynnig amrywiaeth o swyddi. Mae llawer o swyddi yn swyddi rhan-amser. Pobl ifanc (myfyrwyr fel arfer) sy'n gwneud llawer o'r swyddi hyn. Gwaith achlysurol fydd llawer o'r gwaith hwn, a bydd pobl yn gweithio yn ôl y galw i'r sefydliad. Bydd hynny'n digwydd pan fydd hi'n brysur yn enwedig pan fydd angen staff ychwanegol ar gyfer achlysur neu ddigwyddiad arbennig.

Strwythurau staffio

Mae strwythur staffio penodol ymhob lleoliad a sefydliad. Yn unol â'r strwythur hwn, mae swyddi a disgrifiadau swydd yn cael eu rhoi i bobl. Mae'r disgrifiad swydd yn nodi'r hyn y mae disgwyl iddyn nhw ei gyfrannu tuag at wireddu nodau ac amcanion y lleoliad neu'r sefydliad. Mewn sefydliadau bach, bydd gofyn i rai gweithwyr wneud mwy nag un swydd. Er enghraifft, mewn gwesty bach, efallai y bydd gofyn i weithiwr lanhau'r ystafelloedd, gweithio ar y dderbynfa a gweini yn yr ystafell fwyta. Mewn sefydliadau mwy o faint, bydd disgrifiadau swyddi'n fwy penodol ac yn aml yn fanwl iawn.

Mae tri chategori o staff yn gweithio yn y diwydiant.

Staff gweithredol

Fel arfer, dyma'r staff sy'n gweithio â'u dwylo yn y gegin, wrth y bar, y dderbynfa neu yn yr ystafelloedd gwely. Mae ganddyn nhw sgiliau ymarferol i baratoi bwyd, gweini, gofalu am gwsmeriaid yn ogystal â glanhau'r ystafelloedd gwely a'r ardaloedd cyhoeddus. Bydd staff fel hyn yn gwneud y tasgau bob dydd y bydd cwsmeriaid yn dibynnu arnyn nhw, er enghraifft darparu bwyd, diod a llety.

Ymysg y staff gweithredol mae dirprwy gogydd *(commis chef)*, prif gogydd *(chef de cuisine)*, cogydd, gweinydd, gweinydd gwin, gofalwr ystafell a chynorthwyydd cegin.

Staff goruchwylio

Fel arfer, bydd gan staff ar lefel goruchwylio brofiad o weithio ar lefel weithredol. Maen nhw'n arolygu a goruchwylio gwaith y staff gweithredol ac maen nhw'n delio â materion a phroblemau o ddydd i ddydd. Bydd staff gweithredol yn atebol i'r goruchwyliwr.

Mae staff goruchwylio yn cynnwys cogydd adrannol *(chef de partie),* is-gogydd *(sous chef)* a phrif weinydd.

Staff rheoli

Mae rheolwyr yn monitro ac yn datblygu safonau ansawdd cyffredinol, gan sicrhau bod pob aelod o'r staff yn cyrraedd y safon a ddisgwylir gan y cwsmeriaid. Mae'r rheolwyr hefyd yn gyfrifol am sicrhau bod y sefydliad yn cydymffurfio â'r gofynion cyfreithiol (er enghraifft o ran polisïau iechyd a diogelwch a chyfraith cyflogaeth).

Mae uwch-reolwyr yn gyfrifol am gynllunio ar gyfer y dyfodol gan asesu tueddiadau cyfredol, arferion a marchnadoedd yn y dyfodol. Byddan nhw hefyd yn gyfrifol am y gyllideb a chyllid.

Mae staff rheoli'n cynnwys prif gogydd, rheolwr arlwyo, rheolwr tŷ bwyta a rheolwr y bar.

Mae'r diagram gyferbyn yn dangos enghraifft o strwythur staffio ar gyfer cegin mewn gwesty o faint canolig sydd â 200 o ystafelloedd, ynghyd ag ystafell fwyta a chyfleusterau gwledda ar gyfer 300 o bobl.

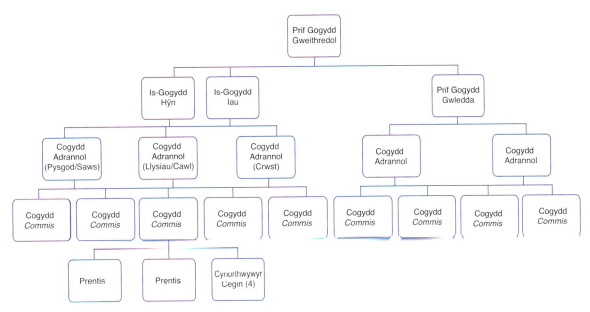

▲ Strwythur staffio mewn cegin gwesty o faint canolig

Mae'r ail ddiagram yn dangos enghraifft o strwythur trefn cegin *brasserie* sydd â lle i 50 - 80, sydd ar agor ar gyfer 5 cinio a 6 cinio nos.

Prif gyfrifoldebau swyddi mewn sefydliadau arlwyo gwahanol

- **Prif gogydd gweithredol** – rheolwr sy'n goruchwylio holl weithrediad y gegin. Gallai hyn gynnwys cynllunio a threfnu'r gegin, prynu, cyllidebu ac archebu.
- **Prif gogydd** – mae ganddo rôl debyg i'r prif gogydd gweithredol. Mae prif gogyddion yn rhedeg gweithrediad cegin fawr; mae prif gogydd gweithredol fel arfer yn rheoli llawer o weithrediadau.
- **Is-Gogydd Hŷn** – dirprwyo ar ran y prif gogydd neu'r prif gogydd gweithredol, ac mae ganddo amrywiol gyfrifoldebau tebyg iddyn nhw, fel arfer dros sawl rhan o'r gwaith. Mae'n cael ei gefnogi gan Is-gogydd Iau.
- **Cogydd Adrannol** – mae'n gyfrifol am adran arbennig (er enghraifft, gwneud crwst). Mae'n goruchwylio'r cogydd *commis* yn yr adran honno.
- **Cogydd *commis*** – rôl weithredol yw hon. Bydd cogydd *commis* yn paratoi ac yn coginio'r bwyd o dan oruchwyliaeth y cogydd adrannol.

▲ Strwythur trefn cegin mewn *brasserie*

Hyfforddiant a phrofiad: sut i wella eich siawns o gael swydd

Er mwyn datblygu eich gyrfa, bydd rhaid i chi fanteisio'n gyson ar y cyfleoedd dysgu sydd ar gael. Yn y diwydiant lletygarwch, bydd pobl yn derbyn hyfforddiant gan gogyddion creadigol ac arloesol o bob cwr o'r byd. Dyma gogyddion sy'n gallu dysgu llawer i chi am bob math o fwydydd a dulliau o goginio, gan ddefnyddio cynhwysion newydd, datblygu arddulliau newydd a ffyrdd newydd o gyflwyno bwyd.

Gall yr hyfforddiant gael ei ddarparu mewn sawl ffordd:

Hyfforddiant mewn coleg

Bydd rhai yn dewis dilyn cyrsiau coleg llawn-amser mewn Lletygarwch ac Arlwyo lle bydd myfyrwyr yn cael eu dysgu gan hyfforddwyr cymwys iawn sydd â phrofiad o weithio yn y diwydiant. Bydd myfyrwyr hefyd yn dysgu sgiliau eraill, fel sgiliau cyfathrebu, rhifedd a TGCh ar yr un pryd â'u cwrs Lletygarwch ac Arlwyo.

Bydd rhai yn dewis gwneud prentisiaeth a mynd i'r coleg ddiwrnod neu ddau yr wythnos – sef dysgu yn y gwaith ac yn y coleg. Yn aml, bydd trefniadau partneriaeth yn bodoli rhwng y coleg a'r cyflogwyr.

Cyngor proffesiynol
Mae sgiliau cyfathrebu, rhifedd a thechnoleg gwybodaeth yn sgiliau pwysig a gwerthfawr i gyflogwyr. Bydd dangos brwdfrydedd at wella'r sgiliau hyn yn eich helpu i ddatblygu eich gyrfa.

Hyfforddiant yn y gweithle

Mae hyn yn cael ei alw yn 'dysgu wrth weithio' ac mae sawl ffordd o wneud hyn. Mae gan sawl cyflogwr mawr eu rhaglenni hyfforddi eu hunain, sy'n cynnwys nifer o bynciau fel diogelwch bwyd, iechyd a diogelwch, gofal i gwsmeriaid, cyfraith cyflogaeth a chyllid. Bydd hyd y cyrsiau hyn yn amrywio rhwng un diwrnod a thri diwrnod, ond gellir gwneud rhai ohonyn nhw fesul uned dros flwyddyn neu fwy. Mae rhai o'r cyrsiau hyn yn cael eu rheoli gan ddarparwyr hyfforddiant.

E-ddysgu

Mae mwy a mwy o gyrsiau yn cynnwys technoleg ac yn defnyddio'r rhyngrwyd sy'n rhoi cyfle i fyfyrwyr weithio wrth eu pwysau eu hunain. Mae llawer o adnoddau ar gael er mwyn eich helpu gyda'r gwaith, gan gynnwys clipiau fideo a gweithgareddau rhyngweithiol.

Profiad gwaith

Bydd llawer o golegau'n anfon myfyrwyr i leoliad y tu allan i'r coleg ar brofiad gwaith. Mae hyn yn aml am gyfnodau byr, ac ni fydd y myfyrwyr yn cael eu talu fel arfer. Dyma gyfle gwych i ddysgu a chael mwy o wybodaeth am y sefydliad. Bydd hefyd yn rhoi cyfle i chi weld sut mae systemau a gweithdrefnau'n gweithio a meddwl am ffyrdd o'u gwella.

Cyngor proffesiynol
Pan fyddwch chi ar brofiad gwaith, cofiwch ddangos diddordeb a bod yn gwrtais bob amser. Cadwch ddyddiadur, cofnodwch bopeth yr ydych chi wedi'i ddysgu, gofynnwch gwestiynau a cheisiwch gofio'r holl wybodaeth sydd ar gael.

Cymwysterau

Bydd colegau'n cynnig dewis o gymwysterau ar gyfer y rhai sy'n gweithio, neu sy'n dymuno gweithio, yn y diwydiant lletygarwch ac arlwyo. Mae'r cymwysterau'n rhoi sgiliau a'r wybodaeth sydd eu hangen arnoch i fod yn gymwys ar gyfer y gwaith, ac i roi cyfle i chi gynnig am swydd yn y diwydiant.

Mae amrywiaeth o gymwysterau ar gael:

Cymwysterau sy'n gysylltiedig â Galwedigaeth (*VRQs*)

Mae Cymwysterau sy'n gysylltiedig â Galwedigaeth (VRQs) yn gyrsiau llawn-amser sy'n cael eu darparu mewn coleg. Ymysg y cyrsiau sydd ar gael, mae Diploma mewn Coginio Proffesiynol ar Lefel 1, 2 a 3. Mae Lefel 1 yn gyflwyniad i goginio proffesiynol; mae Lefel 2 yn datblygu eich sgiliau a'ch gwybodaeth; ac mae Lefel 3 yn gymhwyster uwch. Dydy'r cymwysterau hyn ddim yn mynnu eich bod chi mewn gwaith, ond byddai'n fuddiol i chi i ennill rhywfaint o brofiad yn y diwydiant, efallai drwy waith rhan-amser. Mae Cymwysterau Galwedigaethol yn cael eu hasesu drwy asesiad ysgrifenedig ac ymarferol.

Cymwysterau Galwedigaethol Cenedlaethol (*NVQs*)

Mae Cymwysterau Galwedigaethol Cenedlaethol (NVQs) yn gymwysterau wrth weithio. Mae'r rhain yn cael eu darparu a'u hasesu yn y gweithle, ond bydd rhai colegau'n cynnig y cymwysterau hyn i fyfyrwyr llawn-amser yn ogystal. Mae modd astudio am gymhwyster *NVQ* mewn Paratoi a Choginio Bwyd ar Lefel 1, 2 a 3 ac maen nhw'n cael eu hasesu drwy arsylwi yn y gweithle a pharatoi portffolio. Wrth i chi symud ymlaen drwy'r lefelau gwahanol, mae eich sgiliau'n cynyddu a bydd eich dealltwriaeth o'r maes yn fwy eang a thrylwyr.

Diogelwch bwyd ac iechyd a diogelwch

Mae dewis o gyrsiau byrion ar gael mewn Diogelwch Bwyd, Iechyd a Diogelwch a Gofal i Gwsmeriaid ac mae llawer o bobl yn eu dilyn. Pwrpas y cymwysterau hyn yw cynyddu gwybodaeth a datblygu sgiliau yn y meysydd pwysig hyn. Er enghraifft, cwrs diwrnod yn unig yw'r cwrs Diogelwch Bwyd ar Lefel 2, sy'n ofynnol gan lawer o gyflogwyr cyn i chi allu gweithio mewn cegin broffesiynol.

Addysg uwch

I'r bobl sydd eisiau symud ymlaen ymhellach yn eu gyrfa, mae cyfleoedd ar gael i ddilyn cyrsiau ar lefel uwch sy'n cyfuno addysg gymhwysol ymarferol gyda theori. Mae'r cyrsiau hyn yn cynnwys dewis o sgiliau busnes fel marchnata, cyllid, rheoli a rheoli adnoddau dynol. Bydd cogydd sy'n dechrau ar Lefel 1 yn gallu symud ymlaen i ennill gradd Baglor neu hyd yn oed radd Meistr.

> **Cyngor proffesiynol**
> Ceisiwch gael cymaint o gymwysterau a chymaint o brofiad â phosibl er mwyn i chi fod yn ddeniadol i ddarpar gyflogwyr.

Hawliau a chyfrifoldebau cyflogaeth

Mae hawliau a chyfrifoldebau gan bawb sydd mewn cyflogaeth.

Mae'n rhaid i gyflogwr roi'r canlynol i'r gweithiwr:

- disgrifiad swydd manwl
- cytundeb cyflogaeth sy'n rhoi manylion oriau gwaith, faint o wyliau blynyddol y bydd y gweithiwr yn ei gael, a'r cyfnod rhybudd
- amgylchedd gweithio diogel, sy'n cydymffurfio â'r cyfreithiau perthnasol ym maes iechyd a diogelwch, diogelwch bwyd, a chyflogaeth
- yr isafswm cyflog, o leiaf.

Mae'n rhaid i weithwyr wneud y canlynol:

- cyflawni gofynion y cytundeb a'r disgrifiad swydd
- dilyn polisïau, systemau a gweithdrefnau'r sefydliad
- dilyn cyfraith iechyd a diogelwch a diogelwch bwyd, a sicrhau eu bod yn gweithio'n ddiogel.

 Iechyd a diogelwch

I gael rhagor o wybodaeth am iechyd a diogelwch, ewch i www.hse.gov.uk

Cymdeithasau sy'n gysylltiedig â choginio proffesiynol

Fel cogydd, gallwch ymuno â nifer o gymdeithasau proffesiynol, lle gallwch gwrdd â chogyddion a chyflenwyr eraill, a fydd yn eich helpu chi i ddatblygu eich gwybodaeth o'r maes.

Cymdeithasau cenedlaethol

Dyma rai enghreifftiau o gymdeithasau cenedlaethol:

- The Academy of Culinary Arts
- Craft Guild of Chefs
- Master of Great Britain
- The British Culinary Federation
- The Institute of Hospitality
- Springboard UK – sy'n hybu gyrfaoedd yn y diwydiant
- British Hospitality Association – sy'n cynrychioli cyflogwyr ac yn lobïo'r llywodraeth ar faterion sy'n ymwneud â lletygarwch a thwristiaeth
- People 1st – Y Cyngor Sector Sgiliau ar gyfer y diwydiant. Mae'r sefydliad hwn yn ymchwilio i dueddiadau yn y diwydiant, yn rhoi cyngor ar gymwysterau ac yn cael adborth ar hyfforddiant ac addysg gan gyflogwyr.

> **Cyngor proffesiynol**
>
> Pan fyddwch chi wedi cymhwyso, ceisiwch ymuno â chymdeithas broffesiynol. Bydd hyn yn eich cyflwyno i bobl broffesiynol eraill a allai eich helpu i ddatblygu eich gyrfa.

Cymdeithasau lleol

Mae gan nifer o'r cymdeithasau cenedlaethol sy'n cael eu rhestru uchod ganghennau lleol a fydd yn cynnal cyfarfodydd lleol. Er enghraifft, mae gan Springboard UK nifer o ganghennau lleol, ac mae People 1st yn casglu gwybodaeth am dueddiadau ym maes cyflogaeth ac anghenion hyfforddi ar lefel leol.

Mae'n bosib y bydd cymdeithasau eraill ar gael a fydd yn benodol i'ch ardal chi.

Gweithgaredd

1 Rhowch ddwy enghraifft o staff gweithredol.
2 Rhowch ddwy enghraifft o fathau o hyfforddiant a phrofiad sydd ar gael yn y sector lletygarwch ac arlwyo.
3 Rhowch ddwy enghraifft o'r mathau o gymhwyster sydd ar gael yn y sector lletygarwch ac arlwyo.
4 Pan fydd rhywun yn cynnig swydd i chi mae gennych hawl i gael y canlynol:
   - cytundeb
   - manylion yr oriau gwaith yn y cytundeb
   - manylion gwyliau blynyddol

   Rhestrwch dri hawl cyflogaeth arall.
5 Rhowch ddwy enghraifft o gymdeithasau y gallech chi ymuno â nhw pan fyddwch chi'n cymhwyso fel cogydd.

GEIRIAU ALLWEDDOL

Staff gweithredol – staff sy'n gweithio mewn meysydd ymarferol.

Staff goruchwylio – staff sy'n arolygu ac yn goruchwylio gwaith y staff gweithredol ac sy'n delio â materion a phroblemau a allai godi o ddydd i ddydd.

Staff rheoli – staff sy'n paratoi a monitro safonau ansawdd, gan sicrhau bod pob aelod o'r staff yn cyrraedd y safon a ddisgwylir gan y cwsmeriaid. Mae rheolwyr hefyd yn gyfrifol am sicrhau bod sefydliad yn cydymffurfio â'r gofynion cyfreithiol. Mae uwch-reolwyr hefyd yn gyfrifol am gyllidebau, cyllid a chynllunio ar gyfer y dyfodol.

E-ddysgu – dysgu drwy ddefnyddio adnoddau ar-lein.

VRQ – cymhwyster sy'n gysylltiedig â galwedigaeth. Cyrsiau llawn-amser sy'n cael eu darparu mewn coleg ac sy'n cael eu hasesu drwy asesiad ysgrifenedig ac ymarferol.

NVQ – cymhwyster galwedigaethol cenedlaethol. Cymwysterau sy'n cael eu darparu a'u hasesu yn y gweithle, a'u hasesu drwy arsylwi yn y gweithle a pharatoi portffolio.

Profwch eich hun

1 Beth yw'r gwahaniaeth rhwng **lletygarwch** a **arlwyo**?

2 Rhowch dair enghraifft o sefydliadau yn y sector masnachol.

3 Rhowch dair enghraifft o sefydliadau yn y sector gwasanaeth cyhoeddus.

4 Rhestrwch dri gwahaniaeth rhwng tŷ bwyta ffurfiol a thŷ bwyta bwyd cyflym.

5 Disgrifiwch dair nodwedd o wasanaeth arlwyo mewn ysbyty.

6 Rhowch enghraifft o swydd reoli yn y diwydiant.

7 Rhowch ddwy enghraifft o fathau o swyddi gweithredol yn y diwydiant.

8 Beth yw ystyr dysgu yn y gweithle?

9 Pa fath o gymhwyster yw cwrs llawn-amser sydd ar gael mewn coleg lle nad oes gofyn i chi fod yn gweithio yn y diwydiant?

10 Rhowch dair enghraifft o gyfrifoldebau gweithiwr.

2   Diogelwch Bwyd

Mae'r bennod hon yn rhoi sylw i Uned 202, Diogelwch bwyd mewn arlwyo.

Erbyn diwedd y bennod hon fe ddylech chi fod yn gallu:

- Amlinellu pwysigrwydd gweithdrefnau diogelwch bwyd, asesu risg, trin bwyd yn ddiogel ac ymddwyn yn ddiogel
- Disgrifio sut i roi gwybod am beryglon diogelwch bwyd
- Amlinellu cyfrifoldebau cyfreithiol pobl sy'n trin bwyd a phobl sy'n gweithredu busnesau bwyd
- Esbonio pwysigrwydd glendid personol mewn diogelwch bwyd a disgrifio arferion glendid personol effeithiol
- Esbonio sut i gadw'r ardal waith a'r offer yn lân, yn daclus ac yn ddiogel

- Dweud sut y mae llif gwaith, arwynebau gwaith ac offer yn gallu lleihau risgiau halogi a helpu i lanhau
- Amlinellu pwysigrwydd rheoli pla
- Dweud beth yw'r ffynonellau a'r peryglon i ddiogelwch bwyd rhag halogi a thraws-halogi
- Esbonio sut i ddelio â dirywiad bwyd
- Disgrifio arferion a gweithdrefnau trin bwyd yn ddiogel
- Esbonio pwysigrwydd rheoli tymheredd
- Disgrifio gweithdrefnau rheoli stoc.

Diogelwch bwyd a chyfrifoldeb personol

Mae gan bawb yr hawl i gael bwyd diogel na fydd yn eu gwneud nhw'n sâl nac yn eu niweidio. Ystyr **diogelwch bwyd** yw rhoi mesurau ar waith i sicrhau bod bwyd a diod yn addas, yn ddiogel ac yn iawn i'w bwyta.

Gweithdrefnau diogelwch bwyd a thrin bwyd yn ddiogel

Mae sicrhau safonau uchel o ddiogelwch bwyd yn hanfodol er mwyn cydymffurfio â'r gyfraith os am greu busnes llwyddiannus sydd ag enw da. Mae'n bwysig darparu lle glân a diogel ar gyfer gweithwyr a chwsmeriaid.

Gall pobl sy'n trin bwyd helpu i greu safon uchel o ddiogelwch bwyd drwy ddilyn arferion da. Mae angen iddyn nhw hefyd fod yn ymwybodol eu bod nhw'n gallu halogi bwyd ac achosi gwenwyn bwyd o ganlyniad i'w gweithredoedd os nad yw eu glendid personol o'r safon uchaf.

Gellir cynnal safonau diogelwch bwyd da drwy wneud y canlynol:

- Gwarchod bwyd rhag cael ei halogi rhwng yr amser y mae'n cael ei dderbyn hyd at yr amser y bydd y bwyd yn cael ei weini – 'o'r fferm i'r fforc'
- Rhoi mesurau ar waith i rwystro bacteria rhag lluosogi
- Dinistrio bacteria sydd eisoes yn bresennol mewn bwyd, ar offer ac ar arwynebau
- Gweithio mewn ffordd lân a threfnus; mae hyn yn cynnwys sicrhau bod safonau glendid personol yn uchel a dilyn gweithdrefnau golchi dwylo
- Cadw at y tymheredd cywir ar gyfer storio, paratoi, coginio a thrin a thrafod bwyd
- Adrodd unrhyw beth a allai halogi bwyd neu atal arfer da o ran diogelwch bwyd, gan gynnwys adrodd am unrhyw ymddygiad annerbyniol neu salwch
- Cynnal hyfforddiant diogelwch bwyd a bod yn rhan o'r prosesau asesu risg.

Pam ein bod ni'n poeni cymaint am ddiogelwch bwyd?

Gall bwyta bwyd sydd wedi'i halogi arwain at **wenwyn bwyd**. Gall hyn achosi niwed, salwch, ac mewn ambell achos, marwolaeth hyd yn oed. Mae'r nifer o achosion o wenwyn bwyd sy'n cael eu cofnodi pob blwyddyn yn dal i fod yn rhy uchel, a gan nad yw llawer o achosion o wenwyn bwyd byth yn cael eu cofnodi does neb yn gwybod beth yw'r union nifer.

Fel arfer, bydd gwenwyn bwyd yn cael ei achosi drwy fwyta bwyd sydd wedi cael ei heintio â bacteria neu'r tocsinau y gallan nhw eu cynhyrchu. Weithiau gall gwenwyn bwyd gael ei achosi drwy fwyta bwyd fel madarch gwenwynig neu gemegion a allai fod wedi mynd i mewn i'r bwyd neu oherwydd rhywbeth fel firws.

Prif symptomau gwenwyn bwyd yw:

- Teimlo'n sâl
- Chwydu
- Dolur rhydd
- Dadhydradiad *(dehydration)*
- Weithiau twymyn a chur pen

Cyngor proffesiynol

Mae'n gyffredin i weld cyfnod o 12-36 awr rhwng bwyta bwyd wedi'i halogi a datblygu'r symptomau. Mae'n gallu bod cyn lleied ag awr neu gymaint â diwrnod neu ddau.

Peryglon diogelwch bwyd

Gellir rhoi peryglon diogelwch bwyd yn y pedwar categori canlynol:

- **Cemegol** – mae cemegion fel hylif glanhau, diheintydd, olew peiriannau, plaleiddiad, chwynladdwr a gwenwyn llygod yn gallu mynd i mewn i fwyd ar ddamwain a gwneud i'r un sy'n ei fwyta deimlo'n sâl.

- **Ffisegol** – gall eitemau fel gwydr, darnau o fetel neu olew o beiriant, mercwri o thermomedr, paent sy'n plicio i ffwrdd neu'r glud rhwng teils, top beiros, edafedd o ddillad, botymau, plasterau glas, gwallt neu bryfed fynd i mewn i fwyd.

- **Biolegol** – mae bacteria pathogenig, mathau o firws, mathau o furum, llwydni, bacteria ac ensymau yn gallu bod yn bresennol mewn bwyd. Gall **bacteria pathogenig** godi i lefelau peryglus ond eto aros yn anweledig. Os ydyn nhw'n mynd i mewn i'r corff dynol, maen nhw'n gallu achosi salwch.

- **Alergedd** – gall y system imiwnedd mewn rhai pobl adweithio i rai bwydydd. Fel arfer, cysylltir alergedd bwyd â chnau, cynnyrch llaeth, cynnyrch gwenith (sy'n effeithio ar bobl sydd ag alergedd glwten), wyau a bwyd môr. Bydd gan rai pobl alergedd i rai llysiau, planhigion a madarch. Y math o adwaith y gall pobl ei gael yw chwyddo, cosi, brech a cholli anadl. Gall hyd yn oed achosi **sioc anaffylactig**.

Asesu risg

Mae'n bosib mai'r bobl sy'n gweithio yn y gegin fydd y cyntaf i ddod yn ymwybodol bod peryglon posib. Mae'n rhaid rhoi gwybod ar unwaith i'r goruchwyliwr, y prif gogydd neu'r rheolwr llinell.

Mae'n bwysig asesu'r peryglon a rhoi mesurau ar waith i leihau'r risg y gallan nhw ddigwydd. O dan Reoliadau Hylendid Bwyd 2006, mae'n rhaid i bob busnes gael system reoli diogelwch bwyd n rhaid iddyn nhw gadw'r cofnodion angenrheidiol er mwyn cadarnhau hynny.

Pwynt Rheoli Critigol Dadansoddi Peryglon (HAACP)

Dyma system reoli diogelwch bwyd sy'n gofyn i bawb sy'n rhedeg busnes bwyd ddadansoddi unrhyw beryglon a allai arwain at wenwyn bwyd neu achosi unrhyw broblemau eraill sy'n gysylltiedig â bwyd. Mae'r system yn adnabod y camau neu'r pwyntiau rheoli critigol mewn unrhyw brosesau lle gallai peryglon godi.

Ar ôl adnabod y peryglon, gellir rhoi mesurau ar waith i'w rheoli a chadw'r bwyd yn ddiogel.

Mae saith cam i system HACCP:

1 Adnabod peryglon – beth allai fynd o'i le?
2 Adnabod Pwyntiau Rheoli Critigol (CCP). Dyma'r camau pwysig pryd gallai pethau fynd o'i le.
3 Gosod terfynau hanfodol ar gyfer pob CCP – er enghraifft, gofynion tymheredd ar gyflenwad o gyw iâr ffres.
4 Monitro a sefydlu gweithdrefnau gwirio i rwystro problemau rhag digwydd.
5 Gweithredu i gywiro – beth fydd yn cael ei wneud os bydd rhywbeth yn mynd o'i le?
6 Dilysu – gwirio bod y cynllun HACCP yn gweithio.
7 Dogfennau – cofnodi popeth a nodir uchod.

Rhaid diweddaru'r system yn rheolaidd, yn enwedig pan fydd eitemau newydd yn cael eu rhoi ar y fwydlen neu'r systemau yn newid (er enghraifft, offer coginio newydd yn cael eu defnyddio). Rhaid rhoi rheolaethau newydd yn eu lle er mwyn eu cynnwys.

Mae cadw cofnodion i weithredu'r system hon yn bwysig iawn er mwyn dangos eich bod wedi dilyn pob gofal. Bydd rhaid i chi brofi eich bod chi wedi dilyn y gweithdrefnau angenrheidiol i sicrhau diogelwch bwyd. Mae'r dogfennau'n gallu cynnwys cofnodion hyfforddi staff, cofnodion tymheredd yr oergell a'r rhewgell, cofnodion salwch staff, rhestri cyflenwyr, gwneud yn siŵr bod yr offer sy'n mesur tymheredd yn gweithio'n iawn ynghyd â nifer o gofnodion perthnasol eraill.

Bwyd Mwy Diogel, Busnes Gwell *(Safer Food Better Business* - SFBB)

Cafodd y system hon ar gyfer busnesau bach neu fusnesau cyfyngedig ei lansio gan yr Asiantaeth Safonau Bwyd. Mae'r system yn seiliedig ar egwyddorion HACCP ond mewn ffordd sy'n hawdd ei deall. Mae yna dudalennau wedi'u hargraffu'n barod a siartiau ar gyfer cofnodi'r wybodaeth berthnasol, fel tymheredd seigiau unigol. Mae'n canolbwyntio'n bennaf ar y canlynol: traws-halogi (*cross-contamination*), glanhau (*cleaning*), oeri (*chilling*) a choginio (*cooking*). Mae'r adran reoli yn cynnwys dyddiadur sy'n gwirio manylion agor a chau, a thudalennau ar gyfer cofnodion perthnasol fel hyfforddiant staff a manylion cyflenwyr.

Gellir cael copi o Bwyd Mwy Diogel, Busnes Gwell oddi ar www.food.gov.uk

Cyfrifoldebau cyfreithiol
Y gyfraith a gweithredwyr busnesau bwyd

Rhaid i bob busnes bwyd gael ei gofrestru gyda'r awdurdod lleol. Mae'n rhaid i bob busnes gydweithredu gyda Swyddog Iechyd yr Amgylchedd / Ymarferwr Iechyd yr Amgylchedd a sefydlu'r arferion diogelwch bwyd cywir. Cyflogir y swyddogion/ymarferwyr gan yr awdurdodau lleol er mwyn goruchwylio safonau diogelwch bwyd yn eu hardal nhw. Gallan nhw fynd i mewn i unrhyw le bwyd ar unrhyw adeg resymol i'w harchwilio. Gallan nhw gynghori, cyflwyno rhybudd ar gyfer gwella ac mewn achosion eithafol, dweud wrth y llys am gymryd camau cyfreithiol a fyddai'n arwain at gael dirwy neu hyd yn oed gau'r lle bwyd a charcharu'r perchennog.

Sgoriau Hylendid Bwyd

Cyflwynwyd y system hon er mwyn codi safonau diogelwch bwyd. Ar ôl i swyddog/ymarferwr iechyd yr amgylchedd gynnal archwiliad, rhoddir tystysgrif gyda system o sêr arni sy'n nodi pa mor dda mae'r busnes yn cydymffurfio â gofynion diogelwch bwyd. Mae'r sêr yn amrywio o bump i lawr i sero. Byddai pum seren yn cael eu rhoi i safon ragorol, a sero i safon wael. Yna bydd y dystysgrif yn cael ei rhoi ar ddrws neu ffenestr y lleoliad, a gellir ei gweld ar wefan yr awdurdod lleol a'r Asiantaeth Safonau Bwyd.

Y gyfraith a phobl sy'n trin bwyd

Mae cyfrifoldebau cyfreithiol hefyd ar unigolion sy'n trin bwyd. Mae'n ofyniad cyfreithiol eu bod nhw'n gwneud y canlynol:

- Derbyn hyfforddiant diogelwch bwyd sy'n berthnasol i'r gwaith y maen nhw'n ei wneud er mwyn iddyn nhw ddeall egwyddorion diogelwch bwyd a sut i osgoi gwenwyn bwyd

- Gweithio mewn ffordd nad yw'n peryglu nac yn halogi bwyd, a pheidio â gweini bwyd y maen nhw'n gwybod sydd wedi'i halogi

- Rhoi gwybod am unrhyw beth a allai effeithio ar ddiogelwch bwyd, fel oergell nad yw ar y tymheredd cywir. Gweithredu mesurau diogelwch bwyd y mae'r cyflogwr wedi'u sefydlu

- Rhoi gwybod i'r goruchwyliwr am unrhyw salwch cyn dechrau gweithio, yn enwedig os yw'r salwch yn ymwneud â'r stumog. Ar ôl salwch o'r fath, ni ddylai unrhyw weithiwr ddychwelyd i'r gwaith am 48 awr wedi'r symptom olaf.

Cyngor proffesiynol

Am ragor o wybodaeth am faterion diogelwch bwyd mae'n bwysig eich bod yn siarad â'ch rheolwr llinell, swyddog/ymarferwr iechyd yr amgylchedd, neu fynd i wefannau diogelwch bwyd eich awdurdod lleol. Gallwch hefyd edrych ar wefan yr Asiantaeth Safonau Bwyd www.food.gov.uk, Sefydliad Siartredig Iechyd yr Amgylchedd (CIEH) www.cieh.org a www.highfield.co.uk

GEIRIAU ALLWEDDOL

Diogelwch bwyd – sefydlu mesurau i sicrhau bod bwyd yn ddiogel i'w fwyta ac na fydd y bwyd yn achosi salwch.

Perygl *(hazard)*– unrhyw beth sy'n cynnwys y potensial i niweidio.

Dadansoddi Perygl – adnabod pob perygl posib a rhoi mesurau ar waith i'w rhwystro rhag achosi niwed.

Pwynt Rheoli Critigol – pwynt pryd gallai rhywbeth fynd o'i le ac y gellid sefydlu mesur rheoli i gadw'r perygl dan reolaeth.

Swyddog/Ymarferwr Iechyd yr Amgylchedd (EHO/EHP) – rhywun a gyflogir gan awdurdodau lleol i sicrhau bod y safonau diogelwch bwyd angenrheidiol yn cael eu cyflawni.

Gofyniad cyfreithiol rhywbeth y mae'n rhaid ei wneud yn ôl y gyfraith.

Diwydrwydd dyladwy *(Due diligence)* – dangos a phrofi eich bod chi wedi cyflawni'r gweithdrefnau angenrheidiol er mwyn sicrhau diogelwch bwyd.

Gweithgaredd

1. Beth yw'r tair mantais o sicrhau safonau diogelwch bwyd da mewn busnes?
2. Beth yw ystyr gwenwyn bwyd a beth yw'r prif symptomau?
3. Awgrymwch dri pherygl posib i ddiogelwch bwyd mewn cegin.
4. Beth mae'n rhaid i rywun sy'n trin bwyd ei wneud os yw'n cyrraedd y gwaith ac yn teimlo'n sâl?
5. Awgrymwch rai o'r ffyrdd y gall rhywun sy'n trin bwyd helpu i gynnal safonau uchel o ran diogelwch bwyd.

Hylendid personol

Mae hi'n bwysig iawn bod pawb sy'n trin bwyd yn gofalu am eu hylendid personol. Mae'n bwysig hefyd dilyn arferion da wrth weithio gyda bwyd er mwyn osgoi halogi'r bwyd gyda bacteria pathogenig fel *staphylococcus*, sy'n gallu achosi gwenwyn bwyd.

Rhaid i bawb sy'n trin bwyd wneud y canlynol:

- Cyrraedd y gwaith yn lân (wedi cael bath neu gawod bob dydd) a'u gwallt yn lân
- Gwisgo dillad gwarchod addas
- Cadw ewinedd yn fyr, yn lân a heb eu cnoi – yn bendant dim farnais ewinedd nac ewinedd ffug
- Peidio â gwisgo gemwaith na watsh wrth drin bwyd. Maen nhw'n gallu dal bacteria a gallan nhw hefyd halogi'r bwyd drwy ddisgyn i'r bwyd
- Peidio â gwisgo colur na phersawr cryf
- Peidio ag ysmygu mewn ardaloedd ble mae bwyd yn cael ei baratoi
- Peidio â bwyta bwyd na losin na gwm cnoi wrth drin bwyd oherwydd gallai hyn hefyd drosglwyddo bacteria i'r bwyd.

Dillad gwarchod

Mae dillad gwarchod yn cael eu defnyddio yn y gegin i warchod bwyd rhag cael ei halogi yn ogystal â gwarchod yr un sy'n eu gwisgo rhag gwres, llosgi a phethau'n tasgu. Gall rhai pobl sydd ag alergedd i rai eitemau o fwyd, cemegion, plastigau neu ddeunyddiau glanhau ddioddef adwaith ar y croen o'r enw dermatitis cyffwrdd (*contact dermatitis*). Mae dillad gwarchod da hefyd yn diogelu'r un sy'n eu gwisgo rhag adwaith alergaidd.

Fel arfer, bydd dillad gwarchod yn y gegin yn cynnwys siaced cogydd, trowsus, ffedog ac esgidiau diogelwch. Rhaid cadw'r gwallt mewn het neu rwyd gwallt addas hefyd. Dim ond yn y gegin y dylid gwisgo dillad y gegin, a dylen nhw orchuddio unrhyw ddillad personol yn llwyr. Yn ystod egwyl, ni ddylai unrhyw un sy'n trin bwyd ysmygu pan fyddan nhw'n gwisgo dillad y gegin.

Dylai pob dilledyn ffitio'n dda, bod mewn cyflwr da ac yn addas ar gyfer y tasgau sy'n cael eu gwneud; dylai pocedi fod ar y tu mewn. Fel arfer, mae'r dillad hyn wedi'u gwneud o ddefnydd cyfforddus sy'n para'n dda ac yn gallu cael eu golchi ar dymheredd uchel. Cotwm yw'r defnydd sy'n cael ei ddefnyddio gan amlaf.

> **Cyngor proffesiynol**
>
> Mae'r dillad sy'n cael eu defnyddio yn y gegin yn gallu halogi bwyd. Os yw'r dillad yn mynd yn fudr neu'n cael eu staenio, mae'n bwysig eu newid i ddillad glân.

Gweler Pennod 6 Sgiliau Personol yn y Gweithle am ragor o wybodaeth.

Golchi dwylo

Mae'n hawdd halogi bwyd drwy beidio â golchi'r dwylo oherwydd mae dwylo budr yn gallu trosglwyddo bacteria niweidiol i'r bwyd. Rhaid bod yn ofalus iawn wrth olchi dwylo er mwyn osgoi hyn; rhaid golchi dwylo'n drylwyr:

- Defnyddiwch fasn ymolchi sy'n cael ei ddarparu ar gyfer golchi dwylo yn unig
- Gwlychwch eich dwylo o dan ddŵr cynnes sy'n rhedeg
- Rhowch sebon hylif ar y dwylo
- Rhwbiwch y dwylo gyda'i gilydd rhwng y bysedd a'r bodiau

- Cofiwch am flaenau'r bysedd, yr ewinedd a'ch arddyrnau (os ydych chi'n defnyddio brwsh ewinedd gwnewch yn siŵr ei fod yn lân ac wedi'i ddiheintio)
- Rinsiwch eich dwylo o dan ddŵr sy'n rhedeg
- Sychwch eich dwylo ar dywel papur a defnyddiwch y tywel papur i gau'r tap, yna taflwch y tywel i fin sbwriel sy'n agor gyda'ch troed.

Dylid golchi dwylo:

- Pan fyddwch chi'n mynd i mewn i'r gegin, cyn dechrau'r gwaith a chyn trin a thrafod unrhyw fwyd
- Ar ôl egwyl
- Ar ôl defnyddio'r tŷ bach
- Ar ôl ysmygu neu fwyta
- Rhwng tasgau gwahanol, ond yn enwedig ar ôl trin bwyd amrwd a chyn trin bwyd sydd wedi cael ei goginio/bwyd risg uchel
- Os ydych chi'n cyffwrdd â'ch gwallt, eich trwyn neu'ch ceg/wyneb
- Ar ôl peswch/tisian a chwythu eich trwyn
- Ar ôl i chi roi plastr ar friw neu losg, neu newid y plastr arno
- Ar ôl defnyddio pethau glanhau, glanhau ardaloedd paratoi, offer neu arwynebau wedi'u halogi
- Ar ôl trin gwastraff y gegin, trin a thrafod y defnydd sy'n pecynnu bwyd, arian neu flodau.

Salwch personol

Dywedwch yn syth wrth y goruchwyliwr am unrhyw salwch sydd gennych. Peidiwch trin a thrafod unrhyw fwyd. Mae hyn yn ofyniad cyfreithiol ac mae'n cynnwys:

- Dolur rhydd a/neu chwydu, teimlo fel chwydu a phoen bol; fe allai hynny fod yn arwydd o wenwyn bwyd
- Briwiau, llosgiadau neu blorynnod sydd wedi'u heintio (septig)
- Llid ar y llygad neu yn y glust
- Symptomau annwyd neu ffliw gan gynnwys dolur gwddf
- Problemau croen fel dermatitis.

Yn ogystal â hyn cofiwch ddweud am unrhyw salwch gawsoch chi pan oeddech chi i ffwrdd o'r gwaith. Cofiwch sôn hefyd am unrhyw aelodau o'r teulu neu ffrindiau sydd wedi bod mewn cyswllt â chi ac sy'n dioddef unrhyw rai o'r symptomau hyn, yn enwedig pan fyddan nhw'n gysylltiedig â'r stumog.

Briwiau a chlwyfau

Dylid dweud wrth y goruchwyliwr am unrhyw friw neu glwyf sydd wedi'i heintio (septig). Cofiwch olchi, sychu a gorchuddio unrhyw friw, llosg neu sgriffiad gyda phlastr lliwgar gwrth-ddŵr. Yna, golchwch eich dwylo.

GEIRIAU ALLWEDDOL

Glendid personol – cadw eich hun yn lân ac yn hylan er mwyn osgoi halogi bwyd.

Llygredd – unrhyw beth sydd mewn bwyd ac na ddylai fod yno. Gallai bwyd sydd wedi'i halogi achosi niwed neu fe allai fod yn annymunol iawn.

Bacteria pathogenig – micro-organebau a allai luosogi mewn bwyd ac achosi gwenwyn bwyd.

Septig – briwiau, llosgiadau a chlwyfau tebyg sydd wedi'u halogi â bacteria pathogenig. Yn aml mae'r clwyf yn wlyb ac mae'n edrych yn wyn neu'n felyn.

Esgidiau diogelwch – esgidiau cryf wedi'u cau, gyda'u blaenau wedi'u hatgyfnerthu i warchod y traed rhag pethau trwm neu finiog a hylif poeth.

Gweithgaredd

1 Gwnewch boster o'r 5 rheol glendid personol y byddech chi'n eu cynnwys ar boster i'r gegin.

2 Pam na ddylid gwisgo gemwaith neu watsh yn y gegin?

3 Beth yw'r weithdrefn gywir i'w dilyn os ydych chi'n torri eich bys wrth i chi weithio?

4 Beth yw'r prif resymau dros wisgo dillad gwarchod yn y gegin?

5 Pam na ddylid gwisgo dillad y gegin y tu allan i'r gegin?

Cadw ardaloedd gwaith yn lân ac yn hylan

Mae'n ofyniad cyfreithiol bod ardaloedd bwyd yn cael eu cadw'n lân ac yn hylan. Mae'n bwysig hefyd fod lleoedd bwyd yn cael eu cynllunio gan gadw diogelwch bwyd mewn cof.

Rheoli traws-halogi

Traws-halogi (*cross contamination*) yw'r enw a roddir pan fydd bacteria neu halogyddion eraill yn cael eu trosglwyddo rhwng bwyd wedi'i halogi (yn aml bwyd amrwd) â bwyd sy'n barod i'w fwyta. Dyma un o achosion gwenwyn bwyd a rhaid ei osgoi. Ymysg y pethau sy'n achosi traws-halogi mae:

- Bwydydd yn cyffwrdd â'i gilydd, er enghraifft, cig amrwd a chig wedi coginio
- Cig neu ddofednod amrwd yn diferu ar ben bwydydd risg uchel
- Pridd oddi ar lysiau budr yn dod i gysylltiad â bwydydd risg uchel
- Llieiniau budr neu offer budr
- Offer a ddefnyddir ar gyfer bwyd amrwd yn cael ei ddefnyddio wedyn ar gyfer bwyd sydd wedi'i goginio, heb eu glanhau/diheintio'n ddigonol, fel byrddau torri neu gyllyll
- Dwylo'n cyffwrdd â bwyd amrwd ac yna bwyd wedi'i goginio, neu fethu â golchi dwylo'n ddigon trylwyr rhwng tasgau ac ar ôl cael egwyl.

Bydd cael ardaloedd gwahanol ar gyfer bwydydd, storio, prosesau a gwasanaethau gwahanol yn helpu i leihau'r risg o halogi, a bydd yn helpu i weithio'n fwy effeithiol a glanhau'n fwy effeithiol. Dylid cael **llif gwaith llinol** *(linear workflow)* mewn ardaloedd paratoi bwyd hefyd:

1 Cyflenwi
2 Storio
3 Paratoi
4 Coginio
5 Cadw bwyd cynnes
6 Gweini.

▲ [Fideo traws-halogi http://bit.ly/YPgGWBJ]

Mae hyn yn golygu na fydd unrhyw orgyffwrdd rhwng gweithgareddau a allai achosi traws-halogi.

Mae angen cadw 'ardaloedd budr' ar gyfer paratoi neu storio bwyd amrwd, neu lanhau pethau fel llysiau budr, ar wahân oddi wrth yr 'ardaloedd glân' ar gyfer paratoi bwyd oer, gorffen a gweini.

Yn ddelfrydol, dylid cael ardaloedd ar wahân ar gyfer bwydydd amrwd a bwydydd risg uchel ac os nad yw hyn yn bosib, gwnewch yn siŵr eu bod yn cael eu cadw'n ddigon pell oddi wrth ei gilydd. Gwnewch yn siŵr bod ardaloedd gwaith yn cael eu glanhau a'u diheintio'n drylwyr rhwng gwahanol dasgau.

Ardal waith ac offer

Mae angen gwneud yn siŵr bod arwynebau cegin ac offer yn hawdd eu glanhau a'u diheintio. Mae angen i offer ac arwynebau fod yn llyfn, yn anhydraidd (ddim yn amsugno hylif) ac wrth gwrs rhaid iddyn nhw fod yn anghyrydol (*non-corrosive*), ddim yn wenwynig a ddim yn hollti nac yn torri'n ddarnau. Mewn sawl cegin mae polisi 'dim gwydr' er mwyn atal y posibilrwydd o wydr yn torri ac yn mynd i'r bwyd. Mae'r tabl isod yn rhoi enghreifftiau o'r math o ddefnydd a'r gofynion ar gyfer ardaloedd gwaith.

Tabl 2.1 Beth yw'r gofynion ar gyfer ardaloedd gwaith?

Golau	Rhaid i'r goleuadau fod yn ddigon cryf i alluogi rhywun i gwblhau tasgau'n ddiogel, heb roi straen ar y llygaid ac er mwyn gallu glanhau'n effeithiol.
Awyru	Mae gosod canopi uwchben ardaloedd penodol o'r gegin yn lleihau effeithiau gwres, anwedd dŵr ac yn amsugno nwyon ac aroglau yn y gegin. Mae hefyd yn creu amgylchedd gwaith mwy pleserus yn y gegin.
Llawr	Mae angen iddyn nhw fod yn gadarn ac mewn cyflwr da. Mae'n rhaid iddyn nhw fod yn anhydraidd a heb fod yn llithrig yn ogystal â bod yn hawdd eu cadw'n lân. Dylai'r ymylon rhwng y llawr a'r waliau fod yn grwm i atal baw rhag casglu yn y corneli.
Waliau	Mae angen iddyn nhw fod heb dyllau mân, yn llyfn, yn hawdd i'w glanhau ac yn olau eu lliw. Gorchudd waliau addas yw cladin plastig a haenau o ddur gwrthstaen.
Nenfwd	Rhaid i nenfwd y gegin wrthsefyll cyddwysiad (*condensation*) a allai achosi i lwydni dyfu. Dylai fod o ddefnydd nad yw'n plicio (*non-flaking*) a dylid gallu'i olchi'n hawdd. Defnyddir paneli a theils nenfwd heb dyllau mân yn aml. Mae paent sydd ddim yn plicio hefyd yn ddefnyddiol.
Draenio	Rhaid i'r system ddraenio fod yn addas ar gyfer y gwaith sy'n cael ei wneud, heb achosi llifogydd. Os defnyddir sianelau, trapiau saim a gwlïau, mae'n bwysig eu glanhau'n aml.
Ffenestri/drysau	Mae'r rhain yn ei gwneud yn bosibl i bla ddod i mewn i'r adeilad felly dylen nhw ffitio'n dda yn eu ffrâm heb unrhyw fylchau. Dylid rhoi sgriniau neu lenni stribed drostyn nhw, a dylai drysau gael paneli metel ar y gwaelod.

Offer mewn cod lliwiau

Mae arwyneb gwaith a byrddau torri yn cael eu defnyddio i baratoi bwyd ac felly mae angen rhoi sylw arbennig iddyn nhw. Gwnewch yn siŵr bod y byrddau torri mewn cyflwr da oherwydd gallai hollt neu grac ddal bacteria sy'n gallu cael ei drosglwyddo i'r bwyd. Mae byrddau torri sydd wedi'u trefnu yn ôl lliw yn ffordd dda o gadw mathau gwahanol o fwydydd ar wahân i'w gilydd.

Cyngor proffesiynol

Yn ogystal â darparu byrddau torri o wahanol liwiau, bydd rhai ceginau hefyd yn darparu cyllyll, clytiau, offer glanhau, bocsys storio, powlenni a hyd yn oed yn paratoi dillad o wahanol liwiau i'r staff er mwyn helpu i atal traws-halogi.

Clytiau'r gegin

Mae clytiau a ddefnyddir yn y gegin yn lle delfrydol i facteria dyfu. Bydd defnyddio clwtyn gwahanol ar gyfer ardaloedd gwahanol yn helpu i leihau traws-halogi. Mae'n arbennig o bwysig defnyddio clwtyn gwahanol i baratoi bwyd amrwd ac i

▲ Byrddau torri mewn cod lliwiau

baratoi bwyd sydd wedi'i goginio. Y ffordd fwyaf hylan i lanhau ardaloedd bwyd yw defnyddio clytiau y gellir eu taflu i ffwrdd neu bapur cegin.

Defnyddiwch lieiniau sychu llestri yn ofalus iawn. Maen nhw'n gallu lledaenu bacteria'n hawdd. Peidiwch â'u defnyddio fel clwtyn amlbwrpas, peidiwch â'u cadw ar eich ysgwydd (mae'r lliain yn cyffwrdd â'r gwddf a'r gwallt, a gall y rhain fod yn ffynonellau o facteria).

Cynnal a chadw

Rhaid cadw pob rhan o'r gegin, y dodrefn a'r offer paratoi bwyd mewn cyflwr da er mwyn sicrhau diogelwch bwyd. Gallai arwyneb sydd wedi cracio, neu offer sydd wedi tolcio, helpu bacteria i luosogi. Mae oergell sydd ar y tymheredd anghywir hefyd yn caniatáu i facteria luosogi mewn bwyd. Os ydych chi'n sylwi bod unrhyw beth wedi cael difrod, wedi torri, neu ddim yn gweithio'n iawn, dywedwch wrth y goruchwyliwr ar unwaith. Efallai y bydd yna ffurflenni penodol er mwyn rhoi gwybod am hynny.

Glanhau a diheintio

Mae ardaloedd bwyd glân yn hanfodol ar gyfer cynhyrchu bwyd yn ddiogel. Felly, mae'n bwysig cynllunio, cofnodi a gwirio'r holl waith glanhau sy'n cael ei wneud fel rhan o raglen lanhau sydd wedi'i chynllunio.

Fel rhywun sy'n trin bwyd, eich cyfrifoldeb chi, yn ogystal â'r rhai sy'n gweithio gyda chi, yw cadw ardaloedd bwyd yn lân ac yn hylan bob amser. Cofiwch lanhau wrth fynd ymlaen a pheidiwch â gadael i wastraff gasglu. Cofiwch fynd ati ar unwaith i lanhau unrhyw lanast sy'n digwydd.

Bydd angen i rai ardaloedd yn y gegin, fel y llawr a waliau, gael eu glanhau'n drylwyr yn unol â'r rhaglen lanhau sydd wedi'i chynllunio. Bydd angen glanhau a diheintio rhai eitemau, yn enwedig mewn ardaloedd risg uchel ac mewn mannau ble mae bwyd risg uchel yn cael ei drin a'i drafod. Dyma nhw:

- **Pob arwyneb mae bwyd yn ei gyffwrdd** fel byrddau torri bwyd, powlenni, llwyau, chwisgiau
- **Pob arwyneb mae dwylo'n ei gyffwrdd** fel handlen yr oergell a drysau
- **Deunyddiau ac offer glanhau** fel mop, bwced, clwtyn, basn golchi dwylo.

Cynhyrchion glanhau

Glanedydd *(detergent)* – ei bwrpas yw tynnu saim a baw i ffwrdd a'u dal yn y dŵr; dydyn nhw ddim yn lladd bacteria. Mae glanedydd yn gweithio orau gyda dŵr poeth.

Diheintydd *(disinfectant)* – ei bwrpas yw dinistrio bacteria os yw'n cael ei ddefnyddio'n gywir. Rhaid gadael diheintydd ar arwyneb heb saim sydd wedi cael ei lanhau, am amser penodol er mwyn iddo fod yn effeithiol, ac mae'n gweithio orau gyda dŵr claear.

Glanweithydd *(sanitiser)* – mae'n glanhau ac yn diheintio, ac fel arfer daw ar ffurf chwistrell. Mae'n ddefnyddiol iawn ar gyfer arwyneb gwaith ac offer, yn enwedig rhwng tasgau a hefyd ar gyfer arwyneb ble mae dwylo'n ei gyffwrdd, fel handlen yr oergell.

Sterilydd *(sterilizer)* – gellir ei ddefnyddio ar ôl glanhau i gael gwared ar yr holl facteria ar arwyneb neu ddarn o offer.

Glanhau a diheintio offer y gegin

Mae'n bwysig eich bod yn glanhau arwynebau'r gegin a byrddau torri yn drylwyr cyn gweithio arnyn nhw. Gwnewch hyn eto ar ôl eu defnyddio, gan dalu sylw arbennig iddyn nhw os wnaeth rhywun eu defnyddio ar gyfer bwyd amrwd.

Gallai mân offer, fel cyllyll, byrddau torri, powlenni, llwyau yn ogystal â chyllyll a ffyrc a llestri gweini achosi traws-halogi. Golchwch bob un yn drylwyr, yn enwedig pan fyddan nhw'n cael eu defnyddio ar gyfer amrywiaeth o fwyd a bwyd amrwd.

Gellir glanhau a diheintio'r mân offer drwy eu rhoi mewn peiriant golchi llestri. Mae unrhyw wastraff rhydd yn cael ei grafu neu'i chwistrellu i ffwrdd cyn golchi. Mae'r peiriant yn golchi ar dymheredd o tua 55°C gan ddefnyddio glanedydd ac yna'n rinsio ar 82°C, sy'n diheintio a sychu'r eitemau gydag aer cynnes.

Os na ellir defnyddio peiriant golchi llestri, dewis arall fyddai defnyddio sinc ddwbl. Ar ôl cael gwared ar y bwyd rhydd bydd yr eitemau'n cael eu glanhau'n drylwyr gyda glanedydd a dŵr poeth cyn cael eu rinsio mewn ail sinc gyda dŵr poeth iawn (82°C os yw'n bosib) a'u gadael i sychu.

Mae angen glanhau darnau mawr o offer a'r ffwrn heb eu symud. Gelwir hyn yn 'glanhau yn y fan a'r lle' a bydd ffordd wahanol o lanhau pob eitem. Bydd esboniad o hyn yn rhaglen lanhau'r gegin. Weithiau defnyddir dulliau glanhau â stêm, sydd hefyd yn diheintio'r eitemau.

Glanhau arwynebau'r gegin

Ar gyfer glanhau arwynebau'r gegin dylid defnyddio un o'r prosesau canlynol:

Tabl 2.2 Prosesau glanhau arwynebau'r gegin

Chwe cham	Pedwar cam
1. Cael gwared ar wastraff bwyd ac unrhyw beth arall oddi ar yr arwynebau	1. Cael gwared ar wastraff bwyd ac unrhyw beth arall oddi ar yr arwynebau
2. Y prif waith glanhau i gael gwared ar y saim	2. Y prif lanhau gan ddefnyddio dŵr poeth a diheintydd
3. Rinsio gan ddefnyddio dŵr poeth glân a chlwtyn i lanhau'r glanedydd i ffwrdd	3. Rinsio gan ddefnyddio dŵr poeth glân a chlwtyn os yw hynny'n cael ei argymell yn y cyfarwyddiadau
4. Rhoi diheintydd arno. Gadael ar yr arwyneb am yr amser sy'n cael ei argymell yn y cyfarwyddiadau	4. Gadael i sychu'n naturiol, neu ddefnyddio papur cegin
5. Rinsio'r diheintydd os yw hynny'n cael ei argymell	
6. Gadael i sychu'n naturiol, neu ddefnyddio papur cegin	

Defnyddio a storio cemegion a defnyddiau eraill yn ddiogel

Wrth ddefnyddio unrhyw gemegion ar gyfer glanhau neu ddiheintio, mae'n bwysig bod yn ofalus. Mae rheoliadau Rheoli Sylweddau sy'n Beryglus i Iechyd (COSHH) 2002 yn nodi bod yn rhaid i weithwyr gael eu cadw'n ddiogel rhag niwed cemegol drwy hyfforddiant addas, asesiadau risg, cynllunio a darparu Cyfarpar Diogelu Personol (PPE) yn ôl y galw.

Cofiwch ddilyn y cyfarwyddiadau'n fanwl ynglŷn â defnyddio cemegion, sut mae paratoi'r cemegion a'u cymysgu a sut y dylid cael gwared arnyn nhw. Bydd ceginau fel arfer yn dangos taflenni data diogelwch sy'n cynnwys gwybodaeth am gemegion, gwybodaeth ar eu defnyddio a sut i ddelio â damweiniau, a beth ddylid ei wneud os yw'r hylif yn cael ei golli. Gwnewch yn siŵr eich bod chi'n gyfarwydd â'r wybodaeth hon.

Dim ond am ryw awr neu ddwy y bydd y rhan fwyaf o gemegion fel glanedyddion neu ddiheintyddion yn para'n actif, felly nid yw socian clytiau na mopiau am gyfnod hir yn cael ei argymell. Golchwch/diheintiwch yr eitemau, gwasgwch y dŵr allan ohonyn nhw ac yna gadewch iddyn nhw sychu'n naturiol.

Peidiwch â storio cemegion glanhau yn ymyl ardal lle mae bwyd yn cael ei baratoi neu'n cael ei goginio. Mae'n bwysig defnyddio lle storio ar wahân sy'n gallu cael ei gloi. Mae'n bwysig nad yw pawb yn cael mynediad i'r storfa hon. Rhaid storio pob cemegyn yn ei gynhwysydd gwreiddiol a rhaid i'r label cyfarwyddiadau fod yn weladwy.

Gwnewch yn siŵr nad yw eitemau fel clytiau na thywelion papur, na ffibrau oddi ar fop, yn mynd i mewn i fwyd agored. Wrth ddefnyddio chwistrellwyr fel chwistrell diheintio, gofalwch nad ydych chi'n ei chwistrellu ar eich croen neu eich llygaid, a pheidiwch â'i chwistrellu dros fwyd agored.

Os yw deunyddiau glanhau'n cael eu troi drosodd, rhybuddiwch bobl eraill, rhowch arwydd llawr gwlyb, gwisgwch fenig rwber a masg os oes angen. Casglwch gymaint o'r hylif â phosib gyda phapur cegin, yna glanhewch yr ardal. Os yw'r deunyddiau glanhau wedi gollwng ar y croen, golchwch â dŵr oer a sychwch eich croen. Os oes adwaith ar y croen neu os yw'r cemegion wedi mynd i'ch llygaid, gofynnwch am gymorth cyntaf ar unwaith a chofiwch roi gwybod am y digwyddiad.

Cael gwared ar wastraff

Dylid rhoi gwastraff y gegin mewn bin gwastraff â chaead arno (yn ddelfrydol, un sy'n cael ei agor â'r troed ac wedi'i leinio â leiniwr bin cryf). Mae angen cadw'r bin mewn cyflwr da ac allan o lygad yr haul. Dylid gwagio'r bin yn rheolaidd er mwyn osgoi traws-halogi ac aroglau cryf. Peidiwch byth â gadael bin heb ei wagio yn y gegin dros nos. Gallai hynny arwain at gynnydd mewn bacteria, yn ogystal â denu mathau gwahanol o bla.

▲ Glanweithio arwyneb

Mae angen i staff y gegin ddod yn gyfarwydd â gwahanu mathau gwahanol o eitemau gwastraff yn barod ar gyfer eu casglu a'u hailgylchu. Mae'r rheini'n cynnwys poteli, tuniau, bwyd gwastraff, papur ac eitemau plastig.

Pla a rheoli pla

Mae pla mewn safle bwyd yn gallu achosi halogi a chlefydau. Ni ddylai pla fod yn agos at fwyd – mae'n erbyn y gyfraith. Gall pla mewn lle bwyd hefyd arwain at y canlynol:

- Camau cyfreithiol
- Colli elw
- Cau'r busnes
- Colli enw da
- Arwain staff i deimlo'n ddigalon
- Difrod i offer a gwastraffu bwyd.

Mae pob math o bla yn cael ei ddenu at safleoedd bwyd oherwydd bod bwyd, cynhesrwydd, cysgod, dŵr ac, o bosib, deunyddiau ar gyfer adeiladu nyth yno; dylid cymryd pob cam rhesymol posib i'w cadw allan.

Rhaid rhoi gwybod i'r rheolwr neu'r goruchwyliwr ar unwaith os ydych yn amau bod pla yn bresennol. Mae hi'n well cael contractwr rheoli pla proffesiynol i ddelio â phroblem pla. Gallan nhw hefyd wneud archwiliad a rhoi cyngor.

Mae sawl pla i'w gael, fel llygod a llygod mawr, pryfed a gwenyn meirch, cocrotsis, morgrug, gwiddon (*weevils*), adar, anifeiliaid anwes a chathod gwyllt. Ymysg arwyddion bod pla wedi ymosod mae carthion; aroglau annymunol; olion traed; bocsys gydag ôl cnoi arnyn nhw a bwyd wedi gollwng o'r pecynnau; larfâu, wyau neu blisgyn wyau; a thyllau yn y sgertins, drysau neu fframiau'r ffenestri, neu geblau wedi cael eu cnoi.

Gellir cadw pla allan o'r gegin neu ddelio â nhw mewn sawl ffordd:

- Eu rhwystro rhag dod i mewn – gwneud yn siŵr nad oes unrhyw dyllau o gwmpas pibellau; cau unrhyw dyllau ble gallan nhw ddod i mewn; selio caead pob draen
- Rhaid trwsio unrhyw ddifrod i'r adeilad neu'r dodrefn a'r offer yn gyflym

- Defnyddiwch sgrin/net dros ddrysau a ffenestri
- Archwiliwch bob cynnyrch neu nwyddau sy'n cyrraedd y gegin rhag ofn bod pla ynddyn nhw
- Rhowch wenwyn a thrapiau yn y mannau perthnasol
- Defnyddiwch declyn electronig i ladd pryfed
- Seliwch focsys sy'n dal bwyd, a pheidiwch â gadael bwyd allan
- Peidiwch â gadael i wastraff gasglu yn y gegin
- Peidiwch â chadw gwastraff sydd y tu allan yn rhy agos at y gegin. Gwnewch yn siŵr bod unrhyw finiau y tu allan yn cael eu gwagio'n rheolaidd a bod yr ardal yn lân a thaclus
- Trefnwch i gwmni proffesiynol ddod i reoli pla, cynnal arolygon a pharatoi adroddiadau.

Cyngor proffesiynol

Yr unig bla y gallwch chi ddelio â nhw eich hunain yw pryfed sy'n hedfan, a hynny gyda theclyn electronig i ladd pryfed. Rhaid cael help proffesiynol ar gyfer pob math arall o bla.

▲ Cleren a chwilen ddu Almaenig

GEIRIAU ALLWEDDOL

Traws-halogi – pan fydd halogyddion yn cael eu symud o un lle i rywle arall, er enghraifft, trosglwyddo bacteria oddi ar fwyd amrwd i fwyd sydd wedi'i goginio.

Ardaloedd risg uchel – ardaloedd a allai fod yn ffynhonnell traws-halogi, er enghraifft, ardaloedd cig amrwd neu ardaloedd paratoi llysiau budr.

Ardaloedd risg isel – lle caiff prosesau glân eu dilyn.

Diheintiad – lleihau nifer y bacteria pathogenig i lefel ddiogel.

Cyrydol – gweithred sy'n torri defnydd i lawr, fel rhydu.

Trefn lanhau – rhaglen sydd wedi'i chynllunio ar gyfer glanhau ardaloedd ac offer.

Glanweithio – glanhau a diheintio gyda'i gilydd gan ddefnyddio un cynnyrch.

COSHH – Rheoli Sylweddau sy'n Beryglus i Iechyd; deddfwriaeth sy'n sicrhau bod cemegion yn cael eu defnyddio'n ddiogel.

Pla – creadur a allai ddod i mewn i safle bwyd gan achosi niwed a halogi bwyd.

Gweithgaredd

1 Lluniwch boster neu restr wirio ar gyfer staff newydd yn y gegin i dynnu sylw at ddeg ffordd o osgoi traws-halogi mewn cegin. Cofiwch gynnwys rhai darluniau.

2 Awgrymwch chwe ardal neu eitem yn y gegin y dylid eu **glanhau** a'u **diheintio**.

3 Petaech chi'n mynd i mewn i'r gegin un bore ac yn gweld pelenni bach du ar y llawr, pecynnau wedi cael eu cnoi a blawd wedi dod allan o'r pecyn, beth fyddech chi'n meddwl oedd y broblem? Beth byddech chi'n ei wneud am y mater?

4 Petai gennych nifer o eitemau cegin bach sydd angen eu glanhau a'u diheintio, beth fyddai angen i dymheredd rinsio'r dŵr fod er mwyn diheintio? Sut gallech chi wneud hynny'n hawdd?

5 Beth fyddai lliw'r bwrdd torri i'w ddefnyddio ar gyfer torri pob un o'r canlynol:

   a eog amrwd

   b cyw iâr wedi'i goginio

   c bara

  ch ciwcymbr

   d moron heb eu coginio

  dd ffiled amrwd o gig eidion

   e fflan sawrus wedi'i choginio.

Cadw bwyd yn ddiogel

Ffynonellau a pheryglon i ddiogelwch bwyd

Gall gwenwyn bwyd fod yn salwch amhleserus i bawb, ond i rai grwpiau o bobl sy'n 'risg uchel' gall gwenwyn bwyd fod yn ddifrifol iawn neu hyd yn oed arwain at farwolaeth.

Mae'r grwpiau 'risg uchel' hyn yn cynnwys:

- Babis a phlant ifanc iawn
- Pobl oedrannus
- Merched beichiog
- Pobl sydd eisoes yn sâl neu'n gwella o salwch (hynny yw, pobl sydd â system imiwnedd wannach).

Mae halogi a thraws-halogi'n gallu dechrau o amrywiaeth o ffynonellau.

Risgiau microbaidd – bacteria pathogenig

Mae bacteria yn fach iawn. Maen nhw mor fach nes bod angen microsgop arnoch chi i'w gweld nhw. Dydych chi ddim yn gallu eu blasu nhw na'u harogli ar fwyd. Dyna pam mae pathogenau (y bacteria sy'n gysylltiedig â gwenwyn bwyd) mor beryglus – dydych chi ddim yn gallu dweud a ydyn nhw yn y bwyd ai peidio. Pan fydd gan facteria fwyd, cynhesrwydd, gwlybaniaeth ac amser, gallan nhw luosogi bob 10-20 munud drwy rannu'n ddau.

Yn yr enghraifft hon, oherwydd un weithred ddiofal gyda chlwtyn budr, mae 6,000 pathogen wedi lluosogi i 3 miliwn mewn 2 awr a 40 munud.

Mae 1 miliwn pathogen i bob gram o fwyd yn ddigon i achosi gwenwyn bwyd.

Gall bacteria pathogenig weithio mewn ffyrdd gwahanol i achosi gwenwyn bwyd. Gallan nhw luosogi mewn bwyd ac yna heintio'r person sy'n ei fwyta. Gall rhai bacteria gynhyrchu **tocsinau** (gwenwyn) wrth iddyn nhw luosogi neu farw. Gall tocsinau fyw ar ôl eu berwi am hanner awr neu ragor. Gall rhai gynhyrchu **sborau** i'w hamddiffyn eu hunain rhag tymheredd uchel neu isel iawn, neu rhag cemegion fel diheintydd. Dydy prosesau coginio arferol ddim yn dinistrio sborau.

Dyma rai bacteria cyffredin sy'n achosi gwenwyn bwyd:

Salmonela - dyma oedd y gwenwyn bwyd mwyaf cyffredin ond mae dulliau modern o'i drin wedi arwain at lai o achosion o wenwyn bwyd mewn cyw iâr ac wyau. Prif ffynhonnell salmonela yw stumog a charthion pobl ac anifeiliaid, ond mae hefyd yn gallu bod mewn pla fel llygod,

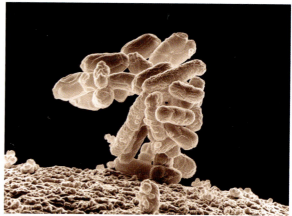

▲ Bacteria yn lluosogi drwy rannu'n ddau

Amser		Pathogenau ar y cyw iâr
9.40	Cyw iâr yn cael ei adael i goginio hyd at 75°C, a'i adael yn y gegin, heb ei orchuddio, i oeri. Nid oes unrhyw facteria wedi goroesi.	0
10.00	Mae cogydd yn defnyddio clwtyn budr i drosglwyddo'r cyw iâr i blât.	6,000
10.20		12,000
10.40		24,000
11.00		48,000
11.20		96,000
11.40		192,000
12.00		384,000
12.20		768,000
12.40		1.5 miliwn
1.00		3 miliwn

▲ Peryglon - Llinell amser

pryfed ac adar, ac mewn cig a chyw iâr amrwd, wyau a bwyd môr. Mae gwenwyn salmonela yn gallu cael ei drosglwyddo o un person i'r llall.

Staphylococcus aureus – prif ffynhonnell yr organeb hon yw'r corff dynol (mae'n gallu bod yn bresennol ar y croen, y gwallt a'r pen, y trwyn, y gwddf ac ati). Bydd unrhyw friw, ploryn, llosg a smotyn hefyd yn ffynhonnell i'r organeb hon. Pan fydd *staphylococcus* yn lluosogi mewn bwyd mae tocsin (gwenwyn) yn cael ei gynhyrchu, a gall fod yn anodd iawn ei ladd. Er mwyn osgoi cael gwenwyn bwyd oddi wrth yr organeb hon, rhaid i unrhyw un sy'n trin bwyd gynnal safonau hylendid personol uchel iawn a dweud wrth ei oruchwyliwr am unrhyw salwch a allai fod arno, cyn trin bwyd.

Clostridium perfringens – mae hwn yn aml yn bresennol mewn carthion pobl ac anifeiliaid, ac mewn cig amrwd, cyw iâr a llysiau (hefyd mewn pryfed, pridd, llwch a charthion). Yn aml iawn, mae'r organeb hon wedi achosi gwenwyn bwyd pan fydd llawer o gig wedi codi i dymheredd coginio yn araf ac yna wedi oeri'n araf ar gyfer ei ddefnyddio'n ddiweddarach neu'i ailgynhesu. Gall *clostridium perfringens* gynhyrchu sborau yn ystod y broses gynhesu/oeri. Mae sborau'n gallu gwrthsefyll unrhyw goginio pellach, a gallan nhw ganiatáu i facteria fyw mewn amodau a fyddai'n eu lladd fel arfer.

Bacillus cereus – gall hwn gynhyrchu sborau a thocsinau felly gall fod yn bathogen peryglus. Mae'n cael ei gysylltu'n aml â choginio llawer o reis, ei oeri'n rhy araf ac yna'i ailgynhesu. Ni fyddai'r tymheredd ailgynhesu'n ddigon uchel i ddinistrio'r sborau a'r tocsinau. Mae hefyd wedi cael ei gysylltu â chnydau grawnfwyd eraill, sbeisys, pridd a llysiau.

Clostridium botulinum – prin, ond gall symptomau fod yn ddifrifol iawn, a allai hyd yn oed arwain at farwolaeth. Ffynonellau arferol yw coluddion pysgod, llysiau a phridd.

E coli – presennol yng ngholuddion (a charthion) anifeiliaid a phobl, cig amrwd, a gall fod yn bresennol ar lysiau amrwd. Gall gwenwyn o'r ffynhonnell hon fod yn beryglus iawn, am ei fod yn gallu arwain at fethiant yr arennau.

Clefydau sy'n cael eu cludo mewn bwyd

Mae organebau eraill yn achosi **salwch sy'n cael ei gludo mewn bwyd**. Dydy'r rhain ddim yn lluosogi mewn bwyd ond maen nhw'n defnyddio bwydydd i gyrraedd perfedd pobl ble gallan nhw gynyddu wedyn ac achosi sawl salwch, a rhai'n ddifrifol. Yn eu plith mae:

Campylobacter – mae hwn bellach yn achosi mwy o salwch sy'n gysylltiedig â bwyd nag unrhyw organeb arall. Mae i'w gael mewn cyw iâr a chig amrwd, carthion, anifeiliaid, pryfed ac adar.

Listeria – mae'r organeb hon yn achosi pryder am ei fod yn gallu lluosogi (yn araf) ar dymheredd yr oergell (h.y. o dan 5°C). Mae wedi'i gysylltu â chynnyrch oer fel caws heb ei basteureiddio, *paté* a salad wedi'i baratoi'n barod, yn ogystal â phrydau bwyd oer sy'n barod i'w cynhesu.

Teiffoid – gall fod yn ddifrifol iawn ac mae'n cael ei achosi gan fath o salmonela. Mae'n cael ei gysylltu'n aml â draeniau a systemau carthffosiaeth gwael, dŵr sydd heb gael ei drin a chludyddion.

Dysentri bacillaidd – mae'n cael ei achosi gan organeb o'r enw shigella, a gall ddod o garthffosiaeth, tail anifeiliaid, pobl sydd wedi cael eu heintio, a bwyd a dŵr sydd wedi'u halogi.

Norovirus – fel pob firws, ni fydd hwn yn lluosogi ar fwyd, ond gall fyw am gyfnod byr ar arwynebau gwaith, offer a bwyd, ac mae'n defnyddio'r pethau hyn i fynd i mewn i'r corff. Y ffordd fwyaf cyffredin o'i ledaenu yw drwy'r awyr, rhwng pobl, mewn dŵr neu garthion.

Ymysg ffynonellau a pheryglon eraill i ddiogelwch bwyd mae peryglon cemegol, ffisegol ac alergaidd. I gael rhagor o wybodaeth am y rhain, ewch i dudalen 15.

Dirywiad bwyd

Bwyd sydd wedi dirywio neu fwyd sydd wedi 'mynd yn ddrwg' yw hwn. Yn wahanol i halogiad â bacteria, gellir adnabod hwn fel arfer drwy edrych arno, ei arogli, ei flasu neu ei deimlo. Mae arwyddion dirywiad yn cynnwys llwydni; bwyd sy'n llysnafeddog, yn rhy wlyb neu'n rhy sych; arogl neu flas sur; bwyd sydd wedi newid lliw neu grebachu; neu newidiadau eraill mewn teimlad/ymddangosiad.

Mae hyn yn cael ei achosi gan y broses wrth i'r bwyd gael ei dorri i lawr yn naturiol gan organebau dirywio fel bacteria dirywio, ensymau, llwydni a burumau, nad ydyn nhw, mewn rhai achosion, yn gwneud unrhyw niwed ynddyn nhw'u hunain, ond sy'n achosi i'r bwyd ddirywio. Gall dirywiad ddigwydd hefyd drwy storio gwael, trin y bwyd neu drwy halogi'r bwyd.

Gall dirywiad bwyd fod yn gyfrifol am lawer iawn o wastraff diangen mewn busnes ac ni ddylai hyn ddigwydd os yw'r stoc bwyd yn cael ei reoli a'i storio'n gywir.

Rhaid dweud wrth y goruchwyliwr/rheolwr llinell am unrhyw fwyd sydd wedi dirywio neu sydd wedi mynd y tu hwnt i'w ddyddiad bwyta. Yna, dylid cael gwared arno mewn ffordd addas a'i labelu 'ddim i'w fwyta gan bobl'. Dylai gael ei osod ar wahân i'r gwastraff cyffredinol, a chael gwared arno o ardaloedd storio bwyd.

Mae manylion pellach i'w gweld yn nes ymlaen yn y bennod hon ar gylchdroi stoc a sut y gall hyn helpu i leihau dirywiad bwyd.

Arferion a threfniadau trin bwyd yn ddiogel
Rheoli tymheredd

Mae tymheredd yn chwarae rhan bwysig iawn mewn diogelwch bwyd. **Parth peryglus** ydy'r term a ddefnyddir os ydy'r tymheredd rhwng 5°C a 63°C. Dyma'r tymereddau pryd mae hi'n bosib i facteria gynyddu, gyda'r cynnydd mwyaf yn digwydd tua 37°C. Wrth goginio bwyd, ewch â'r bwyd drwy'r cyfnod peryglus yn gyflym. Dylid coginio'r rhan fwyaf o fwyd i 75°C er mwyn lladd bacteria. Wrth oeri bwyd, oerwch y bwyd yn gyflym (o fewn 90 munud) er mwyn osgoi ei gadw yn y parth peryglus yn hirach nag sydd raid.

Mae offer mesur tymheredd electronig ar gael i fesur y tymheredd yng nghanol bwyd poeth a bwyd oer. Maen nhw hefyd yn ddefnyddiol ar gyfer cofnodi tymheredd cyflenwad newydd o fwyd a gwirio tymheredd y bwyd mewn oergell. Gwnewch yn siŵr bod yr offer mesur tymheredd yn lân ac wedi'u diheintio cyn eu defnyddio (mae llieiniau sychu tafladwy wedi'u diheintio yn

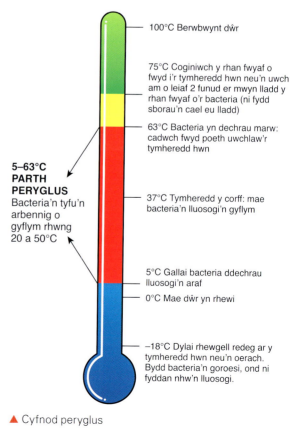

100°C Berwbwynt dŵr

75°C Coginiwch y rhan fwyaf o fwyd i'r tymheredd hwn neu'n uwch am o leiaf 2 funud er mwyn lladd y rhan fwyaf o'r bacteria (ni fydd sborau'n cael eu lladd)

63°C Bacteria yn dechrau marw: cadwch fwyd poeth uwchlaw'r tymheredd hwn

5–63°C PARTH PERYGLUS Bacteria'n tyfu'n arbennig o gyflym rhwng 20 a 50°C

37°C Tymheredd y corff: mae bacteria'n lluosogi'n gyflym

5°C Gallai bacteria ddechrau lluosogi'n araf

0°C Mae dŵr yn rhewi

−18°C Dylai rhewgell redeg ar y tymheredd hwn neu'n oerach. Bydd bacteria'n goroesi, ond ni fyddan nhw'n lluosogi.

▲ Cyfnod peryglus

ddefnyddiol iawn ar gyfer hyn). Rhowch yr offer mesur tymheredd yng nghanol y bwyd, gan wneud yn siŵr nad yw'n cyffwrdd ag asgwrn na'r sosban goginio.

Dylid gwirio a chofnodi'r tymheredd mewn oergelloedd, rhewgelloedd a chypyrddau oer o leiaf unwaith y dydd. Dylai oergelloedd a chypyrddau oer fod o dan 5°C, a dylai rhewgelloedd fod o dan -18°C.

Erbyn hyn, mae systemau ar gael i gofnodi tymheredd pob oergell, rhewgell a chwpwrdd arddangos bwyd oer mewn busnes. Bydd tymheredd yn cael ei gofnodi a'i anfon at gyfrifiadur canolog sawl gwaith y dydd. Gellir argraffu neu storio'r rhain yn electronig fel rhan o'r gwaith o gadw cofnodion yn unol â'r gofynion. Bydd angen tynnu sylw at unedau nad ydyn nhw'n rhedeg ar y tymheredd cywir.

Paratoi

Mae'n bwysig monitro faint o amser y mae bwyd yn cael ei gadw ar dymheredd y gegin er mwyn sichrau nad yw allan yn rhy hir. Wrth baratoi llawer o fwyd, gwnewch y bwyd ychydig ar y tro, gan gadw'r rhan fwyaf o'r bwyd yn yr oergell hyd nes bod ei angen. Mae'n bwysig nad yw tymheredd craidd (canol) y bwyd yn codi uwchlaw 8°C.

Os oes angen i chi ddadmer bwyd sydd wedi rhewi, rhowch y bwyd mewn hambwrdd dwfn, gorchuddiwch y bwyd â ffilm a'i labelu i ddangos beth yw'r eitem, a'r dyddiad a'r amser pan ddechreuwyd ei ddadmer. Y lle gorau i wneud hyn yw mewn cwpwrdd dadmer pwrpasol. Opsiwn arall yw rhoi'r bwyd ar waelod yr oergell ble nad yw hi'n bosib i hylif sy'n dadmer ddiferu ar ben unrhyw beth arall. Gwnewch yn siŵr bod y bwyd yn dadmer yn llwyr (dim crisialau rhew ar ddim un rhan o'r bwyd). Ar ôl i'r bwyd ddadmer, dylai'r eitem aros ar dymheredd yr oergell a dylid ei goginio'n drylwyr o fewn 12 awr.

Coginio

Bydd coginio bwyd i dymheredd craidd o **75°C** am **ddwy** funud yn lladd y rhan fwyaf o facteria. Mae'r tymheredd hwn yn bwysig, yn enwedig pan fydd llawer o fwyd yn cael ei goginio, neu pan fo'r cwsmeriaid yn y categori risg uchel (gweler tudalen 26).

Er hynny, gellir coginio rhai seigiau ar fwydlenni gwestai neu dai bwyta i dymheredd is na hyn. Mae hyn yn dibynnu ar y saig unigol a gofynion y cwsmer. Gellir defnyddio tymheredd is – ond ddim is na 63°C – pan fydd darn cyfan o gig fel stêc yn cael ei goginio. Coginiwch i dymheredd uwch na'r hyn a argymhellir bob amser pan fydd y cig wedi cael ei dynnu oddi ar yr asgwrn / wedi cael ei rolio neu wedi'i droi'n friwgig, neu pan fydd bwyd yn rhan o saig sy'n cynnwys llawer o gynhwysion, fel cacennau pysgod neu bastai pysgod. Mae angen i'r tymheredd coginio fod yn addas er mwyn sicrhau bod y rhan fwyaf o'r bacteria yn cael eu lladd.

Cyngor proffesiynol

Weithiau, pan fydd cwsmer yn dewis seigiau sy'n cael eu coginio ar dymheredd is na'r hyn a argymhellir, dylid rhoi rhybudd ar y twydlen i ddweud bod y cwsmer ei hun yn derbyn cyfrifoldeb am ddewis bwyta'r bwyd.

Oeri

Os yw bwyd yn cael ei oeri er mwyn ei weini'n oer neu ar gyfer ei ailgynhesu'n ddiweddarach, rhaid iddo gael ei oeri i **8°C** o fewn **90 munud**. Bydd hyn yn helpu i atal unrhyw facteria sy'n bresennol rhag lluosogi. Mae hefyd yn osgoi unrhyw broblem bosib â sborau. Y ffordd orau o wneud hyn yw mewn oerydd chwythu *(blast chiller)*.

Ailgynhesu

Os ydych chi'n ailgynhesu bwyd a goginiwyd yn barod, cynheswch i 75°C+ (yr argymhelliad yn yr Alban yw 82°C). Rhaid i'r tymheredd yng nghanol y bwyd gael ei gynnal am ddau funud o leiaf, a dim ond unwaith y gellir ei ailgynhesu.

Cadw bwyd cyn ei weini, gweini'r bwyd a chludo'r bwyd

Rhaid cadw bwyd wedi'i goginio sy'n aros i gael ei weini neu ei gludo ar dymheredd uwchlaw 63°C ar gyfer bwyd poeth neu o dan 5°C ar gyfer bwyd oer.

Trefniadau rheoli stoc
Derbyn y cyflenwad bwyd

Er mwyn i fwyd aros yn y cyflwr gorau a bod yn ddiogel i'w fwyta, rhaid ei storio'n gywir. Dylid defnyddio cyflenwyr cymeradwy yn unig, sy'n gallu sicrhau bod bwyd yn cael ei gyflenwi yn y cyflwr gorau. Dylai bwyd gael ei gyflenwi mewn pecynnau addas, o fewn y dyddiadau 'defnyddiwch erbyn' neu 'ar ei orau cyn', ac ar y tymheredd cywir (gweler isod).

Dylid gwirio pob cyflenwad drwy edrych ar y nodyn cyflenwi ac yna'i symud i'r ardal storio addas cyn gynted â phosib. Dylai bwyd oer neu fwyd wedi rhewi gael eu symud o fewn 15 munud i'r amser maen nhw'n cael eu cyflenwi. Defnyddiwch offer mesur tymheredd i wirio tymheredd y bwyd. Dylai bwyd oer fod yn is na 5°C a dylai bwyd sydd wedi rhewi fod yn -18°C neu'n oerach. Mae sawl cyflenwr yn darparu taflen wedi'i hargraffu yn dweud beth yw tymheredd y bwyd pan mae'n cael ei gyflenwi.

Dylai nwyddau sych fod mewn pecynnau sy'n gyfan. Dylen nhw fod o fewn y dyddiadau 'defnyddiwch erbyn'. Dylen nhw hefyd fod yn hollol sych ac mewn cyflwr perffaith ar adeg eu cyflenwi.

Storio

Tynnwch eitemau bwyd allan o'u bocsys allanol cyn rhoi'r cynnyrch mewn oergell, rhewgell neu storfa sych. Dylid storio bwyd gyda'r labeli cywir arnyn nhw er mwyn iddi fod yn glir beth yw'r cynnyrch. Mae tabl 2:3 yn rhoi cyfarwyddiadau storio a thymheredd ar gyfer cynnyrch gwahanol.

Marciau dyddiad a chylchdroi stoc

Mabwysiadwch bolisi 'cyntaf i mewn - cyntaf allan' (*FIFO - first in, first out*) i wneud yn siŵr eich bod yn defnyddio'r stoc hŷn yn gyntaf. Sylwch ar ddyddiadau storio ('ar eu gorau cyn') ar fwydydd sydd wedi'u pecynnu.

- **'Defnyddiwch erbyn'** – ar gyfer bwyd sy'n darfod ac sydd angen ei gadw yn yr oergell (rhaid cadw at y drefn hon yn ôl y gyfraith).
- **'Ar ei orau cyn'** – ar gyfer eitemau eraill nad oes angen eu storio yn yr oergell.

GEIRIAU ALLWEDDOL

Bacteria pathogenig – bacteria sy'n gallu achosi salwch.

Tocsin – gwenwyn sy'n cael ei gynhyrchu gan rai bacteria.

Sbôr – cyflwr y gall rhai bacteria fynd iddo er mwyn goroesi tymheredd uchel a diheintiad.

Dirywiad bwyd – bwyd sy'n dirywio. Mae hynny o ganlyniad i newid mewn blas, arogl, golwg, gweadedd neu liw ac ati.

Parth peryglus – yr amrywiaeth tymheredd rhwng 5°C a 63°C sy'n galluogi bacteria i luosogi.

FIFO – 'cyntaf i mewn a'r cyntaf allan' sy'n cyfeirio at ddefnyddio bwyd hŷn i ddechrau cyn defnyddio bwyd mwy newydd.

Dyddiad 'defnyddiwch erbyn' *(Use by)* – mae'r rhain i'w gweld ar fwyd darfod sydd angen ei gadw yn yr oergell, a rhaid cadw at y drefn hon yn ôl y gyfraith.

Dyddiad 'ar ei orau cyn' *(Best before)* – ar gyfer bwyd nad yw'n darfod ac nad oes angen ei gadw yn yr oergell. Arfer da yw peidio â defnyddio'r bwyd ar ôl y dyddiad hwn.

Tabl 2.3 Cyfarwyddiadau a thymheredd storio

Math o fwyd	Tymheredd storio	Cyfarwyddiadau storio
Eitemau ar gyfer yr oergell mewn oergell aml-ddefnydd	Oergell yn rhedeg o dan 5°C	Dylai pob bwyd fod wedi cael ei orchuddio a'i labelu ag enw'r eitem a'r dyddiad. Cadwch fwyd amrwd ar waelod yr oergell bob amser, a'r eitemau eraill uwchben. Peidiwch byth â gorlenwi'r oergell; er mwyn iddi weithio'n effeithiol rhaid i'r aer oer fod yn gallu cylchdroi rhwng eitemau. Lapiwch fwydydd sydd ag aroglau cryf yn dda oherwydd gall yr arogl (a'r blas) drosglwyddo i fwydydd eraill e.e. llaeth. Cofnodwch y tymheredd y mae'r oergell yn rhedeg arno. Gwnewch hyn o leiaf unwaith bob dydd a chadwch dymheredd yr oergell gyda chofnodion eraill y gegin.
Bwyd wedi rhewi	Rhewgell yn rhedeg ar -18°C neu'n is.	Gwahanwch fwyd amrwd oddi wrth fwyd sy'n barod i'w fwyta a pheidiwch byth â gadael i fwyd gael ei ail-rewi ar ôl iddo ddadmer. Rhaid i unrhyw fwyd sydd i gael ei rewi fod wedi cael ei lapio'n dda neu'i roi mewn rhywbeth addas, gyda chaead (gellir pacio eitemau dan wactod hefyd). Gwnewch yn siŵr bod pob bwyd wedi'i labelu a'i ddyddio cyn ei rewi.
Cig a dofednod amrwd	Dylai oergelloedd fod yn rhedeg ar dymheredd rhwng 0°C a 2°C	Pryd bynnag y bo hynny'n bosib, storiwch mewn oergell sy'n benodol ar gyfer cig a dofednod er mwyn osgoi traws-halogi oherwydd diferion. Os nad yw'r bwyd eisoes wedi'i lapio, rhowch ef ar hambyrddau, gorchuddiwch ef yn drylwyr â ffilm a'i labelu. Os oes rhaid storio cig/dofednod mewn oergell aml-ddefnydd, gwnewch yn siŵr ei fod wedi'i orchuddio, ei labelu a'i roi ar waelod yr oergell, sy'n rhedeg ar dymheredd o dan 5°C a'i fod yn ddigon pell oddi wrth eitemau eraill.
Nwyddau sych (yn cynnwys eitemau fel reis, pasta sych, siwgr, blawd, grawn)	Ardal storio glaear, sych sydd wedi'i hawyru'n dda	Dylid eu cadw mewn bocsys/cynwysyddion glân â gorchudd arnyn nhw, ar olwynion, neu mewn bocsys llai o faint wedi'u selio ar silffoedd, er mwyn rhwystro pla rhag mynd atyn nhw. Dylai'r storfa fod mewn ardal storio glaear, wedi'i hawyru'n dda, ac mae system dda ar gyfer rheoli cylchdroi'r stoc yn hanfodol. Cadwch yr wybodaeth ar y pecynnau oherwydd gall hyn gynnwys **cyngor hanfodol am alergedd**.
Pysgod	Oergell yn rhedeg ar 1–2°C	Mae'n well cael oergell sy'n benodol ar gyfer pysgod. Tynnwch bysgod ffres o'r bocsys rhew a'u rhoi ar hambyrddau, gorchuddiwch nhw'n dda â ffilm a'u labelu. Os oes rhaid storio pysgod mewn oergell aml-ddefnydd, gwnewch yn siŵr eu bod wedi'u gorchuddio'n drylwyr, wedi'u labelu a'u rhoi ar waelod yr oergell, sy'n rhedeg ar dymheredd o dan 5°C, yn ddigon pell oddi wrth eitemau eraill. Cofiwch y gall arogl pysgod dreiddio i eitemau eraill fel llaeth neu wyau.
Cynnyrch llaeth / wyau	Dylid cadw llaeth a hufen, wyau a chaws o dan 5°C. Gellir cadw llaeth wedi'i ddiheintio neu *UHT* yn y storfa sych. Dylid storio wyau ar dymheredd cyson, ac oergell yw'r lle gorau i'w storio.	Dylid storio llaeth a hufen, wyau a chaws yn eu bocsys gwreiddiol. Ar gyfer llaeth wedi'i sterileiddio neu UHT, dilynwch y cyfarwyddiadau storio ar y label.
Ffrwythau, llysiau ac eitemau salad	Mae'n dibynnu pa fath; dylid cadw eitemau'r oergell tua 8°C i osgoi unrhyw niwed gan oerfel	Bydd yr amodau storio'n amrywio yn ôl y cynnyrch c.e. gellir storio sachau o datws, gwreiddlysiau a rhai ffrwythau mewn ystafell storio glaear sydd wedi'i hawyru'n dda. Byddai'n well rhoi salad, llysiau gwyrdd, ffrwythau meddal a throfannol mewn oergell neu storfa'r oergell.
Cynnyrch tun	Ardal storio sych	Fel arfer, bydd tuniau yn cael eu storio mewn ardal storio sych. Unwaith eto, mae'n hanfodol cylchdroi stoc. Bydd bwyd mewn tun yn dangos dyddiad 'ar ei orau cyn'. Y cyngor yw peidio â'u defnyddio ar ôl y dyddiad hwnnw. Ni ddylid byth ddefnyddio tuniau sydd wedi 'chwythu' a pheidiwch â defnyddio tuniau sydd â tholc drwg neu sydd wedi rhydu. Unwaith y bydd y tun ar agor, trosglwyddwch unrhyw fwyd i bowlen lân gorchuddiwch y bowlen a'i labelu a'i storio yn yr oergell am hyd at ddau ddiwrnod.
Bwyd wedi'i goginio	O dan 5°C	Mae'r rhain yn cynnwys amrywiaeth eang o fwydydd, e.e. pastai, *paté*, teisennau hufen, pwdinau a fflaniau sawrus. Byddan nhw fel arfer yn fwydydd 'risg uchel' felly rhaid eu storio'n gywir. Edrychwch ar y labeli ar yr eitemau unigol i weld y cyfarwyddiadau storio. Yn gyffredinol fodd bynnag, cadwch eitemau o dan 5°C. Storiwch nhw'n ofalus, wedi'u lapio a'u labelu ac yn ddigon pell oddi wrth ac uwchben bwydydd amrwd, er mwyn osgoi unrhyw draws-halogi.

Gweithgaredd

1 Beth yw'r prif wahaniaethau rhwng bacteria pathogenig a firysau?
2 Beth yw'r pedwar peth hanfodol sydd ei angen ar facteria i luosogi? Gyda'r pethau hanfodol hyn, pa mor gyflym y mae bacteria yn gallu rhannu?
3 Beth yw'r ystod tymheredd sydd o fewn y parth peryglus? Pam y dylid cadw bwyd allan o'r parth hwn gymaint â phosib? Awgrymwch dri arfer gweithio da a fyddai'n rhwystro bwyd rhag bod yn y parth hwn yn rhy hir.
4 Dangoswch ar y diagram isod ble y byddech chi'n rhoi'r bwydydd oer hyn mewn oergell amlbwrpas: cyw iâr amrwd, ham wedi'i goginio, hufen, ffiled eog, quiche llysiau wedi coginio, wyau, caws, pastai wedi'i choginio, *paté*, pasta ffres, stêc, llaeth, selsig amrwd, menyn, coesau cyw iâr wedi rhewi sydd angen eu dadmer.
5 Mae rhywfaint o gaws hufennog yn yr oergell yn barod, a heddiw yw'r dyddiad *defnyddiwch erbyn*, mae hefyd *crème fraiche* i'w ddefnyddio erbyn fory, a rhywfaint o iogwrt â dyddiad i'w ddefnyddio erbyn ddoe. Beth ddylid ei wneud â'r eitemau hyn? Ar ba dymheredd y dylai'r oergell fod yn rhedeg?

Profwch eich hun

1 Beth yw gwenwyn bwyd?
2 Rhestrwch 5 o arferion hylendid personol y dylech chi eu cynnwys ar restr wirio hylendid personol ar gyfer staff y gegin.
3 Beth yw ystyr y llythrennau HACCP? Sut y mae hwn yn cael ei ddefnyddio?
4 Os byddech chi eisiau cymorth neu gyngor am ddiogelwch bwyd, ble byddech chi'n gallu dod o hyd i'r wybodaeth honno?
5 Pa arwyddion fyddai'n gwneud i chi amau bod problem pla llygod mewn cegin? Beth fyddech chi'n ei wneud ynglŷn â'r mater?
6 Pa bobl fyddai'n cael eu cynnwys yn y grŵp 'risg uchel' ar gyfer gwenwyn bwyd, a pham maen nhw'n cael eu hystyried yn bobl 'risg uchel'?
7 Sut mae dirywiad bwyd yn wahanol i fwyd sydd wedi'i halogi gan facteria pathogenig? Pa un sydd fwyaf peryglus yn eich barn chi, a pham?
8 Beth yw'r enw a roddir ar y tymereddau rhwng 5°C a 63°C? Pam mae'r tymereddau hyn yn bwysig?
9 Sut gallwch chi wirio tymheredd bwyd?
10 Disgrifiwch y camau sy'n bwysig eu dilyn pan fyddwch chi'n derbyn cyflenwad bwyd.

Mae'r bennod hon yn rhoi sylw i Uned 103, Ymwybyddiaeth o iechyd a diogelwch ar gyfer lletygarwch ac arlwyo.

Erbyn diwedd y bennod hon fe ddylech chi fod yn gallu:

- Diffinio iechyd a diogelwch, a nodi'r ffactorau sy'n effeithio ar iechyd a diogelwch yn y gweithle
- Enwi manteision safonau iechyd a diogelwch da a nodi cost safonau iechyd a diogelwch gwael
- Diffinio'r termau iechyd a diogelwch mwyaf cyffredin
- Enwi cyfrifoldebau cyflogwyr a gweithwyr yn unol â deddfwriaeth gyfredol, a rhestru canlyniadau peidio â chydymffurfio â'r ddeddfwriaeth hon
- Rhestru pethau sy'n achosi llithro, baglu a chwympo yn y gwaith, a nodi ffyrdd o leihau'r rheini
- Enwi'r prif anafiadau o ganlyniad i godi a chario a nodi ffyrdd o leihau'r risg o gael anaf wrth godi, cario a thrafod â llaw
- Enwi ffyrdd y gall peiriannau ac offer achosi anafiadau, a rhestru'r mesurau rheoli i osgoi damweiniau
- Nodi mathau o sylweddau peryglus, a rhestru'r mesurau rheoli fel nad yw pobl yn dod i gysylltiad â'r rhain, ac i amddiffyn gweithwyr
- Enwi'r prif bethau sy'n achosi tanau a ffrwydradau, a sut mae defnyddio elfennau o'r triongl tân i ddiffodd tân
- Enwi'r peryglon sy'n gysylltiedig â thrydan, a'r mesurau i atal y peryglon hyn
- Rhestru'r prif resymau dros weithio'n ddiogel
- Nodi swyddogaethau cyfarpar diogelu personol (PPE), yn cynnwys cyfrifoldebau'r cyflogwyr a'r gweithwyr o ran darparu cyfarpar, ei ddefnyddio, gofalu amdano, a'i gynnal a'i gadw
- Dweud sut y gellir adnabod y prif fathau o arwyddion diogelwch
- Enwi peryglon a digwyddiadau sydd angen rhoi gwybod amdanyn nhw.

Arferion iechyd a diogelwch yn y gweithle lletygarwch ac arlwyo

Mae iechyd a diogelwch yn bwysig iawn yn y diwydiant lletygarwch. Mae angen deall egwyddorion iechyd a diogelwch a sut i'w dilyn pan fyddwch yn gweithio.

Ystyr 'iechyd' yw pan fo person yn teimlo'n iach yn gorfforol a meddyliol, pan nad yw'n dioddef o salwch neu glefyd ac mae'n gallu cyflawni ei waith yn dda heb i'w waith effeithio ar ei fywyd gartref neu ei amser hamdden.

Ystyr 'diogelwch' yw nad oes risgiau. Dylech deimlo'n ddiogel yn eich gweithle, a dylech ddisgwyl gallu cwblhau eich gwaith heb iddo achosi unrhyw anaf, niwed neu salwch i chi.

Ffactorau sy'n effeithio ar iechyd a diogelwch yn y gweithle

Gellir rhannu'r rhesymau pam y gall damweiniau ddigwydd mewn ceginau ac ardaloedd lletygarwch eraill i'r categorïau isod.

Ffactorau galwedigaethol

Mae'n bosibl i offer cegin a thai bwyta fod yn beryglus iawn. Bydd angen i chi roi sylw i ddefnyddio cyllyll ac offer miniog arall yn ddiogel, peiriannau cymysgu a thorri, jetiau nwy neu fflamau agored, stêm, mwg (o offer mygu), arwynebau poeth iawn fel stofiau â hob solet, ac amrywiaeth eang o eitemau eraill.

Gall y bwyd y byddwch yn ei drin, a'r broses y byddwch yn ei dilyn, fod yn beryglus hefyd. Er enghraifft, gall pobl sy'n gweithio gyda blawd yn aml ddioddef o ganlyniad i anadlu'r llwch (gellid gwisgo mwgwd); gall rhai pobl ddatblygu alergedd i eitemau fel burum neu gnau; gall trin eitemau fel pysgod neu ambell i lysieuyn yn aml achosi llid ar y croen (efallai y bydd angen defnyddio menig neu fwgwd). Weithiau, gall esgyrn miniog mewn pysgod neu gig achosi toriadau.

Byddwch yn defnyddio cemegion i lanhau, diheintio a thynnu saim ac ar gyfer amryw o brosesau eraill. Mae'n bwysig trin y rhain yn ofalus a dilyn y cyfarwyddiadau er mwyn atal problemau croen neu fewnanadlu posibl. Defnyddiwch y Cyfarpar Diogelu Personol (PPE) angenrheidiol, fel menig. Bydd llewys hir yn helpu i amddiffyn y croen, a bydd mwgwd yn lleihau problemau mewnanadlu.

Ffactorau amgylcheddol

Gall yr amgylchedd yr ydych yn gweithio ynddo gynnwys peryglon hefyd, ac mae dyletswydd gyfreithiol ar gyflogwyr i ddarparu cyfleusterau ac amodau gweithio addas.

Mae cyfleusterau'n cynnwys ystafelloedd newid a gorffwys sydd â lle i storio eiddo personol, toiledau a basnau golchi dwylo, offer cymorth cyntaf, dŵr yfed a chyfarpar diogelu personol sy'n cael ei gadw mewn cyflwr da, a rhywle i'w storio.

Gall damweiniau a salwch ddigwydd pan fyddwch yn gweithio mewn tymereddau uchel, ble y gallwch fynd yn rhy boeth, yn ddadhydredig, yn benysgafn a theimlo'n sâl.

Gall golau gwael wneud amodau gwaith yn anodd, ac os nad ydych yn gallu gweld yn iawn gallai hynny arwain at ddamweiniau.

Gall lefelau uchel o sŵn am gyfnodau hir arwain at wneud niwed i'r glust, a gallai lefelau uchel o sŵn arwain at ddamweiniau os na ellir clywed cyfarwyddiadau neu rybuddion.

Ffactorau dynol

Efallai y bydd pobl sy'n gweithio mewn cegin yn amhrofiadol neu heb gael yr hyfforddiant cywir ar gyfer y tasgau y maen nhw'n eu gwneud; gall hyn arwain at ddamweiniau neu anafiadau. Bydd rhaid i bawb sydd heb y sgiliau neu'r profiad angenrheidiol gael eu goruchwylio tan iddyn nhw gael hyfforddiant llawn.

Gall rhywun sydd ddim yn canolbwyntio'n llwyr, neu sy'n ddiofal, achosi anaf i'w hun neu i rywun arall. Gall diffyg canolbwyntio a pherfformiad gwael ddigwydd oherwydd cyflwr meddyliol neu gorfforol rhywun. Er enghraifft, efallai eu bod yn dioddef o gyflwr corfforol fel anaf i'r cefn, eu bod yn dioddef o straen, yn teimlo eu bod yn cael eu gorweithio, neu â phryderon personol, a gall pob un ohonynt achosi iddyn nhw golli eu gallu i ganolbwyntio a pherfformio'n wael. Gall rhywun sy'n gweithio o dan ddylanwad alcohol, cyffuriau neu sylweddau eraill golli'r gallu i ganolbwyntio a'r gallu i gyflawni eu gwaith yn dda; ddylen nhw ddim bod yn gweithio ac yn sicr, ddylen nhw ddim bod yn defnyddio peiriannau.

Iechyd a diogelwch

Dylech weithio mewn modd trefnus, glân a thaclus. Bydd hyn yn helpu i leihau'r risg o ddamweiniau ac anafiadau.

Iechyd a diogelwch

Os ydych yn ymwybodol o unrhyw beth yn eich gweithle a allai fod yn broblem iechyd a diogelwch, dylech un ai gywiro'r mater eich hun, fel sychu llawr gwlyb, neu ddweud wrth oruchwyliwr am y broblem, fel cebl diffygiol ar beiriant cymysgu.

Manteision gweithdrefnau iechyd a diogelwch da yn y gweithle

Atal camau cyfreithiol

Mae'r gyfraith yn mynnu bod rhaid i bob cyflogwr gael mesurau a gweithdrefnau iechyd a diogelwch pwrpasol. Gall methu â gwneud hyn arwain at gamau cyfreithiol, a hynny'n arwain at ddirwyon uchel ac, mewn achosion difrifol, hyd yn oed at garchar. Bydd rhaid i weithiwr hefyd gydymffurfio â'r gyfraith iechyd a diogelwch a dilyn y gweithdrefnau iechyd a diogelwch a sefydlwyd gan eu cyflogwyr.

Lleihau'r posibilrwydd o ddamweiniau a salwch

Mae rheoliadau ac arferion iechyd a diogelwch yn amddiffyn gweithwyr rhag damweiniau neu salwch sy'n ymwneud â'r gwaith. Mae angen i bawb deimlo'n ddiogel yn y gwaith. Os yw cyflogwyr yn canolbwyntio ar iechyd a diogelwch ac yn cydymffurfio â'r gyfraith, ac os yw gweithwyr yn dilyn y mesurau a roddwyd yn eu lle gan gyflogwyr, gellir osgoi damweiniau ac anafiadau yn y gwaith.

Cynnal a hybu enw da

Bydd y cyflogwyr gorau eisiau ennill enw da am eu safonau iechyd a diogelwch. Bydd yn helpu i sicrhau bod gweithwyr yn frwdfrydig ac yn gweithio'n effeithlon heb ddamweiniau ac anafiadau diangen. Mae busnesau sydd â gweithdrefnau iechyd a diogelwch da yn debygol o fod â safonau uchel mewn meysydd eraill hefyd, sy'n golygu y byddan nhw'n gyflogwr y bydd pobl yn hoffi gweithio iddyn nhw. Gall safonau iechyd a diogelwch gwael arwain at ddamweiniau, anafiadau neu hyd yn oed at farwolaeth. Gall damweiniau, anafiadau a marwolaethau gael llawer o sylw'n lleol a chyhoeddusrwydd yn y wasg, gan arwain at golli enw da yn ogystal â chamau cyfreithiol posibl, colli busnes neu hyd yn oed gau'r busnes.

Costau

Gall fod costau uchel iawn i fusnes os nad oes gweithdrefnau iechyd a diogelwch da. Gallai safonau gwael gynnwys lefel perfformiad is gan weithwyr, gan arwain at lai o incwm ac elw. Gallai damweiniau, anafiadau a salwch ddigwydd, gan arwain at ddioddef personol, straen, gorfodi newid ffordd o fyw, salwch neu anabledd tymor hir yn ogystal â cholli incwm. Mae gan unrhyw un sy'n dioddef fel hyn hawl i gymryd camau cyfreithiol a hawlio iawndal gan y cyflogwr sydd wedi bod yn esgeulus. Hefyd, mae'n bosibl y bydd angen i gyflogwr dalu cyflog tra bo gweithiwr yn sâl. Mewn rhai achosion, mae iechyd a diogelwch gwael mewn gweithleoedd wedi arwain at farwolaeth.

Gall bod yn esgeulus am iechyd a diogelwch arwain hefyd at gostau erlyniad, dirwyon, costau cyfreithiol ac atal rhag masnachu, yn ogystal â chyhoeddusrwydd negyddol yn dilyn hanesion am ddamweiniau a digwyddiadau'n ymwneud â materion iechyd a diogelwch.

GEIRIAU ALLWEDDOL

Esgeulus – ddim yn cymryd gofal neu'n anwybyddu rhywbeth.

Iawndal – taliad o ganlyniad i ddamwain neu anaf.

Perygl – rhywbeth sydd â'r potensial i achosi niwed.

Amgylcheddol – yr hyn sydd o'ch amgylch.

Galwedigaethol – yn ymwneud â'r gwaith.

Gweithgaredd

1 Gall offer cegin fod yn beryglus, ac achosi niwed os nad yw'n cael ei ddefnyddio'n gywir. Rhestrwch bum eitem neu ardal a allai fod yn beryglus, y niwed a allai ddigwydd a sut y gellid osgoi hynny.

2 Pa gyfleusterau ddylai cyflogwr eu darparu ar gyfer staff y gegin?

3 Enwch dair mantais oherwydd bod gan gyflogwyr safonau iechyd a diogelwch da.

4 Pam na ddylai rhywun sydd dan ddylanwad alcohol neu gyffuriau weithio mewn cegin?

Termau iechyd a diogelwch cyffredin

Gweithle – y lleoliad lle caiff y rhan fwyaf o'ch gwaith ei wneud; gallai hefyd gynnwys safle gwahanol, gwaith oddi ar y safle neu gerbydau gwaith.

Damwain – digwyddiad heb ei gynllunio a allai achosi anaf.

Swyddog/Ymarferwr Iechyd yr Amgylchedd (EHO/EHP) – Cyflogir y person yma gan yr awdurdod lleol i orfodi safonau iechyd a diogelwch (a diogelwch bwyd) yn yr ardal, ond hefyd i gynnig cymorth, cyngor a hyfforddiant ar y materion hyn.

Perygl – rhywbeth a allai, o bosibl, achosi niwed.

Mesur rheoli – rhywbeth a roddir yn ei le i wneud perygl mor ddiogel â phosibl.

Cyfarpar Diogelu Personol (PPE) – Mae'r rhain yn offer neu'n ddillad i'ch gwarchod rhag peryglon yn y gwaith. Mewn cegin, gallai'r rhain gynnwys gwisg cogydd llawn ond hefyd eitemau fel menig (eu defnyddio unwaith), mwgwd ac esgidiau diogelwch. Am fwy o wybodaeth am PPE, gweler isod.

Prawf Dyfeisiau Cludadwy (*PAT* – *Portable Appliance Testing*) – Fel arfer, mae trydanwr cymwysedig yn profi'r offer trydanol mewn ardal fel cegin i sicrhau bod yr offer yn ddiogel i'w ddefnyddio.

Sioc drydan – pan fo cerrynt trydan yn pasio drwy'r corff.

Llwybr dianc – y llwybr ar gyfer gadael yr adeilad yn gyflym.

Iechyd galwedigaethol – gofal am iechyd gweithiwr tra ei fod yn y gwaith.

Codi a chario – codi eitemau trwm neu lletchwith.

Sŵn – sain ddieisiau, sy'n gallu bod yn uchel.

Rhoi gwybod – cofnodi rhywbeth, yn aml yn ysgrifenedig. Byddai angen rhoi gwybod am ddigwyddiadau neu ddamweiniau.

Aflonyddu – ymddygiad, yn cynnwys bwlio, sy'n gwneud i rywun deimlo'n anghyfforddus neu eu bod yn cael eu bygwth.

Asesiad risg – adnabod peryglon a risgiau yn y gweithle.

Cyfrifoldebau'r gweithwyr a'r cyflogwyr tuag at iechyd a diogelwch

Mae'n hanfodol bod gweithio'n ddiogel yn dod yn rhan o ddiwylliant pob gweithle er mwyn atal damweiniau ac anafiadau, er mwyn cynnal iechyd a chynyddu cynhyrchiant. Gall gweithio'n ddiogel gynyddu cynhyrchiant oherwydd bydd rhaid delio â llai o fân-anafiadau, gwrthdrawiadau, cwympiadau, offer diffygiol ac amrywiaeth eang o faterion eraill sy'n ymwneud â diogelwch.

Mae cyfrifoldeb ar gyflogwyr i ddarparu gweithle diogel na fydd yn achosi niwed neu salwch i weithiwr. Mae'n golygu bod y safle ei hun yn ddiogel, gyda goleuo ac awyru da, a bod offer wedi ei archwilio fel ei fod yn ddiogel ac yn cael ei gynnal a'i gadw'n gywir. Mae'n rhaid cael mesurau a hyfforddiant i ddelio â chemegion heb achosi niwed. Bydd rhaid cwblhau asesiadau risg, a dylai gweithwyr dderbyn datganiad polisi iechyd a diogelwch, sy'n amlinellu ymrwymiad y cyflogwr i iechyd a diogelwch a'r mesurau sydd yn eu lle i gadw'r gweithle'n ddiogel ac i gydymffurfio â'r gyfraith. Rhaid darparu dillad ac offer diogelwch, a dylai staff gael hyfforddiant iechyd a diogelwch yn rheolaidd.

Cyngor proffesiynol

Mae Deddf Iechyd a Diogelwch yn y Gwaith 1974 yn gosod y gofynion ar gyfer iechyd a diogelwch yn y gweithle.

Mae cyfrifoldebau ar y gweithiwr hefyd. Rhaid iddo weithio mewn modd diogel fel nad yw'n peryglu ei hun na neb arall. Rhaid iddo gydweithredu â'r mesurau iechyd a diogelwch, a gwisgo'r dillad a'r offer diogelwch sy'n cael eu rhoi. Dylai hefyd adrodd am unrhyw beth y bydd yn sylwi arno a allai achosi risg iechyd a diogelwch neu sydd â'r potensial i fod yn beryglus.

Canlyniadau peidio â chydymffurfio

Mae cydymffurfio â'r gofynion ar gyfer iechyd a diogelwch yn y gweithle'n cael ei oruchwylio gan Swyddogion Iechyd yr Amgylchedd (Ymarferwyr Iechyd yr Amgylchedd) a gyflogir gan yr awdurdod lleol. Gallan nhw fynnu cael mynediad i safle ar unrhyw amser rhesymol i gynnal eu hymchwiliadau.

Gall y swyddog/ymarferwr gyflwyno cyngor ar lafar neu'n ysgrifenedig, neu gallai gyflwyno:

- **hysbysiad gwella**, sy'n rhoi amser penodol i fusnes wella materion penodol a ddaeth i'r amlwg
- **hysbysiad gwahardd**, sy'n golygu bod y busnes yn anniogel i weithredu ac y gellir ei gau i lawr.

Gall peidio â chydymffurfio â gofynion iechyd a diogelwch arwain at ddirwyon, erlyniad a chau'r busnes ac, mewn achosion eithafol, hyd at ddwy flynedd o garchar.

Os na fydd gweithiwr yn cydymffurfio â gofynion iechyd a diogelwch, efallai y bydd y cyflogwr yn rhoi rhybuddion llafar neu ysgrifenedig, gallai golli ei swydd a gallai hyd yn oed gael ei erlyn.

Gweithgaredd

1 Beth yw iechyd galwedigaethol?
2 Pa gamau y gellir eu cymryd os bydd un o weithwyr cegin yn anwybyddu'r rheolau iechyd a diogelwch byth a hefyd?
3 Enwch dri o'r cyfrifoldebau sydd gan weithiwr o ran iechyd a diogelwch yn y gwaith?
4 Beth yw datganiad polisi iechyd a diogelwch? Pam mae hwn yn bwysig i chi yn y gwaith?
5 Pam gallai hysbysiad gwahardd gael ei gyhoeddi?

GEIRIAU ALLWEDDOL

Cynhyrchiant – cyfanswm y gwaith y gellir ei gwblhau mewn amser penodol.
Hysbysiad gwella – rhoddir amser penodol i fusnes wella materion penodol a godwyd.
Hysbysiad gwahardd – mae busnes yn anniogel i weithredu a gellir ei gau i lawr.

Peryglon yn y gweithle

Perygl yw rhywbeth a allai achosi niwed.

Risg yw'r tebygolrwydd y caiff rhywun ei niweidio gan y perygl.

Mewn cegin a lleoliadau lletygarwch eraill, mae nifer o resymau pam y gallai peryglon fod yn bresennol, a gallai'r rhain arwain at ddamweiniau. Dyma beth sy'n achosi'r nifer fwyaf o ddamweiniau mewn lleoliadau lletygarwch:

- Llithro, baglu a chwympo
- Symud eitemau trwm neu lletchwith
- Anafiadau a achosir gan beiriannau ac offer
- Dod i gysylltiad â sylweddau niweidiol.

Llithro, baglu a chwympo

Llithro, baglu a chwympo sy'n achosi'r nifer fwyaf o ddamweiniau ac anafiadau, nid dim ond oherwydd y ddamwain ei hun. Gallai'r person gwympo ar rywbeth poeth iawn fel ffriwr saim dwfn neu stôf hob solet, gallai golli rhywbeth y mae'n ei gario drosto ei hun, fel padell o gawl poeth, neu gallai gwympo ar rywbeth miniog fel cyllell. Gallai hefyd daro'i ben ar fwrdd neu ddarn o offer wrth gwympo, neu gallai gwympo ar beiriant sy'n symud.

 Iechyd a diogelwch

Mae ystadegau'r Awdurdod Gweithredol Iechyd a Diogelwch (HSE) yn dangos mai llithro a baglu sy'n achosi'r nifer fwyaf o anafiadau yn y gwaith, ac maen nhw'n gyfrifol am fwy na thraean o'r holl anafiadau sylweddol yn y gwaith. Maen nhw'n costio dros £512 miliwn y flwyddyn i gyflogwyr oherwydd colli cynhyrchiant. I gael mwy o wybodaeth, ewch i wefan yr Awdurdod Gweithredol Iechyd a Diogelwch: www.hse.gov.uk.

Mae Tabl 3.1 yn dangos rhai pethau sy'n achosi llithro, baglu a chwympo, a sut i'w hosgoi.

Tabl 3.1 Pethau sy'n achosi llithro, baglu a chwympo

Beth allai achosi'r ddamwain	Enghraifft	Ffyrdd o leihau'r risg
Dyluniad gwael ac adeiledd yr adeilad	Llawr anwastad a grisiau cul a serth	Gwella dyluniad adeiladau neu wella ardaloedd penodol i'w gwneud yn ddiogel.
Arwyddion gwael	Ddim yn tynnu sylw at ardaloedd peryglus, er enghraifft ble gall y llawr fod yn llithrig neu ble mae step yn mynd i lawr.	Arwyddion clir a gweladwy mewn mannau priodol. Dylid hysbysu staff am y rhain a sicrhau eu bod yn deall beth yw ystyr yr arwydd.
Safonau cadw tŷ gwael	Ardaloedd anniben wedi eu cadw'n wael; bocsys neu lanast ar lawr ac ar goridorau cerdded.	Safonau cadw tŷ da; cadw ardaloedd yn lân a thaclus ac yn haws i weithio ynddynt.
Golau gwael	Golau ddim yn ddigonol ar gyfer y tasgau sy'n cael eu gwneud a'r ardaloedd yn dywyll; gall golau gwan olygu nad oes modd gweld peryglon.	Mae angen i systemau golau fod yn ddigonol ar gyfer y tasgau sy'n cael eu gwneud a dylid eu cynnal a'u cadw'n dda fel eu bod yn gweithio'n gywir. Dylid hefyd eu cadw'n lân – ni fydd goleuadau budr a seimllyd yn rhoi cymaint o olau.

(parhad)

Tabl 3.1 (parhad)

Beth allai achosi'r ddamwain	Enghraifft	Ffyrdd o leihau'r risg
Awyru gwael	Er enghraifft, unedau tynnu aer sydd ddim yn gweithio gan wneud ardaloedd gweithio'n anghyfforddus a phoeth iawn gan achosi i weithwyr deimlo'n sâl. Gall anwedd wneud ardaloedd sy'n llawn stêm yn wlyb, gan arwain hefyd at ddamweiniau.	Mae angen i'r system awyru fod yn ddigonol, yn gweithio'n dda ac yn cael ei chynnal a'i chadw'n iawn. Ni fydd systemau awyru sydd heb eu glanhau yn gweithio'n gywir.
Arferion gweithio peryglus	Er enghraifft, gadael i fflecsys trydan lusgo ar y llawr neu beidio â sychu diferion o ddŵr neu olew ar y llawr, gan arwain at lithro a chwympo.	Rhaid i bawb ddilyn yr un rheolau a safonau iechyd a diogelwch uchel. Rhaid hyfforddi staff ar yr arferion da, a dylid rhoi'r arferion da ar waith.
Tynnu sylw neu ddiffyg talu sylw	Fel peidio edrych ble rydych yn mynd neu beidio â chymryd gofal ar y grisiau, yn enwedig pan nad ydych yn gallu gweld eich traed (er enghraifft wrth gario hambyrddau, sosbenni mawr neu focsys).	Cofiwch roi eich sylw llawn i'r tasgau a ble rydych yn cerdded.
Ceisio gweithio'n rhy gyflym	Gall gweithio ym maes lletygarwch eich rhoi dan bwysau'n aml, yn enwedig ar adegau prysur sy'n gwneud ichi weithio'n gyflymach. Mae'n bosibl anghofio rhybuddion am lawr gwlyb, a gall pobl daro ar draws ei gilydd, sy'n arbennig o beryglus wrth ddefnyddio eitemau poeth, trwm neu finiog.	Er ei bod yn demtasiwn rhuthro ar adegau prysur, mae'n bosibl y bydd y gwaith yn arafach os bydd gwrthdrawiad neu godwm. Ceisiwch ddatblygu systemau gweithio effeithlon.
Ddim yn dilyn y rheolau iechyd a diogelwch	Er enghraifft, ddim yn defnyddio'r systemau gweithio neu'r ffyrdd o symud o amgylch yr ardal i sicrhau iechyd a diogelwch; ddim yn cadw llwybrau'n rhydd o beryglon fel y gallai rhywun lithro a chwympo.	Dylech bob amser ddilyn y gweithdrefnau, y cyngor a'r hyfforddiant. Mae cyfrifoldeb ar gyflogwyr a'u gweithwyr am iechyd a diogelwch yn y gwaith.
Ddim yn gwisgo neu ddefnyddio'r PPE (cyfarpar diogelu personol) cywir	Er enghraifft, ddim yn gwisgo esgidiau diogelwch rhag llithro yn y gegin; ddim yn gwisgo ffedogau'n gywir a baglu dros y ffedog neu ei llinynnau.	Dylech bob amser wisgo neu ddefnyddio'r cyfarpar cywir i'ch cadw eich hun yn ddiogel a'i wisgo / ei ddefnyddio'n gywir. Gwisgwch ffedogau fel na fyddwch yn baglu drostyn nhw.
Ddim yn y cyflwr corfforol neu feddyliol cywir i weithio	Fel salwch, anaf neu broblemau personol. Os yw'r rhain yn pwyso ar eich meddwl efallai eich bod yn gweithio gyda llai o ofal, a gallai damweiniau ddigwydd.	Siaradwch gyda'ch goruchwyliwr neu eich rheolwr llinell. Os oes adran iechyd galwedigaethol, efallai y gallan nhw gynnig cyngor i chi.

Codi a chario

Wrth weithio ym maes lletygarwch mae'n debyg iawn y bydd angen i chi godi neu symud pethau a allai fod yn drwm, yn fawr neu sy'n siâp anarferol neu lletchwith. Hefyd, gall yr eitemau hyn fod o wahanol dymheredd, o rewi i ferwi, a gallai rhai eitemau fod yn llaith neu'n seimllyd. Gallai'r rhain i gyd, o bosibl, achosi anaf os nad ydych yn eu trin yn gywir.

Dyma'r prif anafiadau a allai ddigwydd o ganlyniad i godi a chario:

- Anafiadau i'r asgwrn cefn neu'r cefn yn gyffredinol
- Anafiadau cyhyrol
- Torri esgyrn
- Ysigiadau
- Toriadau, cleisiau a llosgiadau.

Osgoi anafiadau o ganlyniad i godi a chario

- Yn gyntaf, meddyliwch am yr eitem neu'r llwyth. Meddyliwch am ei bwysau, ei faint, ei dymheredd a'i siâp. A oes modd gwneud y llwyth yn llai, er enghraifft, drwy dynnu tuniau mawr o domatos o'r bocsys?

- Pa mor bell y mae angen symud yr eitem ac a oes modd gwneud y pellter yma'n llai?
- Gofynnwch am help – yn aml iawn bydd y dasg yn haws gyda dau berson.
- A oes offer codi ar gael?
- Beth am ddefnyddio troli ond, unwaith eto, peidiwch â chodi unrhyw beth sy'n rhy drwm. Peidiwch â llwytho'r troli'n rhy uchel oherwydd ni fyddwch yn gallu gweld beth sydd o'ch blaen a gallai'r llwyth simsanu a chwympo i ffwrdd.
- Cofiwch am yr amgylchedd – a oes unrhyw loriau anwastad, grisiau, tymheredd uchel neu isel neu oleuo gwan? Bydd y rhain i gyd yn gwneud gwahaniaeth.
- Dylech osgoi gafael mewn llwythi gwlyb neu seimllyd, a pheidiwch â cheisio symud eitemau pan mae lloriau'n wlyb neu seimllyd.
- Gwisgwch y cyfarpar cywir, er enghraifft, siaced drwchus a menig pan fyddwch yn gweithio mewn oergelloedd a rhewgelloedd.
- Peidiwch â dadlwytho, cario neu storio eitemau trwm, eitemau miniog neu eitemau poeth yn uwch nag uchder yr ysgwydd.
- Peidiwch â chodi a chario eitemau trwm, poeth neu lletchwith os nad ydych yn teimlo'n dda.
- Os ydych yn codi, dadlwytho neu'n symud eitemau trwm yn rheolaidd fel rhan o'ch swydd, dylech gael hyfforddiant ar godi a chario.

Technegau cywir ar gyfer codi

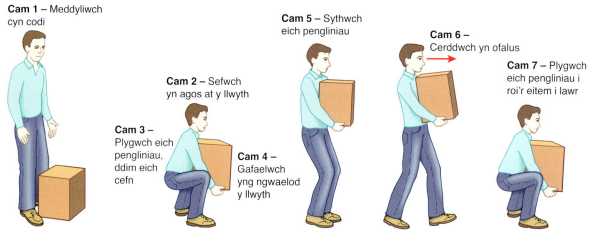

Cam 1 – Meddyliwch cyn codi

Cam 2 – Sefwch yn agos at y llwyth

Cam 3 – Plygwch eich pengliniau, ddim eich cefn

Cam 4 – Gafaelwch yng ngwaelod y llwyth

Cam 5 – Sythwch eich pengliniau

Cam 6 – Cerddwch yn ofalus

Cam 7 – Plygwch eich pengliniau i roi'r eitem i lawr

▲ Technegau cywir ar gyfer codi

Aseswch y llwyth – a oes ffordd o'i wneud yn llai? A ellir defnyddio offer codi neu gario? Meddyliwch am y pwysau a'r siâp ac i ble mae angen ei symud.

Sefwch yn agos at y llwyth, gyda'ch traed ar wahân a'ch pwysau wedi ei wasgaru'n gyfartal; eich gên i lawr a'ch ysgwyddau ar yr un lefel.

Plygwch eich pengliniau, gan gadw eich cefn yn syth, a gafaelwch yng ngwaelod y llwyth neu yn yr handlenni a'i gadw'n agos at eich corff.

Dewch â'r llwyth i fyny at eich canol a sythwch eich pengliniau.

Cerddwch yn ofalus, gan wneud yn siŵr eich bod yn gallu gweld i ble rydych yn mynd.

Gosodwch yr eitem i lawr unwaith eto drwy blygu'r pengliniau, gyda chefn syth.

Peiriannau ac offer

Mae amryw o beiriannau ac offer yn cael eu defnyddio mewn lleoliadau lletygarwch. Gallan nhw achosi niwed os na fyddan nhw'n cael eu defnyddio'n gywir.

Dyma rai o'r peryglon posibl:

- **Ddim yn defnyddio'r peiriannu'n gywir** – Mae peiriannau wedi eu dylunio i'w defnyddio mewn ffyrdd penodol heb achosi unrhyw anaf. Ond os cânt eu defnyddio'n anghywir, os na chânt eu rhoi at ei gilydd yn gywir, neu os nad oes gweithdrefnau diogelwch angenrheidiol, gall damweiniau ac anafiadau ddigwydd. Rhaid cael hyfforddiant llawn cyn defnyddio unrhyw beiriant neu ddarn o offer. Os ydych yn dal yn ansicr, gofynnwch am fwy o hyfforddiant.

- **Mae'r offer yn ddiffygiol a ddim yn gweithio'n gywir** – Rhaid i bob darn o offer fod mewn cyflwr gweithio da a chael ei gynnal a'i gadw'n rheolaidd er mwyn iddo wneud y gwaith heb achosi unrhyw anafiadau. Cofiwch ddweud wrth y goruchwyliwr ar unwaith os oes unrhyw offer yn ddiffygiol neu beryglus, a rhybuddiwch bobl eraill i beidio â'i ddefnyddio.

- **Mynd yn sownd neu gael eich dal** – Gallai gwallt hir, llinynnau ffedog, tlysau neu watsh gael eu dal yn narnau symudol peiriant cymysgu. Gall anafiadau ddigwydd drwy roi llaw neu sbatwla mewn peiriant i ryddhau bwyd sydd wedi mynd yn sownd. Erbyn hyn, mae gardiau ar y rhan fwyaf o beiriannau er mwyn atal hyn. Er mwyn osgoi damweiniau, dylech wisgo'r cyfarpar cywir bob amser, cadw gwallt o dan het, a pheidio â gwisgo tlysau, watsh nac unrhyw beth arall a allai gael ei ddal mewn peiriant.

- **Ardrawiad** – Ardrawiad yw pan fydd rhywbeth yn cwympo arnoch neu'n eich taro, fel offer trwm yn cwympo oddi ar silff uchel (peidiwch â storio eitemau trwm yn uchel), troli â llwyth trwm arni'n bwrw ar eich traws (peidiwch â'i gadael ar ei phen ei hun) neu silff yn disgyn arnoch. Dylai gwaith cynnal a chadw da atal hyn.

- **Alldafliad** – Gallai hyn fod yn fachyn toes wedi'i osod yn anghywir yn hedfan oddi ar y peiriant pan gaiff ei droi ymlaen (dylai gosod y gardiau cywir atal hyn), neu rannau o beiriant yn hedfan i ffwrdd ac yn eich taro (mae angen gwaith cynnal a chadw da).

Sylweddau peryglus

Mewn lleoliadau lletygarwch mae nifer o sylweddau a allai fod yn beryglus i iechyd os nad ydyn nhw'n cael eu defnyddio'n gywir. Er enghraifft, mae cemegion glanhau fel glanedyddion, diheintyddion, glanweithyddion, diseimwyr a nifer o hylifau a nwyon yn gallu bod yn beryglus. Gall niwed ddigwydd wrth i'r sylwedd fynd i mewn i'r corff drwy'r croen, y llygaid, drwy lyncu, neu anadlu drwy'r trwyn. Rhaid i bawb sy'n defnyddio cemegion fel rhan o'u swydd gael eu hyfforddi sut i'w defnyddio'n gywir a chael offer neu ddillad addas, fel sbectol ddiogelwch a menig.

Cafodd Rheoliadau Rheoli Sylweddau Peryglus i Iechyd (COSHH) eu cydgrynhoi yn 2002 a dyma'r brif ddeddfwriaeth sy'n delio â sylweddau peryglus. Mae'r rheoliadau'n mynnu y dylai unrhyw sylweddau neu gemegion peryglus gael eu:

- Storio, eu trin a'u trafod a'u gwaredu'n unol â rheoliadau COSHH
- Cynnwys yr enw ar y pecyn neu'r botel
- Cynnwys yr enw yn ysgrifenedig a graddfa risg er mwyn sefydlu rhagofalon diogelwch
- Labelu'n gywir, gan nodi a ydyn nhw'n wenwynig, niweidiol, cyrydol, ffrwydrol neu'n ocsidiol (gweler tudalen 42).

Cyrydol

Fflamadwy

Niweidiol

Gwenwynig

▲ Labeli ar gyfer cemegion peryglus

Pan fyddwch yn defnyddio cemegion:

- Gwnewch yn siŵr eu bod yn cael eu storio mewn cwpwrdd dan glo draw oddi wrth y gegin a heb fod yn llygad yr haul
- Dylid eu storio yn y botel wreiddiol, gyda'r label arnyn nhw a'r caead wedi ei gau'n dynn
- Darllenwch y cyfarwyddiadau'n ofalus a'i baratoi'n union fel y cyfarwyddiadau
- Peidiwch byth â chymysgu gwahanol gemegion
- Os bydd yn tasgu ar y croen, golchwch ar unwaith gyda dŵr oer a dilyn y drefn cymorth cyntaf
- Dylid cael gwared ar y cemegion gan ddefnyddio'r dull a argymhellir ar y botel.

GEIRIAU ALLWEDDOL

Perygl – rhywbeth a allai achosi niwed.

Risg – y tebygolrwydd y caiff rhywun ei niweidio gan y perygl.

Llanast – sbwriel, gwastraff ac eitemau diangen.

Anwedd – lleithder a diferion dŵr wedi'u creu gan stêm.

Tynnu aer (mewn cegin) – cael gwared ar hen aer, stêm ac anwedd.

Ardrawiad – cael eich taro gan rywbeth neu fynd i wrthdrawiad â rhywbeth.

Alldafliad – rhywbeth yn cael ei daflu allan yn gyflym.

Tân a ffrwydrad

Mae tân a ffrwydradau posibl yn risgiau y dylid eu hystyried bob amser mewn lleoliadau lletygarwch. Gallan nhw gael eu hachosi gan jetiau nwy neu fflamau agored, olew wedi ei orboethi a sylweddau hylifol poeth eraill. Gallan nhw gael eu hachosi hefyd gan namau trydanol neu offer diffygiol, crynodiad o nwy neu nwy'n gollwng, a chemegion, ond hefyd gan ddiofalwch a chamddefnyddio offer. Gall ysmygu achosi tân wrth gwrs, ac mae wedi ei wahardd yn y rhan fwyaf o adeiladau, ond cofiwch hefyd i beidio ag ysmygu y tu allan ger poteli nwy, olew gwastraff neu eitemau fel papur a chardbord.

Mae'r Gorchymyn Diwygio Rheoleiddio (Diogelwch Tân), a ddaeth i rym yn 2006, yn berthnasol i Gymru a Lloegr (mae gan Yr Alban a Gogledd Iwerddon ddeddfau tebyg). Mae'r deddfau hyn yn gosod y cyfrifoldeb am ddiogelwch tân ar y cyflogwr neu berchennog y busnes. Bydd rhaid iddyn nhw gynnal asesiad risg o'r lleoliad a'r busnes, canfod y risgiau a sefydlu mesurau i'w gwneud mor ddiogel â phosibl. Gall hyn gynnwys:

- Gosod larymau tân a'u profi'n rheolaidd i wneud yn siŵr eu bod yn gweithio
- Gwneud yn siŵr bod llwybrau dianc wedi eu marcio'n glir ac nad oes unrhyw beth yn eu rhwystro
- Sicrhau bod systemau synhwyro tân ar gael
- Darparu offer addas ar gyfer diffodd tân.

Mae angen tair elfen ar dân – gwres, ocsigen a thanwydd. Ni fydd tân yn cychwyn neu'n parhau os oes un o'r rhain ar goll. Mae diffodd tân yn dibynnu ar gael gwared ar un o'r elfennau hyn, fel cyfyngu ar y cyflenwad ocsigen (mae diffoddwyr ewyn yn gweithio fel hyn), neu gael gwared ar y gwres (bydd offer diffodd â dŵr yn oeri'r deunydd sy'n llosgi).

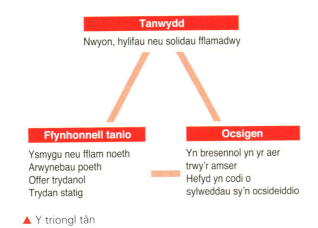

▲ Y triongl tân

Rhaid i bob aelod o staff gael hyfforddiant ar y gweithdrefnau i'w dilyn os oes tân neu argyfwng arall. Rhaid cael cynllun ar gyfer tân ac ar gyfer gwagio'r safle. Rhaid i'r staff wybod sut i ddilyn y cynllun a gwagio'r adeilad yn ddiogel, gan gynorthwyo cwsmeriaid ac ymwelwyr, pan fo angen.

Mae offer diffodd tân yn rhan bwysig iawn o ddiogelwch tân ac mae mathau gwahanol ar gael i'w defnyddio ar wahanol fathau o dân. Er mwyn defnyddio offer diffodd tân, rhaid ei bod hi'n ddiogel i wneud hynny a rhaid eich bod wedi cael hyfforddiant i'w defnyddio.

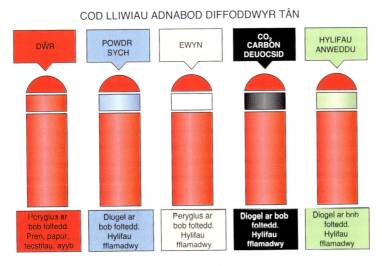

▲ Mathau o offer diffodd tân a ffyrdd o'u defnyddio

Os bydd tân yn digwydd yn eich ardal waith:

- Canwch y larwm a rhybuddio pawb ar lafar
- Diffoddwch y cyflenwad nwy drwy ddefnyddio stopfalf ganolog, os yn bosibl
- Peidiwch byth â rhoi eich hun mewn perygl: dim ond tân bach y dylech chi ei ymladd, a dim ond os ydych chi wedi cael hyfforddiant i wneud hynny
- Gadewch ar hyd y llwybr dianc cywir, ac ewch i'r man ymgynnull. Arhoswch yno a pheidiwch â mynd yn ôl i mewn i'r adeilad tan i chi gael caniatâd.

GEIRIAU ALLWEDDOL

Asesiad risg – archwilio unrhyw beth yn y gweithle a allai, o bosibl, niweidio rhywun.

Gwenwynig – gwenwynol a niweidiol.

Gelau tanwydd – gelau fflamadwy a ddefnyddir yn aml i gynhesu offer gweini bwyd.

Rhwystr – perygl neu rywbeth sydd yn y ffordd.

Gwagio – gadael yr adeilad.

Man ymgynnull – lle dylai pobl sefyll ar ôl dod allan o'r adeilad.

Trydan a'r peryglon posibl

Mae lleoliadau lletygarwch yn defnyddio amrywiaeth o offer trydanol a dylid eu defnyddio'n ofalus er mwyn osgoi damweiniau ac anafiadau. O dan Reoliadau Trydan yn y Gweithle (1989) dylai trydanwr cymwysedig brofi bob blwyddyn fod pob darn o offer trydanol yn ddiogel (yr enw ar hyn yw prawf PAT – gweler tudalen 36 am fwy o wybodaeth). Bydd hefyd yn gwirio bod ceblau a fflecsys mewn cyflwr da a heb ddifrod, a bod y ffiwsys cywir yn cael eu defnyddio. Dylid gwirio torwyr cylchedau'n rheolaidd hefyd.

Os byddwch chi'n sylwi bod nam neu ddifrod ar ddarn, yna peidiwch â'i ddefnyddio, rhybuddiwch bawb arall a dywedwch wrth oruchwyliwr neu reolwr. Os daw person i gysylltiad uniongyrchol â cherrynt trydanol, gall sioc drydan ddigwydd, a gallai honno fod yn ddifrifol neu'n farwol. Hefyd, gall offer trydanol diffygiol achosi tân ac arwain at losgiadau. Os yw rhywun yr ydych yn gweithio gyda nhw yn cael sioc drydan:

- Diffoddwch y trydan
- Gwaeddwch am gymorth
- Galwch am gymorth meddygol neu gymorth cyntaf.

Os nad oes modd diffodd y trydan, rhyddhewch y person oddi wrtho, gan amddiffyn eich hun drwy ddefnyddio rhywbeth fel clwtyn ffwrn trwchus, sych neu rywbeth wedi ei greu o bren neu rwber – fydd trydan ddim yn dargludo drwy'r rhain. Peidiwch â chyffwrdd yn y person yn uniongyrchol neu caiff y trydan ei drosglwyddo i chi.

Gweithgaredd

1 Petai rhywun yn gofyn i chi gadw llwyth mawr o fwyd wedi ei rewi, beth yw'r pedwar rhagofal diogelwch y dylech chi eu cymryd?

2 Beth sy'n achosi'r nifer fwyaf o ddamweiniau ac anafiadau yn y diwydiant lletygarwch? Awgrymwch bedair ffordd y gellid osgoi'r rhain.

3 Os bydd angen i chi ddefnyddio peiriant cymysgu mawr am y tro cyntaf, beth bydd angen i chi ei ystyried?

4 Mae angen gwres er mwyn i dân ddechrau. Beth yw'r ddwy elfen arall sydd eu hangen?

5 Awgrymwch ddwy broblem gydag offer trydanol y byddai angen i chi ddweud wrth oruchwyliwr neu reolwr amdanyn nhw.

Torrwr cylched – dyfais ddiogelwch sy'n torri'r llif trydan mewn argyfwng neu os bydd gorlwytho trydanol.

Llidiwr – gall achosi adwaith neu gosi poenus ar y croen.

Cyrydol – sy'n torri pethau i lawr neu'n eu treulio, er enghraifft sy'n treulio metel.

Ocsidiol – sy'n adweithio pan ddaw i gysylltiad ag ocsigen.

Gweithdrefnau iechyd a diogelwch

Mae'n bwysig dilyn gweithdrefnau iechyd a diogelwch, er mwyn:

- Atal damweiniau ac anafiadau
- Cynnal iechyd
- Cynyddu cynhyrchiant.

Gweithgaredd

Rhowch y geiriau o'r rhestr isod yn y bylchau yn y testun.

iechyd	erlyn	safonau	gweithwyr
enw da	damweiniau	gyfraith	cynhyrchiant

Mae'n bwysig iawn cynnal _____ uchel o iechyd a diogelwch yn y gwaith. Bydd yn helpu i atal _____ ac anafiadau, yn ogystal â chynnal _____ a lles y _____ . Bydd gweithdrefnau da ar gyfer iechyd a diogelwch yn golygu y byddwch hefyd yn cydymffurfio â'r_____ ac yn osgoi'r perygl o gael eich _____, yn ogystal â chynyddu _____ ac ennill _____ .

Cyfarpar Diogelu Personol (PPE)

Mae dillad a chyfarpar diogelu personol (PPE) wedi eu dylunio i amddiffyn y gweithwyr wrth iddyn nhw weithio. Gall pethau arferol gynnwys gwisg cogydd llawn, sy'n amddiffyn y corff rhag gwres, hylifau'n tasgu a gwrthrychau miniog; ac esgidiau diogelwch wedi eu hatgyfnerthu i amddiffyn y traed rhag citcmau poeth, trwm neu finiog. Efallai y bydd cyfarpar yn cael eu darparu ar gyfer tasgau penodol, fel menig a siaced drwchus ar gyfer gweithio mewn rhewgell, neu fwgwd a sbectol ddiogelwch ar gyfer defnyddio cemegion cryf i lanhau ffwrn, a menig rwber cryf ar gyfer golchi sosbenni a phadelli.

Mae cyfrifoldeb ar gyflogwyr i ddarparu'r cyfarpar diogelu cywir ar gyfer eu gweithwyr. Dylid cadw'r cyfarpar mewn cyflwr da a glân, a chael rhai newydd pan fo angen. Dylid darparu rhywle, fel locer, i'r gweithwyr gadw eu cyfarpar; dylai cyfleusterau newid fod ar gael hefyd.

Dylai'r gweithwyr ddefnyddio'r cyfarpar priodol a gofalu amdano'n iawn. Dylen nhw ddweud wrth eu cyflogwr os oes unrhyw nam ar y cyfarpar.

Arwyddion diogelwch

Mae arwyddion iechyd a diogelwch yn cyfleu negeseuon iechyd a diogelwch drwy ddefnyddio siâp, lliw, symbolau, lluniau a geiriau ond ddylen nhw ddim cymryd lle dulliau eraill o reoli risgiau. Mae'r arwyddion hyn wedi eu rhannu'n bedwar categori cyffredinol:

Arwyddion melyn / arwyddion rhybuddio

Mae'r rhain yn rhybuddio am wahanol beryglon, fel lloriau gwlyb, arwynebau poeth neu ddeunyddiau cyrydol. Efallai mai'r arwydd melyn a ddefnyddir amlaf yw'r arwydd "llawr gwlyb" siâp pabell.

▲ Arwydd melyn

Arwyddion glas / Arwyddion gorfodi

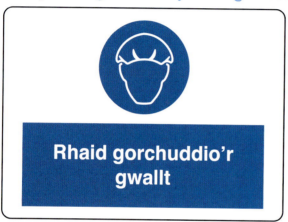

Rhaid gorchuddio'r gwallt

▲ Arwydd glas

Mae'r rhain yn hysbysu am y rhagofalon y dylid eu cymryd, fel sut i symud yn ddiogel drwy ardaloedd penodol neu'r cyfarpar y dylid ei ddefnyddio.

Arwyddion coch / arwyddion gwahardd neu ymladd tân

Mae arwyddion coch yn rhybuddio beth ddylech chi ddim ei wneud mewn ardal benodol, er enghraifft, dim mynediad neu ddim ysmygu. Defnyddir arwyddion coch hefyd ar gyfer offer ymladd tân.

Dim ysmygu ar y safle

▲ Arwydd coch

Arwyddion gwyrdd / arwyddion diogelu

Cymorth cyntaf — Allanfa dân

▲ Arwydd gwyrdd

Defnyddir arwyddion gwyrdd i gyfeirio pobl at allanfeydd tân ac allanfeydd brys. Defnyddir gwyrdd hefyd i gyfeirio at offer cymorth cyntaf neu ystafelloedd cymorth cyntaf.

Adrodd am beryglon a digwyddiadau

Weithiau bydd angen i weithwyr adrodd am faterion a allai effeithio ar iechyd a diogelwch. Fel arfer, byddech yn dweud wrth oruchwyliwr neu reolwr llinell am y rhain, a byddent yn cynnwys:

● Difrod i'r adeilad neu'r offer, neu gamddefnyddio'r adeilad neu'r offer
● Afiechyd, gan gynnwys dermatitis neu glefydau heintus
● Problemau amgylcheddol, gan gynnwys gwres neu ormod o sŵn
● Camdriniaeth gan bobl eraill, fel bwlio, neu gam-drin corfforol neu feddyliol.

Mae'n bwysig adrodd am, a chofnodi, unrhyw ddamwain neu anaf a gewch yn y gwaith, 'waeth pa mor fach. Y system y bydd y mwyafrif o weithleoedd yn ei defnyddio ar gyfer hyn yw ffurflen adrodd am ddamwain unigol ar bapur, i'w storio mewn ffeil. Weithiau, defnyddir system electronig.

GEIRIAU ALLWEDDOL

Gorfodol – rhywbeth y mae rhaid i chi ei wneud neu y mae rhaid i chi ei ddefnyddio.

Gwahardd – rhywbeth y mae rhaid i chi beidio â'i wneud, peidio â'i ddefnyddio neu ardal y mae rhaid i chi beidio â mynd iddi.

Dermatitis – problem croen sy'n achosi llid ar y croen, gan wneud iddo gosi ac edrych yn goch a chennog.

Dermatitis cyffwrdd –yn digwydd i rai pobl pan fydd eu croen yn adweithio i gemegion neu fwydydd penodol y maen nhw'n gweithio â nhw. Gellir ei reoli drwy osgoi cysylltiad uniongyrchol rhwng y sylweddau neu'r bwyd â'r croen, er enghraifft drwy wisgo menig.

Profwch eich hun

1 Awgrymwch bedair effaith ar staff sy'n gweithio mewn cegin sydd â golau a system awyru wael.
2 Os bydd rhywun yn llithro, yn baglu neu'n cwympo mewn cegin, beth yw'r pedwar anaf ychwanegol a allai ddigwydd?
3 Beth mae'r llythrennau COSHH yn ei olygu (yn Saesneg)? Beth mae COSHH wedi ei ddylunio i'w wneud?
4 Enwch bedair ffordd y gallai tân damweiniol gychwyn mewn cegin.
5 Beth sy'n digwydd pan fydd rhywun yn cael sioc drydan? Petaech chi'n gweld rhywun yn cael sioc drydan, beth ddylech chi ei wneud? Beth ddylech chi ddim ei wneud?
6 Wrth ddefnyddio peiriannau, beth allai achosi i rywun fynd yn sownd ynddyn nhw?
7 Beth yw ystyr y termau canlynol?
   – prawf *PAT*
   – Swyddog/Ymarferwr Iechyd yr Amgylchedd (EHO/FHP)
   – Llwybr dianc
   – Asesiad risg
   – Cynhyrchiant
8 Enwch bedwar o gyfrifoldebau'r gweithiwr yn unol â gofynion iechyd a diogelwch.
9 Rhowch enghraifft o bob un o'r arwyddion iechyd a diogelwch hyn. Pa wybodaeth mae pob un yn ei chyflwyno?
   – Arwydd melyn
   – Arwydd glas
   – Arwydd coch
   – Arwydd gwyrdd
10 Pa dri mater iechyd a diogelwch y dylech ddweud wrth oruchwyliwr neu reolwr llinell amdanyn nhw?

4 Bwydydd Iach a gofynion deiet penodol

Mae'r bennod hon yn rhoi sylw i Uned 104, Bwydydd mwy iach a deiet arbennig.

Erbyn diwedd y bennod hon fe ddylech chi fod yn gallu:

- Dweud beth yw manteision cynhwysion mwy iach
- Adnabod y mathau o gynhwysion sy'n cyfrannu at ddeiet mwy iach
- Disgrifio beth sy'n digwydd os nad oes gennych gynhwysion mwy iach
- Disgrifio pam ei bod hi'n bwysig i sefydliadau arlwyo gynnig dewisiadau mwy iach
- Adnabod ffynonellau canllawiau maeth presennol y llywodraeth, ac amlinellu'r canllawiau maeth presennol
- Disgrifio'r newidiadau y gellir eu gwneud i seigiau i'w gwneud nhw'n ddewisiadau mwy iach yn ôl y canllawiau maeth presennol
- Adnabod grwpiau o bobl sydd ag anghenion deiet arbennig
- Adnabod gofynion deietegol / maeth grwpiau bregus
- Adnabod gofynion deietegol / maeth pobl sydd angen deiet arbennig.

Deiet mwy iach

Pwysigrwydd a manteision deiet iach

Nid oes y fath beth â bwyd gwael, dim ond deiet gwael. Does dim un bwyd ar ei ben ei hun yn darparu pob maeth sy'n hanfodol i'n cadw ni'n iach. Mae angen i ni fwyta amrywiaeth o fwydydd i roi'r holl faetholion sydd eu hangen arnom i gael deiet iach. Mae deiet cytbwys yn gwneud prydau bwyd yn fwy diddorol hefyd.

Gall deiet mwy iach a maeth da gynyddu'r amser y gallwn ni ddisgwyl byw, lleihau'r risg o salwch (er enghraifft trawiad ar y galon, diabetes, canser a strôc), rhoi mwy o egni i ni a gwella ansawdd ein bywydau. Bydd gwella ein deiet yn lleihau'r gost i'r Gwasanaeth Iechyd Gwladol, oherwydd bydd gan lai o bobl gyflyrau neu salwch sy'n gysylltiedig â maeth gwael.

Y mathau o gynhwysion sy'n cyfrannu at ddeiet mwy iach

Y ffordd orau o aros yn ffit ac iach yw bwyta deiet sy'n cynnwys llawer o ffrwythau, llysiau, grawnfwydydd cyflawn a bwydydd sy'n deillio o blanhigion fel ffa a ffacbys, ond sy'n isel mewn braster, siwgr a halen. Bydd hyn yn sicrhau eich bod chi'n derbyn yr holl faetholion y sonnir amdanynt uchod, a'r nifer cywir ohonyn nhw.

Mae arbenigwyr ar faeth yn rhoi cyngor syml iawn o ran bwyta deiet iach. Mae'n cynnwys y canlynol:

- **Dewiswch fwydydd cyflawn** pryd bynnag y mae hynny'n bosibl, fel blawd cyflawn, bara cyflawn a phasta a reis brown, sy'n cynnwys llawer o ffibr ac sydd wedi'u prosesu llai.
- **Bwytewch amrywiaeth o ffrwythau a llysiau**. Maen nhw'n cynnwys fitaminau, mineralau, ffibr ac asid ffolig gwerthfawr, sy'n helpu i'n gwarchod ni rhag salwch. Maen nhw hefyd yn cynnwys gwrthocsidyddion sy'n helpu i warchod celloedd y corff rhag cael niwed. Yn ddelfrydol, dylech anelu at fwyta o leiaf pum cyfran o ffrwythau a llysiau bob dydd.
- **Bwytewch gorbys *(pulses)*,** er enghraifft pys, ffa a ffacbys.
- **Bwytewch gig di-fraster a chynhyrchion llaeth braster isel**. Gallai bwyta llawer o gig coch gyfrannu at eich siawns o gael canser colorectaidd a chanser posibl yn y pancreas, y bronnau, y brostad a'r aren.

- **Canolbwyntiwch ar adeiladu eich deiet ar sail bwydydd startsh**. Mae bwydydd startsh yn cynnwys grawnfwydydd fel gwenith, rhyg, ceirch, barlys, reis a rhai llysiau fel tatws, tatws melys a iam.

- **Bwytewch ragor o bysgod olewog sy'n cynnwys llawer o olew Omega 3**. Gallai asidau brasterog Omega 3 mewn pysgod olewog leihau tyfiant celloedd canser mewn anifeiliaid. Mae pysgod yn llawn o fitaminau ac mae'n ffynhonnell protein.

- **Ceisiwch osgoi brasterau dirlawn**. Defnyddiwch frasterau amlannirlawn (*polyunsaturated*), a brasterau unigol monoannirlawn *(monounsaturated)* e.e. olew blodyn haul, olew olewydd. Mae rhai adroddiadau'n awgrymu bod deiet sy'n cynnwys llawer o fraster yn gallu cynyddu'r posibilrwydd o gael canser.

- **Peidiwch â bwyta llawer o siwgr.**

- **Bwytewch lai o halen** – bwytewch uchafswm o 6g y dydd.

- **Yfwch ddigon o ddŵr.**

- **Gwnewch ymarfer corff yn rheolaidd.**

- **Bwytewch frecwast bob amser.**

Cyngor proffesiynol

Nid oes unrhyw gyswllt rhwng cig dofednod ac unrhyw fath o ganser, felly mae'n ddewis da yn lle cig coch.

Maetholion

Mae maetholion mewn bwyd yn helpu ein cyrff i wneud pethau bob-dydd fel symud, tyfu a gweld. Maen nhw hefyd yn helpu ein cyrff i wella'u hunain os ydyn nhw wedi cael anaf, a gall deiet cytbwys helpu i rwystro salwch a chlefydau.

Dyma'r prif faetholion:

- Carbohydradau
- Protein
- Brasterau
- Fitaminau
- Mineralau
- Dŵr.

Carbohydradau

Mae angen carbohydradau arnom i gael egni.
Mae tri phrif fath o garbohydrad:

- Siwgr
- Startsh
- Ffibr.

▲ Bwydydd sy'n uchel mewn carbohydrad

Siwgr

Ffurf syml o garbohydrad yw siwgr. Mae nifer o wahanol fathau o siwgr:

- Glwcos – mewn gwaed anifeiliaid ac mewn ffrwythau a mêl
- Ffrwctos – mewn ffrwythau, mêl a siwgr cansen

- Swcros – mewn siwgr cansen a siwgr betys
- Lactos – mewn llaeth
- Maltos – mewn grawnfwydydd a ddefnyddir i wneud cwrw.

Startsh

Mae startsh i'w gael mewn sawl math o fwyd, fel:

- Pasta
- Grawnfwydydd
- Teisennau, bisgedi a bara
- Grawnfwydydd cyflawn fel reis, barlys, tapioca
- Grawn sydd wedi'i droi'n bowdr fel blawd, blawd corn, reis wedi'i falu, blawd arorwt *(arrowroot)*
- Llysiau
- Ffrwythau anaeddfed fel bananas, afalau, gellyg ar gyfer eu coginio.

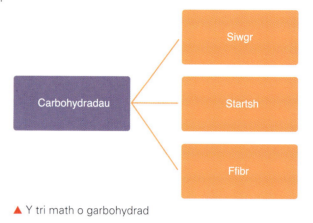

▲ Y tri math o garbohydrad

Ffibr

Yn wahanol i garbohydradau eraill, nid oes modd treulio ffibr deietegol ac nid yw'n rhoi egni i'r corff. Serch hynny, mae ffibr deietegol yn hanfodol mewn deiet cytbwys am ei fod yn:

- Helpu i gael gwared ar wastraff a thocsinau o'r corff, a chynnal gweithred y coluddyn
- Helpu i reoli'r system dreulio bwyd a phrosesu maetholion
- Ychwanegu swmp i'r deiet, fel nad ydym yn teimlo chwant bwyd; mae'n cael ei ddefnyddio mewn llawer o fwydydd colli pwysau.

Mae ffibr i'w gael mewn:

- Ffrwythau a llysiau
- Bara cyflawn a bara hadau
- Grawnfwydydd cyflawn
- Pasta cyflawn
- Reis cyflawn
- Corbys (pys a ffa) a ffacbys.

Gweithgaredd

Cynlluniwch fwydlen sy'n uchel mewn carbohydradau sy'n cynnwys llawer o ddŵr a fitaminau ar gyfer tîm o redwyr i'w bwyta ar y noson cyn rhedeg marathon.

Protein

Mae angen protein arnom fel bod ein cyrff yn gallu tyfu ac atgyweirio eu hunain. Mae hyd oes pob cell yn ein corff yn amrywio rhwng wythnos a rhai misoedd. Wrth i'r celloedd farw mae angen i rai newydd ddod yn eu lle. Mae angen protein er mwyn i'n celloedd atgyweirio ac er mwyn tyfu rhai newydd.

Rydym ni hefyd yn defnyddio protein i gael egni. Mae unrhyw brotein nad yw'n cael ei ddefnyddio i atgyweirio a thyfu celloedd yn cael ei droi yn garbohydrad neu fraster.

Mae protein anifeiliaid mewn cig, helgig, dofednod, pysgod, wyau, llaeth a chaws. Ceir protein llysiau mewn hadau llysiau, corbys, pys, ffa, cnau a gwenith, ac mewn cynhwysion llysieuol arbennig fel Quorn.

Braster

Mae braster yn bresennol yn hollol naturiol mewn sawl bwyd ac mae'n rhan hanfodol o'n deiet.

- Mae braster yn rhoi egni i'r corff.
- Mae braster yn ffurfio haenen insiwleiddio o dan y croen, ac mae hyn yn helpu i warchod yr organau hanfodol ac i gadw'r corff yn gynnes.
- Mae angen braster hefyd i adeiladu meinweoedd y celloedd yn y corff.

Braster anifeiliaid yw menyn, toddion (cig eidion) siwed, lard (porc), caws, hufen, cig moch, braster cig a physgod olewog. Braster llysiau yw margarîn, olew coginio, olew cnau ac olew ffa soia.

▲ Bwydydd sy'n uchel mewn protein

Mae gormod o fraster yn ddrwg i ni. Gall arwain at:

- Fod yn ordew (gordewdra)
- Lefelau uchel o golesterol, sy'n gallu blocio pibelli gwaed y galon (rhydwelïau)
- Clefyd y galon
- Anadl ddrwg (halitosis)
- Diabetes math 2

Mae dau fath o fraster:

1 Braster dirlawn
2 Braster annirlawn

Credir bod deiet sy'n cynnwys llawer o fraster dirlawn yn cynyddu eich risg o gael clefyd y galon. Yn y deiet Gorllewinol arferol, daw'r braster dirlawn yn bennaf o'r bwydydd canlynol:

- Cig a chynhyrchion cig
- Llaeth, caws, hufen a menyn
- Olew a braster o fathau eraill (e.e. olew olewydd)
- Bisgedi a theisennau
- Ceir braster dirlawn mewn wyau, pysgod a chyw iâr hefyd

Defnyddiwch gynhyrchion llaeth braster isel er mwyn darparu calsiwm heb gael gormod o fraster dirlawn.

Fitaminau

Cemegion sy'n hanfodol i fyw yw fitaminau. Mae ychydig bach ohonyn nhw i'w cael mewn llawer o fwydydd. Os yw eich deiet yn brin o unrhyw fitaminau, gallwch fynd yn sâl neu beidio â bod yn

▲ Bwydydd sy'n llawn o fitaminau

iach. Mae fitaminau'n helpu gyda llawer o weithredoedd y corff, fel tyfu a gwarchod rhag clefydau.

Mae'r tabl isod yn dangos y fitaminau pwysicaf, sut mae'r corff yn eu defnyddio, ac ym mha fwydydd y gellir eu cael.

Tabl 4.1 Fitaminau pwysig

Fitamin	Sut mae'r corff yn ei ddefnyddio	Lle maent i'w cael (dyma rai enghreifftiau)
Fitamin A	Mae'n helpu plant i dyfu Mae'n helpu'r corff i wrthsefyll haint	Bwydydd llawn braster Llysiau gwyrdd tywyll Wyau
Fitamin D	Mae'n rheoli sut mae'r corff yn defnyddio calsiwm Mae'n hanfodol ar gyfer esgyrn a dannedd iach	Pysgod olewog Cynnyrch llaeth Melynwy
Fitamin B	Mae'n helpu troi carbohydradau yn egni Mae'n helpu plant i dyfu Mae'n llesol i'r system nerfol	Burum Afu / iau ac arennau Ceirch
Fitamin C	Mae'n helpu gwella briwiau Mae'n helpu plant i dyfu Mae'n atal haint ar y deintgig (*gums*)	Tatws Llysiau gwyrdd Ffrwythau

Mineralau

Mae 19 mineral i gyd, ac mae angen ychydig bach o'r rhan fwyaf ohonynt ar ein corff i weithredu'n gywir.

- Mae angen mineralau arnom i adeiladu esgyrn a dannedd.
- Mae mineralau'n ein helpu i gynnal gweithredoedd y corff.
- Mae mineralau'n helpu i reoli faint o hylif sydd yn ein corff.

Rydym ni'n mynd i edrych ar rai o'r mineralau sydd fwyaf pwysig ar gyfer ein cyrff.

Tabl 4.2 Mineralau pwysig

Mineral	Sut mae'r corff yn ei ddefnyddio	Lle maent i'w cael (dyma rai enghreifftiau)
Calsiwm	Mae'n adeiladu esgyrn a dannedd Mae'n helpu'r cyhyrau i weithio Mae'n helpu'r gwaed i geulo *(clot)*	Llaeth Llysiau gwyrdd Bara cyflawn
Haearn	Mae'n helpu i gadw'r gwaed yn iach	Cig di-fraster ac offal Blawd cyflawn Pysgod
Ffosfforws	Mae'n adeiladu esgyrn a dannedd Mae'n llesol i'r ymennydd	Caws Wyau Pysgod
Sodiwm	Mae'n rheoleiddio dŵr yn y corff Mae'n helpu'r cyhyrau a'r nerfau i weithio	Halen
Iodin	Mae'n helpu chwarren y thyroid i weithio (sy'n effeithio ar dyfiant a phwysau)	Bwyd môr
Potasiwm	Mae'n rheoleiddio dŵr yn y corff Mae'n helpu'r cyhyrau a'r nerfau i weithio	Llysiau deiliog Ffrwythau sitrws Bananas

Dŵr

Mae dŵr yn hanfodol i fyw. Hebddo, nid ydym ni'n gallu byw am lawer o amser. Rydym ni'n colli dŵr o'n corff drwy greu wrin a chwys, a rhaid rhoi'r dŵr yn ôl yn rheolaidd i atal dadhydradu. Argymhellir ein bod ni'n yfed wyth gwydraid o ddŵr bob dydd.

Mae angen dŵr ar ein horganau i weithio'n gywir:

- Mae dŵr yn rheoleiddio tymheredd y corff – pan fyddwn ni'n chwysu bydd y dŵr yn cyddwyso oddi ar ein croen ac yn ein hoeri.
- Mae dŵr yn helpu i dynnu cynnyrch gwastraff o'n cyrff – os nad yw'r cynnyrch gwastraff hwn yn cael ei dynnu o'r corff, gall ryddhau gwenwyn, sy'n gallu niweidio ein horganau neu ein gwneud ni'n sâl.
- Mae angen dŵr arnom i helpu ein cyrff i amsugno maetholion, fitaminau a mineralau, ac i helpu ein system dreulio.
- Mae dŵr yn gweithredu fel iraid, gan helpu ein llygaid a'n cymalau i weithio a bod yn iach.

> **Cyngor proffesiynol**
>
> Dylech gynnig dŵr mewn bwyty bob amser. Mae dŵr o'r tap yn fwy cyfeillgar i'r amgylchedd na dŵr potel.

Mae dŵr i'w gael mewn diodydd o bob math; mewn bwydydd fel ffrwythau, llysiau, cig, wyau; ac mewn ffibr.

Beth sy'n digwydd os nad ydym yn cael cynhwysion mwy iach

Rydym ni wedi edrych ar bwysigrwydd cael maeth da yn y deiet. Mae hefyd yn bwysig archwilio effeithiau diffyg un neu ragor o'r maetholion hyn yn eich deiet. Gall peidio â defnyddio cynhwysion mwy iach arwain at system imiwnedd isel, gordewdra, problemau gyda'r croen, diffyg egni, mwy o berygl o fod yn sâl, a'r coluddyn yn gweithio llai.

Gweithgaredd

Dewiswch unrhyw rysáit pwdin neu grwst ac addaswch ef, er mwyn lleihau'r siwgr neu ddefnyddio rhywbeth yn lle siwgr.

Pam ei bod hi'n bwysig i sefydliadau arlwyo gynnig dewisiadau mwy iach?

Mae angen i gogyddion heddiw ddeall cynhwysion wrth i gwsmeriaid ddod yn fwy ymwybodol o'r angen i gael maeth da ac felly mae galw cynyddol am fwydydd mwy iach. Gallai cynyddu'r dewis o fwydydd iach arwain at fwy o werthiant; os nad ydyn nhw'n cynnig dewis mwy eang o ddewisiadau mwy iach, gallan nhw weld llai o werthiant.

Mae'r llywodraeth yn dal i bwysleisio'r angen i bobl I wyta'n fwy iach, yn enwedig drwy gyflwyno prydau ysgol mwy cytbwys o ran maeth, a thrwy annog arlwywyr i ymrwymo i osod labeli sy'n cynnwys gwybodaeth am faeth ar y bwyd.

Canllawiau presennol y llywodraeth

Mae'r llywodraeth wedi cynhyrchu sawl papur ar iechyd a maeth. Gellir cael gwybodaeth bellach am ganllawiau maeth presennol y llywodraeth ar y gwefannau canlynol:

- Asiantaeth Safonau Bwyd: www.food.gov.uk
- Sefydliad Maeth Prydain : www.nutrition.org.uk
- Adran Iechyd Llywodraeth Prydain: www.dh.gov.uk
- Ymddiriedolaeth Bwyd Ysgolion: www.schoolfoodtrust.org.uk
- Adran yr Amgylchedd, Bwyd a Materion Gwledig Llywodraeth Prydain: www.defra.gov.uk

Newidiadau y gellir eu gwneud i seigiau i'w gwneud nhw'n fwy iach

Mae'n hawdd iawn addasu ryseitiau i'w gwneud nhw'n fwy iach. Edrychwch am gynhwysion amgen mwy iach bob amser.

- **Newid am gynhwysion mwy iach**
- **Ychwanegu rhagor o lysiau** (wrth addurno seigiau, meddyliwch am lysiau ffres er mwyn cynyddu faint o ffibr, fitaminau a mineralau sydd ar y plât)
- **Lleihau'r braster sy'n cael ei ychwanegu a defnyddio dulliau coginio braster isel** (er enghraifft, defnyddiwch olew olewydd neu olew blodyn haul yn lle menyn neu fraster anifeiliaid; defnyddiwch iogwrt neu *crème fraîche* yn lle hufen)
- **Lleihau siwgr**
- **Lleihau halen** (gellir defnyddio perlysiau a sbeisys yn lle halen).

Gweithgaredd •

1 Pam y dylai arlwywr gynnig dewisiadau mwy iach ar y fwydlen? Beth fyddai'n digwydd pe na fyddai cynhwysion mwy iach yn cael eu cynnig mewn sefydliad?

2 Awgrymwch ffyrdd o wneud y fwydlen ganlynol yn iach:
- Salad afocado a chorgimwch mewn *mayonnaise* hufennog
- Tro-ffrio cig eidion a llysiau.

GEIRIAU ALLWEDDOL

Deiet cytbwys – mae deiet cytbwys yn cynnwys digon o ffibr a'r maetholion amrywiol (carbohydradau, braster, protein, fitaminau a mineralau) er mwyn sicrhau bod rhywun mewn iechyd da. Dylai bwyd hefyd ddarparu digon o egni a digon o ddŵr.

Maetholyn – cemegyn sy'n rhoi maeth a phwrpas yn y deiet.

Gordewdra – cyflwr meddygol lle mae gormodedd o fraster wedi crynhoi yn y corff i'r graddau ei fod yn gallu cael effaith negyddol ar iechyd, gan arwain at fywyd byrrach a / neu gynnydd mewn problemau iechyd.

Colesterol – sylwedd sy'n cael ei gynhyrchu yn y corff ac sy'n gallu llenwi rhydwelïau'r galon. Nid yw pob colesterol yn ddrwg; mae rhai mathau o golesterol yn bwysig ar gyfer y system nerfol a gweithredoedd eraill yn y corff.

Gwrthocsidyddion – moleciwlau sy'n helpu i atal celloedd canser rhag ffurfio yn y corff.

System imiwnedd – system yn y corff sy'n ymladd yn erbyn clefydau.

Deiet arbennig

Mae sawl rheswm pam y byddai pobl yn dilyn math arbennig o ddeiet.

Grwpiau bregus sydd ag anghenion deiet arbennig

Mae anghenion maeth arbennig gan rai grwpiau o bobl o fewn y boblogaeth.

Menywod beichiog a rhai sy'n bwydo o'r fron

Dylai menywod beichiog a rhai sy'n bwydo o'r fron osgoi bwydydd sy'n cario risg uchel o achosi gwenwyn bwyd, fel caws meddal aeddfed â llwydni, *paté*, wyau heb eu coginio, cig, cyw iâr a physgod nad ydyn nhw wedi'u coginio'n drylwyr.

Mae angen deiet cytbwys maethlon ar fenywod sy'n disgwyl babi, sef deiet sy'n cynnwys llawer o fitaminau a mineralau gan gynnwys asid ffolig a fitamin B_9, sydd i'w gael mewn llysiau gwyrdd deiliog fel sbigoglys, sudd oren a grawnfwydydd a gyfoethogwyd. Mae hyn yn lleihau'r risg o'r babi'n cael ei eni â diffyg ar y tiwb niwral, fel spina bifida. Ond ni ddylai mamau beichiog gynyddu fitamin A yn eu deiet oherwydd gallai gormod ohono niweidio'r babi.

Mae angen lefelau uchel o faeth ar fenywod sy'n bwydo o'r fron er mwyn cynnal eu babi ac er eu lles nhw eu hunain.

▲ Mae gan y ferch fach hon anghenion deiet arbennig – fel ei mam feichiog.

Plant a phobl ifanc

Wrth i blant dyfu mae eu hanghenion o ran maeth yn newid. Mae angen deiet amrywiol a chytbwys ar blant, sef deiet sy'n llawn o brotein, carbohydradau, fitaminau a mineralau.

Mae plant yn tyfu ac yn datblygu'n gyflym, ac mae hyn yn golygu bod ganddyn nhw anghenion maeth uchel. Mae angen i'w deiet gynnwys llawer o fwydydd sy'n rhoi egni iddyn nhw i fod yn fywiog, ond hefyd rhaid i'r bwydydd roi fitaminau a mineralau iddyn nhw.

Gall plant ifanc iawn, sydd wedi dechrau bwyta bwyd solid, fwyta'r un mathau o fwyd ag oedolion, ond am fod eu bol yn gymharol fach, mae'n hawdd iawn iddyn nhw lenwi'n gyflym. Dylai plant sydd heb ddechrau yn yr ysgol gael prydau bwyd bach, rheolaidd ac aml, a byrbrydau rheolaidd sy'n cynnwys bwydydd llawn maeth, er enghraifft, llaeth ac wyau.

Gall plant dros bump oed fwyta'r un prydau bwyd â gweddill y teulu, gan gynnwys bwyd â mwy o startsh a digon o ffrwythau a llysiau, ond dylai maint eu cyfran fod yn llai, gyda llai o fraster dirlawn.

Mae angen i bobl ifanc yn eu harddegau gael deiet da, sy'n gytbwys o ran maeth. Mae angen i ferched sicrhau eu bod nhw'n cael digon o haearn yn eu deiet i helpu gydag effeithiau glasoed *(puberty)*.

Yr henoed

Wrth i ni heneiddio bydd ein cyrff yn dechrau arafu, a bydd ein harchwaeth am fwyd yn mynd yn llai. Serch hynny, mae angen deiet cytbwys o ran maeth ar yr henoed er mwyn iddyn nhw aros yn iach.

Yn aml, bydd angen prydau bach a maethlon sawl gwaith y dydd ar yr henoed. Mae'r henoed yn fwy tebygol o gael diffygion maetholion, a dylen nhw sicrhau eu bod yn cael digon o galsiwm, fitamin D, asid ffolig, fitamin E, C, a B_{12},

B₆, mineralau, magnesiwm, potasiwm a ffibr. Dylen nhw gael deiet sy'n cynnwys digon o brotein, ond dylen nhw dorri'n ôl ar yr halen. Dylen nhw hefyd osgoi bwydydd sydd â risg uchel o achosi gwenwyn bwyd.

Pobl sy'n sâl

Mae pobl sy'n sâl, naill ai gartref neu yn yr ysbyty, angen prydau cytbwys sy'n cynnwys digon o faetholion i'w helpu i wella. Mae bwyd maethlon da yn rhan o'r broses o wella. Dylai'r bwyd hefyd fod yn hawdd i'w fwyta a'i dreulio.

Deiet arbennig

Llysieuwyr

Mae'r rhan fwyaf o lysieuwyr yn dewis bwyta fel hyn am eu bod nhw o'r farn ei fod yn fwy iach, neu am nad ydyn nhw'n cytuno â bwyta anifeiliaid, oni bai bod rheswm meddygol dros wneud. Maen nhw'n osgoi bwyta bwydydd a fyddai'n achosi i anifail gael ei ladd.

Mae llai o risg y bydd llysieuwyr yn dioddef clefyd y galon, strôc, diabetes, cerrig bustl, cerrig arennol a chanser y coluddyn na phobl sy'n bwyta cig. Maen nhw hefyd yn llai tebygol o fod dros bwysau neu o gael lefelau uwch o golesterol.

Feganiaid

Nid yw fegan yn bwyta cig, pysgod, cynnyrch llaeth, wyau na dim cynnyrch arall sy'n dod o anifail.

Deiet sy'n seiliedig ar ddiwylliant / crefydd

Yn aml, mae gan ddiwylliannau a chrefyddau gwahanol eu ffyrdd eu hunain o goginio, a mathau gwahanol o fwyd. Gall ein diwylliant a/neu ein crefydd effeithio ar y pethau yr ydym ni'n dewis eu bwyta a'r hyn yr ydym ni'n ei hoffi.

Mae arferion deietegol bob amser wedi cael eu cynnwys yn arferion crefyddol pobl ledled y byd. Bydd pobl sy'n dilyn rhai crefyddau'n peidio â bwyta rhai bwydydd a diodydd, neu mae eu crefydd yn eu gwahardd rhag gwneud. Bydd pobl eraill yn cyfyngu ar fwyd a diod yn ystod dyddiau gŵyl; a bydd rhai eraill yn cysylltu arferion paratoi deiet a bwyd gydag arferion eu ffydd. Er enghraifft:

- Mae Cristnogion yn dathlu'r Nadolig, y Pasg, a dydd Mawrth Ynyd gyda bwydydd arbennig. Bydd rhai Cristnogion yn ymprydio yn ystod y Grawys.
- Dim ond cig sy'n dod oddi wrth gigydd Halal y caiff Mwslimiaid ei fwyta, ac maen nhw'n ymprydio yn ystod Ramadan.
- Mae Hindŵiaid caeth yn llysieuwyr ac nid ydyn nhw'n bwyta cig.
- Nid oes gan bobl Sikh reolau caeth am fwyd, ond mae nifer ohonynt yn llysieuwyr.
- Mae Bwdhyddion yn llysieuwyr.
- Mae gan Iddewon gyfreithiau deiet caeth. Nid oes hawl ganddyn nhw i fwyta pysgod cregyn, porc nac adar ysglyfaethus. Dim ond cig sy'n cael ei brynu gan gigydd Kosher y maen nhw'n cael ei fwyta.

Pobl ddiabetig

Cyflwr meddygol yw diabetes, pan nad yw'r corff yn gallu cynhyrchu inswlin, pan nad yw'r corff yn cynhyrchu egni o'r inswlin, neu nid yw'r inswlin sy'n cael ei gynhyrchu'n gweithio'n iawn. Hormon cemegol sy'n rheoli lefel y siwgr yn y gwaed yw inswlin. Mae nifer fawr o bobl yn byw gyda diabetes ac mae'r cyflwr ar gynnydd yn rhannol oherwydd bod cymaint o siwgr yn ein deiet. Gall diabetes eich lladd os nad yw'n cael ei drin.

Bydd gan bob person diabetig anghenion deietegol gwahanol; o ganlyniad, does dim un deiet diabetig a fydd yn gweithio i bawb a dylai pobl ddewis deiet sy'n cyd-fynd â'u hanghenion personol nhw. Mae darganfod y cydbwysedd rhwng faint o garbohydradau a braster yr ydych chi'n ei fwyta yn bwysig. Mae angen i bobl ddiabetig dorri'n ôl ar faint o fraster sydd yn eu deiet, yn enwedig braster dirlawn (o anifeiliaid), a dewis brasterau monoannirlawn, fel olew olewydd ac olew hadau rêp. Dylai pobl ddiabetig fwyta prydau bwyd cyson, a'r rheini wedi'u seilio ar fwydydd carbohydradau startsh fel bara, pasta, chapattis, tatws, iam, nwdls, reis a grawnfwydydd. Dylen nhw hefyd gynnwys digon o ffrwythau a llysiau ffres yn eu deiet.

Alergedd ac anoddefedd bwyd

Mae alergeddau at fwyd yn fath o anoddefedd pryd mae system imiwnedd y corff yn trin rhai bwydydd fel pe baen nhw'n niweidiol, ac mae hyn yn achosi adwaith alergaidd. Gall alergedd bwyd achosi sioc anaffylactig (sy'n achosi i'r llwnc a'r geg chwyddo, ac sy'n ei gwneud hi'n anodd llyncu ac anadlu); gall hefyd achosi rhywun i deimlo'n sâl, i chwydu ac i fynd yn anymwybodol. Gall rhai adweithiau alergaidd eich lladd.

Gall bron bob bwyd achosi adwaith alergaidd mewn rhai pobl, felly mae'n bwysig fod arlwywyr yn dweud wrth bobl beth sydd yn y seigiau ar eu bwydlen. Serch hynny, mae ambell fwyd yn gallu achosi alergedd cyffredin, gan gynnwys:

- Llaeth – lactos
- Cynnyrch llaeth – iogwrt, caws, menyn
- Pysgod
- Bwyd môr – cregyn gleision, cregyn bylchog, cimwch, corgimwch, berdys
- Wyau
- Cnau (yn enwedig cnau daear, cnau cashiw, cnau pecan, cnau Brasil, cnau Ffrengig)
- Rhai mathau o lysiau
- Rhai hadau – pwmpen, sesame
- Ffa soia – tofu, protein llysiau wedi'i drin (TVP)
- Bysedd y blaidd – cemegyn mewn planhigion, cnau daear, pys, ffacbys, ffa
- Sylffadau – cemegyn mewn gwin a rhai bwydydd; SO_2 – defnyddir sylffwr deuocsid fel cyffeithydd (preservative)
- Glwten – o gynnyrch gwenith: bara, teisennau, bisgedi.

Yr alergeddau mwyaf cyffredin yw rhai sy'n cael eu hachosi gan gnau a bwyd môr.

Mae angen i bobl sy'n dioddef o alergedd gario EpiPen, sy'n cynnwys gwrthgyffur sy'n gweithio yn erbyn effaith sioc anaffylactig. Mae'r person yn chwistrellu'i hun ei hunan oyn gynted ag y mae'n gwybod fod angen triniaeth frys arno.

Mae rhai pobl yn dioddef anoddefedd glwten. Mae'r anoddefedd hwn yn achosi niwed i'r coluddyn lleiaf, ac yn achosi cyflwr o'r enw clefyd coeliag.

Cyngor proffesiynol

Gwnewch yn siŵr bod pob aelod o'r staff yn ymwybodol o alergeddau bwyd a'u bod nhw'n gwybod beth yw pob cynhwysyn mewn rysáit.

Gweithgaredd

1 Beth yw'r gwahaniaeth rhwng deiet llysieuol a deiet fegan?
2 Rhestrwch rai enghreifftiau o fwydydd gŵyl o unrhyw grefydd sy'n gyfarwydd i chi.
3 Rhestrwch resymau pam yr ydych chi'n meddwl bod diabetes ar gynnydd.

GEIRIAU ALLWEDDOL

Diabetes – cyflwr meddygol pryd mae'r corff yn methu â rheoli lefelau glwcos yn y corff.

Alergedd – pan fydd system imiwnedd person yn ymateb i rai mathau o fwyd.

Anoddefedd – mae'r corff yn ymateb i rai mathau o fwyd ond nid yw hynny'n ymwneud â'r system imiwnedd, ac mae'r symptomau'n llai dramatig.

Profwch eich hun

1 Dywedwch beth yw manteision cael deiet iach.
2 Rhestrwch bedwar math o gynhwysion sy'n cyfrannu at ddeiet iach.
3 Beth yw pwrpas ffibr yn y deiet?
4 Pa faetholyn gwerthfawr sydd mewn pysgod olewog?
5 Rhowch enghraifft o fraster annirlawn.
6 Sut y gallai cogydd leihau faint o halen mae'n ei ddefnyddio mewn rysáit?
7 Beth yw'r gwahaniaeth rhwng alergedd bwyd ac anoddefiad bwyd?
8 Enwch ddau gynhwysyn y gallech chi eu defnyddio yn lle hufen ffres.
9 Dewiswch un grefydd a disgrifiwch sut y mae credoau crefyddol yn effeithio ar ddeiet.
10 Beth yw'r gwahaniaeth rhwng anghenion plentyn sydd heb ddechrau yn yr ysgol a pherson ifanc yn ei arddegau?

5 Offer cegin

Mae'r bennod hon yn rhoi sylw i Uned 105, Cyflwyniad i offer cegin.

Erbyn diwedd y bennod hon fe ddylech chi fod yn gallu:

- Nodi ffactorau ar gyfer dewis offer mawr a bach
- Egluro sut i ddefnyddio offer mawr a bach yn gywir ac yn ddiogel
- Enwi'r peryglon sy'n gysylltiedig â defnyddio, glanhau a storio offer mawr a bach
- Dweud sut i wneud gwaith cynnal a chadw ar offer mawr a bach, gofalu amdanyn nhw, a'u storio
- Enwi'r gwahanol fathau o gyllyll ac offer torri a sut i'w defnyddio
- Dweud pa mor bwysig yw defnyddio cyllyll ac offer torri'n gywir ac yn ddiogel
- Disgrifio sut i lanhau, cynnal a chadw a storio cyllyll ac offer torri
- Dweud beth yw'r cyfyngiadau oedran perthnasol ar gyfer defnyddio offer torri.

Yn y bennod hon, byddwch yn dysgu am y gwahanol fathau o offer bach a mawr sy'n cael eu defnyddio yn y diwydiant lletygarwch ac arlwyo. Mae pwrpas arbennig i bob darn o offer, ac mae wedi ei ddylunio'n benodol ar gyfer y pwrpas hwnnw. Er enghraifft, mae chwisgiau wedi cael eu dylunio ar gyfer chwipio, a chlorian ar gyfer pwyso. Un o sgiliau allweddol bod yn gogydd yw gallu adnabod a defnyddio'r offer cywir ar gyfer y dasg, er mwyn osgoi camgymeriadau a damweiniau.

Eitemau o offer bach a mawr

Sut i ddewis offer

Ystyriwch yn ofalus ar gyfer beth y mae'r offer yn cael ei ddefnyddio ac am ba hyd. Mae dewis eang iawn o offer ar werth ac mae'n rhaid asesu os ydyn nhw o wneuthuriad da a pha mor ddefnyddiol ydyn nhw. Ystyriwch o ba ddeunydd y mae'r offer wedi ei wneud: er enghraifft, mae dur gwrthstaen yn gryf iawn ac mae'n ddewis da os ydych yn chwilio am offer a fydd yn para'n hir.

Dylech hefyd ystyried pa mor hawdd yw glanhau'r offer. Bydd offer sy'n anoddach i'w lanhau yn llai tebygol o gael ei lanhau'n iawn; efallai y bydd rhaid defnyddio glanhawyr sgraffiniol garw, a gallai hynny arwain at ddifrodi'r offer.

Pan fyddwch chi'n dewis offer, mae'n bwysig gwybod hefyd beth fyddai'r maint mwyaf addas ar gyfer y gwaith sydd angen cael ei wneud. Er enghraifft, os byddwch yn paratoi llawer o fwyd ar y tro, bydd angen sosbenni mwy o faint arnoch chi nag os ydych chi'n coginio llai o fwyd.

Defnyddio offer yn gywir ac yn ddiogel

Gellir rhannu offer cegin yn ddau gategori:

1 **Offer mawr** – er enghraifft, ffwrn, hob, gridyll, stemiwr a ffriwr. Hefyd, offer mawr fel oergell a pheiriant golchi llestri.

2 **Offer bach** – er enghraifft, llwy, lletwad neu chwisg. Hefyd, offer mecanyddol bach fel piliwr, peiriant briwio a pheiriant cymysgu bwyd.

Mae angen gwybod sut i ddefnyddio nifer o offer mawr a bach yn gywir ac yn ddiogel. Mae'n bwysig hefyd gallu enwi unrhyw beryglon sy'n gysylltiedig â'u defnyddio, eu glanhau a'u storio.

Offer mawr
Ffwrn gonfensiynol

Mae sawl math o ffwrn gonfensiynol nwy neu drydan ar gael. Mae rhai ohonynt yn cynnwys gridyll.

> ## ⚠ Iechyd a diogelwch
>
> Gyda ffwrn nwy, mae'n bwysig iawn cynnau'r nwy yn syth unwaith y byddwch wedi ei throi ymlaen. Rhaid gosod dyfais ailgynnau fflam ar ffwrn nwy. Bydd hwn yn diffodd y nwy os bydd y fflam yn diffodd, er mwyn atal ffrwydrad.

Ffwrn ddarfudol (ffwrn wyntyll)

Mae'r ffwrn yma'n cynnwys gwyntyll fewnol sy'n cylchdroi aer poeth o amgylch y ffwrn. Mae hyn yn codi'r tymheredd ym mhob rhan o'r ffwrn er mwyn ei gwneud yn fwy effeithlon, ac mae hyn hefyd yn golygu eich bod chi'n gallu gostwng y tymheredd coginio. Er enghraifft, efallai y bydd bwyd yr ydych yn ei goginio ar 200°C mewn ffwrn gonfensiynol yn coginio ar 180°C mewn ffwrn ddarfudol. Mae ffwrn ddarfudol yn addas iawn ar gyfer pobi a rhostio.

Glanhau ffwrn gonfensiynol a darfudol: gadewch i'r offer oeri cyn i chi ei sgwrio a'i sychu'n lân. Rhowch ychydig o olew ar yr arwynebau solet er mwyn eu cadw mewn cyflwr da.

> ## ⚠ Iechyd a diogelwch
>
> Pan fyddwch yn glanhau, cofiwch wisgo dillad gwarchod bob amser. Gadewch i'r offer oeri'n gyntaf fel nad ydych chi'n llosgi eich hun yn ddamweiniol. Pan fyddwch yn defnyddio glanhawr ffwrn cemegol, cofiwch wisgo mwgwd diogelwch a menig rwber trwchus bob amser.

Ffwrn gyfunol

Gellir defnyddio ffwrn gyfunol fel ffwrn, neu fel stemiwr, neu'r ddau. Mae stêm yn cael ei chwistrellu i mewn i'r ffwrn wrth i chi bobi neu rostio, er mwyn cynyddu lleithder y ffwrn. Mae'r ffwrn yma'n defnyddio nwy neu drydan. Maen nhw'n gwbl awtomatig, gyda chyfrifiadur mewnol i'w rhaglennu ymlaen llaw er mwyn coginio'r bwyd am yr union amser cywir.

Maen nhw hefyd yn gallu cadw'r bwyd ar y tymheredd cywir. Mae'r fersiynau diweddaraf yn monitro tymheredd mewnol y bwyd, fel bod y cogydd yn gallu sicrhau'r tymheredd craidd angenrheidiol. Mae system gyfrifiadurol hefyd yn cofnodi pa mor aml mae'r ffwrn yn cael ei defnyddio a'r gwahanol dymheredd sy'n cael eu defnyddio.

Glanhau ffwrn gyfunol: mae llawer o fodelau modern yn glanhau eu hunain, ond bydd angen eu harchwilio'n rheolaidd er mwyn sicrhau eu bod yn cael eu glanhau'n effeithlon.

> ### Cyngor proffesiynol
>
> Mae technoleg ffwrn gyfunol yn newid trwy'r amser. Mae ffwrn fodern yn defnyddio egni'n effeithlon ac yn arbed amser a gwaith.

Ffwrn ficrodon

Mae ffwrn ficrodon yn defnyddio pŵer amledd uchel. Mae'r tonnau egni'n aflonyddu'r moleciwlau mewn bwyd ac yn eu symud, gan achosi ffrithiant a gwresogi'r bwyd. Gall ffwrn ficrodon goginio bwyd yn gyflymach na ffwrn gonfensiynol. Maen nhw'n cael eu defnyddio'n aml i ailgynhesu bwyd.

Glanhau ffwrn ficrodon: sychwch unrhyw fwyd sydd wedi cael ei golli yn y ffwrn ar unwaith gyda dŵr poeth gydag ychydig o lanedydd ynddo. Bydd hyn yn atal bacteria rhag tyfu a bydd yn lleihau'r risg o halogi bwydydd eraill.

Hob wyneb solet

Enw arall arno yw stôf wyneb solet. Maen nhw wedi eu gwneud o fetel solet gyda llosgydd oddi tan. Mae ganddyn nhw arwyneb sengl gwastad, felly gellir symud sosbenni o gwmpas yn hawdd wrth goginio. Mae'r gwres ar ganol yr hob yn wres tanbaid. Dydy'r ochrau ddim mor boeth, ac maen nhw'n cael eu defnyddio i fudferwi. Mae modd cael hob drydan neu nwy. Mae gan bob hob nwy gylchoedd yn y canol sy'n gallu cael eu tynnu fel bod y fflam yn y golwg. Bydd y gwres tanbaid yma'n golygu bod y bwyd yn coginio'n gyflymach neu bod yr hylif yn cael ei leihau'n gyflymach.

Glanhau hob wyneb solet: cliriwch unrhyw ddarnau o fwyd, glanhewch gyda dŵr poeth â glanedydd ynddo, sychwch a rhowch haen ysgafn o olew drosto.

Hob tân agored

Dyma stôf ble mae'r fflam yn y golwg; mae'r sosbenni yn cael eu gosod ar fariau metel dros y fflam. Mae'n anoddach symud y sosbenni o gwmpas ar y math yma o hob nag ydy hi ar hobiau wyneb solet. Er mwyn mudferwi, bydd rhaid gostwng y fflam gan ddefnyddio switsh sy'n rheoli pob fflam yn unigol.

Glanhau hob tân agored: tynnwch y bariau metel i ffwrdd, golchwch y rhain mewn dŵr poeth â glanedydd ynddo a'u sychu.

Golchwch wyneb y stôf gyda dŵr poeth â glanedydd ynddo ar ôl clirio unrhyw ddarnau o fwyd; efallai y bydd angen defnyddio glanhawr sgraffiniol i lanhau unrhyw fwyd sydd wedi caledu arno. Sychwch y bariau metel, a'u rhoi yn ôl yn eu lle.

> **Iechyd a diogelwch**
>
> Yn debyg iawn i hob wyneb solet, mae dyfais ailgynnau fflam wedi ei gosod ar y stôf yma, ond bydd angen i rywun cymwys gynnal profion diogelwch rheolaidd arnyn nhw

Hob anwytho

Mae hob anwytho (*induction hob*) yn cynnwys cyfres o losgyddion sydd ar ffurf coil anwytho. Dim ond pan mae sosban gyda gwaelod metel (fel sosban ddur gwrthstaen) yn cyffwrdd â'r hob y bydd y coil yn cynhesu. Bydd yn diffodd yn syth ac yn oeri'n gyflym pan fydd y sosban yn cael ei thynnu oddi ar yr hob. Bydd yr hob yn teimlo braidd yn gynnes wedi iddo gael ei ddiffodd. Bydd dŵr yn berwi'n gyflym ar y math hwn o hob. Yn gyffredinol, bydd bwyd yn coginio'n gyflymach nag ar fathau eraill o hob.

 Glanhau hob anwytho: mae hobiau anwytho yn hawdd iawn i'w glanhau ac, fel arfer, y cyfan fydd angen ei wneud yw eu sychu â dŵr gydag ychydig o lanedydd ynddo.

> **Iechyd a diogelwch**
>
> Mae'r hob anwytho yn llawer mwy diogel na hob confensiynol oherwydd ei fod yn aros yn gymharol oer hyd yn oed wrth goginio. Does fawr ddim perygl o losgi trwy gyffwrdd â'r hob yn uniongyrchol.

Y stemiwr bwyd – gwahanol fathau

- **Stemiwr atmosfferig** – mae'n gweithio ar wasgedd atmosfferig normal (yr un gwasgedd â'r tu allan i'r stemiwr), gan greu stêm sydd ychydig yn uwch na 100°C. Yn aml iawn, mae'r rhain yn sosbenni cyffredin gyda basged fetel ynddynt.
- **Stemiwr pwysedd** – ffordd dda o goginio bwyd sydd angen gofal wrth ei goginio a bwyd sy'n cael ei goginio mewn cwdyn. Mae rhai stemwyr pwysedd yn coginio ar bwysedd uchel a rhai ar bwysedd isel. Mewn stemiwr pwysedd isel mae tymheredd y stêm yn 70°C, felly mae'r bwyd yn cael ei goginio'n araf. Mewn stemiwr pwysedd uchel mae tymheredd y stêm yn 120°C, felly mae'r bwyd yn cael ei goginio'n gyflymach.
- **Stemiwr deuol** – mae hwn yn gallu newid rhwng coginio ar bwysedd isel neu bwysedd uchel. Ar bwysedd isel, bydd yn coginio yn yr un modd â stemiwr pwysedd. Ar bwysedd uchel, bydd y bwyd yn cael ei goginio'n gyflymach nag mewn stemiwr atmosfferig a stemiwr pwysedd.

Mae pob stemiwr ar gael mewn gwahanol feintiau. Hefyd, gellir defnyddio ffwrn gyfunol i gyfuno stemio a choginio er mwyn cael manteision y ddau fath o ffwrn.

 Glanhau stemiwr: rhaid glanhau'r stemiwr yn rheolaidd. Bydd angen golchi y tu mewn i'r stemiwr, a

golchi'r darnau eraill gyda dŵr poeth â glanedydd ynddo. Bydd angen i chi wedyn eu rinsio a dŵr glân a'u sychu. Dylid iro'r botymau rheoli ar y drws yn ysgafn o dro i dro a gadael y drws yn gilagored er mwyn gadael i awyr iach gylchdroi pan nad yw'r stemiwr yn cael ei ddefnyddio. Os oes dŵr yn y stemiwr, bydd angen ei newid yn rheolaidd. Bydd angen draenio a glanhau'r siambr ddŵr cyn rhoi dŵr glân ynddi.

Iechyd a diogelwch

Y prif berygl sy'n gysylltiedig â stemiwr yw sgaldio. Cymerwch ofal wrth agor drysau'r stemiwr: agorwch y drws yn araf er mwyn gadael i'r stêm ddianc yn raddol o'r ffwrn, yna tynnwch yr eitemau bwyd allan yn ofalus.

Cyn ei ddefnyddio, gwnewch yn siŵr bod y stemiwr yn lân ac yn ddiogel. Bydd angen dweud wrth rywun ar unwaith os oes unrhyw nam.

Ffrïwr saim dwfn

Mewn ffrïwr saim dwfn, mae cynhwysydd sy'n cynnwys digon o olew i orchuddio'r bwyd. Mae'r olew yn cael ei gynhesu i dymheredd poeth iawn. Bydd ardal oer, sef siambr ar waelod y sosban goginio, yn casglu darnau o fwyd fel briwsion bara neu gytew oddi ar bysgodyn pan mae'n cael ei ffrio. Mae rhai ffrïwyr yn cael eu rheoli gan gyfrifiaduron; mae modd eu rhaglennu i gynhesu'r olew i'r tymheredd cywir ac i goginio'r bwyd am yr amser cywir.

Glanhau ffrïwr saim dwfn: wrth ffrio, tynnwch yr holl ddarnau o fwyd allan ar unwaith a chadwch yr olew mor lân â phosibl. Bydd angen draenio'r olew er mwyn glanhau'r ffrïwr. Gwnewch yn siŵr bod y ffrïwr wedi ei ddiffodd a bod yr olew yn oer cyn i chi ei ddraenio. Gosodwch gynwysyddion addas yn eu lle i ddal yr olew wrth i chi ei ddraenio. Yna, rhowch olew glân yn y peiriant.

Iechyd a diogelwch

Mae'n bosibl mai ffrïwyr saim dwfn yw'r offer peryclaf yn y gegin. Mae sawl tân yn y gegin wedi cychwyn trwy ddefnyddio'r ffrïwr saim dwfn yn ddiofal. Cymerwch ofal i beidio â thasgu'r olew wrth roi eitemau o fwyd yn y ffrïwr, oherwydd mae hyn yn gallu achosi llosgiadau difrifol ac anafiadau i'r llygaid. Dylech osgoi rhoi bwyd gwlyb yn y ffrïwr. Peidiwch byth â thaflu eitemau o fwyd i mewn i'r ffrïwr saim dwfn o bellter. Rhowch y bwyd yn y ffrïwr yn ofalus. Pan fyddwch yn newid yr olew, cofiwch adael iddo oeri yn gyntaf.

Salamandr

Gyda salamandr, mae'r gwres uwchben y bwyd. Mae'r gridyll hwn yn cael ei wresogi gan nwy neu drydan. Gan amlaf, mae cyfres o jetiau neu elfennau gwresogi uwchben y bwyd. Does dim rhaid i'r rhain i gyd fod ymlaen drwy gydol yr amser.

Glanhau salamandr: mae hambwrdd mewn salamandr i ddal saim a darnau o fwyd. Bydd angen i chi wagio a glanhau hwn yn drylwyr gyda dŵr poeth â glanedydd ynddo. Mae soda yn ddefnyddiol iawn ar gyfer glanhau saim.

> **! Iechyd a diogelwch**
>
> Cymerwch ofal wrth osod bwyd o dan y salamandr ac wrth dynnu bwyd allan ohono. Cofiwch wisgo dillad gwarchod pwrpasol pan fyddwch yn glanhau'r salamandr.

Gridyll wedi ei wresogi o dan y bwyd

Mae'r ffynhonnell wres o dan y gridyll. Mae'r math hwn o ridyll yn cael ei ddefnyddio i goginio bwyd yn gyflym, felly mae angen iddo gyrraedd tymheredd uchel. Mae'r math yma o ridyll yn gadael marciau cris-groes ar y bwyd, sy'n cael eu galw'n **quadrillage**.

    Glanhau gridyll wedi'i wresogi o dan y bwyd: pan mae'r bariau'n oer, dylid eu tynnu oddi ar y gridyll a'u golchi mewn dŵr poeth sy'n cynnwys hydoddydd saim (glanedydd). Yna, dylid eu rinsio â dŵr glân, eu sychu a'u gosod yn ôl ar y gridyll. Os yw brics tân yn cael eu defnyddio i leinio'r gridyll cymerwch ofal oherwydd mae'n hawdd eu torri.

> **! Iechyd a diogelwch**
>
> Cymerwch ofal wrth osod bwyd ar y gridyll, ei symud o gwmpas a'i dynnu oddi ar y gridyll – cofiwch ddefnyddio gefel bob amser. Byddwch yn ofalus iawn wrth frwsio olew ar y bwyd a pheidiwch â gadael i'r olew ddiferu ar y fflam.

▲ *Quadrillage*

Gridyll cyswllt

Weithiau mae hwn yn cael ei alw'n ridyll dwyochrog neu'n ridyll isgoch. Mae ganddo ddau arwyneb gwresogi sy'n wynebu ei gilydd. Mae'r bwyd yn cael ei osod ar un arwyneb, ac yna mae'r arwyneb arall yn cael ei roi ar ei ben. Mae'r gridyll hwn yn cael ei wresogi gan drydan ac mae'n coginio bwydydd penodol, fel tost mewn tostiwr, yn gyflym iawn.

    Glanhau gridyll cyswllt: diffoddwch y trydan pan fyddwch yn ei lanhau a pheidiwch â defnyddio dŵr. Dylid ei grafu'n ysgafn i'w lanhau.

> **! Iechyd a diogelwch**
>
> Cofiwch adael i'r gridyll oeri cyn ei lanhau, er mwyn osgoi llosgiadau. Byddwch yn ofalus wrth osod bwyd ar neu yn y gridyll.

Bain-marie

Ystyr *bain-marie* yw 'bath dŵr'. Cynhwysydd agored o ddŵr ydy hwn ar gyfer cadw bwyd yn boeth. Mae nifer o wahanol fathau ar gael, rhai yn rhan o gypyrddau poeth a rhai eraill yn cael eu defnyddio i weini bwyd. Maen nhw'n cael eu gwresogi gyda stêm, nwy neu drydan. Mae bath dŵr hefyd yn cael ei ddefnyddio ar gyfer coginio bwyd yn araf mewn bag plastig o dan wactod (*vacuum*).

Glanhau *bain-marie*: diffoddwch y gwres ar ôl ei ddefnyddio. Draeniwch y dŵr a glanhau'r tu mewn a'r tu allan i'r *bain-marie* gyda dŵr poeth gyda glanedydd ynddo. Yna, dylid ei rinsio gyda dŵr glân cyn ei sychu. Os oes tap gwagio ar y *bain-marie*, cofiwch ei gau.

Iechyd a diogelwch

Mae'n bwysig gwneud yn siŵr bod digon o ddŵr yn y *bain-marie* pan mae'r gwres ymlaen. Cofiwch gadw golwg ar y tymheredd yn rheolaidd: peidiwch byth â gadael iddo fod yn wahanol i'r hyn sy'n cael ei nodi yn y rysáit a'r gofynion diogelwch.

Cwpwrdd poeth

Defnyddir cwpwrdd poeth, sy'n cael ei alw'n 'blât poeth' yn aml, i gynhesu platiau a llestri gweini, ac i gadw bwyd yn boeth. Dylech sicrhau bod y tymheredd yn y cwpwrdd poeth yn cael ei gadw rhwng 63-70°C fel nad yw'r bwyd yn rhy boeth nac yn rhy oer. Gall cwpwrdd poeth gael ei wresogi gan nwy, stêm neu drydan.

Glanhau cwpwrdd poeth: bydd angen gwagio a glanhau cwpwrdd poeth ar ôl pob gwasanaeth gweini.

Iechyd a diogelwch

Cymerwch ofal wrth roi platiau, llestri a bwyd mewn cypyrddau poeth, ac wrth eu tynnu allan, er mwyn osgoi llosgiadau a sgaldiadau.

Cwpwrdd codi

Defnyddir cwpwrdd codi ar gyfer cynnyrch burum, fel toes bara. Maen nhw'n darparu atmosffer cynnes a llaith sy'n caniatáu i furum dyfu, gan achosi i'r toes godi. Y tymheredd mwyaf addas ar gyfer hyn yw 37°C. Mewn cwpwrdd codi mae yna ddraen ar gyfer casglu'r dŵr sy'n crynhoi wrth i'r aer llaith oeri.

Oergell ac ystafell oeri

Mae oergell ac ystafell oeri yn cadw bwyd yn oer ar dymheredd rhwng 1°C a 5°C. Mae'r oerfel yn arafu twf bacteria ac ensymau sy'n gwneud i'r bwyd ddirywio a throi'n ddrwg. Maen nhw'n cael eu defnyddio i storio dewis eang o gynnyrch.

Glanhau oergell ac ystafell oeri: dylid tacluso ystafelloedd oeri ac oergelloedd unwaith y dydd a'u glanhau unwaith yr wythnos. Dylid eu glanhau gyda dŵr poeth a chemegion glanhau pwrpasol – soda pobi gwanedig sydd fwyaf addas.

Iechyd a diogelwch

Mae sut y mae'r bwyd yn cael ei storio mewn ystafelloedd oeri ac oergelloedd yn bwysig iawn. Gwnewch yn siŵr nad oes traws-halogiad yn digwydd rhwng gwahanol fwydydd, gan fod hyn yn lledaenu bacteria. Dylai pob eitem o fwyd gael ei orchuddio a'i labelu â'r dyddiad erbyn pryd y dylid ei ddefnyddio.

Dylid gwirio'r tymheredd y tu mewn i ystafelloedd oeri ac oergelloedd o leiaf ddwywaith y dydd.

Rhewgell

Mae rhewgell yn cael ei defnyddio i storio bwyd rhwng -18°C ac -20°C. Dydy bwyd yn y rhewgell ddim yn para am byth, ond mae'r tymheredd isel yn arafu twf bacteria yn y bwyd fel bod y bwyd yn para'n hirach.

Glanhau rhewgell: mae'r rhan fwyaf o rewgelloedd heddiw'n rhai di-rew, felly nid oes angen eu dadrewi. Bydd angen tacluso'r rhewgell o leiaf unwaith yr wythnos. Cofiwch ei glanhau bob tri i chwe mis gan ddefnyddio hylif glanhau gwan, glanedydd gwan neu soda pobi gwanedig.

 Iechyd a diogelwch

Yn yr un modd ag mewn ystafell oeri, dylai'r bwyd sy'n cael ei storio mewn rhewgell gael ei orchuddio. Bydd angen gosod label hefyd sy'n nodi'r dyddiad erbyn pryd y dylid ei ddefnyddio.

Gweithgaredd

1 Pan mae ffwrn gyfunol yn cael ei gosod i gyflwyno stêm i'r broses goginio, pa ragofalon diogelwch ddylech chi eu cymryd wrth roi bwyd yn y ffwrn ac wrth dynnu bwyd allan?

2 Pan fyddwch yn codi casgen drom o olew coginio oddi ar y llawr i lenwi ffrïwr, dylech blygu eich pengliniau a chadw eich cefn yn syth. Pa ragofalon diogelwch eraill ddylech chi eu cofio?

3 Sut ddylech chi lanhau hob tân agored?

4 Disgrifiwch ar gyfer beth y byddai rhywun yn defnyddio *bain-marie*.

5 Disgrifiwch sut y mae ffwrn ficrodon yn coginio bwyd.

Offer bach

Mae pwrpas arbennig i bob darn bach o offer yn y gegin. Mae offer bach wedi eu creu o sawl deunydd gwahanol, gan gynnwys metel wedi ei orchuddio â haen o ddeunydd gwrthlud, haearn, dur a phlastig gwrth-wres. Rhaid gofalu am offer bach, ei lanhau a'i storio'n ddiogel mewn lle glân.

Padelli coginio

Hambwrdd pobi wedi'i wneud o ddur gyr du gyda sawl maint gwahanol ar gael. Mae'n cael ei ddefnyddio ar gyfer pobi a pharatoi crwst.

Tun pobi (sydd hefyd yn cael ei alw'n dun cacen) – addas ar gyfer pobi teisennau, bara a gwahanol fathau o ddeisen sbwng. Mae'r gymysgedd yn cael ei roi yn y tun ac yna'n cael ei goginio.

Gradell – mae rhigolau'r radell yn marcio'r bwyd gyda chyfres o linellau (quadrillage) gan greu'r argraff fod y bwyd wedi cael ei goginio dros y tân. Mae wyneb gwrthlud (non-stick) ar y radell er mwyn atal y bwyd rhag glynu.

Padell ffrio gwrthlud wedi ei gorchuddio â haen o ddeunydd fel Teflon, sy'n atal y bwyd rhag glynu arni. Fel arfer, mae'n cael ei defnyddio ar gyfer ffrio bas.

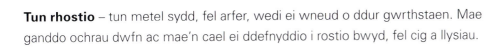

Tun rhostio – tun metel sydd, fel arfer, wedi ei wneud o ddur gwrthstaen. Mae ganddo ochrau dwfn ac mae'n cael ei ddefnyddio i rostio bwyd, fel cig a llysiau.

Sosban ar gael mewn sawl maint gwahanol ac wedi eu gwneud o wahanol ddeunyddiau. Mae rhai wedi eu gwneud o ddur gwrthstaen yn llwyr; mae rhai eraill yn cynnwys cyfuniad o fetelau, fel dur gwrthstaen gyda haen o alwminiwm a choil trwchus o gopr. Defnyddir sosbenni ar gyfer sawl dull coginio, gan gynnwys berwi, potsio a stiwio.

Padell sauté – padell fas gydag ochrau syth wedi eu gwneud o ddur gwrthstaen neu gymysgedd o fetelau. Mae'n cael ei defnyddio ar gyfer ffrio bas pan fydd saws yn cael ei goginio ar ôl i'r bwyd gael ei ffrio. Gellir ei defnyddio hefyd ar gyfer potsio, yn enwedig potsio bwyd fel pysgod.

Woc – padell ffrio gron a bas sy'n cael ei defnyddio ar gyfer tro-ffrio a choginio bwyd Asiaidd. Mae wedi ei gwneud o ddeunyddiau sy'n gallu dargludo gwres yn gyflym. Dur gwrthstaen trwchus, gyda chraidd copr, yw'r rhai mwyaf effeithiol.

Iechyd a diogelwch
Os nad ydych yn cadw sosbenni'n drefnus, gallan nhw gwympo oddi ar y silff ac achosi anafiadau, heb sôn am achosi difrod i'r offer. Storiwch sosbenni â'u pen i lawr ar reseli glân. Gwnewch yn siŵr nad yw'r handlenni'n rhydd.

Gall eitemau sydd wedi eu storio yn rhy uchel wneud i bobl ymestyn gormod, gan achosi niwed i'r cefn. Gwnewch y rhwg yma'n llai trwy storio sosbenni'n is i lawr, fel na fydd yn rhaid i bobl ymestyn cymaint i'w cyrraedd.

Offer cegin

Powlen ar gael mewn sawl maint gwahanol, gallan nhw fod yn ddur gwrthstaen neu'n blastig. Maen nhw'n cael eu defnyddio at sawl diben gwahanol, gan gynnwys cymysgu, cyfuno, curo a storio bwyd.

Colandr ar gael mewn sawl maint gwahanol ac wedi ei wneud, gan amlaf, o ddur gwrthstaen. Mae'n cael ei ddefnyddio i ddraenio hylifau.

Hidlen gonigol fel arfer yn ddur gwrthstaen gyda thyllau o amgylch yr ochrau. Mae'n cael ei defnyddio ar gyfer hidlo bwyd yn gyffredinol gan gynnwys hylif, cawl a saws.

Rhesel oeri wedi ei gwneud o rwyll dur gwrthstaen ac yn siâp hirsgwar, gan amlaf. Mae eitemau wedi eu pobi yn cael eu rhoi ar reseli oeri pan maen nhw'n boeth. Mae'r rhwyll yn gadael i aer gylchdroi o amgylch y bwyd, gan olygu ei fod yn oeri'n gyflym.

Gordd wedi'i gwneud o fetel ar gyfer tyneru cig a'i wneud yn deneuach.

Cylch fflan mae'n cael ei ddefnyddio i bobi fflaniau a chasys fflan. Mae'r cylch fflan yn cael ei leinio â thoes i greu'r casyn crwst, ac yna'n cael ei lenwi â'r gymysgedd fflan neu â llenwad y darten.

Sleis bysgod o ddur gwrthstaen. Mae'n cael ei defnyddio i godi neu osod bwyd ar hambyrddau a llestri gweini.

Peiriant cymysgu bwyd – peiriant trydanol i arbed gwaith, sy'n cael ei ddefnyddio ar gyfer nifer o wahanol dasgau yn y gegin. Mae'n cynnwys sawl gwahanol ddarn o offer ar gyfer gwahanol dasgau fel briwio, torri, cyfuno a chymysgu.

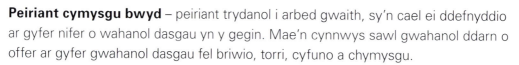

Lletwad – mae sawl gwahanol faint ar gael. Llwy fawr, siâp cwpan sy'n cael ei defnyddio i ychwanegu hylif at sosban, ac i weini saws a stiw.

Hylifwr a blendiwr – offer mecanyddol sy'n cael eu defnyddio i dorri a throi bwyd solet yn hylif. Maen nhw ar gael mewn gwydr, plastig neu ddur gwrthstaen.

Stwnsiwr – cael ei ddefnyddio i stwnsio llysiau. Mae rhai llaw neu rhai trydan ar gael.

Jwg fesur ar gael mewn sawl gwahanol faint. Gall fod yn ddur gwrthstaen, gwydr neu blastig. Mae'n cael ei defnyddio i fesur hylif.

Mowld ar gael mewn sawl siâp a maint. Mae'n cael ei ddefnyddio i siapio a mowldio bwyd i'w weini, er enghraifft, tartled, *mousse*, cwstard a *blancmange*. Mae glanhau mowld yn gallu bod yn anodd – rhaid gwneud yn siŵr bod pob tamaid o fwyd wedi ei dynnu o'r mowld a'i fod yn cael ei olchi'n drylwyr er mwyn atal traws-halogi.

Rholbren ar gyfer rholio toes â llaw. Mae wedi ei wneud o blastig fel arfer erbyn hyn.

Clorian ar gyfer pwyso cynhwysion.

Rhidyll wedi'i greu o blastig gyda rhwyll (*mesh*) neilon neu fetel. Ar gael mewn sawl maint gwahanol. Mae'n cael ei ddefnyddio er mwyn rhidyllu cynhwysion sych fel blawd neu ar gyfer *purée*.

Llwy sgimio wedi'i gwneud o ddur gwrthstaen gyda thyllau ynddi. Mae'n cael ei defnyddio i sgimio a draenio, fel codi olew neu bethau eraill oddi ar arwyneb cawl ac ati.

Llwy ddraenio *(spiders)* wedi'i gwneud o ddur gwrthstaen. Mae'n cael ei defnyddio i godi bwyd o sosbenni, dŵr a ffrïwr saim dwfn.

Llwy ar gael mewn sawl maint gwahanol ar gyfer gweini a chodi bwyd allan ac i mewn i gynwysyddion. Dur gwrthstaen.

Chwisg wedi'i wneud o wifren denau, ar gyfer chwisgio a churo aer i mewn i'r bwyd, er enghraifft, chwipio gwynnwy. Mae chwisg gwifren gryfach ar gael ar gyfer cymysgu sawsiau.

Gofal, glanweithdra a storio

Ar ôl eu defnyddio, bydd angen golchi pob darn o offer, mawr a bach, a sosbenni'n drylwyr gyda dŵr poeth â glanedydd ynddo. Yna, dylid eu rinsio â dŵr poeth glân cyn eu sychu'n drylwyr. Os nad ydych chi'n eu golchi a'u sychu'n drylwyr, gallai hynny arwain at lwydni, halogi a thraws-halogi bwyd.

Byrddau torri

Mae'r rhain yn cael eu defnyddio i dorri a sleisio bwyd arnyn nhw. Mae'r byrddau mwyaf poblogaidd wedi eu gwneud o bolyethylen neu blastig. Dylid defnyddio gwahanol fyrddau ar gyfer gwahanol fwydydd, er mwyn osgoi traws-halogi. Dangosir y system safonol sy'n weithredol ym Mhrydain yma.

Rhaid storio byrddau torri mewn ffordd ddiogel a hylan. Yn ddelfrydol, cadwch nhw ar resel fel bod aer yn gallu cylchdroi o'u hamgylch. Mae hyn yn golygu y gallan nhw sychu ar ôl cael eu glanhau'n drylwyr. O wneud hyn, fydd byrddau torri eraill neu offer ddim yn gallu cael eu halogi. Gall storio byrddau'n anghywir arwain at draws-halogi a gwenwyn bwyd.

COD LLIWIAU BYRDDAU TORRI
sy'n cael gwared ar y risg o draws-halogi bacteriol yn ystod y broses o baratoi bwyd

CIG AMRWD — COCH

PYSGOD AMRWD — GLAS

CIG WEDI EI GOGINIO — MELYN

SALAD A FFRWYTHAU — GWYRDD

LLYSIAU — BROWN

BARA A CHAWS — GWYN

▲ System cod lliwiau'r DU

Cyllyll ac offer torri
Cyllyll

Bydd cogydd proffesiynol yn defnyddio dewis eang o gyllyll yn y gegin; mae pob cyllell yn cael ei defnyddio ar gyfer gwaith neu dasg benodol. Mae'n bwysig defnyddio cyllyll mewn modd diogel ac effeithiol.

Cyllell tynnu esgyrn – cyllell â llafn byr sy'n cael ei defnyddio i dynnu esgyrn o gig. Mae'r llafn yn gryf ac yn anhyblyg gyda phen miniog. Mae'r llafn anhyblyg yn galluogi'r cogydd i fynd yn agos at yr esgyrn a thorri'r cig i ffwrdd.

Llif cigydd – caiff ei defnyddio mewn bwtsiera bob dydd ar gyfer llifio trwy esgyrn.

Cyllell gerfio a fforc gig – mae llafn hir a main, o'r enw 'tranchard', ar gyllell gerfio Ffrengig. Mae dau bigyn ar fforc gig. Mae'r fforc yn ddigon cryf i ddal darnau mawr o gig i'w cerfio, ac i'w codi a'u rhoi mewn cynwysyddion.

Cyllell dorri – mae'r rhain yn cael eu defnyddio ar gyfer sawl tasg, fel torri, sleisio a thorri llysiau, cigoedd a ffrwythau.

Cyllell ffiledu pysgod – ar gyfer ffiledu pysgod (tynnu'r cig oddi ar yr asgwrn). Mae ganddyn nhw lafn hyblyg iawn, sy'n galluogi'r cogydd i symud y gyllell yn ddidrafferth o amgylch esgyrn y pysgodyn.

Bwyell hollti – cael ei defnyddio, fel arfer, i hollti esgyrn.

Cyllell bilio – cyllell lysiau fach, amlbwrpas. Mae'n cael ei defnyddio i dorri coesau a blaenau llysiau, ac i bilio ffrwythau a llysiau penodol.

Cyllell balet – cyllell fflat ar gyfer codi a chrafu, troi a thaenu. Mae hefyd yn ddefnyddiol ar gyfer sawl tasg yn yr adran gacennau.

Cyllell gerfio ddanheddog – ar gyfer sleisio bwydydd. Mae ganddi lafn danheddog hir a thrwchus, sy'n cael ei ddefnyddio fel llif. Bydd angen anfon y gyllell hon at gwmni arbenigol i'w hogi. Peidiwch â cheisio hogi hon eich hun.

Cyllell durnio – cyllell â llafn bach crwm. Mae'n cael ei defnyddio i siapio llysiau mewn sawl gwahanol ffordd.

Offer torri arall

Digreiddiwr (corer) – caiff ei ddefnyddio i dynnu craidd caled o ffrwythau fel afal, pinafal a gellyg. Mae ganddo lafn crwn y byddwch yn ei wthio i lawr i mewn i ganol y ffrwyth i dorri trwy'r ffrwyth ac o amgylch y craidd. Caiff y craidd ei ddal yn dynn yn y digreiddiwr a'i dynnu o'r ffrwyth wrth i chi dynnu'r digreiddiwr allan.

Prosesydd bwyd – peiriant trydanol sy'n cael ei ddefnyddio ar gyfer nifer o wahanol dasgau yn y gegin. Fel arfer mae'r peiriant yn cynnwys dewis o lafnau ar gyfer torri, sleisio, gratio, cymysgu a chreu *purée*.

Gratiwr wedi'i wneud o ddur gwrthstaen. Ar gael mewn sawl maint gwahanol, ac mae'n cael ei ddefnyddio ar gyfer gratio neu dorri bwydydd fel caws, croen ffrwythau sitrws a llysiau yn fân. Fel arfer, mae'r gratiwr yn cynnwys dewis o ochrau gratio: tyllau mân, canolig neu fawr.

Sleisiwr disgyrchiant – mae ganddo lafnau torri miniog iawn. Mae'n rhaid ei ddefnyddio gyda gard diogelwch. Mae'n cael ei ddefnyddio i sleisio cig fel bod pob sleisen yr un trwch.

> ## ⚠ Iechyd a diogelwch
>
> Mae cyfyngiad oedran ar ddefnyddio peiriannau sleisio disgyrchiant; rhaid bod dros 18 oed i'w ddefnyddio.
>
> Mae swyddogion diogelwch bwyd yn argymell bod peiriant sleisio gwahanol yn cael ei ddefnyddio ar gyfer bwydydd amrwd a bwydydd wedi eu coginio.

Siswrn cegin – mae'n cael ei ddefnyddio ar gyfer sawl pwrpas yn y gegin. Mae siswrn pysgod yn cael ei ddefnyddio i dorri esgyll oddi ar bysgod. Mae siswrn dofednod yn cael ei ddefnyddio i dorri dofednod yn ddarnau llai.

Mandolin – offer arbenigol i sleisio llysiau. Mae'r llafn yn ddur gwrthstaen ac mae modd newid y lled, er mwyn paratoi sleisys tenau neu drwchus. Fel arfer, mae'n cael ei ddefnyddio i sleisio llysiau fel tatws, corbwmpen, ciwcymbr a moron. Mae'r llafn yn finiog tu hwnt, felly bydd angen bod yn ofalus iawn wrth ddefnyddio un. Mae gard diogelwch parhaol ar bob mandolin modern.

Peiriant briwo – peiriant unigol neu ddarn o offer arbennig sy'n ffitio ar beiriant cymysgu. Mae ganddo lafn torri siâp olwyn sy'n gwthio'r bwyd trwy blât sydd â thyllau o wahanol faint ynddo. Mae maint y tyllau'n dibynnu ar ba fath o friwgig sydd ei angen.

Piliwr – ar gyfer pilio llysiau a ffrwythau penodol.

Offer hogi

Carborwndwm – mae'n cael ei ddefnyddio i hogi cyllyll.

Cyllell hogi – ar gyfer hogi cyllyll. Silindrau o ddur gyda handlen ar un pen. I hogi cyllell, rhedwch y gyllell ar ongl ar hyd ymyl y gyllell hogi.
Carreg hogi – hefyd ar gyfer hogi cyllyll.

Defnyddio cyllyll yn ddiogel

Mae cyllyll yn offer hanfodol ar gyfer pob cogydd, ond maen nhw'n gallu achosi anafiadau difrifol i'r person sy'n eu defnyddio, neu i rywun arall, os cânt eu defnyddio'n anghywir neu'n ddiofal. Os byddwch chi'n gofalu am gyllyll yn dda ac yn eu trin yn ofalus, dylen nhw gynnig oes o wasanaeth a byddwch yn llai tebygol o gael niwed.

Trwy ddilyn ychydig o reolau syml yna bydd siawns da y byddwch yn gallu osgoi anaf difrifol yn ogystal og osgoi mân anafiadau wrth ddefnyddio cyllyll. Cofiwch ddilyn y rheolau diogelwch bob amser.

- Daliwch gyllell cogydd gyda'ch bys o amgylch y carn (eich bawd a'ch bysedd bob ochr) ac yn ddigon pell o ymyl y llafn. Bydd hyn yn amrywio weithiau, yn dibynnu ar faint a math y gyllell, a'r dasg yr ydych yn ei gwneud.
- Gafaelwch yn gadarn yn y gyllell er mwyn ei rheoli'n iawn.
- Cofiwch wneud yn siŵr bod bysedd a bawd y llaw sydd ddim yn dal y gyllell wedi eu plygu o'r golwg er mwyn peidio â'u hanafu.
- Os byddwch yn cario cyllell yn y gegin cofiwch ei dal wrth ochr eich corff, gyda'r llafn yn pwyntio i lawr ac am yn ôl.
- Peidiwch byth â rhedeg â chyllell yn eich llaw.
- Pan fyddwch yn pasio cyllell i berson arall, rhowch y carn iddyn nhw, tra eich bod chi'n dal top (ymyl di-fin) y llafn.
- Cadwch y llafn draw oddi wrthych pan fyddwch yn glanhau neu'n sychu cyllyll, a pheidiwch byth â rhedeg eich bys ar hyd ymyl miniog y llafn.
- Peidiwch â chael mwy nag un gyllell ar fwrdd torri ar y tro. Pan nad ydych yn defnyddio cyllell dylech ei gosod wrth ymyl y bwrdd torri gyda'r llafn yn wynebu am i mewn. Peidiwch byth â chario cyllyll o gwmpas ar fyrddau torri oherwydd gallan nhw lithro i ffwrdd.
- Peidiwch â gadael i gyllyll hongian dros ymyl yr arwyneb gwaith fe allai rhywun eu taro neu fe allan nhw gwympo ac achosi anaf. Peidiwch byth â cheisio dal cyllell sy'n cwympo; sefwch yn ôl a gadael iddi gwympo i'r llawr.
- Peidiwch byth â gadael cyllell ar fwrdd gyda'r llafn yn wynebu am allan. Fe allech chi, neu rywun arall, roi eich llaw i lawr ar lafn y gyllell.
- Peidiwch byth â rhoi cyllyll mewn dŵr golchi llestri; fydd y llafn ddim i'w weld felly gallai rhywun roi ei law yn y dŵr a thorri ei hun.
- Cadwch garn y gyllell yn lân ac yn sych. Os yw'r carn yn seimllyd neu'n wlyb gallai lithro yn eich llaw wrth i chi ei defnyddio.
- Cadwch gyllyll yn y golwg, h.y. ddim o dan bilion llysiau neu o dan gadachau llestri.

Cynnal a chadw a gofalu am gyllyll – hogi

Mae cyllyll sy'n cael eu cadw'n finiog yn fwy diogel na chyllyll heb fin arnyn nhw, cyn belled â'u bod yn cael eu trin a'u trafod yn ddiogel. Mae hyn oherwydd y bydd cyllell finiog yn torri'n lân ac yn effeithiol heb orfod rhoi gormod o bwysau arni i dorri trwy'r bwyd. Mae cyllell heb fin yn anoddach i'w rheoli; bydd angen mwy o bwysau a nerth ac mae'n debyg o lithro wyng ci hoohr gan achosi anaf o bosibl, yn ogystal â bwyd sydd wedi ei baratoi'n wael.

Cadwch eich cyllyll yn finiog trwy eu hogi'n aml gyda chyllell hogi neu offer hogi arall. Gwnewch yn siŵr eich bod yn cael eich dysgu sut i wneud hyn yn ddiogel.

Os yw cyllell wedi mynd yn ddi fin iawn efallai y bydd angen i arbenigwr ei hogi. Defnyddir olwyn hogi drydan neu olwyn law i roi 'min' ar y gyllell. Gellir trefnu i uned symudol ymweld â'ch gweithle i hogi cyllyll, neu gellir eu hanfon i ffwrdd i'w hogi.

Bydd rhai cogyddion yn defnyddio carrog hogi.

Glanhau

Mae cyllell yn gallu trosglwyddo bacteria niweidiol o un lle i'r llall yn hawdd iawn. Mae cyllyll yn gallu bod yn un o'r ffyrdd y mae bacteria niweidiol yn gallu lledu. Dylech ddilyn rhai rheolau syml er mwyn osgoi hyn:

- Golchwch a sychwch eich cyllyll yn drylwyr rhwng gwahanol dasgau.
- Peidiwch â defnyddio'r un cadach i lanhau cyllyll rhwng gwahanol dasgau, yn enwedig pan fyddwch yn paratoi bwydydd amrwd neu risg uchel.
- Os ydych wedi defnyddio cyllell ar gig neu ddofednod amrwd, cofiwch ei ddiheintio cyn ei defnyddio ar gyfer tasg arall. Bydd glanedyddion yn cael gwared â'r saim, ond bydd angen diheintydd i ladd bacteria niweidiol.
- Wedi i chi orffen gyda'r gyllell, cofiwch ei golchi'n drylwyr mewn dŵr poeth gyda glanedydd ynddo, yna ei rinsio â dŵr glân cyn ei sychu a'i rhoi i gadw. Bydd bacteria yn lluosi ar gyllyll gwlyb neu fudr.

> **Cyngor proffesiynol**
>
> Cymerwch ofal mawr o'ch cyllyll; cofiwch eu cadw'n lân bob amser. Mae dewis eang o gyllyll ar gael – mae carnau rhai ohonyn nhw wedi eu gwneud o ddeunydd sy'n hawdd i'w lanhau.

Storio

Storiwch eich cyllyll yn ofalus. Yn ddelfrydol storiwch nhw mewn droriau i gadw'r cyllyll ar wahân ac sy'n ei gwneud yn haws i ddod o hyd iddyn nhw. Peidiwch â thaflu cyllyll yn rhydd mewn drôr neu locer.

Cyfyngiadau oedran ar gyfer defnyddio offer torri

Mae cyfyngiad oedran ar ddefnyddio offer sy'n gallu bod yn beryglus yn y gegin. Er enghraifft, mae'n rhaid bod dros 18 oed i ddefnyddio peiriant disgyrchiant ar gyfer sleisio.

Gweithgaredd

1 Mae'n bwysig defnyddio cyllyll ac offer torri'n gywir er mwyn atal damweiniau ac anafiadau i chi ac i bobl eraill. Nodwch bedwar rheswm arall pam mae hi'n bwysig defnyddio cyllyll ac offer torri'n ddiogel a dilyn y rheolau diogelwch.

2 Enwch y cyllyll canlynol a nodwch ar gyfer pa ddefnydd mae'r cyllyll hyn yn cael eu defnyddio:

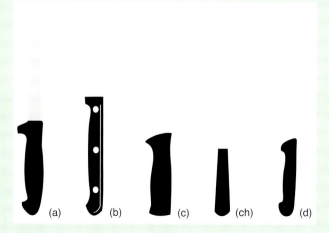

(a)   (b)   (c)   (ch)   (d)

Profwch eich hun

1 Enwch ddarn o offer sy'n arbed egni.

2 Disgrifiwch y gwahanol brosesau y gellir defnyddio ffwrn gyfunol ar eu cyfer.

3 Beth yw pwrpas ardal oer mewn ffrïwr saim dwfn?

4 Pam na ddylech chi ddefnyddio cyllyll heb ddigon o fin arnyn nhw?

5 Sut gellir hogi cyllell broffesiynol?

6 Beth yw'r oedran cyfreithiol ar gyfer defnyddio peiriant disgyrchiant ar gyfer sleisio?

7 Yn eich barn chi, pa offer fyddai mwyaf defnyddiol i droi cawl yn *purée*?

8 Ar gyfer beth byddech chi'n defnyddio mandolin?

9 Sut fyddech chi'n glanhau ffrïwr saim dwfn?

10 Beth yw'r pwyntiau iechyd a diogelwch y bydd angen i chi eu hystyried wrth ddefnyddio *bain-marie*?

Mae'r bennod hon yn rhoi sylw i Uned 106, Cyflwyniad i sgiliau personol yn y gweithle.

Erbyn diwedd y bennod hon fe ddylech chi fod yn gallu:

- Nodi beth yw'r wisg gywir ar gyfer y gwaith, dweud pam dylid gwisgo'r wisg, a disgrifio sut i ofalu am y wisg a'i chynnal a'i chadw

- Nodi pa mor bwysig ydy sicrhau hylendid personol ac edrychiad personol proffesiynol, ac enwi arferion a hylendid gwael yng nghyd-destun ymddygiad ac edrychiad personol

- Dweud pam mae prydlondeb a phresenoldeb yn bwysig, pa effaith y mae prydlondeb a phresenoldeb yn ei chael ar gydweithwyr, a pha weithdrefnau y dylid eu dilyn os byddwch yn absennol neu'n hwyr

- Nodi'r rhesymau dros gynllunio tasgau, a pham mae'n bwysig gweithio o fewn fframwaith amser penodol

- Nodi pa sgiliau cyfathrebu sy'n cael eu defnyddio mewn timau, a nodi pa mor bwysig yw cyfathrebu o fewn timau a rhwng timau

- Disgrifio pa mor bwysig ydy deall beth ydych chi'n gallu ei wneud a gofyn am gyngor a chymorth, a dweud pwy y dylid mynd ato i ofyn am gyngor a chymorth

- Dweud beth sy'n gwneud tîm da

- Dweud pa mor bwysig yw cyfathrebu'n effeithlon â chwsmeriaid, a disgrifio'r dulliau cywir ar gyfer delio â cheisiadau gan gwsmeriaid

- Dweud beth sy'n gallu atal pobl rhag cyfathrebu.

Mae'r bennod hon yn canolbwyntio ar y sgiliau personol y mae cyflogwyr yn chwilio amdanynt, sy'n rhan bwysig iawn o fywyd gwaith. Mae'r sgiliau hyn yn cynnwys presenoldeb yn y gwaith, prydlondeb, cyflwyno delwedd broffesiynol a phositif, rheoli amser yn dda, cyfathrebu'n effeithiol a gwaith tîm effeithlon.

▲ Cogydd proffesiynol sydd wedi'i wisgo'n addas ar gyfer y gwaith

Sut rydych chi'n edrych

Fel cogydd, bydd gofyn i chi edrych yn lân a phroffesiynol bob amser. Bydd angen cael lefel uchel iawn o hylendid personol. Bydd rhaid i'r dillad gwarchod y byddwch yn eu gwisgo yn y gwaith fod yn lân, hylan ac mewn cyflwr da.

Gwisg y cogydd

Mae gwisgo dillad cegin glân, hylan yn ofyniad cyfreithiol pan fyddwch yn gweithio gyda bwyd. Bydd eich gwisg yn eich gwarchod rhag hylifau poeth a pheryglon eraill y gallech ddod i gysylltiad â nhw yn y gegin. Bydd angen gwisg lân bob dydd, a bydd angen i chi ei newid os yw'n fudr neu wedi'i staenio. Mae dillad glân yn bwysig er mwyn atal bacteria rhag trosglwyddo oddi ar ddillad budr i fwyd.

Hefyd, mae gwisg lân yn cyfleu delwedd broffesiynol; mae'n arwydd clir o lanweithdra a safonau hylendid da. Bydd yn rhoi argraff gadarnhaol i gwsmeriaid ac ymwelwyr, gan roi hyder iddynt yn y sefydliad.

Siaced cogydd

Mae'r siacedi hyn wedi eu dylunio i fod yn ddillad gwaith hylan, a hefyd i warchod y cogydd yn y gegin. Fel arfer, maent wedi eu creu o ddefnyddiau ysgafn a chyfforddus fel cotwm, cotwm haen neu bolyester-cotwm. Y lliw gwyn sy'n cael ei ffafrio oherwydd gellir gweld baw a staeniau, a gellir golchi dillad gwyn mewn dŵr poeth iawn.

Dylai eich siaced ffitio'n dda, heb fod yn rhy dynn. Dylech allu symud yn ddidrafferth. Er enghraifft, os caiff hylif poeth ei golli arni, gallwch ei thynnu yn rhwydd a thrwy hynny osgoi llosgi.

Mae'n fwy diogel gwisgo siacedi sydd â llewys hir gan fod y rhain yn amddiffyn eich breichiau rhag hylif neu saim poeth yn tasgu. Byddan nhw'n lleihau'r perygl o losgiadau a sgaldiau, a byddan nhw hefyd yn gwarchod rhag dermatitis cyffwrdd (gweler Pennod 2).

Cofiwch newid eich siaced cogydd bob dydd, ac yn amlach na hynny os yw'n fudr neu wedi cael ei staenio.

Trowsus cogydd

Yn draddodiadol, roedd y rhain yn arfer bod â phatrwm sgwariau glas a gwyn ond bellach mae nifer fawr o liwiau a phatrymau ar gael. Fel y siacedi, yr hoff ddefnyddiau yw cotwm, cymysgeddau cotwm neu gotwm haen. Dylen nhw fod yn llac ac yn gyfforddus. Dylen nhw fod yn hawdd i'w tynnu i ffwrdd os ydych chi'n colli hylif poeth arnyn nhw.

Ffedog cogydd

Mae ffedogau hefyd ar gael mewn nifer o wahanol ddefnyddiau a steiliau   gallan nhw fod yn ffedog 'bib' llawn neu'n un sy'n clymu am y canol. Dylai eich ffedog gyrraedd ychydig yn is na'ch pengliniau a bod yn ddigon llydan i'w lapio o amgylch eich corff; dylid croesi'r ddau gortyn yn y cefn ac yna eu clymu yn y blaen. Hyn fydd yn eich gwarchod orau os bydd hylif neu olew poeth yn cael eu colli. A gan fod y cwlwm ar y blaen, gellir tynnu'r ffedog yn gyflym, os oes angen.

Weithiau, defnyddir ffedogau gwahanol liw at wahanol bwrpas. Er enghraifft, mae streipiau glas a gwyn ar ffedogau cigydd. Gellir eu defnyddio hefyd i wahaniaethu rhwng gwahanol dasgau yn y gegin, fel paratoi bwyd amrwd a bwyd wedi ei goginio. Cofiwch newid eich ffedog yn rheolaidd, yn enwedig os yw'n fudr neu wedi'i staenio.

Het cogydd

Mae het dal y cogydd (*toque*) yn eitem draddodiadol ac yn aml mae'n nodi statws y cogydd. Erbyn hyn, defnyddir capiau corun (*skull cap*) mewn llawer o geginau modern oherwydd maen nhw'n fwy cyfforddus, yn rhatach ac yn haws i'w golchi. Mae nifer fawr o wahanol liwiau ar gael, felly gellir dangos statws cogyddion, neu ddangos pa adran mae pawb yn gweithio ynddi drwy liw'r cap corun.

▲ Het cogydd

   Prif bwrpas het yw atal gwallt rhydd rhag cwympo i mewn i'r bwyd. Pan fo gwallt person yn hirach na'i goler, dylid gwisgo rhwyd wallt o dan yr het. Mae hetiau y gellir eu defnyddio unwaith yn unig ar gael erbyn hyn, mewn nifer o wahanol steiliau.

Cadachau gwddf

Yn draddodiadol, roedd ceginau'n llefydd poeth dros ben a byddai cogyddion yn gwisgo cadachau gwddf er mwyn sychu'r chwys oddi ar eu talcen. Erbyn hyn, gan fod systemau awyru gwell ar gael dydy'r cadachau gwddf ddim yn angenrheidiol. Yn aml, dydyn nhw ddim yn gorwedd yn daclus ar rai siacedi cogydd modern. Maent ar gael mewn dewis eang iawn o liwiau felly, fel yr hetiau, gallant ddangos statws neu adran.

Esgidiau diogelwch

Mae nifer o wahanol fathau o esgidiau diogelwch. Rhaid iddyn nhw fod yn gryf, gyda'r blaen wedi'i atgyfnerthu i warchod y traed rhag pethau trwm neu finiog sy'n cwympo a rhag hylifau poeth. Dylai'r esgidiau fod y maint cywir, yn gyfforddus a dylen nhw gynnal y droed gan fod cogyddion yn treulio cyfnodau hir iawn ar eu traed; dylid eu cadw'n lân hefyd. Ni ddylid gwisgo treinyrs nac esgidiau blaen agored yn y gegin; fydden nhw ddim yn gwarchod y traed rhag eitemau poeth, trwm neu finiog.

▲ Esgidiau diogelwch

Cadachau cegin

Erbyn hyn, mae llai a llai o geginau'n defnyddio cadachau cogydd traddodiadol, gan ffafrio papur cegin tafladwy ar gyfer tasgau glanhau. Mae hyn yn llawer mwy hylan ac mae traws-halogiad yn llai tebygol o ddigwydd. Defnyddir cadachau ffwrn trwchus, arbennig ar gyfer trin a thrafod sosbenni a thuniau. Pan mae cogydd yn defnyddio'r cadach traddodiadol, dylai fod yn lân a sych. Os yw'n fudr neu wedi'i staenio, dylid ei newid am un glân.

Iechyd a diogelwch

Peidiwch byth â defnyddio cadach llaith neu wlyb i afael mewn eitemau poeth; bydd y gwres yn dargludo'n gyflymach drwyddo a gallai achosi llosgiadau.

Iechyd a diogelwch

Os byddwch yn defnyddio cadach cegin, peidiwch â'i gadw ar eich ysgwydd (bydd y cadach yn cyffwrdd a'r gwddf a'r gwallt, a gall y rhain fod yn ffynonellau o facteria).

GEIRIAU ALLWEDDOL

Toque – het dal draddodiadol y cogydd.

Cap corun cogydd – het dynn.

Statws – swyddogaeth neu safle person yn y gweithle.

Gofalu am eich gwisg a'i chynnal a'i chadw

Bydd angen gofalu am eich gwisg cegin, a dylid ei thrwsio neu gael gwisg newydd pan fo angen. Dylid ei golchi a'i smwddio'n dda, ei chadw mewn cyflwr da a'i thrwsio fel bo angen. Hefyd, dylid cadw esgidiau mewn cyflwr da, eu glanhau a'u sgleinio.

 Iechyd a diogelwch

Gwnewch yn siŵr bod eich gwisg mewn cyflwr da. Gall ymylon cyffiau freuo (*fray*) neu edau rydd fynd i mewn i fwyd, mynd yn sownd ar beiriannau neu fynd ar dân mewn jetiau nwy.

Pwysigrwydd edrychiad a hylendid personol

Mae delwedd smart, glân a phroffesiynol yr un mor bwysig i bobl sy'n gweithio yn y gegin ag y mae hi i staff blaen tŷ. Erbyn hyn, mae cogyddion yn fwy gweladwy i gwsmeriaid ac mae'n bosibl y byddan nhw'n treulio rhywfaint o'u hamser yn y lle bwyta.

Mae hylendid personol yn hynod o bwysig pan fyddwch yn trin bwyd oherwydd gall bacteria gael ei drosglwyddo'n hawdd o bobl i fwyd (gweler Pennod 2 am fwy o wybodaeth).

Mae'n hanfodol cael cawod neu fath bob dydd er mwyn cael gwared ar aroglau, chwys, baw a bacteria.

Newidiwch eich dillad isaf bob dydd, a defnyddiwch ddiaroglyddion gwrth-chwys.

Dwylo ac ewinedd

- Cadwch eich ewinedd yn fyr ac yn lân.
- Golchwch eich dwylo'n drylwyr ac yn rheolaidd gyda sebon hylif / hylif golchi dwylo. Mae hyn yn arbennig o bwysig ar ôl i chi fod yn y toiled, cyn mynd i mewn i'r gegin a rhwng tasgau. (Am fwy o fanylion ar olchi eich dwylo, gweler Pennod 2.)
- Sychwch eich dwylo'n drylwyr gyda thywelion papur; yna, gallwch ddefnyddio gel gwrthfacteria.
- Pan fyddwch yn trin bwydydd risg uchel, gwisgwch fenig tafladwy a newid y rhain ar gyfer bob tasg.
- Dylech orchuddio unrhyw fân-anafiadau gyda gorchudd gwrth-ddŵr glas (plastr) bob tro, ac yna golchi eich dwylo'n drylwyr.

 Iechyd a diogelwch

Bwydydd risg uchel yw bwydydd 'parod i'w bwyta', sef bwydydd na fydd, fel arfer, yn cael eu coginio ymhellach ac felly, mae'n bwysig iawn osgoi eu halogi.

 Iechyd a diogelwch

Defnyddir plastrau glas oherwydd eu bod yn hawdd i'w gweld os byddan nhw'n cwympo i mewn i'r bwyd. Hefyd, maen nhw'n cynnwys stribed cul o fetel ac felly mae gwneuthurwyr bwyd yn gallu defnyddio datgelydd metel i ddod o hyd iddyn nhw.

Tlysau a cholur

- Peidiwch â gwisgo tlysau neu watshis yn y gegin. Mae'r eitemau hyn yn dal bacteria, sy'n gallu halogi bwyd. Gallai'r eitemau eu hunain gwympo i mewn i'r bwyd, a gallen nhw hefyd gael eu dal mewn peiriannau ac achosi anaf.
- Peidiwch â defnyddio persawr pan fyddwch yn gweithio gyda bwyd a dylech wisgo cyn lleied â phosibl o golur.

> **! Iechyd a diogelwch**
>
> Cofiwch fod rhai mathau o bersawr gydag arogl mor gryf fel eu bod yn gallu effeithio ar y bwyd. Mewn cegin boeth mae'r colur yn rhwystro'r croen rhag oeri.

Am fwy o wybodaeth, gweler hefyd yr adran hylendid personol ym Mhennod 2.

Gwallt

Gall gwallt fod yn halogydd ffisegol a bacteriol os bydd yn disgyn i mewn i fwyd. Gall hefyd arwain at gwsmeriaid yn cwyno, ac efallai at golli cwsmeriaid.

- Dylech olchi eich gwallt yn rheolaidd a'i gadw'n lân a thaclus.
- Dylai eich gwallt fod yn fyr neu wedi ei glymu'n ôl yn daclus. Gwisgwch het gegin bwrpasol i atal eich gwallt rhag mynd i mewn i'r bwyd.
  Os yw eich gwallt yn hirach na'ch coler, gwisgwch rwyd wallt o dan yr het.
- Dylai dynion eillio'n lân neu wisgo rhwyd barf.

> **Cyngor proffesiynol**
>
> Does dim gofyniad cyfreithiol i gogyddion wisgo het, ond argymhellir yn gryf eu bod yn gwneud hynny.

Hylendid deintyddol

Mae'n bwysig gofalu am eich dannedd a'ch ceg er mwyn edrych yn daclus, a hefyd i sicrhau iechyd da.

- Dylech lanhau eich dannedd o leiaf ddwywaith y dydd a defnyddio hylif golchi ceg.
- Ewch at eich deintydd yn rheolaidd.
- Peidiwch â chyffwrdd yn eich ceg pan fyddwch yn trin bwyd.

Traed

Mae'n debyg y bydd cogyddion, a phobl eraill sy'n gweithio'n y diwydiant lletygarwch, ar eu traed am y rhan fwyaf o'r dydd, ac felly mae'n hanfodol i chi ofalu am eich traed. Gwnewch yn siŵr eich bod yn eu sychu'n drylwyr ar ôl cael bath neu gawod, a thorrwch ewinedd eich traed yn daclus. Gwisgwch sanau glân, o ddefnydd amsugnol sy'n eich ffitio'n dda, ac esgidiau cegin pwrpasol sy'n ffitio'n dda (gweler uchod).

Arferion a hylendid gwael: beth i'w osgoi

Yn gyffredinol, ni ddylech chi fwyta nac yfed mewn ardaloedd cynhyrchu bwyd yn ystod oriau gwaith, oni bai eich bod yn blasu'r bwyd i sicrhau ansawdd ac i weld a oes angen ychwanegu sesnin. Mae yfed dŵr yn rhywbeth sy'n cael ei ganiatáu a'i annog – mae rhai lleoliadau'n darparu peiriannau oeri dŵr i'r staff eu defnyddio.

Peidiwch byth â gwisgo eich gwisg cogydd y tu allan i'r gegin, oherwydd mae'n bosibl y bydd bacteria'n cael ei gario ar eich gwisg o'r tu allan i mewn i'r gegin ble gallai fynd ar y bwyd.

Peidiwch â chnoi gwm pan fyddwch yn eich gwisg cogydd ac yn y gegin. Mae'n edrych yn amhroffesiynol iawn a bydd yn eich atal rhag blasu'r bwyd yn iawn.

Ni chaniateir ysmygu mewn mannau cyhoeddus. Mae'n hynod o anhylan, oherwydd mae'r bysedd yn cyffwrdd â'r gwefusau a gallai hynny drosglwyddo bacteria i fwyd. Os bydd cogyddion yn ysmygu y tu allan i'r adeilad yna ddylen nhw ddim fod yn eu gwisg cegin. Bydd rhaid iddyn nhw olchi eu dwylo'n drylwyr ar ôl iddyn nhw ddod yn ôl i'r gegin.

Cofiwch wneud yn siŵr eich bod yn golchi eich dwylo'n rheolaidd ac yn drylwyr. Gall peidio â golchi eich dwylo'n gywir ac yn rheolaidd achosi traws-halogiad.

Gweithgaredd

1 Mae gwisg cogydd da'n edrych yn daclus ac yn broffesiynol. Beth yw'r rhesymau eraill dros ei gwisgo?

2 Pa esboniad fyddech chi'n ei roi i bobl eraill yn eich cegin am bwysigrwydd gwisgo het cogydd? Pa fath o het cogydd byddech chi'n ei hargymell?

3 Pam mae'n bwysig gwisgo esgidiau diogelwch mewn cegin a dim treinyrs?

4 Pam na ddylai cogyddion wisgo eu gwisg cegin pan fyddan nhw'n mynd y tu allan am egwyl?

5 Pam mae cymaint o geginau erbyn hyn yn defnyddio papur cegin tafladwy yn hytrach na chadachau?

Rheoli amser, prydlondeb a phresenoldeb

Prydlondeb a phresenoldeb

Mae gwaith cogydd yn ddibynnol iawn ar amser. Mae angen paratoi, coginio a gweini bwyd ar amser a heb oedi hir. Felly, mae'n bwysig bod yn weithiwr prydlon a dibynadwy er mwyn bodloni disgwyliadau eich cyflogwr a'ch cwsmeriaid. Byddwch yn rhan o dîm sy'n cefnogi ei gilydd, a bydd cyrraedd yn hwyr neu absenoldebau rheolaidd o'r gwaith yn cael effaith niweidiol ar y tîm cyfan. O ran cwrteisi i'ch cydweithwyr a'ch cyflogwr, dylech fod yn brydlon a pheidio â gadael eich tîm i lawr.

Bydd cyflogwyr yn disgwyl i chi wneud y gwaith yr ydych wedi eich cyflogi a'ch talu i'w wneud fel rhan o'ch contract cyflogaeth. Mae perygl y bydd pobl sy'n hwyr neu'n absennol o'r gwaith yn rheolaidd yn colli eu swydd. Bydd salwch go iawn yn digwydd weithiau, a bydd cyflogwr da'n delio â hyn mewn ffordd ddeallus.

Mae gweithiwr da yn berson dibynadwy a chadarn sy'n gweithio'n dda fel rhan o dîm. Mae cyflogwyr bob amser yn cadw llygad am weithiwr da. Felly, os oes gennych y sgiliau a'r agwedd gywir byddwch yn mynd yn bell yn eich gyrfa fel cogydd. Yn aml, ystyr bod yn ddibynadwy a chadarn yw bod yn hyblyg, dangos parodrwydd a datblygu agwedd 'gallu gwneud'. Efallai y bydd gofyn i chi newid eich sifft i gyflenwi dros rywun arall – ceisiwch wneud hyn, hyd yn oed os yw'n golygu bod rhaid i chi aildrefnu eich bywyd cymdeithasol.

Gweithdrefnau i'w dilyn os byddwch yn absennol neu'n hwyr

Os bydd angen i chi fod yn absennol o'r gwaith am reswm dilys, bydd angen rhoi digon o rybudd i'ch rheolwr fel y gall drefnu gweithiwr i gyflenwi dros dro. Os ydych yn sâl, dylech roi gwybod i'ch rheolwr llinell ar unwaith gan ddefnyddio gweithdrefn a eglurwyd i chi (gallai hyn fod naill ai dros y ffôn, drwy neges destun neu e-bost).

Pwysigrwydd gweithio o fewn fframiau amser penodol

Mae rheoli amser mewn modd gofalus ac effeithlon yn hanfodol yn y diwydiant lletygarwch ac arlwyo. Yn aml, bydd cogyddion yn gweithio yn unol ag amserlenni tynn, cwbl anhyblyg. Bydd angen i ginio a swper gael eu gweini ar yr amser y mae'r cwsmer eu heisiau. Felly, mae'n bosibl y bydd angen i chi weithio yn unol â therfynau amser a thargedau fel cogydd unigol, yn ogystal âg fel tîm.

Yn aml, bydd hyn yn golygu blaenoriaethu tasgau a gwybod faint o amser sydd ei angen ar gyfer tasgau penodol. Wedyn, gallan nhw gael eu dosbarthu'n deg ymysg y tîm fel bod y gwaith yn cael ei wneud mewn pryd ac i'r safon y mae'r sefydliad a'r cwsmeriaid yn ei fynnu.

Bydd rhai cogyddion yn creu amserlen o'r gwaith y bydd angen iddynt ei gwblhau. Gall y gwaith cynllunio gynnwys neilltuo amser ar gyfer pob tasg, blaenoriaethu pwysigrwydd a chyfuno tasgau, er enghraifft paratoi saws wrth i'r cig goginio.

GEIRIAU ALLWEDDOL

Contract cyflogaeth – dogfen gytundeb ffurfiol rhwng cyflogwr a gweithiwr.

Rheoli amser – cynllunio eich gwaith fel eich bod yn defnyddio'r amser sydd ar gael yn effeithlon.

Dibynadwy – rhywun y gelllir dibynnu arno.

Cyfrifol – rhywun sy'n cymryd cyfrifoldeb dros yr hyn mae'n ei wneud

Blaenoriaethu – rhoi'r tasgau pwysicaf yn gyntaf.

Gweithdrefn – y safonau a osodir gan gyflogwr ar gyfer y modd y dylid gwneud pethau.

Gweithgaredd

1 Os bydd eich bws neu eich trên i'r gwaith yn hwyr a'ch bod yn gwybod y byddwch yn cyrraedd y gwaith hanner awr yn hwyr, beth dylech chi ei wneud?

2 Beth yw'r rhinweddau sy'n eich gwneud yn weithiwr da?

3 Pam mae'n rhaid i gogyddion reoli eu hamser yn dda?

4 Beth yw'r manteision i chi o fod yn weithiwr da ac yn aelod da o dîm?

Gwaith tîm

Mae gallu gweithio'n dda fel aelod o dîm yn hanfodol yn y diwydiant lletygarwch. Efallai y bydd gan fusnes lletygarwch llwyddiannus nifer o dimau gan gynnwys y dderbynfa, y bar, gweini bwyd, y gegin, cynnal a chadw, cadw tŷ, porthorion ac yn y blaen. Mae angen i'r adrannau hyn weithio gyda'i gilydd fel tîm ehangach i sicrhau llif gwaith effeithlon ac er mwyn bodloni disgwyliadau'r cyflogwr a'r cwsmer.

Mae cyfathrebu effeithlon o fewn eich tîm eich hun, a rhwng y gwahanol dimau, yn bwysig iawn i gael busnes llwyddiannus, a bydd yn helpu i ddatblygu ysbryd da ymhlith y tîm ac i greu perthynas gweithio cadarnhaol. Mae siarad â'ch gilydd, rhannu syniadau, blaenoriaethu tasgau a helpu a chefnogi eich gilydd i gyd yn rhan o waith tîm effeithlon.

Sgiliau cyfathrebu

Siarad

Cofiwch siarad yn glir, gan ynganu'n blaen a hynny'n ddigon uchel. Gwnewch yn siŵr bod y person arall yn gallu eich clywed ac yn deall yr hyn yr ydych yn ei ddweud. Ceisiwch beidio â siarad yn rhy gyflym, yn enwedig pan fyddwch yn siarad â rhywun sydd â mamiaith wahanol. Dangoswch ddiddordeb pan fyddwch yn siarad â'r person arall neu gyda grwpiau o bobl, gan ymateb yn briodol i gwestiynau y gallen nhw eu gofyn i chi.

Gwrando

Mae gwrando'n bwysig iawn, ac weithiau'n bwysicach na siarad.

Bydd gwrandäwr da yn:

- Osgoi unrhyw bethau a allai dynnu ei sylw
- Canolbwyntio ar yr hyn sy'n cael ei ddweud
- Meddwl am yr hyn sy'n cael ei ddweud
- Dangos diddordeb yn y person sy'n siarad ac edrych yn siriol
- Cynnal cyswllt llygad gyda'r person sy'n siarad a chydnabod yr hyn sy'n cael ei ddweud
- Gofyn cwestiynau, os oes angen, er mwyn cadarnhau'r hyn sy'n cael ei ddweud
- Cadarnhau'r hyn sydd wedi'i ddweud.

Ysgrifennu a darllen

Gellir defnyddio cyfathrebu ysgrifenedig pan fyddwch yn:

- Delio ag archebion bwyd neu ddiod, gan gynnwys ceisiadau penodol gan gwsmeriaid
- Dilyn neu addasu ryseitiau
- Archebu bwyd neu offer
- Dilyn cyfarwyddiadau ar gynnyrch bwyd, offer neu gemegion glanhau
- Darllen cyfarwyddiadau neu adael cyfarwyddiadau i bobl eraill.

▲ Defnyddio sgiliau siarad a gwrando da yn y gegin

Mae'n bwysig ysgrifennu'n glir er mwyn i bobl eraill eich deall. Pan fyddwch yn darllen yr hyn y mae rhywun arall wedi ei ysgrifennu, gofynnwch am esboniad os nad ydych yn ei ddeall.

Cyfathrebu heb eiriau

Gall cyfathrebu fod yn ddieiriau. Mae iaith gorfforol yn chwarae rhan bwysig mewn cyfathrebu ac mae'n cynnwys:

- Sut yr ydych yn gwisgo ac yn cadw'ch hun yn daclus
- Eich ystum corfforol – sut yr ydych yn eistedd neu sefyll
- Pa mor bell ydych chi oddi wrth y person
- Mynegiant eich wyneb
- Eich symudiadau a'ch ystumiau
- Symudiadau eich llygaid.

Cofiwch fod yn ymwybodol o sut ydych chi'n cyfarch ac yn cyfarfod pobl. Mae rhai ystumiau'n agored a chadarnhaol – er enghraifft, bydd plygu ymlaen gyda'ch dwylo ar led yn dangos diddordeb, derbyniad ac agwedd groesawus. Efallai y bydd pwyso am yn ôl, gyda'ch breichiau wedi eu plethu a'ch pen i lawr yn dangos eich bod yn gaeëdig, difater, amddiffynnol a negyddol, neu'n ddigalon.

Cofiwch y byddwch, yn y diwydiant lletygarwch, yn gweithio gyda phobl o sawl gwlad a diwylliant gwahanol. Gall iaith gorfforol feddwl gwahanol bethau mewn gwahanol ddiwylliannau ac i wahanol bobl:

- **Cyswllt llygad** – Yn y diwylliannau Gorllewinol, bydd pobl yn gwneud cyswllt llygad bob hyn a hyn wrth siarad gyda rhywun arall. Mae hyn yn dangos bod ganddyn nhw ddiddordeb. Bydd pobl yn y Dwyrain Canol yn syllu'n ddwys iawn i lygaid pobl y maent yn siarad gyda nhw, ond dim ond gyda phobl o'r un rhyw – nid yw cyswllt llygad rhwng y rhywiau'n dderbyniol. Mewn rhai diwylliannau, caiff cyswllt llygad uniongyrchol ei weld fel tresmasiad ar breifatrwydd neu anghwrteisi, er enghraifft diwylliannau Japaneaidd.
- **Gwenu** – Bydd pobl o nifer o ddiwylliannau'n gwenu'n awtomatig wrth gyfarch person arall, tra gall pobl o ddiwylliannau eraill ddehongli hyn fel bod yn ffals. Er enghraifft bydd pobl Asiaidd, ar y cyfan, yn gwenu llai na phobl o'r Gorllewin.
- **Gofod personol** – Gall y lefel o ofod personol y bydd rhywun yn teimlo'n gyfforddus ag ef gael ei ddylanwadu gan eu diwylliant, statws cymdeithasol, rhyw, oedran a ffactorau eraill. Os nad ydych yn siŵr, cofiwch adael gormod o le yn hytrach na dim digon.

Beth sy'n gwneud tîm da?

Yn gyffredinol, bydd tîm da'n fwy effeithlon a chreadigol. Mae nifer o ffactorau sy'n cyfrannu at dîm da:

- Cyfathrebu da
- Ymroddiad gan bob aelod o'r tîm – bydd eich cydweithwyr yn disgwyl i chi chwarae eich rhan yn y tîm oherwydd bydd eich perfformiad chi'n cael effaith ar berfformiad y tîm cyfan. Mae'n bwysig bod pob aelod o'r tîm yn perfformio ar ei orau fel nad yw'n gadael y tîm i lawr.
- Mae pob aelod o'r tîm yn brydlon
- Mae pob aelod o'r tîm yn ddibynadwy
- Mae pob aelod o'r tîm yn hyblyg
- Mae aelodau'r tîm yn cefnogi ei gilydd
- Mae pob aelod o'r tîm yn gweithio gyda'i gilydd i gyflawni nodau ac amcanion y sefydliad
- Mae pob aelod o'r tîm yn deall y tasgau mae'n rhaid eu cwblhau yn yr amser sydd ar gael
- Mae pob aelod o'r tîm yn gallu gweithio gyda therfynau amser ac yn gallu cyflawni'r targedau a osodir
- Mae gan y tîm arweinyddiaeth dda.

Gofyn am gyngor a chymorth

Os bydd gofyn i chi wneud rhywbeth yr ydych yn ansicr amdano, gofynnwch am gymorth a chyngor er mwyn i chi allu perfformio'r dasg yn dda ac er mwyn cyflawni disgwyliadau. Bydd gofyn am gyngor a chymorth yn eich helpu i ddatblygu eich sgiliau a chadarnhau eich bod wedi deall a pherfformio tasg yn gywir. Mae'n golygu hefyd na fyddwch yn gwastraffu cynhwysion neu'n achosi difrod i offer trwy eu defnyddio'n anghywir. Gwrandewch yn ofalus ar gyfarwyddiadau ac ysgrifennwch nodiadau os bydd hynny'n eich helpu i gofio. Mae eich goruchwyliwr yno i'ch cynorthwyo ac i ddangos y weithdrefn gywir i chi.

GEIRIAU ALLWEDDOL

Cydweithwyr – y bobl yr ydych yn gweithio gyda nhw.

Cwrtais – ystyriol a moesgar.

Llif gwaith – dulliau gweithio effeithlon a rhesymegol.

Ynganiad – y ffordd y byddwch yn siarad ac yn dweud geiriau.

Gweithgaredd

1 Rhestrwch dri pheth fydd yn gwneud tîm da yn y gwaith.
2 Beth yw ystyr cyfathrebu da?
3 Awgrymwch beth allai ddigwydd os na fydd aelodau o dîm cegin yn cyfathrebu â'i gilydd.
4 Pam mae rheoli amser yn dda yn hanfodol pan fyddwch yn gweithio yn y diwydiant lletygarwch?
5 Beth sy'n gwneud person yn wrandäwr da?
6 Beth all iaith gorfforol person ei ddweud wrthym?

Delio â chwsmeriaid yn effeithlon

Ni all busnes lletygarwch fodoli heb gwsmeriaid. Mae cwsmeriaid yn golygu arian, felly mae gofal cwsmeriaid a gwasanaethau cwsmeriaid yn bwysig iawn i lwyddiant y busnes. Prif rôl pobl sy'n gweithio yn y diwydiant lletygarwch yw gofalu am anghenion, dyheadau a disgwyliadau cwsmeriaid. Er mwyn i gwsmeriaid fod yn ffyddlon i fusnes, bydd rhaid i'r gwasanaeth fodloni neu ragori ar eu disgwyliadau. Gan amlaf, y cwsmer hapus fydd yr un sy'n fodlon gyda'r cynnyrch neu'r gwasanaeth a'r pris y mae wedi ei dalu amdanynt. Mae hyn yn golygu ei fod yn debygol o ddod yn ôl, neu ddweud wrth bobl eraill am ei brofiad positif, a bydd hynny'n helpu'r busnes i fod yn broffidiol.

Hyd yn oed os oes gan westy gyfleusterau moethus, gwych mewn amgylchedd cyfforddus, bydd y busnes yn sicr o fethu os nad yw lefel y gwasanaeth i gwsmeriaid yn cyfateb i'r amgylchedd a disgwyliadau'r cwsmer. Gall profiad gwael newid meddwl rhywun am byth, ac fe all ddweud wrth bobl eraill am ei brofiad gwael a gwneud iddyn nhw newid eu meddyliau hefyd.

▲ Gofalu am gwsmeriaid

Cyfathrebu â chwsmeriaid

Mae siarad a chyfathrebu'n gynnes gyda chwsmeriaid yn allweddol bwysig er mwyn sicrhau bod y cwsmer yn derbyn y gwasanaeth gorau. Mae'n bwysig hefyd i siarad â'r cwsmer fel ei fod yn gwybod beth sy'n digwydd i'r archeb neu'r ymholiad. Dylid gwneud hyn i gyd mor gwrtais ac effeithlon â phosibl. Peidiwch byth ag anwybyddu neu ddadlau gyda chwsmer. Dylech ddangos gofal a rhoi digon o sylw bob amser.

Pan fyddwch yn cyfathrebu â chwsmeriaid:

- Gwrandewch yn astud arnyn nhw. Dylech gynnal cyswllt llygad da a dangos bod gennych ddiddordeb yn yr hyn y maent yn ei ddweud.
- Siaradwch yn glir, gan ynganu'n blaen a thaflu eich llais.
- Ar ôl cymryd archeb neu ddelio â chais, dylech ymateb yn briodol a chadarnhau eich bod yn deall yn iawn.
- Pan fyddwch yn ysgrifennu archeb neu gais cwsmer ar bapur, gwnewch hynny'n glir rhag ofn mai rhywun arall fydd yn delio â'r archeb. Darllenwch yr hyn sydd ar yr archeb i'r cwsmer er mwyn cadarnhau ei bod yn gywir.
- Os ydych yn cyfathrebu'n uniongyrchol â chwsmer yn ysgrifenedig, cofiwch sicrhau bod y neges yn glir. Os ydych wedi derbyn neges ysgrifenedig gan gwsmer, gwnewch yn siŵr eich bod yn deall beth sydd ei angen. Gofynnwch am help os nad ydych chi'n hollol siŵr.

Bydd lefel uchel o wasanaeth yn gwneud i'r cwsmeriaid deimlo'n bwysig ac yn dangos iddyn nhw eich bod yn gofalu amdanyn nhw'n dda, a bydd hyn yn:

- Bodloni a, gobeithio, yn rhagori ar eu disgwyliadau
- Dangos eich bod chi yno i gyflawni eu ceisiadau a'u hanghenion
- Eu hannog i ddod yn ôl, felly bydd mwy o werthiant
- Dangos bod y busnes yn canolbwyntio ar y cwsmer.

Rhwystrau rhag cyfathrebu'n effeithlon

Gall rhai pethau ei gwneud hi'n anodd i bobl gyfathrebu'n effeithlon:

- **Gall siarad yn aneglur, yn rhy dawel neu'n rhy gyflym** fod yn rhwystr i gyfathrebu a deall
- **Diffyg gwrando'n astud** fel nad yw'r neges yn cael ei deall neu ddim ond yn cael ei deall yn rhannol
- **Iaith gorfforol amhriodol** – er enghraifft, rhywun sy'n llusgo'i draed, gyda'i ddwylo yn ei bocedi ac yn edrych i lawr, ddim yn cyfathrebu'n dda â chwsmeriaid
- **Edrychiad personol gwael** – mae edrychiad personol yn cyfleu safonau'r sefydliad, felly bydd angen edrych yn dda
- **Rhwystrau diwylliannol** – gall y rhain arwain at fethu cyfathrebu. Gallai rhywbeth sy'n gwbl dderbyniol mewn un diwylliant achosi sarhad neu dramgwyddo mewn diwylliant arall.
- **Camddehongli** – er enghraifft, methu deall yn iawn beth ddywedodd y person arall neu gael yr ystyr yn anghywir
- **Ddim yn siarad yr un iaith** – mae nifer o wahanol ddiwylliannau a chenhedloedd yn cael eu cyflogi, neu'n gwsmeriaid, yn y diwydiant lletygarwch. Mae'n bosibl y bydd modd dod o hyd i rywun arall yn yr adeilad sy'n siarad yr un iaith er mwyn helpu.
- **Methu â deall acen person arall** – gwnewch yn siŵr eich bod chi'n siarad yn glir, ac os nad ydych chi'n gallu deall y person arall, gofynnwch iddo siarad ychydig yn arafach
- **Defnyddio gormod o derminoleg anghyfarwydd** a jargon – dylech osgoi gwneud hyn
- **Problemau clyw** – os oes gan rywun broblemau clyw, siaradwch yn glir ac araf ac efallai y bydd hyn yn helpu
- **Meddwdod** – gallai bod dan ddylanwad alcohol neu sylweddau eraill amharu ar y gallu i gyfathrebu'n gywir

- **Problemau personol neu straen** – gallai'r rhain fod ar feddwl person, sy'n golygu nad yw'n canolbwyntio'n llawn ar y sgwrs ac felly na fydd yn deall yn iawn

- **Gramadeg a sillafu, eglurdeb, fformat a chyflwyniad** – gallai hyn fod wrth gyfathrebu'n ysgrifenedig neu'n electronig. Darllenwch drwy unrhyw lythyrau neu nodiadau yr ydych yn eu hysgrifennu i chwilio am unrhyw wallau posibl. Os ydych yn ansicr, gofynnwch i rywun arall eu gwirio. Pan fo modd, defnyddiwch gyfrifiadur a rhaglen wirio gramadeg a sillafu ond cofiwch nad yw hyn yn gwarantu cywirdeb, mae'n bosibl ei fod yn dal i gynnwys gwallau.

Cyngor proffesiynol

Os yw hi'n amlwg bod cwsmer eisoes yn feddw mae'r gyfraith yn eich gorfodi i beidio â gwerthu rhagor o ddiod feddwol iddo.

GEIRIAU ALLWEDDOL

Diwylliannol – credoau ac arferion ethnig neu gymdeithasol.

Jargon – geiriau a ddefnyddir o fewn y maes arlwyo nad ydy pobl y tu allan ddim yn gyfarwydd â nhw.

Meddwdod – bod o dan ddylanwad alcohol neu sylweddau eraill.

Cyfathrebu electronig – mae'n cynnwys amrywiaeth eang o systemau cyfrifiadurol a ffonau symudol. Mae rhai systemau electronig wedi'u cynllunio'n benodol ar gyfer busnesau lletygarwch.

Refeniw – arian a dderbynnir (incwm).

Rhagori – gwneud yn well na'r disgwyliadau.

Canolbwyntio ar y cwsmer – caiff popeth ei gynllunio a'i gyflawni gyda'r cwsmer mewn golwg.

Taflu eich llais – gwneud i'ch llais gario ychydig ymhellach er mwyn i fwy o bobl eich clywed.

Ymroddiad – yn awyddus ac yn benderfynol o wneud rhywbeth yn dda.

Gweithgaredd

1 Pam mae'n bwysig cyfathrebu'n dda â chwsmeriaid?

2 Awgrymwch dair ffordd o gyfathrebu â chwsmeriaid.

3 Beth yw tri o'r pethau fyddai'n gwneud i gwsmeriaid fod eisiau dychwelyd i sefydliad ac, efallai, ei argymell i ffrindiau?

4 Pam mae'n bwysig edrych yn smart ac yn daclus pan fyddwch yn cwrdd â chwsmeriaid?

5 Pan fyddwch yn cyfathrebu â chwsmer sydd ddim yn eich deall yn iawn, beth dylech chi ei wneud?

Profwch eich hun

1 Defnyddiwch ddiagram i ddangos gwisg llawn cogydd, a rhowch ddisgrifiad cryno o bob eitem.

2 Pam ei bod hi mor bwysig i gogyddion olchi eu dwylo'n aml ac yn drylwyr? Awgrymwch dri achlysur pryd y dylai cogyddion olchi eu dwylo.

3 Pam na ddylech chi ddefnyddio cadachau ffwrn os ydyn nhw'n llaith neu'n wlyb?

4 Pam na ddylech chi roi cadachau cegin ar eich ysgwydd?

5 Nodwch dri rheswm pam y dylai cogyddion wisgo esgidiau diogelwch â'r blaen wedi'i atgyfnerthu.

6 Pam mae'n bwysig iawn i gogyddion a staff lletygarwch eraill gyrraedd y gwaith ar amser?

7 Awgrymwch dair rhinwedd bersonol a fyddai'n gwneud aelod da o dîm.

8 Mae gwrando'n bwysig iawn. Awgrymwch dri pheth sy'n gwneud gwrandäwr da.

9 Mae'n bosibl cael camddealltwriaeth rhwng pobl o wahanol ddiwylliannau. Rhowch enghraifft o hyn.

10 Pan fyddwch yn ysgrifennu archeb cwsmer ar bapur pam mae'n bwysig i chi ysgrifennu'n glir?

11 Beth sydd angen ei wneud i sicrhau bod cwsmer yn derbyn gwasanaeth da?

Berwi, potsio a stemio

Mae'r bennod hon yn rhoi sylw i Uned 107, Paratoi a choginio bwyd drwy ferwi, potsio a stemio.

Erbyn diwedd y bennod, fe ddylech chi fod yn gallu:

- Disgrifio'r broses o goginio eitemau bwyd drwy ferwi, potsio a stemio.
- Deall pwrpas berwi, potsio a stemio.
- Enwi'r eitemau bwyd y gellir eu berwi, eu potsio neu eu stemio.
- Enwi'r hylifau y gellir eu defnyddio i ferwi, postio neu stemio bwydydd.
- Dweud pam ei bod yn bwysig defnyddio'r swm cywir o hylif i fwyd er mwyn bodloni gofynion penodol y pryd bwyd gorffenedig.
- Dweud pam ei bod yn bwysig defnyddio technegau cysylltiedig er mwyn bodloni gofynion penodol y pryd bwyd gorffenedig.
- Disgrifio'r dulliau sy'n cael eu defnyddio i gynhyrchu cynnyrch tebyg.
- Rhestru'r dulliau sy'n cael eu defnyddio wrth ferwi, potsio neu stemio bwydydd.
- Enwi offer pwrpasol ar gyfer berwi, potsio a stemio.
- Egluro sut mae amser coginio a symudiad hylifau yn cael eu penderfynu gan y bwyd sydd i'w ferwi, potsio neu stemio.
- Rhestru'r pwyntiau ansawdd y dylid eu hystyried wrth ddewis eitemau o fwyd, paratoi, coginio a gorffen prydau bwyd.

Berwi

Proses

Berwi yw pan mae bwyd yn cael ei orchuddio â hylif, sy'n cael ei gynhesu nes fydd yr hylif yn berwi. Yna, fel arfer, bydd y gwres yn cael ei ostwng fel bod yr hylif ddim ond yn ffrwtian yn dawel.

> **Cyngor proffesiynol**
> Mae berwi'n ffordd effeithiol o goginio bwyd gan nad yw'n defnyddio gormod o danwydd.

Pwrpas

Mae berwi'n ddull iach o goginio gan nad yw'n defnyddio unrhyw fraster ac, o'i wneud yn gywir, bydd yn cadw blas a gwerth maethol y bwyd. Bydd berwi yn:

- Gwneud bwyd yn hawdd i'w dreulio ac yn braf i'w fwyta, gan roi blas dymunol iddo.
- Gwneud bwyd yn ddiogel i'w fwyta.
- Rhoi ansawdd da i fwyd – brau, ychydig yn solet a chreisionllyd (yn dibynnu ar y bwyd).

Bwydydd y byddwn ni'n eu berwi'n aml

Mae'r bwydydd y gellir eu coginio drwy ferwi yn cynnwys llysiau, wyau, pasta, corbys a grawn. Gellir berwi cig a dofednod hefyd.

▲ Berwi

Hylifau sy'n cael eu defnyddio i ferwi

Mae pedwar prif hylif yn cael eu defnyddio i ferwi bwydydd:

- Dŵr
- Llaeth
- Hylifau wedi eu trwytho (*infused liquids*)
- Stoc (ffres neu wedi ei baratoi'n barod).

Mae faint o hylif sydd ei angen neu'r math o hylif yn dibynnu ar y math o fwyd sy'n cael ei ferwi:

- Pan fyddwch yn rhoi llysiau i mewn i hylif sy'n berwi, cofiwch wneud yn siŵr bod digon o hylif yn y sosban a'i fod yn berwi cyn i chi ychwanegu'r bwyd. Dylai bod digon o hylif i orchuddio'r llysiau ond ddim i ferwi dros ymyl y sosban wrth goginio.
- Wrth ferwi cig, dylid **sgimio** wyneb yr hylif yn rheolaidd yn ystod y broses goginio; bydd hyn yn cael gwared ag amhureddau ac yn helpu i wella safon y bwyd gorffenedig.

Dylech fudferwi'r hylif yn hytrach na'i ferwi gormod. Bydd hyn yn golygu bod llai o ddŵr yn anweddu, felly bydd yr hylif sydd yn y sosban yn aros fwy neu lai'r un peth ac ni fydd y bwyd yn crebachu gormod.

Dulliau berwi

Mae dau ddull berwi:

1 Gosod y bwyd mewn hylif berw. Bydd yr hylif yn stopio berwi pan osodwch chi'r bwyd ynddo, felly dylech ei gynhesu er mwyn dod â'r hylif yn ôl i'r berw. Yna, dylech ostwng y gwres fel bod yr hylif ond yn ffrwtian yn dawel (**mudferwi** ydy'r enw am hyn) ac yn berwi'r bwyd.

2 Gorchuddio bwyd gyda hylif oer. Dylech ei gynhesu a dod â'r hylif i'r berw, yna gostwng y gwres i ganiatáu i'r bwyd fudferwi.

 Iechyd a diogelwch

Pan fyddwch yn gosod bwyd mewn dŵr berw, cofiwch ollwng y bwyd i'r dŵr yn ofalus rhag i'r dŵr dasgu a'ch sgaldio.

 Iechyd a diogelwch

Gwnewch yn siŵr bod handlenni sosbenni sy'n llawn hylifau berw yn wynebu ar i mewn pan maen nhw ar y stôf, rhag i'ch llewys a'ch dwylo fachu ynddyn nhw. Wrth dynnu'r caead oddi ar y sosban, cofiwch ei droi oddi wrth eich wyneb er mwyn caniatáu i'r stêm ddianc yn ddiogel. Os ydych yn codi'r caead tuag atoch, gallai'r stêm poeth losgi eich wyneb.

Rheoli tymheredd ac amser

Bydd rhaid rheoli'r tymheredd gyda'r ddau ddull berwi er mwyn i'r hylif ddod i'r berw ac yna ei addasu fel ei fod yn arafu i gynhesu'n ysgafn (mudferwi) nes fod y bwyd wedi cael ei goginio. Mae'r amser sydd ei angen i goginio bwyd drwy ferwi yn dibynnu ar y bwyd sy'n cael ei goginio.

- Dylai stoc, cawl a sawsiau gael eu mudferwi yn unig.
- Peidiwch â choginio pasta gormod, ond yn hytrach ei adael ychydig yn solet (neu *al dente*).
- Dylai cig a dofednod gael eu coginio'n dda nes y byddan nhw'n dyner.
- Ni ddylid coginio llysiau gormod ond yn hytrach eu gadael ychydig yn greisionllyd (*crunchy*).

Offer

Gellir defnyddio sosbenni o wahanol faint i ferwi. Dylech ddewis sosban o'r maint priodol ar gyfer y bwyd sydd i'w ferwi. Peidiwch â dewis sosban sy'n rhy fach nac un sy'n rhy fawr. Gwnewch yr siŵr bod y sosban yn ddigon mawr i'r dŵr orchuddio'r bwyd heb golli dros yr ymyl unwaith i'r dŵr ddechrau berwi, bydd hynny'n lleihau'r risg o gael dŵr berwedig yn tasgu arnoch.

 Iechyd a diogelwch

Gwnewch yn siŵr bod y sosban yn lân cyn ei defnyddio rhag achosi traws-halogiad.

Technegau perthnasol

Mae nifer o dechnegau'n gysylltiedig â berwi i helpu'r cogydd i baratoi prydau bwyd yn llwyddiannus:

- **Mwydo** – mae corbys (*pulses*) a ffa sych yn cael eu mwydo cyn eu coginio er mwyn eu meddalu.
- **Blansio** – mae'r bwyd yn cael ei goginio ac yna'i oeri'n gyflym i stopio'r broses goginio. Mae hyn yn **adfywio'r** bwyd.
- **Sgimio** – yn aml bydd amhureddau'n ymddangos fel ewyn ar wyneb yr hylif coginio. I godi'r rhain, trowch yr hylif yn araf o ganol y sosban gyda lletwad er mwyn symud yr ewyn i ymyl y sosban; gellir ei gasglu gydag ymyl y lletwad a'i osod mewn dysgl i'w daflu.
- **Draenio** – dyma'r broses o dynnu bwyd o'r hylif coginio.
- **Oeri** – gostwng y tymheredd i dymheredd storio.
- **Ailgynhesu** – cynhesu bwyd sydd wedi ei goginio eisoes i'r tymheredd angenrheidiol ar gyfer ei weini.
- **Dal cyn gweini** – cynnal y bwyd ar dymheredd yn uwch na 63°C.

Cynnyrch sy'n gysylltiedig â berwi

Stoc

Mae stoc (isgell) yn bwysig mewn nifer o ddulliau coginio. Mae'n sylfaen ar gyfer pob saws cig, grefi, cawl a *purée* yn ogystal â bod yn hylif coginio ynddo'i hun.

Mae tri phrif fath o stoc:

- Stoc gwyn – mae hwn yn cael ei greu o esgyrn, llysiau a pherlysiau.
- Stoc brown – yr un fath â stoc gwyn, ond bod yr esgyrn yn cael eu brownio mewn sosban neu yn y ffwrn cyn ychwanegu gweddill y cynhwysion.
- Stoc llysiau – mae'n cael ei baratoi o lysiau a pherlysiau, heb unrhyw esgyrn.

Mae ryseitiau ar gyfer creu stoc yn yr adran ryseitiau.

Pan fyddwch yn paratoi stoc:

- Defnyddiwch esgyrn a llysiau ffres yn unig.
- Codwch sgỳm a braster o wyneb y stoc yn gyson wrth iddo goginio.
- Cofiwch ei fudferwi'n ysgafn bob amser.
- Peidiwch byth ag ychwanegu halen.
- Os yw'r stoc yn mynd i gael ei gadw, cofiwch ei hidlo a'i oeri'n gyflym ac yna ei storio mewn oergell.

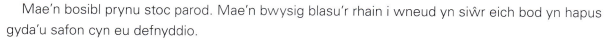

Mae'n bosibl prynu stoc parod. Mae'n bwysig blasu'r rhain i wneud yn siŵr eich bod yn hapus gyda'u safon cyn eu defnyddio.

Cawl

Gellir defnyddio stoc i greu sawl math o gawl. Gellir ychwanegu dewis eang o lysiau ffres a chorbys sych (pys a ffa) at gawl. Gellir defnyddio grawn, pasta, perlysiau a sbeisys hefyd.

Mae dewis eang o gawl parod ar y farchnad, gan gynnwys cawl powdr a chyddwysedig (*condensed*). Os ydych chi am ddefnyddio cynnyrch parod yna cofiwch ei flasu a'i asesu'n gyntaf. Weithiau, gallwch gyfuno cawl sydd wedi ei baratoi'n ffres gyda chynnyrch sydd wedi'i brynu.

Saws

Mae saws yn hylif sydd wedi cael ei dewychu (*thickened*), naill ai gyda **roux**, blawd corn neu arorwt (mae *roux* yn gyfuniad o fraster a blawd wedi ei goginio'n ysgafn dros wres isel am gyfnod byr). Dylai saws sy'n cael ei ddefnyddio ar gyfer gorchuddio bwydydd (er enghraifft, *jus lié* – grefi wedi ei dewychu) fod mor denau â phosibl ac ni ddylai ond gorchuddio'r bwyd yn ysgafn.

Mae rhai mathau o sawsiau sydd ddim yn saws mewn gwirionedd (er enghraifft, saws afal, saws mintys, saws radis-poeth (*horseradish*). Mae ryseitiau ar gyfer nifer o'r mathau hyn o 'saws', sy'n cael eu gweini gyda chig neu ddofednod, wedi eu cynnwys yn yr adran ryseitiau.

Potsio

Proses

Potsio ydy coginio bwyd mewn hylif sy'n boeth iawn ond heb fod yn berwi. Dylai'r hylif fod ychydig o dan y berwbwynt.

Pwrpas

Pwrpas potsio ydy coginio bwyd fel:
- ei fod yn dyner iawn ac yn hawdd i'w fwyta a'i dreulio.
- bod blas y bwyd yn cael ei wella.
- bod gwerth maethol y bwyd yn cael ei gadw.

Bwydydd y byddwn yn eu potsio'n aml

Gellir potsio nifer o fwydydd. Mae'r rhain yn cynnwys cyw iâr, wyau, pysgod a ffrwythau.

Hylifau sy'n cael eu defnyddio i botsio

Gellir potsio gan ddefnyddio'r un hylifau ag sy'n cael eu defnyddio i ferwi, gydag ambell ychwanegiad:
- **Dŵr** – fel arfer, mae wyau'n cael eu potsio mewn dŵr gydag ychydig o finegr wedi'i ychwanegu.
- **Llaeth** – gellir potsio ffiledau pysgod, fel hadog melyn, mewn llaeth.

- **Stoc** – dylai'r stoc sy'n cael ei ddefnyddio fod yn addas i'r bwyd. Er enghraifft, gellir potsio ffiled pysgodyn mewn stoc pysgod a ffiled brest cyw iâr mewn stoc cyw iâr. Gallwch hefyd botsio dofednod a physgod mewn stoc llysiau blasus.
- **Gwin** – gellir potsio ffrwythau, fel gellyg, mewn gwin.
- **Stoc surop** – mae hwn wedi ei greu o siwgr ac mae'n cael ei ddefnyddio, fel arfer, i botsio ffrwythau.
- **Hylifau wedi'u trwytho** – rhoi blas ar fwyd gyda sesnin, sbeis, perlysiau neu win.

> **Cyngor proffesiynol**
>
> Weithiau gellir creu saws blasus gyda'r hylif coginio. Er enghraifft, gellir paratoi saws persli neu saws arall gyda'r llaeth sydd wedi cael ei ddefnyddio i botsio pysgodyn.

> ⚠ **Iechyd a diogelwch**
>
> Er nad yw hylifau potsio mor beryglus â hylifau berw, maen nhw'n dal yn boeth iawn a gallan nhw achosi llosgiad neu sgaldiad difrifol. Byddwch yn ofalus gyda sosbenni o hylifau poeth. Cymerwch ofal pan fyddwch yn rhoi bwyd i mewn i'r hylif potsio. Gwnewch hynny'n ofalus rhag iddo dasgu.

Dulliau potsio

Gyda'r mwyafrif o fwydydd, mae'r hylif potsio yn cael ei gynhesu'n gyntaf. Pan ddaw i'r tymheredd cywir, gosodwch y bwyd rydych wedi ei baratoi i mewn i'r hylif sydd prin yn mudferwi, a gadewch iddo goginio ar y gwres isel.

Mae dau ddull potsio:

1 **Potsio bas** – coginiwch y bwyd mewn dim ond ychydig o hylif a'i orchuddio â phapur gwrthsaim wedi ei iro. Peidiwch â gadael i'r hylif ferwi o gwbl – dylech ei gadw ar dymheredd sydd mor agos â phosibl at ferwi ond heb fod yn berwi'n iawn. I atal yr hylif rhag berwi, dewch â'r hylif i'r berw ar ben y stôf, ei dynnu oddi ar y gwres ac yna gosod y bwyd yn y dŵr. Cwblhewch y broses goginio mewn ffwrn gymedrol boeth (tua 180°C). Enghreifftiau o fwydydd y gellir eu potsio gan ddefnyddio'r dull hwn ydy darnau o bysgod a chyw iâr.

2 **Potsio dwfn** – gellir defnyddio'r dull yma i goginio wyau. Gosodwch yr wyau mewn tua 8 centimetr o ddŵr sy'n mudferwi'n dawel. Gallwch hefyd ddefnyddio potsio dwfn i goginio pysgod cyfan (fel eog), sleisys o bysgod ar yr asgwrn (fel torbwt), ffiledau penfras ac eog, cyw iâr cyfan yn ogystal â ffrwythau cyfan. Dylai'r rhain i gyd gael eu gorchuddio gyda'r hylif potsio.

▲ Potsio

Rheoli tymheredd ac amser

Mae'n rhaid rheoli'r tymheredd fel nad yw'r hylif coginio'n mynd yn rhy oer nac yn rhy boeth. Mae potsio'n golygu coginio fymryn o dan y pwynt mudferwi.

Mae'n bwysig amseru'r coginio'n gywir fel nad yw'r bwyd wedi ei goginio rhy ychydig nac wedi ei goginio gormod. Os nad yw'r bwyd wedi ei goginio digon ni fydd y bwyd yn addas i'w fwyta. Weithiau, mae bwyd sydd heb ei goginio digon yn gallu bod yn beryglus (er enghraifft, cyw iâr heb ei goginio'n iawn). Os bydd yn cael ei goginio gormod bydd y cig yn colli rhywfaint o'i faeth.

Bydd yr amser a'r tymheredd sydd ei angen ar gyfer coginio'r bwyd yn iawn yn amrywio ychydig ar gyfer gwahanol fathau o fwyd.

Offer

Dylid defnyddio sosban botsio ar gyfer y dull coginio hwn. Gellir defnyddio llwy hidlo, sleis bysgod neu lwy dyllog i godi bwyd sydd wedi eu potsio o'r hylif potsio.

Technegau cysylltiedig

Mae nifer o dechnegau'n gysylltiedig â photsio i helpu'r cogydd i baratoi'r bwyd.

Torri – trimio a siapio'r bwyd fel ei fod yn coginio'n effeithiol ac yn edrych yn ddeniadol.

Clymu – clymu'r eitemau bwyd fel eu bod yn cadw eu siâp yn ystod y broses goginio.

Plygu – plygu'r bwyd fel ffiledau lledod i'w potsio'n fas er mwyn i drwch y cig fod yn wastad, i sicrhau amser coginio cyson ac i'w gwneud yn fwy deniadol.

Lleihau'r hylif coginio – gyda rhai seigiau, mae'r hylif yn cael ei hidlo ac yna ei leihau (*reduce*) drwy ei ferwi. Yna, mae hwn yn cael ei ddefnyddio fel sylfaen ar gyfer saws i fynd gyda'r bwyd.

Hidlo – tynnu bwyd o'r hylif coginio a'i ddraenio. Bydd hyn yn gwneud y pryd yn fwy deniadol gan na fydd hylif potsio'n diferu o'r bwyd wrth ei weini.

Dal cyn gweini – cadw'r bwyd ar dymheredd sy'n uwch na 63°C.

Stemio

Proses

Mae stemio'n ddull arall o goginio bwyd drwy ddefnyddio gwres llaith. Mae'r bwyd yn cael ei goginio dan wasgedd yn y stêm sy'n cael ei gynhyrchu gan hylif berw (yn hytrach na gosod y bwyd ei hun yn yr hylif berw).

Pwrpas

Mae stemio:

- yn coginio bwyd mewn modd sy'n ei gadw mor faethlon â phosibl (bydd y rhan fwyaf o'r maetholion yn aros yn y bwyd).
- yn newid teimlad y bwyd ac yn ei wneud yn dyner a bwytadwy – bydd y teimlad yn amrywio yn ôl y math o fwyd, y math o stemiwr a lefel y gwres
- yn gwneud rhai bwydydd yn ysgafnach ac yn haws i'w treulio.

Hylifau a ddefnyddir i stemio

Gellir defnyddio'r hylifau canlynol i greu stêm ar gyfer coginio eitemau o fwyd:

- Dŵr
- Stoc (ffres neu barod)
- Hylifau wedi'u trwytho.

Bydd yr hylifau hyn yn ychwanegu blas a thynerwch i'r bwyd.

> **Cyngor proffesiynol**
> Gellir gweini'r sudd naturiol sy'n cael eu creu gan y broses goginio, er enghraifft wrth stemio pysgodyn, neu eu defnyddio i greu saws i fynd gyda'r pysgodyn.

Bwydydd y gellir eu stemio

Mae'r bwydydd y gellir eu coginio drwy stemio yn cynnwys cyw iâr, pysgod, llysiau, a phwdinau sawrus a melys.

Dulliau ac offer

Mae dau brif ddull o stemio:

1 **Stemio atmosfferig** – mae hwn yn ddull stemio pwysedd isel, ble mae stêm yn cael ei gynhyrchu drwy roi dŵr yng ngwaelod sosban a'i ferwi'n gyflym. Mae bwyd yn cael ei osod mewn cynhwysydd ar ben y dŵr berw. Mae'r stêm o'r dŵr berw'n cynhesu'r cynhwysydd ac yn coginio'r bwyd sydd ynddo. Gellir gwneud hyn hefyd mewn ffwrn gyfunol.

2 **Stemio pwysedd uchel** – mae hyn yn cael ei wneud mewn stemwyr pwysedd uchel fel sosbenni pwysedd neu gypyrddau stemio masnachol. Mae'r pwysedd uchel yn y stemiwr yn creu tymheredd uchel ac yn gwthio stêm drwy'r bwyd. Mae hyn yn achosi i'r bwyd goginio'n gyflymach.

▲ Stemio

Cyngor proffesiynol

Mae stemio pwysedd uchel yn galluogi i fwyd gael ei goginio neu ei ailgynhesu'n gyflym. Mae'n cael ei ddefnyddio'n aml ar gyfer coginio mewn swmp, ble mae ychydig o lysiau'n cael eu coginio'n aml drwy gydol y cyfnod o baratoi gwasanaeth. Mae hyn yn golygu bod y llysiau wedi eu coginio'n ffres bob amser, fel eu bod yn cadw eu lliw, eu blas a'u gwerth maethol.

Rheoli tymheredd ac amser

Wrth ddefnyddio stemwyr mae'n bwysig gwneud yn siŵr nad yw'r bwyd yn cael ei goginio rhy ychydig nac yn cael ei goginio gormod, ac felly bod y tymheredd a'r amser coginio cywir yn cael eu defnyddio.

Bydd bwyd yn coginio'n llawer cyflymach mewn stemwyr pwysedd uchel ac felly mae perygl mawr i'r bwyd goginio gormod yn gyflym iawn. Pan fyddwch yn defnyddio stemiwr pwysedd uchel, arhoswch i'r mesurydd pwysedd ddangos ei fod wedi cyrraedd y pwysedd cywir. Yna, agorwch y drws yn ofalus iawn i adael i'r stêm ddianc cyn gosod y bwyd yn y stemiwr. Fel hyn byddwch yn siŵr o sicrhau'r tymheredd coginio angenrheidiol.

Er enghraifft, bydd pwdinau sbwng unigol yn coginio mewn llai o amser na phwdin wedi ei goginio mewn basn pwdin mawr sydd i'w rannu ar ôl iddo gael ei goginio.

 Iechyd a diogelwch

Mae dŵr berw yn cael ei ddefnyddio yng ngwaelod stemwyr, felly mae'r un pwyntiau diogelwch yn berthnasol i stemio ag i ferwi. Mae stêm yn boeth iawn ac mae'n gallu achosi llosgiadau difrifol. I osgoi damwain:

● Gwnewch yn siŵr eich bod yn gwybod sut i ddefnyddio stemwyr yn ddiogel.

● Gwiriwch y pwysedd mewn stemwyr pwysedd uchel yn gyson a gadael i'r pwysedd ddychwelyd i'r lefel cywir cyn agor y drysau neu cyn tynnu'r caead oddi ar sosban bwysedd.

● Rhowch amser i'r pwysedd ddychwelyd i normal cyn agor stemwyr masnachol. Safwch yn ddigon pell oddi wrth y drws wrth i chi ei agor, er mwyn osgoi'r stêm fydd yn dianc o'r peiriant.

Technegau cysylltiedig

Mae nifer o dechnegau'n gysylltiedig â stemio i helpu'r cogydd i baratoi'r bwyd yn llwyddiannus:

- **Paratoi cynwysyddion** – gwnewch yn siŵr bod y cynhwysydd sy'n cael ei ddefnyddio i stemio'n addas i'r pwrpas (mewn cyflwr da ac o'r maint cywir).

- **Iro** – irwch y tu mewn i'r mowld yn ysgafn er mwyn helpu i greu wyneb nad yw'n glynu er mwyn sicrhau bod modd tynnu pwdinau allan yn hawdd ar ôl eu coginio.

- **Mowldio** – gosod bwyd mewn mowld coginio. Bydd y bwyd yn cymryd siâp y mowld ar ôl ei goginio.

- **Gosod yr hambwrdd** – gosod mowldiau unigol ar hambwrdd pwrpasol er mwyn gallu stemio nifer o eitemau ar yr un pryd.

- **Gorchuddio** – gorchuddio'r bwyd â phapur gwrthsaim neu ffoil er mwyn gwneud yn siŵr nad yw'r stêm yn cyffwrdd â'r bwyd wrth ei goginio.

- **Llwytho** – gosod mowldiau yn y stemiwr.

Pwyntiau ansawdd ar gyfer berwi, potsio a stemio bwydydd

Er mwyn sicrhau ansawdd y bwyd gorffenedig, mae nifer o bethau y dylai cogydd eu gwneud i sicrhau bod y bwyd yn bodloni disgwyliadau'r cwsmer:

- Dewis cynnyrch – gwnewch yn siŵr bod y cynnyrch yn ffres, yn edrych yn dda, yn arogli fel y disgwyl a'i fod ar y tymheredd cywir.

- Paratoi – dylai'r bwyd gael ei drimio, ei siapio a'i dorri i faint yn unol â gofynion y saig.

- Coginio – dylid gwirio'r tymheredd a'r amser coginio, yn ogystal â mesur yr hylif sydd i'w ddefnyddio. Bydd hyn yn effeithio ar flas, lliw ac ansawdd y pryd bwyd.

- Gorffen y pryd bwyd terfynol – mae angen ystyried teimlad, golwg, maint y pryd bwyd, sesnin a garnais, os bydd angen.

Profwch eich hun

1 Rhowch ddisgrifiad byr o'r broses ar gyfer y dulliau coginio canlynol:
   a Potsio
   b Stemio
   c Berwi
2 Beth yw pwrpas potsio bwyd?
3 Rhestrwch dri llysieuyn sy'n cael eu coginio mewn dŵr berw.
4 Beth yw'r term ar gyfer cael gwared â sgỳm neu ewyn oddi ar wyneb hylif berw? Sut fyddech chi'n gwneud hyn?
5 Rhestrwch dri math o fwyd y gellir eu stemio.
6 Rhestrwch dri hylif coginio y gellir eu defnyddio fel saws yn y pryd gorffenedig.
7 Rhestrwch 5 pwynt diogelwch i gogyddion eu hystyried wrth goginio drwy ferwi, potsio neu stemio.
8 Rhestrwch bedwar bwyd y gellir eu coginio drwy botsio a nodi os ydyn nhw'n cael eu potsio'n ddwfn neu'n fas.
9 Disgrifiwch un dull ar gyfer berwi.
10 Beth fyddech chi'n ei ddefnyddio i stemio pwdin? Eglurwch pam mae angen gorchuddio pwdinau sy'n cael eu stemio?

Ryseitiau Berwi

Coler pork Suffolk wedi'i goginio mewn seidr

Cynhwysion	Digon i 4	Digon i 10
Coler porc, heb unrhyw fraster gormodol, wedi'i dorri'n rhannau ac wedi'i glymu	1 kg	2½ kg
Olew olewydd	75 ml	200 ml
Moron	4	10
Sialóts	5	12
Cennin, bach	2	5
Grawn pupur du	8	20
Stoc cyw iâr neu stoc porc ysgafn	1 litr	2½ litr
Seidr lled-felys	1 litr	2½ litr
Persli ffres, sbrig	2	5

Paratoi i goginio

1 Paratowch y llysiau i *mirepoix*.
2 Tyrnwch y braster oddi ar y coler porc. Torrwch y porc yn rhannau ac yna'i glymu. Rhowch bupur a halen ar y cig.

Coginio

1 Cynheswch yr olew mewn padell fawr a seliwch y cig i gyd.
2 Ychwanegwch y llysiau, perlysiau, grawn pupur, seidr a'r stoc i'r badell gyda'r porc wedi'i se io. Gadewch iddo fudferwi.
3 Gorchuddiwch ef ac yna'i goginio yn y ffwrn nes bod y porc wedi ei goginio, am ryw 2 awr.
4 Tynnwch y porc allan o'r seidr, rhowch ef ar un ochr, gadewch iddo oeri ac yna rhowch ef yn yr oergell. Hidlwch ac oerwch y stoc dros nos. (Gall y rysáit hwn hefyd gael ei weini'n syth.)

Gweini

1 Tynnwch y stoc o'r oergell, tynnwch y braster oddi ar y wyneb ac arllwyswch y stoc o'r cynhwysydd, gan adael y gwaddod ar ôl.
2 Datglymwch y porc, rhowch ef mewn tun ac yna'i orchuddio gyda 300 ml o stoc.
3 Gorchuddiwch ef gyda ffoil ac yna rhowch ef yn y ffwrn ar 180°C am ryw 15 munud nes bod y porc wedi cynhesu drwyddo.
4 Gadewch i'r stoc sy'n weddill fudferwi nes bod 450 ml ar ôl, ac yna ei roi o'r neilltu.
5 Cynheswch y llysiau yn barod i'w gweini.
6 Rhannwch y porc rhwng pedwar plât, ychwanegwch y llysiau a rhowch y stoc sydd wedi'i leihau drosto gan ddefnyddio llwy. Addurnwch gyda'r perlysiau.

Stoc gwyn

Cynhwysion	I wneud 4½ litr	I wneud 10 litr
Esgyrn â chig amrwd arnyn nhw	1 kg	2½ kg
Dŵr	5 litr	10½ litr
Nionyn, moron, seleri, cennin	400 g	1½ kg
Bouquet garni		

Paratoi i goginio

1 Torrwch yr esgyrn yn ddarnau bach a thynnwch unrhyw fraster neu fêr oddi ar yr esgyrn.
2 Golchwch a philiwch y llysiau.
3 Paratowch y *bouquet garni*.

Coginio

1 Rhowch yr esgyrn mewn pot mawr, gorchuddiwch nhw gyda dŵr oer ac yna berwch y dŵr.
2 Cyn gynted ag y mae'r dŵr yn berwi, ewch â'r pot at y sinc i ddraenio'r dŵr.
3 Golchwch yr esgyrn a glanhewch y pot.
4 Rhowch yr esgyrn yn ôl yn y pot, gorchuddiwch nhw â dŵr a berwch nhw unwaith eto.
5 Trowch y gwres i lawr fel bod y dŵr yn mudferwi.
6 Sgimiwch yr arwyneb er mwyn tynnu unrhyw sgỳm yn ôl yr angen. Hefyd, sychwch o gwmpas top y pot a'r tu mewn.
7 Ar ôl 2-3 awr, ychwanegwch y llysiau a'r *bouquet garni*.
8 Gadewch iddo fudferwi am 3-4 awr, gan sgimio yn aml.
9 Ar ôl gorffen coginio, sgimiwch y stoc unwaith eto a'i straenio.

Awgrym storio

Os ydych chi'n mynd i gadw'r stoc, oerwch ef yn gyflym, tywalltwch ef i gynhwysydd addas a rhowch ef yn yr oergell.

Rhowch gynnig ar rywbeth gwahanol – stoc cyw iâr

Gall stoc cyw iâr gael ei wneud yn yr un ffordd, gan ddefnyddio naill ai carcas cyw iâr a/neu adenydd, neu iâr hŷn.

● Mudferwch y carcas a/neu'r adenydd am awr, ac yna ychwanegwch y llysiau a'i fudferwi am awr arall.
● Gadewch i'r aderyn goginio am tua thri chwarter o'r amser coginio cyn ychwanegu'r llysiau. Bydd yr amser yn amrywio yn ôl oedran y cyw iâr.

Rysáit

3

Stoc brown

Cynhwysion	I wneud 1 litr	I wneud 3 litr
Esgyrn gydag ychydig o gig amrwd arnyn nhw	250 g	750 g
Dŵr	1¼ litr	3¾ litr
Nionyn, moronen, seleri, cennin	100 g	300 g
Bouquet garni	1	1

Paratoi i goginio

Torrwch yr esgyrn yn ddarnau bach.

Coginio

1 Browniwch y darnau bach o esgyrn, ar y ddwy ochr. Gallwch wneud hyn drwy eu berwi mewn ychydig o fraster neu mewn olew mewn padell ffrio, neu drwy eu rhostio mewn ffwrn boeth.

2 Hidlwch unrhyw fraster a rhowch yr esgyrn mewn pot mawr.

3 Os oes unrhyw waddod yng ngwaelod y badell ffrio neu'r hambwrdd ffrio, browniwch ef ac yna ychwanegwch ½ litr o ddŵr berwedig.

4 Gadewch iddo fudferwi am ychydig o funudau ac yna ychwanegwch yr hylif yma at yr esgyrn.

5 Gorchuddiwch yr esgyrn gyda dŵr oer ac yna'i ferwi.

6 Trowch y gwres i lawr fel bod y dŵr yn mudferwi.

7 Gadewch iddo fudferwi am 2-3 awr gan sgimio'r arwyneb er mwyn tynnu unrhyw sgỳm yn ôl yr angen.

8 Ffriwch y llysiau mewn ychydig o fraster neu olew nes eu bod wedi brownio. Draeniwch unrhyw fraster ac yna'u hychwanegu at yr esgyrn gyda'r *bouquet garni*.

9 Gadewch iddo fudferwi am 3-4 awr gan sgimio'n aml.

10 Ar ôl iddo orffen coginio, sgimiwch y stoc unwaith eto a'i hidlo.

Awgrym storio

Os ydych chi'n mynd i gadw'r stoc, oerwch ef yn gyflym, arllwyswch y stoc i gynhwysydd addas a rhowch ef yn yr oergell.

Rhowch gynnig ar rywbeth gwahanol

Gallwch chi ychwanegu tomatos stwnsh neu ddarnau madarch wedi eu golchi at y stoc yma.

Rysáit 4 Stoc pysgod

Cynhwysion	I wneud 1 litr	I wneud 3 litr
Olew, menyn, marjarîn	10 g	30 g
Nionod	50 g	150 g
Esgyrn pysgod gwyn ffres	500 g	1½ kg
Sudd lemon	¼	1
Coes persli	2	6
Deilen llawryf	1	1
Dŵr	1 litr	3 litr

Paratoi i goginio

1 Torrwch y nionod.
2 Golchwch esgyrn y pysgod yn drwyadl.

Coginio

1 Rhowch yr olew, menyn a marjarîn yng ngwaelod padell â gwaelod trwchus.
2 Ychwanegwch y nionod, esgyrn pysgod, sudd lemwn, deilen llawryf a phersli.
3 Gorchuddiwch y cynhwysion gyda phapur gwrthsaim a chaead a chynheswch nhw am bum munud, ond heb eu brownio.

4 Ychwanegwch y dŵr a berwch ef.
5 Trowch y gwres i lawr fel ei fod yn mudferwi'n ysgafn.
6 Gadewch iddyn nhw fudferwi am 20 munud gan sgimio'n aml.

7 Hidlwch y stoc.

Awgrym storio

Os ydych chi'n mynd i gadw'r stoc, oerwch ef yn gyflym, arllwyswch y stoc i gynhwysydd addas a rhowch ef yn yr oergell.

Nodyn: Bydd coginio'r stoc am fwy na 20 munud yn difetha'r blas.

Rysáit 5 Cawl pys

Cynhwysion	Digon i 4	Digon i 10
Pys wedi eu hollti	200 g	500 g
Stoc gwyn neu ddŵr	1½ litr	3¾ litr
Nionod wedi'u torri	50 g	125 g
Moron wedi'u torri	50 g	125 g
Bouquet garni		
Ham neu gig moch (dewisol)		
Halen		
Hen fara wedi ei dorri (i wneud *croutons*)	1 sleisen	2½ sleisen
Menyn, margarîn neu olew	50 g	125 g

Paratoi i goginio

1 Gwiriwch a golchwch y pys. Os ydyn nhw wedi cael eu socian yn barod, newidiwch y dŵr.
2 Golchwch, piliwch a thorrwch y nionod a'r moron.
3 Paratowch y *bouquet garni*.
4 Paratowch y *croutons*.

Coginio

1 Rhowch y pys mewn padell â gwaelod trwchus.
2 Ychwanegwch y stoc neu ddŵr. Berwch ef ac yna'i sgimio.
3 Ychwanegwch weddill y cynhwysion ac ychydig o halen.
4 Mudferwch nes ei fod yn frau gan sgimio pan fo angen.
5 Tynnwch y *bouquet* garni a'r ham allan.
6 Hylifwch y cawl a rhowch ef drwy *chinoise*.
7 Rhowch y cawl yn ôl mewn padell lân a rhowch ef yn ôl i ferwi.
8 Blaswch ef ac yna cywirwch y blas gyda halen a phupur. Os yw'n rhy drwchus, gwanhewch ef gyda stoc.

Nodyn: Mae'n bosibl defnyddio unrhyw gorbys i wneud cawl, er enghraifft pys (melyn neu wyrdd), ffa, ffacbys.

Bydd angen socian rhai corbys mewn dŵr dros nos.

Awgrym gweini

Gweinwch gyda *croutons* wedi eu ffrio neu eu tostio.

Rhowch gynnig ar rywbeth gwahanol

Ychwanegwch un o'r canlynol:

- Perlysieuyn wedi ei dorri'n fân: persli, gorthyfail, taragon, coriander, cennin syfi.
- Sbeis neu gyfuniad ohonyn nhw fel garam masala.

Gweithgaredd

Enwch y mathau gwahanol o gorbys (*pulses*) sydd ar gael (mae yna o leiaf 21 ohonyn nhw).

Rysáit
6
Cawl cig dafad

Cynhwysion	Digon i 4	Digon i 10
Sgrag cig dafad, oddi ar yr asgwrn	400 g	1 kg
Stoc cig dafad neu oen neu ddŵr	800 ml	2 litr
Haidd	30 g	80 g
Moronen, meipen, cennin, seleri, nionyn	300 g	750 g
Bouquet garni		
Persli wedi ei dorri		

Paratoi i goginio

1 Torrwch unrhyw fraster oddi ar y cig.
2 Golchwch yr haidd.
3 Golchwch a philiwch y llysiau ac yna'u torri'n sgwariau taclus (*brunoise*).
4 Paratowch *bouquet garni*.

 Nodyn: Yn lle persli wedi ei dorri, gallwch ddefnyddio basil ac oregano.

Coginio

1 Rhowch y cig mewn sosban ac ychwanegwch ddŵr oer.
2 Berwch ef yn gyflym.

3 Cyn gynted ag y mae'r dŵr yn dechrau berwi, tynnwch y badell oddi ar y gwres. Codwch y cig allan ohono, a golchwch ef o dan ddŵr oer.
4 Arllwyswch y dŵr coginio a glanhewch y badell.
5 Rhowch y cig yn ôl yn y badell a rhowch ddŵr oer neu stoc am ei ben. Berwch ef ac yna'i sgimio.
6 Ychwanegwch yr haidd yn y badell ac yna trowch y gwres i lawr a gadael iddo fudferwi am awr.

7 Ychwanegwch y llysiau, y *bouquet garni* a'r halen a phupur.

8 Gadewch ef i fudferwi am 30 munud, neu nes bod y cig yn frau. Sgimiwch unrhyw fraster neu sgὺm yn ôl yr angen.

9 Ar ôl iddo goginio, tynnwch y cig o'r sosban a gadewch iddo oeri.

10 Torrwch y cig yn sgwariau taclus yr un maint â'r llysiau. Rhowch y cig yn ôl yn y cawl.

11 Sgimiwch unrhyw fraster, ac yna blaswch ef a chywiro'r blas gyda halen a phupur.

Awgrym gweini

Mae'r rysáit yma'n un traddodiadol a gwledig. Gellir ei weini fel pryd sylweddol. Ychwanegwch bersli ffres ac yna'i weini.

Rhowch gynnig ar rywbeth gwahanol

Er mwyn cael pryd ysgafnach, gallwch dorri'r llysiau a'r cig yn ddarnau mwy mân.

- **Cawl yr Alban** – defnyddiwch gig eidion a stoc cig eidion yn lle cig dafad.
- **Cawl cyw iâr** – defnyddiwch gyw iâr a stoc cyw iâr. Ychwanegwch reis wedi ei olchi 12-15 munud cyn i'r cawl orffen coginio. Peidiwch ag ychwanegu'r haidd.

Gweithgaredd

Awgrymwch fath arall o gawl o'ch dewis chi.

Cawl cennin a thatws

Cynhwysion	Digon i 4	Digon i 10
Menyn, margarîn neu olew	25 g	60 g
Cennin	400 g	1½ kg
Stoc gwyn	750 ml	2 litr
Bouquet garni		
Tatws	200 g	½ kg
Halen		

Paratoi i goginio

1 Golchwch a thorrwch y cennin a thorrwch y rhannau gwyn a gwyrdd golau'n sgwariau ½ cm (*paysanne*).
2 Golchwch a philiwch y tatws a'u torri'n sgwariau ½ cm 2 mm o drwch.
3 Paratowch y *bouquet garni*.

Coginio

1 Toddwch y braster yn y sosban. Ychwanegwch y cennin, rhowch y caead ac yna'u coginio'n araf heb eu brownio nes eu bod yn feddal.
2 Ychwanegwch y stoc, tatws, *bouquet garni* ac ychydig o halen.
3 Gadewch iddo fudferwi am ryw 15 munud.
4 Tynnwch y *bouquet garni*. Hylifwch y cawl a rhowch ef drwy *chinoise*, ac yna'i flasu ac yna cywiro'r blas gyda halen a phupur cyn ei weini.

Cawl tatws melys

Cynhwysion	Digon i 4	Digon i 10
Pupur coch, heb hadau ac wedi'u torri	2	5
Tatws melys wedi'u plicio a'u torri	1 kg	2½ kg
Nionod wedi'u pilio a'u torri	1	3
Clof garlleg wedi'u torri	2	5
Stoc llysiau neu gyw iâr	1 litr	2½ litr
Halen a phupur		

Paratoi i goginio

1 Tynnwch yr hadau o'r pupur a'u torri'n ddarnau o'r un maint.
2 Piliwch a thorrwch y tatws melys.
3 Piliwch a thorrwch y nionod a thorrwch y garlleg.

Coginio

1 Coginiwch y nionod nes eu bod yn feddal ac yn lled dryloyw.

2 Ychwanegwch y tatws melys, pupur a garlleg a'u coginio'n ysgafn am 10-15 munud ar wres isel.

3 Ychwanegwch y stoc a'i fudferwi am tua 40 munud.
4 Stwnsiwch y llysiau naill ai yn y sosban gyda chymysgydd neu mewn hylifydd.

5 Rhowch ef drwy hidlydd crwn.
6 Rhowch ef yn ôl yn y badell ac ychwanegwch halen a phupur.

Cawl tomato

Cynhwysion	Digon i 4	Digon i 10
Menyn, margarîn neu olew	50 g	125 g
Trimins cig moch (dewisol)	25 g	60 g
Nionyn a moronen wedi'u golchi a'u pilio a'u torri	100 g o'r ddau	250 g o'r ddau
Blawd	50 g	125 g
Purée tomato	100 g	250 g
Tomatos mawr wedi'u torri	2	5
Stoc	1½ litr	3½ litr
Bouquet garni		
Halen		
Bara stêl wedi ei dorri (i wneud *croutons*)	1 sleisen	3 sleisen

Paratoi i goginio

1 Piliwch, golchwch a thorrwch y llysiau.
2 Paratowch y *bouquet garni*.
3 Paratowch y *croutons*.

Nodyn: Gallwch ychwanegu blas eithaf melys/cryf i'r cawl drwy baratoi'r hyn sy'n cael ei alw'n *gastrique*. Ychwanegwch 100 ml o finegr a 35 g o siwgr mân i badell â gwaelod trwchus nes ei fod yn lliw caramel golau. Ychwanegwch ef i'r cawl gorffenedig.

Gall rhai *purée* tomato fod yn gryfach na'i gilydd, felly mae'n bosib y bydd rhaid i chi ychwanegu mwy/llai i'r cawl.

Coginio

1 Toddwch y braster mewn padell â gwaelod trwchus.

2 Ychwanegwch y cig moch, moron a'r nionod a'u brownio'n ysgafn.

3 Cymysgwch y blawd i mewn iddo a'i goginio nes bod gweadedd fel tywod iddo.

4 Cymysgwch y *purée* tomato a thynnwch y badell oddi ar y gwres a gadael i'r gymysgedd oeri.

5 Rhowch y badell yn ôl ar y gwres ac ychwanegu'r tomatos wedi'u torri.

6 Cymysgwch nhw'n dda.

7 Yn raddol, cymysgwch y stoc poeth i mewn a'i droi nes ei fod yn berwi.

8 Ychwanegwch y *bouquet garni* ac ychydig o halen a'i fudferwi am awr.

9 Sgimiwch y cawl a thynnwch y *bouquet garni* allan.

10 Hylifwch y cawl ac yna'i roi drwy hidlydd conigol.

11 Rhowch y cawl yn ôl mewn padell lân a'i ailgynhesu.

12 Blaswch y cawl a gwiriwch y blas a'r trwch.

Awgrym gweni

Gweinwch gyda *croutons* wedi eu ffrio neu eu tostio.

Rhowch gynnig ar rywbeth gwahanol

Ychwanegwch:

- Sudd ac ychydig o groen 1-2 oren
- Reis wedi'i goginio
- Perlysieuyn wedi ei dorri, fel cennin syfi.

Gweithgaredd

1 Paratowch, coginiwch a blaswch y rysáit ar gyfer cawl tomato gyda'r *gastrique* a heb y *gastrique*. Trafodwch ac aseswch y ddau fersiwn.

2 Enwch a pharatowch amrywiad eich hun.

3 Adolygwch y rysáit sylfaenol ar gyfer cawl tomato, a newidiwch ef er mwyn bod yn addas ar gyfer gofynion llysieuol, braster isel sydd gan gwsmer.

Rysáit 10 Cawl maro

Cynhwysion	Digon i 4	Digon i 10
Nionod wedi'u pilio a'u torri	1	2
Olew olewydd	90 ml	225 ml
Maro (mawr) wedi'i dorri'n giwbiau	1	2½
Powdr cyri gwan	½ llwy fwrdd	2½ llwy fwrdd
Stoc cyw iâr neu lysiau	1 litr	2½ litr

Paratoi i goginio

1 Piliwch a thorrwch y nionyn.
2 Piliwch a thorrwch y maro yn giwbiau.

Coginio

1 Coginiwch y nionyn yn yr olew olewydd nes ei fod yn eithaf tryloyw.
2 Ychwanegwch y ciwbiau maro a'u ffrio'n ysgafn.
3 Ychwanegwch y powdr cyri a'i droi.
4 Ychwanegwch y stoc a'i fudferwi am tua 40 munud.
5 Stwnsiwch y cawl naill ai yn y sosban gyda chymysgydd neu mewn hylifydd.
6 Rhowch ef drwy *chinoise* neu hidlydd conigol. Ychwanegwch halen a phupur.
7 Newidiwch y trwch os oes angen drwy ychwanegu ychydig o ddŵr.

 Nodyn: Gallwch ddefnyddio corbwmpenni yn lle maros. Mae corbwmpenni ar gael ar hyd y flwyddyn.

Velouté

Cynhwysion	Digon i 4	Digon i 10
Margarîn, menyn neu olew	100 g	400 g
Blawd	10 g	40 g
Stoc, cyw iar, pysgod	1 litr	4½ litr

 Nodyn: Saws gwyn sylfaenol yw hwn wedi ei wneud o stoc gwyn a *blond roux*.

Coginio

1 Toddwch y braster mewn padell â gwaelod trwchus.

2 Cymysgwch y blawd i mewn.

3 Coginiwch ef ar wres isel nes bod ei weadedd fel tywod, gan adael iddo gael ychydig iawn o liw (*blond roux*).

4 Tynnwch y badell oddi ar y gwres i adael i'r *roux* oeri.

5 Rhowch y badell yn ôl ar y stôf ar wres isel, ac ychwanegwch y stoc poeth yn araf.

6 Cymysgwch nes ei fod yn llyfn ac yn mudferwi.

7 Coginiwch ef yn araf am awr a'i roi drwy hidlydd conigol.

Awgrym storio

I arbed croen rhag ffurfio, brwsiwch yr arwyneb gyda menyn wedi'i doddi. Pan rydych yn barod i'w ddefnyddio, cymysgwch ef i mewn i'r saws. Fel dewis arall, gorchuddiwch y saws gyda chylch o bapur gwrthsaim neu bapur pobi. Y cyngor ydy peidio â defnyddio *cling film* i wneud hyn.

Rhowch gynnig ar rywbeth gwahanol

Gall saws *velouté* gael ei ddefnyddio ar gyfer wy, pysgod, cyw iâr a chig dafad.

Saws	Wedi ei weini â	Ychwanegiadau pob ½ litr
Caprys	Coes cig dafad/oen wedi'i ferwi	2 lwy fwrdd o gaprys
Awrora	Wy wedi'i botsio, cyw iâr	1 llwy fwrdd *purée* tomato 60 ml hufen neu iogwrt naturiol 2-3 diferyn o sudd lemon
Madarch	Cyw iâr wedi'i botsio	100 g o fadarch wedi eu torri a'u coginio mewn ychydig o fraster neu olew

Gweithgaredd

Awgrymwch ddewis arall. Paratowch, blaswch, trafodwch ac aseswch ef.

Béchamel (saws gwyn sylfaenol)

Cynhwysion	1 litr	2½ litr
Margarîn, menyn neu olew	80 g	200 g
Blawd	100 g	400 g
Llaeth wedi'i gynhesu	1 litr	4½ litr
Nionyn	½	1
Clof	1	1
Deilen llawryf	1	2

Paratoi i goginio

Gwthiwch glof i mewn i nionyn gyda'r ochr bigog yn mynd i mewn i'r nionyn, gan adael yr ochr grom yn sticio allan o'r nionyn.

Coginio

1 Ychwanegwch y nionyn gyda'r clof a'r ddeilen llawryf i mewn i'r llaeth. Mudferwch y llaeth am bum munud gan adael iddo drwytho.

2 Toddwch y braster mewn padell â gwaelod trwchus.

3 Cymysgwch y blawd gyda llwy bren.

4 Coginiwch ef am ychydig o funudau gan ei droi'n gyson. Wrth wneud roux gwyn, ni ddylid gadael i'r gymysgedd frownio o gwbl.

5 Tynnwch y badell oddi ar y gwres er mwyn gadael i'r *roux* oeri.

6 Rhowch y badell yn ôl ar y stôf ar wres isel. Yn raddol, ychwanegwch y llaeth i mewn i'r *roux* – trowch y gymysgedd yn ôl i bast llyfn bob tro rydych chi'n ychwanegu llaeth.

7 Parhewch i ychwanegu'r llaeth, un llwyaid ar y tro.

8 Gadewch i'r gymysgedd fudferwi'n ysgafn am 30 munud gan ei droi'n aml.

9 Tynnwch y badell oddi ar y gwres a rhowch y saws drwy hidlydd conigol.

Awgrym storio

I arbed croen rhag ffurfio, brwsiwch yr arwyneb gyda menyn wedi'i doddi. Pan rydych yn barod i'w ddefnyddio, cymysgwch ef i mewn i'r saws. Fel arall, gorchuddiwch y saws gyda chylch o bapur gwrthsaim neu bapur pobi. Y cyngor ydy peidio â defnyddio *cling film* i wneud hyn.

Rhowch gynnig ar rywbeth gwahanol

Mae *béchamel* yn saws gwyn sylfaenol sy'n gallu cael ei ddefnyddio fel sylfaen i lawer o sawsiau eraill. Mae'r awgrymiadau isod ar gyfer hanner litr o *béchamel*, sy'n ddigon ar gyfer 8 i 12 pryd o saws.

Cynhwysion	Wedi ei weini â	Ychwanegiadau pob ½ litr
Wy	Pysgodyn wedi'i botsio neu ei stemio	2 wy wedi'u berwi ac yna wedi'u torri
Caws	Pysgodyn neu lysiau wedi'u potsio	50 g o gaws Cheddar wedi gratio
Nionyn	Cig oen neu ddafad wedi'i rostio	100 g o nionod wedi'u torri heb eu brownio, naill ai drwy eu berw neu drwy eu cynhesu mewn braster
Persli	Pysgodyn wedi'i botsio neu ham wedi ei ferwi	1 llwy de o bersli wedi'i dorri
Hufen	Pysgod neu lysiau wedi'u potsio	Ychwanegwch hufen neu iogwrt naturiol er mwyn roi trwch hufen dwbl iddo
Mwstard	Penwaig wedi'u grilio	Ychwanegwch fwstard Seisnig neu gyfandirol sydd wedi'i wanhau er mwyn cael saws poeth

Gweithgaredd

1 Fel grŵp, gwnewch y chwe saws yma. Blaswch, trafodwch ac aseswch nhw.

2 Awgrymwch fath gwahanol o saws gan ddefnyddio *béchamel* a phryd o fwyd allai gael ei weini gydag ef.

Grefi rhost

Cynhwysion	Digon i 4	Digon i 10
Esgyrn cig amrwd	200 g	500 g
Stoc brown neu ddŵr	500 ml	1½ litr
Nionod	50 g	125 g
Moron	50 g	125 g
Seleri	25 g	60 g

Nodyn: Yn draddodiadol, mae grefi yn cael ei wneud o weddillion darn o gig mewn padell rhostio, ond gall hefyd gael ei wneud ag esgyrn amrwd os ydych chi angen mwy ohono, fel yn y rysáit hwn.

Paratoi i goginio

1 Torrwch yr esgyrn yn ddarnau bach.

2 Golchwch, piliwch a thorrwch y llysiau.

Coginio

1 Browniwch yr esgyrn mewn ychydig o fraster mewn hambwrdd rhostio yn y ffwrn neu mewn padell ffrio drom ar y stôf.

2 Draeniwch y braster a rhowch yr esgyrn yn y sosban.

3 Arllwyswch stoc neu ddŵr yn yr hambwrdd neu'r badell i wneud yn siŵr nad oes unrhyw weddillion blasus yn cael eu gwastraffu.

4 Arllwyswch yr hylif i mewn i'r sosban gyda'r esgyrn a gorchuddiwch yr esgyrn gyda stoc neu ddŵr.

5 Gadewch iddo ferwi, yna sgimiwch ef a gadael iddo fudferwi.

6 Ffriwch y llysiau'n ysgafn mewn ychydig o fraster neu ychwanegwch nhw at yr esgyrn pan maen nhw wedi brownio ychydig.

7 Gadewch iddo fudferwi am 1½ – 2 awr ac yna'i hidlo.

8 Sgimiwch unrhyw fraster sydd wedi setlo oddi ar yr arwyneb.

Rhowch gynnig ar rywbeth gwahanol

Os nad oes digon o flas ar eich grefi ar ôl iddo goginio, ychwanegwch ychydig o grefi cyfleus ato. Mae llawer o grefi cyfleus ar gael, ond dylech flasu ac asesu'r rhain cyn eu defnyddio.

Rysáit 14

Grefi rhost wedi'i dewychu

Cynhwysion	Swm ar gyfer pob ½ litr o grefi
Grefi	
Purée tomato	1 llwy de
Madarch	1 llwy de orlawn
Teim	Pinsiad bach
Arorwt neu flawd corn	1 llwy de orlawn

Nodyn: Gallwch wneud saws brown ysgafn drwy dewychu grefi rhost blasus gydag arorwt neu flawd corn wedi ei doddi mewn dŵr.

Coginio

1 Mudferwch y swm angenrheidiol o grefi mewn padell â gwaelod trwchus.

2 Ychwanegwch y *purée* tomato, madarch a theim.

3 Gwanhewch yr arorwt neu'r blawd corn mewn basn gydag ychydig o ddŵr oer, ac yna ychwanegwch ef yn raddol at y grefi sy'n mudferwi drwy ei droi yn gyson nes mae'n ail-ferwi.

4 Mudferwch y grefi am 5-10 munud ac yna rhowch ef drwy *chinoise*.

Rhowch gynnig ar rywbeth gwahanol

● Mae'r saws sylfaenol yma'n gallu cael ei ddefnyddio ar gyfer llawer o wahanol bethau; mae'n cael ei adnabod fel *jus-lié* ac yn cael ei ddefnyddio mewn llawer o sawsiau gwahanol fel sylfaen.

● Gallwch ddefnyddio rhosmari neu lafant yn lle teim.

Rysáit 15

Wyau wedi'u berwi

Cynhwysion

Un neu ddau wy i bob pryd

Coginio wyau wedi'u berwi'n feddal

1 Rhowch yr wyau mewn sosban, rhowch ddŵr oer am eu pennau, a berwch nhw.

2 Mudferwch nhw am 2-2½ munud.

3 Tynnwch nhw o'r dŵr a'u gweini mewn cwpanau wy.

Coginio wyau wedi'u berwi'n gymharol feddal

1 Rhowch yr wyau yn ofalus mewn sosban o ddŵr berwedig.

2 Ail-ferwch, mudferwch am 4-5 munud a thynnwch nhw o'r dŵr.

Coginio wyau wedi'u berwi'n galed

1 Rhowch yr wyau yn ofalus mewn sosban o ddŵr berwedig.

2 Ail-ferwch a mudferwch am 8-10 munud.

3 Rhowch yr wyau o dan ddŵr oer nes eu bod nhw wedi oeri.

Rysáit
16 *Farfalle* gyda chennin syfi a chig moch

Cynhwysion	Digon i 4	Digon i 10
Farfalle	400 g	1 kg
Sleisys o gig moch brith	10	25
Cennin syfi ffres	2 lwy fwrdd	5 llwy fwrdd
Menyn neu olew	50 g	125 g
Parmesan	50 g	125 g

Paratoi i goginio

1 Griliwch y cig moch nes ei fod yn greisionllyd, yna torrwch ef yn ddarnau bach.

2 Torrwch y cennin syfi.

3 Gratiwch y Parmesan.

Coginio

1 Coginiwch y pasta mewn dŵr berwedig gyda halen nes ei fod yn *al dente* (yn weddol galed).

2 Draeniwch y pasta a rhowch ef mewn powlen gynnes.

3 Cymysgwch y menyn, cennin syfi a Parmesan.

4 Blaswch a chywirwch y blas gyda halen a phupur, yna'i weini.

Rysáit 17 Reis plaen wedi'i ferwi

Cynhwysion	Digon i 4	Digon i 10
Reis basmati neu reis hir tebyg, pwysau sych	100 g	250 g

Paratoi i goginio

Dewiswch a glanhewch y reis. (Mae hyn yn golygu gwneud yn siŵr nad oes unrhyw beth yn y reis na ddylai fod yno!)

Coginio

1 Rhowch y reis mewn sosban.

2 Ychwanegwch ddŵr berwedig gyda halen.

3 Gadewch iddo ferwi, yna gadewch iddo fudferwi yn ysgafn nes ei fod yn frau (rhyw 12-15 munud).

4 Arllwyswch i mewn i ridyll a'i rinsio'n dda, o dan ddŵr oer yn gyntaf, ac yna o dan ddŵr poeth iawn.

5 Draeniwch y dŵr a gadewch y reis mewn rhidyll dros bowlen a'i orchuddio gyda lliain glân.

❗ Iechyd a diogelwch

Unwaith y mae'r reis wedi ei goginio, dylai gael ei gadw ar dymheredd o 65°C, ond ddim am fwy na dwy awr. Os yw'n cael ei gadw ar dymheredd is, neu am fwy na dwy awr, gall y sbôr o facteriwm sydd i'w gael yn y pridd droi'n ôl yn facteria ac achosi gwenwyn bwyd.

Osgowch storio ac ailgynhesu reis sydd wedi'i goginio oni bai ei fod wedi cael ei goginio dan amodau glân a lle mae'r tymheredd wedi'i reoli.

Rysáit 18

Cyw iâr wedi'i ferwi gyda reis a saws *suprême*

Cynhwysion	Digon i 4	Digon i 10
Cyw iâr:		
Cyw iâr i'w ferwi 2–2½ kg	1	2–3
Nionyn	50 g	125 g
Clof		
Moron	50 g	125 g
Seleri	50 g	125 g
Bouquet garni	50 g	125 g
Halen, pinsiad		
Saws:		
Menyn, margarîn neu olew	75 g	180 g
Blawd	75 g	180 g
Stoc cyw iâr	1 litr	1½ litr
Hufen neu hufen di-laeth	4 llwy fwrdd	10 llwy fwrdd
Sudd lemon - ychydig o ddiferion		
Reis brwysiedig:		
Nionyn	50 g	125 g
Menyn, margarîn neu olew	50 g	125 g
Reis, grawn hir	200 g	500 g
Stoc cyw iâr	500 ml	1¼ litr

Paratoi i goginio

1 Golchwch a philiwch y moron a'r seleri, gadewch nhw'n gyfan.
2 Piliwch y nionod ar gyfer y cyw iâr a rhowch glof ym mhob un.
3 Paratowch y *bouquet garni*.
4 Piliwch a thorrwch y nionyn ar gyfer y reis.
5 Golchwch y cyw iâr ac yna'i glymu. Mae clymu cyw iâr yn ffordd o geisio dal a gwella ei siâp fel ei bod hi'n haws i'w dorri.

Coginio

1 Rhowch y cyw iâr mewn sosban. Rhowch ddŵr oer am ei ben. Berwch ef ac yna'i sgimio.
2 Ychwanegwch y llysiau sydd wedi'u pilio yn gyfan, y *bouquet garni* ac ychydig o halen.
3 Mudferwch ef yn ysgafn nes ei fod wedi coginio (tua 1-1½ awr).
4 Tra mae'r cyw iâr yn coginio, paratowch y saws *suprême* fel yn rysáit y *velouté* (rysáit 11), a'r reis wedi brwysio fel y rysáit ar dudalen 151.
5 Coginiwch y *velouté* am 30-45 munud.
6 Unwaith y mae'r saws wedi coginio, blaswch ef a chywirwch y blas gyda halen a phupur.
7 Rhowch ef drwy *chinoise* a chymysgwch yr hufen i mewn iddo.
8 Er mwyn gwirio bod y cyw iâr wedi coginio, rhowch fforc ddwybig i mewn rhwng coes a chlun, a thynnwch y cyw iâr o'r stoc. Daliwch y cyw iâr uwchben plât, a gadewch i'r sudd lifo ohono. Ni ddylai unrhyw waed fod yn y sudd. Hefyd, rhowch dwll yn y goes gyda nodwydd glymu neu sgiwer. Dylai fynd i mewn yn rhwydd hyd at yr asgwrn.

Awgrym gweini

1 Tynnwch y coesau oddi wrth y cyw iâr, a thorrwch nhw'n ddwy ran (coes a chlun).
2 Tynnwch y frest a hanerwch pob brest.
3 Mae un darn o'r goes ac un darn o'r frest yn bryd ar gyfer un person.
4 Rhowch y reis a'r cyw iâr yn ofalus ar y platiau. Gallwch roi'r cyw iâr ar ben y reis neu wrth ei ochr. Rhowch y saws ar ben y cyw iâr.

Gallwch dynnu'r croen cyn gweini'r cyw iâr.

 Nodyn: Gallwch baratoi'r pryd hwn gan ddefnyddio brest cyw iâr yn hytrach na chyw iâr cyfan. Os ydych chi'n dewis gwneud hyn, potsiwch y cig mewn stoc cyw iâr yn hytrach na dŵr.

| Rysáit 19 | Pwdin pys | |

Cynhwysion	Digon i 4	Digon i 10
Pys hollt melyn wedi'u mwydo	200 g	500 g
Dŵr	½ litr	1¼ litr
Nionyn â chlof ynddo	50 g	125 g
Moron	50 g	125 g
Trimins cig moch	50 g	125 g
Menyn neu fargarîn	50 g	125 g
Halen		

Paratoi i goginio

1 Mwydwch y pys hollt dros nos ac yna'u draenio.
2 Piliwch y nionyn ac yna gwthiwch glof i mewn iddo, yr ochr bigog yn gyntaf a'r ochr grom ar y tu allan.

Coginio

1 Rhowch yr holl gynhwysion heblaw am y menyn mewn sosban â gwaelod trwchus.
2 Berwch ef ac yna'i sgimio.
3 Gadewch i'r pys goginio, mewn ffwrn ar 180-200°C yn ddelfrydol, am 2 awr.
4 Tynnwch y nionyn, moron a'r cig moch a rhowch y pys drwy ridyll neu defnyddiwch brosesydd bwyd.
5 Rhowch y pys yn ôl mewn padell a chymysgwch y menyn i mewn. Blaswch a gwnewch yn siŵr ei fod wedi'i dewychu'n iawn – dylai fod yn solet.

Rysáit 20 Cig moch wedi'i ferwi

Cynhwysion

Gallwch ddefnyddio darn o hoc, coler neu gamwn ar gyfer y rysáit hwn.

Paratoi i goginio

Paratowch y darn o gig fel a ganlyn:

- Hoc: coginiwch y darn cig yn gyfan, neu gallwch dynnu'r esgyrn a'i glymu gyda llinyn.
- Coler: tynnwch yr esgyrn ac yna clymwch y cig gyda llinyn.
- Gamwn: coginiwch yn gyfan neu torrwch yn ddau neu dri darn ac yna'i glymu gyda llinyn os oes angen.

Gan ddibynnu ar ba mor hallt ydy'r cig moch, efallai y bydd angen i chi ei socian mewn dŵr oer am 2-3 awr (neu'n hirach) cyn ei goginio.

Coginio

1 Rhowch y cig mewn sosban o faint priodol a'i orchuddio gyda dŵr.

2 Berwch ef ac yna'i sgimio a gadael iddo fudferwi'n ysgafn. Bydd yr amser coginio yn dibynnu ar faint y cig: mudferwch am tua 25 munud i bob ½ kg ac yna am 25 munud ychwanegol.

3 Tynnwch y sosban oddi ar y gwres a gadewch i'r cig oeri yn yr hylif.

4 Tynnwch y croen brown ac unrhyw fraster gormodol.

Awgrym Gweini

Torrwch y cig yn sleisys trwchus, a gweinwch ef gydag ychydig o'r hylif coginio.

Gall gael ei weini gyda phryd traddodiadol o *purée* pys (pwdin pys, rysáit 19), a saws ysgafn fel persli neu fwstard.

Hufen crwst

Cynhwysion	Tua 1 litr
Llaeth	1 litr
Pod fanila (gall gael ei newid am ychydig o ddiferion o fanila *arome*)	1
Wy	4
Siwgr mân	200 g
Blawd (cry²)	100 g
Powdr cwstard	30 g

Coginio

1 Agorwch y pod fanila a thynnwch yr hadau ohono. Rhowch y pod a'r hadau mewn sosban ddur gwrthstaen drom, ychwanegwch y llaeth a rhowch y sosban ar y gwres.

2 Chwisgiwch yr wyau a'r siwgr gyda'i gilydd.

3 Hidlwch y blawd a'r powdr cwstard ar bapur, ac yna'u hychwanegu at yr wyau a'u chwisgio gyda'i gilydd.

4 Ar ôl i'r dŵr ferwi, arllwyswch tua thraean ohono i mewn i'r gymysgedd a'i chwisgio.

5 Berwch weddill y llaeth ac yna arllwys y *liaison*. Chwisgiwch ef yn galed nes bod y gymysgedd yn berwi unwaith eto.

6 Mudferwch yn ysgafn am 5 munud.

7 Arllwyswch i mewn i hambwrdd glân a'i roi ar resel weiren. Trowch ef bob hyn a hyn fel bod y gymysgedd yn oeri'n gyflym.

8 Pan mae'n oer, storiwch mewn cynhwysydd plastig yn yr oergell. Defnyddiwch o fewn 3 diwrnod.

Ryseitiau potsio

Rysáit 22 — Gellyg wedi'u potsio mewn seidr cynnes gyda theisen frau

Cynhwysion	Digon i 4	Digon i 10
Gellyg wedi'u potsio mewn seidr cynnes:		
Seidr Swydd Northampton	500 ml	1¼ litr
Siwgr gronynnog	200 g	500 g
Gwreiddyn sinsir	50 g	125 g
Croen oren	½	1½
Croen lemwn	½	1½
Gellyg	4	10
Teisen frau:		
Menyn heb halen	250 g	625 g
Siwgr mân	75 g	190 g
Blawd meddal	250 g	625 g
Blawd reis	50 g	125 g
Cnau cyll	50 g	125 g

Paratoi i goginio

1 Piliwch a thorrwch y sinsir.
2 Gratiwch groen yr oren a'r lemwn.
3 Torrwch y cnau cyll yn fân.

Coginio
Coginio'r gellyg

1 Berwch y seidr, sinsir, croen a'r siwgr, ac yna'u tynnu oddi ar y gwres.
2 Piliwch y gellyg yn gyfan a thynnwch y craidd o'r canol heb falu'r tu allan. Tynnwch y coesyn os yw wedi malu.
3 Rhowch bob gellygen yn y surop poeth ar yr un pryd, gan sicrhau bod digon i'w gorchuddio yn unig.
4 Rhowch ddisg o silicon drosto a defnyddiwch blât bach i ddal y gellyg o dan yr wyneb.
5 Yna, mudferwch nhw'n ysgafn. Mae'r amser coginio yn dibynnu ar aeddfedrwydd y gellyg. Maent yn barod pan mae cyllell yn torri i mewn iddyn nhw'n hawdd. (Rhyw 25 i 30 munud o bosib)
6 Tynnwch y gellyg allan o'r surop a gadewch iddynt oeri. Gall y surop gael ei leihau i wneud saws i fynd â'r pwdin.

Gwneud y deisen frau

1 Cyfunwch y menyn a'r siwgr nes eu bod wedi eu cymysgu'n ysgafn

2 Yn araf, ychwanegwch y blawd, blawd reis a'r cnau cyll ac yna cyfunwch y cynhwysion i greu past llyfn. Gadewch iddo oeri am 15 i 20 munud.

3 Rholiwch ef allan i drwch o 5mm ar arwyneb â blawd arno.

4 Torrwch ef yn siâp o'ch dewis chi a'i roi ar hambwrdd gyda phapur coginio arnyn nhw, gan gofio gadael lle rhyngddyn nhw.

5 Coginiwch nhw ar 180°C am 20 munud nes eu bod yn lliw euraid (dylai'r ymyl fod yn euraid gan adael y canol yn lliw goleuach).

6 Tra maen nhw'n gynnes, torrwch drwy'r deisen frau i'w rhannu, ac yna tynnwch nhw o'r tun a gadael iddyn nhw oeri.

Awgrym gweini

Gweinwch y gellyg a'r deisen frau gyda'i gilydd gyda hufen blas fanila wedi'i chwipio.

Wy wedi'i botsio

Cynhwysion

Un neu ddau wy i bob pryd

Finegr - un llwy fwrdd i bob litr o ddŵr

 Nodyn: Defnyddiwch wyau o ansawdd da yn unig ar gyfer potsio wy am fod ganddyn nhw wynnwy trwchus sy'n helpu iddynt lynu at ei gilydd yn y dŵr.

Mae defnyddio finegr (asid) yn helpu i setio'r gwynnwy ac yn ei wneud yn fwy brau a gwyn.

Coginio

1 Cynheswch ddŵr mewn sosban gyda dyfnder o 8 cm o leiaf.

2 Ychwanegwch un llwy fwrdd o finegr i bob litr o ddŵr.

3 Torrwch yr wyau i mewn i botiau bach.

4 Yna, rhowch yr wyau yn ofalus i mewn i'r dŵr sy'n mudferwi.

5 Bydd pob wy yn ffurfio siâp pêl.

7 Tynnwch yr wyau o'r dŵr gan ddefnyddio llwy dyllog. Rhowch nhw mewn dŵr oer fel nad ydyn nhw'n coginio mwy, ac yna eu rhoi ar liain glân a sych. Gall wyau sydd wedi'u potsio gael eu hoeri ac yna eu hailgynhesu – gweler Pennod 11.

6 Coginiwch am tua 3-3½ munud nes eu bod wedi setio'n ysgafn.

Awgrym gweini

Gweinwch yr wy ar dost poeth gyda menyn.

Gweithgaredd

Potsiwch ddau wy: un mor ffres ag sy'n bosib, a'r llall yn hen wy ac wedi pasio'r dyddiad erbyn pryd y dylid ei ddefnyddio. Aseswch y canlyniadau.

Rysáit 24   Eog wedi'i botsio

Cynhwysion	4 Cyfran	10 Cyfran
Ffiledau Eog (100-150g)	4	10
Menyn neu farjarîn	25 g	60 g
Halen		
Stoc pysgod	Gwnewch yn siŵr bod digon i orchuddio at hanner y pysgodyn – mae hyn yn dibynnu ar ei faint a maint y tun coginio.	

Paratoi

1 Golchwch a sychwch y ffiledau pysgod.
2 Irwch y tun gyda menyn.

Coginio

1 Gosodwch y ffiledau pysgod yn daclus mewn tun sy'n addas i'w ddefnyddio yn y ffwrn. Ychwanegwch halen a phupur.
2 Gorchuddiwch y pysgod gyda phapur gwrthsaim sydd wedi ei iro gyda menyn.
3 Ychwanegwch y stoc pysgodyn gan ei arllwys i'r hanner ffordd.
4 Coginiwch ar dymheredd cymedrol o 170°C am oddeutu 10 munud. Bydd amser y coginio yn amrywio gan ddibynnu ar drwch y ffiled. Ni ddylai pysgod gael eu coginio gormod.
5 Ar ôl iddyn nhw goginio, tynnwch y ffiledau o'r ffwrn a'u draenio'n dda gan eu cadw'n gynnes gyda'r papur gwrthsaim.
6 Arllwyswch weddillion yr hylif coginio i sosban fechan. Gosodwch y sosban ar stôf boeth a gadael i'r hylif leihau. Hidlwch.

Awgrym gweini

Gallwch ei weini drwy daenu'r hylif coginio dros y pysgodyn.

Rhowch gynnig ar rywbeth gwahanol

● Gwellwch flas yr hylif coginio i greu saws ysgafn. Pan mae'r hylif wedi'i leihau, ychwanegwch 25g o fenyn meddal yn gymedrol gan droi'r gymysgedd yn dda. Blaswch i weld a oes angen ychwanegu mwy o flas ato.
● Ychwanegwch berlysiau ffres i'r saws. Gallwch ddefnyddio persli, cennin syfi (*chives*), dil neu ffenigl (*fennel*).
● Pan mae'r eog yn barod i'w goginio, ychwanegwch fymryn o fadarch wedi ei sleisio'n denau cyn eu gorchuddio gyda'r papur gwrthsaim. Pan mae'r pysgodyn yn barod i'w weini, ychwanegwch ychydig o bersli ffres.

Gweithgaredd

Mewn grwpiau ewch ati i baratoi, coginio a gweini 5 amrywiad gwahanol o eog wedi'i botsio. Wedi paratoi'r bwyd ewch ati i'w flasu ac asesu a thrafod yr hyn a baratowyd.

Rysáit 25 — Gellyg wedi'u potsio mewn gwin coch

Cynhwysion	Digon i 4	Digon i 10
Dŵr	100 ml	250 ml
Gwin coch	300 ml	50 ml
Siwgr mân	125 g	300 g
Croen Lemon	1	2
Coesyn Sinamon	1	3
Gellyg (caled, e.e. Williams/Comice)	4	10

Nodyn: Mae potsio ffrwythau yn cael ei wneud mewn hylif sydd â blas, e.e. stoc surop neu winoedd, gyda sbeisys i wella blas y ffrwythau. Gall y ffrwyth gael ei goginio'n gyfan, ond mae hynny'n dibynnu sut mae am gael ei ddefnyddio.

Paratoi

Gratiwch groen y lemon.

Coginio

1 Rhowch y dŵr, y gwin coch a'r siwgr mewn sosban, a'i gynhesu'n gymedrol i doddi'r siwgr.

2 Ychwanegwch y croen lemon a'r sinamon.

3 Yn daclus, piliwch groen y gellyg, a pheidiwch â thynnu'r coesyn.

4 Gosodwch y gellyg yn syth, gan sicrhau eu bod wedi eu gorchuddio gyda'r hylif. Rhowch bapur gwrthsaim ar eu pennau ac yna'r caead.

5 Dewch â'r cyfan i'r berw, a'i fudferwi nes bod y gellyg wedi eu coginio – dylen nhw fod yn lliw coch ac yn dyner wrth eu profi gyda sgiwer.

6 Gall gellyg gael eu rhoi mewn surop i oeri, neu mewn hylif i'w hoeri'n gynt.

7 I wneud saws, defnyddiwch beth o'r hylif coginio a'i leihau er mwyn ei weini gyda'r gellyg.

Cyngor y Cogydd

Wrth bilio ffrwythau gwyn fel gellyg, rhowch nhw mewn dŵr asidig er mwyn atal y gellyg rhag ocsidio a throi'n frown.

Ryseitiau Stemio

Pwdin sbwng mafon coch wedi'i stemio

Cynhwysion	Digon i 4	Digon i 10
Menyn	75 g	185 g
Siwgr mân	75 g	185 g
Croen Lemon	pinsiad	pinsiad
Wy wedi'i guro	75 g	185 g
Rhinflas (*essence*) fanila		
Blawd codi	125 g	310 g
Llaeth	30 ml	75 ml
Jam mafon coch	100 g	250 g
Sudd Lemon	1 llwy bwdin	2½ llwy bwdin

Paratoi

Gwnewch fowld pwdin unigol ar gyfer pob cacen.

Coginio

1 Cymysgwch y sudd lemon a'r jam. Rhannwch y gymysgedd yn gyfartal rhwng y mowldiau.
2 Cyfunwch y menyn, y siwgr, y croen lemon a'r fanila nes eu bod yn ysgafn a gwyn.
3 Ychwanegwch yr wyau yn araf ac yn raddol.
4 Ychwanegwch y blawd i'r gymysgedd.
5 Ychwanegwch y llaeth i greu cymysgedd wlyb.
6 Rhannwch y gymysgedd yn gyfartal i'r mowldiau, gan eu selio a'u stemio nes eu bod wedi coginio.
7 Gweinwch gyda hufen Anglaise neu gwstard.

Rysáit 27 — Pysgodyn wedi'i stemio gyda garlleg a sibwns

Cynhwysion	Digon i 4	Digon i 10
Ffiledau o bysgod gwyn, e.e. lleden (*plaice*) a lleden lefn (*lemon sole*)	400 g	1.5 kg
Halen		
Sinsir ffres wedi'i bilio a'i dorri	1 llwy fwrdd	2½ llwy fwrdd
Sibwns (*spring onion*) wedi'u torri'n fân	2 lwy fwrdd	5 llwy fwrdd
Saws soy ysgafn	1 llwy fwrdd	2½ llwy fwrdd
Garlleg wedi'i bilio a'i sleisio'n denau	1	2
Olew ysgafn	1 llwy fwrdd	2½ llwy fwrdd

Paratoi

1 Piliwch a thorrwch y sinsir.
2 Piliwch a sleisiwch y garlleg yn denau.
3 Torrwch y Sibwns.
4 Golchwch a sychwch y pysgod.

Coginio

1 Rhwbiwch ddwy ochr y pysgodyn gyda halen.
2 Gosodwch y pysgod ar blât neu ddysgl. Ysgeintiwch y sinsir ar eu pennau.
3 Rhowch y platiau mewn sosban stemio, a'i chau'n dynn. Gadewch iddyn nhw'n stemio'n araf nes eu bod bron yn barod (5-15 munud, gan ddibynnu ar faint y pysgodyn). Peidiwch â'u coginio gormod.

4 Symudwch y platiau, gan ysgeintio'r sibwns ar y pysgod.

5 Browniwch y sleisys garlleg mewn olew poeth.

6 Yna, ysgeintiwch y garlleg a'r saws soy dros y pysgodyn.

Gweithgaredd

Beth am greu dau neu dri amrywiad posib o'r pryd yma? Yna, ewch ati i'w paratoi, eu coginio a'u blasu cyn trafod pa mor llwyddiannus oedd yr amrywiadau hyn.

Rysáit 28 — Pwdin stecen wedi'i stemio

Cynhwysion	Digon i 4	Digon i 10
Past siwed:		
Blawd, meddal neu godi	200 g	500 g
Powdr codi	10 g	25 g
Halen		
Siwed cig eidion wedi'i baratoi	100 g	250 g
Llenwad:		
Cig eidion stiwio wedi'i baratoi – stêc *balfais*	400 g	1½ kg
Saws Caerwrangon	3–4 diferyn	8–10 diferyn
Persli, wedi'i falu	1 llwy de	2½ llwy de
Nionyn, wedi'i falu (dewisol)	50–100 g	200 g
Halen		
Dŵr	Tua 125 ml	300 ml

 Nodyn: Os ydych chi eisiau tewychu'r grefi yn y pwdin, gorchuddiwch y cig mewn ychydig o flawd ar y cychwyn.

Paratoi i goginio

1 Torrwch y cig yn stribedi 2 cm ac yna'n sgwariau.
2 Piliwch a thorrwch y winwnsyn.
3 Irwch fasn hanner litr.

Y Coginio

1 Hidlwch y blawd, y powdr codi a'r halen gyda'i gilydd.
2 Ychwanegwch y siwed, yna gwnewch bant yn y gymysgedd ac ychwanegwch y dŵr.
3 Cymysgwch yn ysgafn nes i chi greu past cymharol stiff.
4 Gorchuddiwch yr ardal rolio a'r rholbren â haen denau o flawd.
5 Rholiwch dri chwarter y past siwed a'i ddefnyddio i orchuddio'r basn hanner litr wedi'i iro.
6 Cymysgwch holl gynhwysion y llenwad oni bai am y dŵr. Sesnwch ag ychydig o halen.
7 Rhowch y llenwad yn y basn gyda'r past siwed ac ychwanegwch y dŵr fel bod y basn wedi'i lenwi hyd at 1 cm o'r top.
8 Gwlychwch ymylon y past ar dop y basn. Rholiwch y past sy'n weddill, a'i ddefnyddio ar gyfer gorchuddio'r llenwad. Seliwch y past yn ofalus.
9 Gorchuddiwch â phapur gwrthsaim wedi'i iro, ffoil neu glwtyn pwdin wedi'i glymu'n ofalus â llinyn.
10 Coginiwch yn y stemiwr am 3½ awr o leiaf.

Awgrym gweini

Gweinwch grefi trwchus yn ychwanegol ar wahân i'r pwdin.

Pwdin sbwng wedi'i stemio

Cynhwysion	Digon i 6	Digon i 12
Menyn neu fargarîn	100 g	200 g
Siwgr brown neu fân	100 g	200 g
Wyau, canolig, wedi'u curo'n dda	2	4
Blawd	150 g	300 g
Powdr codi	10 g	20 g
Llaeth	Ambell ddiferyn	Sawl diferyn
Cyflasyn (*flavouring*)		

Cyflasynnau ar gyfer y pwdin

- Ar gyfer sbwng fanila ychwanegwch ambell ddiferyn o rinflas fanila.
- Ar gyfer sbwng jam, ychwanegwch lwyaid dda o jam ar waelod y mowldiau cyn ychwanegu'r gymysgedd. Ar ôl iddyn nhw goginio, dylai'r pwdinau fod â haenen flasus o jam ar eu copa.
- Ar gyfer sbwng ffrwythau, ychwanegwch ffrwythau sych at y gymysgedd, rhesins, sytanas, cwrens neu gymysgedd.

Coginio

1 Cyfunwch y braster a'r siwgr mewn powlen nes eu bod yn gwynnu.

2 Ychwanegwch yr wy yn raddol, gan gymysgu'n egnïol.

3 Hidlwch y blawd a'r powdr codi. Ychwanegwch ychydig o laeth at y gymysgedd yn araf. Dylai'r gymysgedd fod ag ansawdd cwympo (hynny yw, pe baech yn codi llwyaid o'r gymysgedd a'i droi ben i waered buasai'r gymysgedd yn cwympo oddi ar y llwy).

4 Rhowch y gymysgedd mewn basn pwdin wedi'i iro neu mewn mowldiau unigol.

Trowch drosodd

5 Gwnewch glawr o ffoil ar gyfer y basn. Bydd y plygiad yn galluogi i'r ffoil ymledu wrth goginio.

6 Gorchuddiwch y basn yn dynn â phapur gwrthsaim, clymwch y gorchudd ffoil dros dop y basn. Stemiwch am 1-1½ awr.

Awgrym gweini

Trowch y pwdinau o'r mowldiau â'u gweini â saws priodol, er enghraifft jam, lemon, siocled neu gwstard.

▲ Fideo stemio, http://bit.ly/YDBMdF

Rysáit 30 — Blodfresychen wedi'i stemio/berwi

Cynhwysion	Digon i 4	Digon i 10
Blodfresychen, wedi'i pharatoi	1 blodfresychen ganolig	2 blodfresychen fawr

 Nodyn: Mae'n bosibl stemio pob llysieuyn sy'n gallu cael ei ferwi. Mae'r broses baratoi yn dal yr un peth. Er mwyn stemio, gosodwch y llysiau mewn hambwrdd stemio a'u halltu'n ysgafn. Stem wch y llysiau o dan wasgedd uchel am gyn lleied o amser ag sy'n bosibl. Y lleiaf yr amser coginio, y gorau o ran cadw gwerth maethol a lliw.

Coginio

1 Rhowch y blodfresych mewn dŵr wedi'i halltu ychydig. Berwch y dŵr.
2 Berwch neu stemiwch am tua 10-15 munud os yw'r flodfresychen yn gyfan, neu 3-5 munud ar gyfer blodigion. Peidiwch â gorgoginio.
3 Draeniwch yn dda. Os ydych wedi dewis coginio'n gyfan torrwch y flodfresychen yn bedair cyfran cyn gweini.

Paratoi i goginio

1 Tynnwch y dail allanol.
2 Tociwch y bonyn.
3 Gwagiwch y bonyn gan ddefnyddio piliwr tatws neu torrwch yn flodigion a'u golchi.

Awgrym gweini

- Gweinwch yn blaen neu gydag ychydig o fenyn wedi toddi.
- Gweinwch â saws hufennog (tudalen 111).
- Rhowch y flodfresychen ar hambwrdd neu ddysgl. Gorchuddiwch â saws hufen a'i hysgeintic â chaws Cheddar neu Parmesan. Browniwch o dan salamandr neu mewn ffwrn boeth.

Rysáit 31 — Brocoli wedi'i stemio/berwi

Cynhwysion	Digon i 4	Digon i 10
Brocoli wedi'i pharatoi	½ kg	1¼ kg

Coginio

1 Rhowch y brocoli mewn dŵr wedi'i halltu ychydig. Berwch y dŵr.
2 Berwch neu stemiwch am tua ½-1 munud er mwyn sicrhau nad yw'r brocoli'n rhy feddal. Peidiwch â gorgoginio. Am eu bod yn flodigion nid oes angen llawer o goginio.
3 Draeniwch yn dda.

Paratoi i goginio

Torrwch y brocoli'n flodigion, a chael gwared ar y prif fonyn.

Rysáit 32 — Sbigoglys wedi'i stemio/berwi

Cynhwysion	Digon i 4	Digon i 10
Sbigoglys	2 kg	5 kg

Paratoi i goginio

1 Tynnwch y coesau oddi ar sbigoglys aeddfed. Nid oes angen cael gwared ar goesau sbigoglys ifanc.
2 Golchwch y dail yn ofalus mewn dŵr dwfn, ailadroddwch y broses sawl tro os oes graean ar y sbigoglys. Wrth olchi, codwch y sbigoglys o'r dŵr i golandr gyda'ch dwylo.

Coginio

1 Rhowch y sbigoglys mewn sosban a'i halltu'n ysgafn. Os ydych yn coginio'r sbigoglys yn syth ar ôl ei olchi nid oes angen dŵr ychwanegol. Ychwanegwch ddŵr os ydy'r sbigoglys braidd yn sych.
2 Gorchuddiwch â chaead, a'i goginio am 1-3 munud (yn ôl ei oed), dros dymheredd uchel iawn.
3 Arllwyswch i golandr uwchben sinc, a'i wasgu droeon er mwyn cael gwared ar y dŵr.
4 Gwasgwch y sbigoglys yn beli, fel cyfrannau yn barod i'w gweini.

 Nodyn: Berwch lysiau deiliog, gwyrdd fel sbigoglys mewn cyn lleied o ddŵr hallt ag sy'n bosibl, er mwyn osgoi llysiau rhy feddal.

Awgrym gweini

- Ailgynheswch y sbigoglys mewn stemiwr. Defnyddiwch fforc ddeubig er mwyn gwahanu'r dail.
- Neu ailgynheswch y sbigoglys mewn sosban â gwaelod trwchus gyda 25g o fenyn wedi toddi ar gyfer bob cyfran.

Rhowch gynnig ar rywbeth gwahanol

- Gwnewch stwnsh sbigoglys drwy wasgu'r sbigoglys wedi'i goginio drwy ridyll neu falwr llysiau, neu drwy ddefnyddio prosesydd bwyd. Ailgynheswch mewn 25g o fenyn.
- Gallwch haneru'r menyn drwy ddefnyddio llwy fwrdd ychwanegol o hufen.

Rysáit 33 Tatws wedi'u stemio/berwi

Cynhwysion

Mae 1 kg o hen datws yn rhoi 4-6 cyfran

Coginio

1 Rhowch y tatws mewn sosban o ddŵr oer wedi'i halltu'n ysgafn.

2 Coginiwch yn ofalus am tua 15-20 munud.

3 Draeniwch yn dda a'u gweini.

 Nodyn: Er mwyn berwi tatws neu unrhyw wreiddlysieuyn arall, yr hyn sydd ei angen yw gorchuddio'r llysiau mewn dŵr oer wedi'i halltu'n ysgafn. Berwch y dŵr, a choginio'r llysiau nes eu bod ychydig yn galed. Peidiwch â gadael iddyn nhw fynd yn rhy feddal. Eithriad i'r rheol yw tatws ar gyfer stwnshio, rhaid gadael i'r tatws ferwi nes eu bod ychydig yn feddalach.

 Paratoi i goginio

1 Golchwch, piliwch ac ail-olchwch y tatws.

2 Torrwch yn ddarnau cyfartal, 2-3 darn ar gyfer pob cyfran.

Rhowch gynnig ar rywbeth gwahanol

- Gallwch stemio'r tatws yn hytrach na'u berwi.
- Brwsiwch y tatws â 10g o fenyn wedi toddi ar gyfer pob cyfran.
- Ysgeintiwch bersli ffres wedi'i falu dros y tatws.

Rysáit 34 Reis plaen wedi'i stemio

Cynhwysion	Digon i 4	Digon i 10
Reis Basmati neu ddewis arall o reis hir, pwysau sych	100 g	250 g

 Paratoi i goginio

Golchwch y reis.

Coginio

1 Rhowch y reis mewn sosban. Ychwanegwch ddŵr oer nes bod lefel y dŵr tua 2½ cm uwchben y reis.

2 Berwch y reis dros wres uchel nes bod y rhan fwyaf o'r dŵr wedi anweddu.

3 Dewch â'r gwres i'r tymheredd isaf posibl. Gorchuddiwch y sosban â chaead a gadewch i'r reis orffen coginio yn y stêm.

4 Ar ôl ei goginio, dylai'r reis sefyll am 10 munud yn y sosban â chaead.

 Iechyd a diogelwch

Sicrhewch eich bod yn dilyn y camau iechyd a diogelwch ynglŷn â storio ac ailgynhesu reis (gwelwch Rysáit 17).

Mae'r bennod hon yn rhoi sylw i Uned 108, Paratoi a choginio bwyd drwy stiwio a brwysio.

Erbyn diwedd y bennod hon fe ddylech chi fod yn gallu:

- Disgrifio'r broses o goginio eitemau bwyd drwy stiwio neu frwysio
- Nodi pwrpas stiwio neu frwysio
- Nodi'r eitemau bwyd y gellir eu stiwio neu eu brwysio
- Nodi'r hylifau y gellir eu defnyddio wrth stiwio a brwysio bwyd
- Dweud pam ei bod yn bwysig defnyddio'r gyfran gywir o hylif i fwyd er mwyn sicrhau gofynion penodol y saig orffenedig

- Egluro sut y mae'r amser coginio a symudiad hylifau yn cael eu pennu gan yr eitem sydd i'w stiwio neu ei brwysio
- Rhestru'r dulliau a ddefnyddir wrth stiwio neu frwysio bwyd
- Dweud pam ei bod yn bwysig defnyddio technegau cysylltiedig er mwyn sicrhau gofynion penodol y saig orffenedig
- Nodi offer pwrpasol ar gyfer stiwio neu frwysio
- Rhestru'r pwyntiau ansawdd y dylid chwilio amdanynt wrth ddethol eitemau o fwyd, paratoi, coginio a gorffen seigiau.

Stiwio

Proses

Mae stiwio'n ddull gwres-llaith, araf a thyner o goginio lle mae'r bwyd yn cael ei orchuddio'n llwyr gan hylif. Mae'r bwyd a'r saws yn cael eu gweini gyda'i gilydd. Mae stiw'n cael ei goginio ar ben y stôf. Caserol yw'r enw ar stiw sy'n cael ei goginio yn y ffwrn.

Pwrpas

Pwrpas stiwio yw:

- Gwneud bwyd yn frau a bwytadwy. Mae stiwio'n ddull delfrydol ar gyfer darnau rhatach o gig a dofednod gan eu bod, yn aml, â mwy o flas na darnau mwy brau o gig, sy'n tueddu i sychu mewn stiw oherwydd yr amser coginio hir.
- Cadw gwerth maethol bwyd. Wrth stiwio, bydd y sudd sy'n dianc o'r cig a'r llysiau'n ystod y broses goginio yn aros yn yr hylif. Mae hyn yn golygu nad yw unrhyw fitaminau a mwynau'n cael eu colli ac y byddan nhw'n cael eu gweini yn y saws blasus a maethlon.
- Rhoi blas dwfn a chyfoethog i'r bwyd. Oherwydd ei fod yn ddull coginio tyner, ni fydd y bwyd yn crebachu llawer a bydd yn cadw ei flas.

Bwydydd y gellir eu stiwio

- Cig (cig eidion, cig oen a phorc)
- Dofednod (cyw iâr a thwrci)
- Llysiau
- Ffrwythau.

Hylifau a ddefnyddir i stiwio

Gallai'r hylif, heblaw stoc, gynnwys:

- **Surop syml** – sylfaen o ddŵr a siwgr, y gellid trwytho perlysiau a sbeisys ynddo i goginio ffrwythau
- **Gwin** – bydd yr alcohol yn coginio i ffwrdd i adael saws â blas cyfoethog y gellir coginio cig ynddo
- **Cwrw a seidr** – yn cael eu defnyddio'r un modd â gwin, ond maen nhw'n cael eu cysylltu'n aml â seigiau rhanbarthol; mae'r rhain yn ychwanegu blas i'r saig.
- **Saws** – mae hyn yn cynnwys saws parod, er enghraifft *velouté*, neu hyd yn oed saws cyfleus, fel saws cyri. Defnyddir saws i stiwio llysiau i greu cyri llysiau.

Mae hylif yn cael ei ychwanegu at y stiw ar amrywiol adegau drwy gydol y broses goginio, yn ddibynnol ar y rysáit. Mae ambell hylif yn cael ei dewychu yn ystod y broses goginio; mae rhai eraill yn cael eu tewychu ar ôl i'r prif gynhwysyn goginio, fel gyda *blanquette*.

Os yw stiw a chaserol yn cael ei goginio'n gywir, ni fydd fawr ddim o'r hylif yn arweddu, felly bydd digonedd o saws ar ôl i'w weini fel rhan o'r stiw. Dylai'r hylif a ddefnyddir fod yn ddigon i orchuddio'r eitemau o fwyd er mwyn eu cadw'n llaith drwy gydol y broses. Dylid monitro ansawdd y stiw er mwyn sicrhau bod digon o hylif / saws ar gyfer pob platiaid o'r saig orffenedig.

Rheoli tymheredd ac amser

Bydd yr amser angenrheidiol yn amrywio, yn ôl math ac ansawdd y bwyd. Yn fras, bydd cig coch angen mwy o amser na dofednod a bydd rhai llysiau'n cymryd mwy o amser na ffrwythau.

Caiff stiwiau da eu coginio'n araf, felly mae'n bwysig rheoli'r tymheredd yn gywir. Ni ddylai'r hylif ond prin fudferwi. Defnyddiwch gaead tynn i gadw'r stêm i mewn. Bydd hyn yn helpu i gadw'r tymheredd yn gywir a bydd yn lleihau anweddiad.

▲ Stiwio

Dulliau

Gellir coginio stiw ar yr hob neu mewn ffwrn, yn ddibynnol ar y rysáit a'r bwyd sy'n cael ei goginio.

Pan fyddwch yn ei goginio ar yr hob, mae'r cig a llysiau'n cael eu rhoi mewn sosban a'u gorchuddio â hylif (dŵr neu stoc). Mae'r hylif yn dod i'r berw ac yna'n cael ei droi i lawr i fudferwi. Rhoddir caead ar y sosban a gadael i'r bwyd goginio'n araf.

Mae'n bosibl coginio stiw yn y ffwrn hefyd. Caserol yw'r enw ar hyn.

 Iechyd a diogelwch

Rhowch stiwiau mawr ar ben y stôf yn ofalus fel nad ydyn nhw'n tasgu neu'n cael eu colli. Wrth dynnu'r caead oddi ar sosban, cofiwch ei droi draw oddi wrth eich wyneb rhag i'r stêm eich llosgi.

Serio, brownio ac adfywio

Bydd rhai seigiau cig yn gofyn i'r cig gael ei selio'n gyntaf. Gellir gwneud hyn i wahanol raddau:

- **Brownio neu serio â lliw** – rhoi'r cig mewn olew neu saim poeth er mwyn ei selio a'i liwio.
- **Serio heb liw** – rhoi'r cig neu'r cyw iâr mewn olew neu saim cymedrol boeth er mwyn dechrau coginio wyneb y cig.
- **Blansio ac adfywio** – rhoi'r cig mewn dŵr oer a'i godi i'r berw; yna, caiff ei adfywio o dan ddŵr oer.

Tewychu

Dylai pob stiw fod ag ansawdd wedi ei dewychu. Mae hyn yn digwydd drwy ddefnyddio cyfryngau tewychu:

- Gall cynhwysion sydd heb eu rhidyllu achosi i'r stiw dewychu. Er enghraifft, mewn stiw Gwyddelig gadewir yr holl lysiau yn y stiw a byddan nhw'n helpu i'w wneud yr ansawdd cywir.
- Gellir ychwanegu blawd i'r saws. Er enghraifft, ar gyfer stiw cig oen brown (*navarin*) byddwch yn coginio'r cig, yna'n cymysgu blawd gyda'r cig, gan frownio'r blawd cyn ychwanegu'r hylif coginio.
- Mewn *fricassées* (stiwiau gwyn), mae'r hylif coginio'n cael ei dewychu gan ddefnyddio *roux* (cymysgedd o flawd a menyn).
- Gellir defnyddio melynwy a hufen hefyd i dewychu stiwiau gwynion, fel *blanquette*.

Ond, ni ddylai stiwiau gael eu gordewychu, a dylai'r saws aros yn ysgafn. Gwnewch yn siŵr eich bod yn defnyddio'r mesur cywir o gyfryngau tewychu ac addaswch yr ansawdd yn ystod y broses goginio, os oes angen, drwy ychwanegu mwy o hylif neu fwy o gyfrwng tewychu.

> **Cyngor proffesiynol**
>
> Peidiwch â gorgoginio stiwiau oherwydd bydd hyn yn achosi i ormod o hylif anweddu. Hefyd, bydd y bwyd yn chwalu, yn colli ei liw ac yn difetha'r blas.

Technegau cysylltiedig

Mae nifer o dechnegau'n gysylltiedig â stiwio, sy'n helpu'r cogydd i baratoi seigiau'n gywir:

- **Sgimio** – codi sgỳm neu amhureddau sy'n ymddangos fel ewyn ar wyneb yr hylif coginio. Trowch yr hylif yn araf o'r canol gyda lletwad er mwyn symud yr amhureddau i ymyl y sosban. Casglwch y rhain gydag ymyl y lletwad a'u gosod mewn dysgl i'w taflu.
- **Lleihau (*reduction*)** – mewn rhai seigiau, mae'r hylif yn cael ei hidlo ac yna'n cael ei leihau drwy ei ferwi. Yna, mae'r hylif yn cael ei ddefnyddio fel sylfaen ar gyfer saws i fynd gyda'r saig.
- **Hidlo** – tynnu bwyd o'r hylif coginio, ac yna ei ddraenio.

GEIRIAU ALLWEDDOL

Velouté – saws gwyn syml sy'n cael ei greu gan ddefnyddio stoc a *roux* golau

Mirepoix – cymysgedd o nionod, moron, cennin a seleri wedi'u torri'n fras

Navarin – stiw cig oen brown; caiff y saws ei dewychu fel rhan o'r broses goginio

Fricassée – stiw gwyn; caiff y saws ei dewychu fel rhan o'r broses goginio

Blanquette – stiw gwyn; caiff y saws ei greu drwy dewychu'r hylif coginio ar ddiwedd y broses goginio

Brwysio

Proses

Mae brwysio'n ddull gwres-llaith sy'n cael ei ddefnyddio i goginio darnau mwy o fwyd. Caiff y bwyd ei hanner orchuddio â hylif, a gellir ei goginio ar yr hob neu yn y ffwrn. Mae'r bwyd yn cael ei goginio'n araf iawn mewn sosban â chaead tynn, gan ddefnyddio tymheredd isel iawn. Bydd cyfuniad o stemio a stiwio yn coginio'r bwyd. Gan amlaf, mae'r bwyd yn cael e goginio mewn darnau mawr iawn a'i gerfio cyn ei weini.

Pwrpas

Pwrpas brwysio bwyd yw:

- Gwella'r blas – mae coginio bwyd yn yr hylif brwysio'n helpu i gadw cymaint â phosibl o flas.
- Newid yr ansawdd er mwyn gwneud y bwyd yn fwy brau a bwytadwy – mae brwysio'n dadelfennu ffibrau meinwe mewn bwydydd penodol, sy'n eu meddalu a'u gwneud yn frau. Mae hyn yn golygu bod modd defnyddio dofednod a darnau mwy gwydn o gig sy'n llai costus.

Bwydydd sy'n cael eu brwysio'n aml

- Cig (cig eidion, cig oen a phorc)
- Llysiau
- Reis.

Hylifau a ddefnyddir i frwysio bwyd

- Stoc, gan gynnwys stoc ffres a pharod
- Gwin
- Cwrw a seidr
- Dŵr
- Saws.

Cofiwch ddefnyddio'r mesur cywir o'r hylifau hyn i sicrhau gofynion y saig orffenedig.

Rheoli tymheredd ac amser

Wrth frwysio bwyd dylid rheoli'r tymheredd fel bod yr hylif prin yn mudferwi.

Bydd hyd yr amser sydd ei angen i goginio seigiau unigol yn dibynnu ar yr eitem sy'n cael ei brwysio, ei maint, ei siâp a'r math o fwyd. Er enghraifft, os bydd coes cig oen yn cael ei goginio'n rhy gyflym gall y cig ddod yn rhydd o'r asgwrn cyn ei fod yn ddigon brau i'r cwsmer ei fwynhau.

Mae'r canlynol yn ganllaw i frwysio'n gywir:

- Coginiwch y bwyd yn araf. Ni ddylai'r hylif ond prin fudferwi.
- Defnyddiwch gaead tynn er mwyn lleihau anweddiad a chynnal y tymheredd.
- Bydd yr amser sydd ei angen ar gyfer brwysio'n amrywio'n ôl ansawdd y bwyd.
- Y tymheredd ffwrn delfrydol ar gyfer brwysio yw tua 160°C.

Dulliau

Mae dau ddull ar gyfer brwysio:

- **Brwysio brown** er enghraifft, ar gyfer golwython a darnau maint cyfran o gig. Dylid selio a brownio'r cig yn gyntaf (defnyddiwch yr un dull a nodir ar gyfer stiwio). Yna, mae'r cig sydd wedi'i selio a'i frownio yn cael ei roi ar ben llysiau sydd wedi'u brownio (*mirepoix*). Yn ystod y broses goginio, bydd y llysiau'n atal y cig rhag cyffwrdd â gwaelod y sosban. Os bydd yn cyffwrdd yn y sosban, gall y cig fynd yn wydn a sych.

- **Brwysio gwyn** er enghraifft, ar gyfer llysiau. Yn gyntaf, blansiwch y llysiau ac yna'u rhoi mewn sosban frwysio gyda *mirepoix* a stoc gwyn. Ychwanegwch yr hylif i'r sosban frwysio fel ei fod yn hanner orchuddio'r bwyd sy'n cael ei frwysio. Unwaith ichi ychwanegu'r hylif, rhowch gaead trwm, tynn ar y sosban. Bydd y caead yn cadw'r lleithder yn y sosban ac o amgylch y bwyd, gan greu stêm. Bydd hyn yn atal y bwyd rhag mynd yn sych a gwydn.

> **! Iechyd a diogelwch**
>
> Defnyddiwch glytiau ffwrn trwm, sych pryd bynnag y byddwch yn tynnu'r sosban o'r ffwrn neu'n codi'r caead. Pan fyddwch yn codi'r caead oddi ar y sosban, cofiwch ei droi draw oddi wrthych er mwyn peidio â llosgi eich hun gyda'r stêm. Gall y cynnwys fynd yn boeth iawn, felly cymerwch ofal mawr i beidio â'i dasgu pan fyddwch yn ei droi.

Ar ôl i'r bwyd gael ei frwysio, fel arfer mae'r hylif yn cael ei hidlo o'r bwyd. Yna, fel arfer, ar gyfer bwydydd heblaw llysiau, caiff hwn ei droi'n saws drwy ei leihau neu ei dewychu.

Pan fyddwch yn brwysio darn o gig i'w weini'n gyfan, tynnwch y caead dri chwarter o'r amser drwy'r amser coginio a brasteru'r cig yn aml i'w sgleinio – bydd hyn yn ei wneud yn ddeniadol pan gaiff ei weini.

▲ Brwysio

Technegau cysylltiedig

Mae nifer o dechnegau'n gysylltiedig â brwysio sy'n helpu'r cogydd i baratoi seigiau'n gywir:

- **Sgimio** – codi sgỳm neu amhureddau sy'n ymddangos fel ewyn ar wyneb yr hylif coginio. Trowch yr hylif yn araf o'r canol gyda lletwad er mwyn symud yr amhureddau i ymyl y sosban; gellir eu casglu gydag ymyl y lletwad, eu gosod mewn dysgl a'u taflu.
- **Brasteru** – defnyddio llwy i arllwys yr hylif coginio dros eitemau o fwyd yn ystod y broses goginio, er mwyn helpu i'w cadw'n llaith a'u sgleinio er mwyn gwella cyflwyniad y saig orffenedig.
- **Lleihau'r hylif coginio** – mewn rhai seigiau, mae'r hylif yn cael ei hidlo ac yna ei leihau drwy ei ferwi. Yna, defnyddir yr hylif fel sylfaen ar gyfer saws i fynd gyda'r saig.
- **Hidlo** – tynnu bwyd o'r hylif coginio, a'i ddraenio.

Offer ar gyfer stiwio a brwysio

- Mae sosbenni, padelli *sauté* a, phan mae nifer fawr o gyfrannau'n cael eu coginio, sosbenni *brat* i gyd yn fathau o offer traddodiadol ar gyfer stiwio a brwysio. Dylai'r rhain fod yn lân ac mewn cyflwr da, heb handlenni rhydd, gyda chaeadau sy'n ffitio'n iawn.
- Erbyn hyn, mae nifer o geginau'n defnyddio offer sydd ddim yn draddodiadol i stiwio a brwysio bwyd; mae hyn yn cynnwys stemwyr a pheiriannau coginio'n araf.
- Fel arfer, mae dysglau caserol yn llestri dal gwres crwn a dwfn, gyda handlenni a chaeadau tynn. Gallan nhw fod yn wydr, metel (haearn bwrw), seramig neu unrhyw ddeunydd arall sy'n dal gwres. Maen nhw ar gael mewn amrywiol feintiau, a defnyddir rhai ohonynt i weini'r bwyd ar y bwrdd. Cofiwch sicrhau eich bod yn defnyddio dysgl o fath ac o faint priodol ar gyfer y bwyd yr ydych yn ei goginio.

Pwyntiau ansawdd

Er mwyn sicrhau ansawdd seigiau gorffenedig:

- Dewiswch gynnyrch sy'n ffres, sy'n edrych ac yn arogli'n dda ac sydd ar y tymheredd cywir
- Trimiwch, siapiwch a thorrwch y cynhwysion yn unol â gofynion y saig
- Cofiwch sicrhau bod y tymheredd, yr amser a'r mesur hylif cywir yn cael eu defnyddio oherwydd bydd hyn yn effeithio ar flas, lliw ac ansawdd y saig
- Cofiwch sicrhau, wrth orffen y saig, ei bod o'r ansawdd, yr edrychiad a'r maint cyfran cywir, a bod sesnin a garnais yn cael eu hychwanegu os oes angen.

Profwch eich hun

1 Disgrifiwch yn gryno beth yw'r broses ar gyfer y dulliau coginio canlynol:
   a Stiwio
   b Brwysio
2 Beth yw pwrpas stiwio?
3 Rhestrwch dri hylif coginio y gallwch eu defnyddio fel saws yn y saig orffenedig.
4 Rhestrwch dri math o stiw.
5 Rhestrwch bum pwynt diogelwch y dylai cogydd eu hystyried wrth goginio drwy stiwio neu frwysio.
6 Beth yw'r term ar gyfer cael gwared â sgỳm neu ewyn oddi ar wyneb hylif berw? Pam fyddwn ni'n gwneud hyn?
7 Rhestrwch bedwar bwyd y gallwch eu coginio drwy frwysio.
8 Rhestrwch dri math o fwyd y gallwch eu stiwio.
9 Beth yw *mirepoix*?
10 Rhestrwch ddau ddarn o offer sy'n cael eu defnyddio'n draddodiadol ar gyfer stiwio a brwysio.

Ryseitiau stiwio

Rysáit 1 — Lobsgows traddodiadol

Cynhwysion	Digon i 4	Digon i 10
Ysgwydd cig oen	500 g	1¼ kg
Menyn hallt	10 g	25 g
Nionod	1	3
Clof garlleg	1	2–3
Moron	1	3
Purée tomato	1 llwy fwrdd	2 ½ llwy fwrdd
Triog du	1 llwy fwrdd	2 ½ llwy fwrdd
Stoc cyw iâr	1 litr	2 ½ litr
Bouquet garni (grawn pupur du, deilen lawryf, persli, teim)		
Tatws	1	3
Seleriac	¼	¾
Saws Caerwrangon	1 llwy fwrdd	2 ½ llwy fwrdd
Pupur gwyn mâl a halen môr		

Nodyn: Mae'r rysáit hon yn seiliedig ar y saig cig oen draddodiadol a elwir yn 'scouse', a gyflwynwyd i Loegr gan forwyr o Sgandinafia, ac yna fe'i haddaswyd gan drigolion Lerpwl.

Paratoi i goginio

1 Tynnwch yr asgwrn, a thorrwch y braster oddi ar y cig oen.

2 Torrwch y cig oen yn giwbiau o'r un maint (2 gentimetr sgwâr) gyda fawr ddim gwastraff.

3 Golchwch, piliwch, ac yna ail-olchwch y llysiau. Torrwch y moron a'r tatws yn *macédoine*, y seleriac yn *jardinière* a'r nionod a'r garlleg yn *brunoise*.

Coginio

1 Toddwch y menyn mewn sosban ddofn â gwaelod trwchus, a seliwch y cig hyd nes iddo ddechrau brownio.

2 Yn yr un sosban, meddalwch y nionod am ychydig funudau gyda'r garlleg, yna ychwanegwch y moron.

3 Ychwanegwch y *purée* tomato, y triog du a'i droi, yna ychwanegwch y stoc a dod â'r gymysgedd i'r berw.

4 Pan fydd yr hylif yn dechrau berwi, trowch y gwres i lawr a gadael iddo fudferwi gyda'r *bouquet garni* ynddo.

5 Mudferwch am 40 munud hyd nes bydd y cig bron yn frau, yna ychwanegwch y seleriac a'r tatws.

6 Ychwanegwch saws Caerwrangon, a'i adael i fudferwi'n dawel hyd nes bydd y cig yn frau.

7 Pan fydd y tatws yn dechrau torri i lawr, dylech leihau'r saws ac yna tynnu'r *bouquet garni* allan.

8 Gorffennwch y stiw drwy sgimio unrhyw saim ychwanegol sydd wedi codi i'r wyneb.

9 Gwiriwch ansawdd y saws, ac yna cywiro'r blas (sesnin), ei gyflwyno a rhoi garnais arno.

Rysáit 2 — Ffrwythau wedi'u stiwio

Cynhwysion	Digon i 4	Digon i 10
Ffrwythau tymhorol: riwbob, bricyll, afalau, eirin, mefus, gellyg	500 g	1.25 kg
Siwgr mân	50 g (75g ar gyfer rhiwbob)	125 g (190 g ar gyfer rhiwbob)
Dŵr	30 ml	75 ml
Gyda riwbob, ychwanegwch rywfaint o sinsir ffres wedi'i gratio i wella'r blas (dewisol)	Darn 2 gentimetr	Darn 5 centimetr

Paratoi i goginio

1 Piliwch y ffrwythau, os oes angen. Tynnwch dopiau'r mefus.
2 Torrwch y ffrwythau i gyd yn ddarnau o'r un maint, a chael gwared ar unrhyw gerrig.

▲ Pilio riwbob

▲ Diblisgo mefusen

Coginio

1 Rhowch ffrwythau mewn sosban ac ychwanegu'r siwgr.
2 Ychwanegwch y dŵr a'u coginio ar wres cymedrol gyda'r caead ymlaen.

3 Unwaith i'r ffrwythau feddalu, tynnwch y caead a gadewch i'r hylif leihau – rydych eisiau ansawdd cymharol drwchus.

Awgrym gweini

Gweinwch dros rawnfwyd, iogwrt, crempog, granola neu muesli. Mae'n wych hefyd i'w ddefnyddio fel llenwad crymbl neu gellir gweini stiw afal gyda phorc wedi ei rostio.

Cyngor Cogydd: Pan fyddwch yn stiwio ffrwythau mae'n well penderfynu faint o siwgr i'w ychwanegu drwy eu blasu. Os yw eich ffrwythau'n aeddfed a melys iawn, byddwch angen llai na'r hyn a awgrymir yn y rysáit uchod.

Rysáit 3 — Stiw brown cig oen neu ddafad (navarin)

Cynhwysion	Digon i 4	Digon i 10
Cig oen ar gyfer stiwio: ysgwydd, blaen gwddf, brest	500 g	1½ kg
Olew	2 lwy fwrdd	5 llwy fwrdd
Halen		
Moron, wedi'u torri'n fras	100 g	250 g
Nionod, wedi'u torri'n fras	100 g	250 g
Blawd, gwyn neu gyflawn	25 g	60 g
Purée tomato	1 llwy fwrdd wastad	2¼ llwy fwrdd wastad
Stoc brown, stoc oen neu ddŵr	500 ml	1.25 litr
Bouquet garni	1	1
Clof garlleg (dewisol)	1	2–3
Persli wedi'i falu		

Paratoi i goginio

1 Dylech gael gwared ar unrhyw esgyrn neu fraster gormodol oddi ar y cig, a'i dorri'n ddarnau cyfartal.

2 Piliwch a thorrwch y moron a'r nionod yn fras.

3 Paratowch y *bouquet garni*.

Coginio

1 Sesnwch y cig yn ysgafn gyda halen. Cynheswch yr olew mewn padell ffrio, a ffrio'r cig yn gyflym hyd nes ei fod yn dechrau lliwio.

2 Ychwanegwch y nionod a'r moron a pharhau i'w ffrio hyd nes eu bod wedi brownio'n dda.

3 Draeniwch unrhyw fraster dros ben a'i waredu.

4 Cymysgwch y blawd i mewn gyda llwy bren, a choginiwch y cwbl ar wres isel gan ei droi'n barhaus am 3-4 munud.

5 Cymysgwch y *purée* tomato i mewn, a chaniatáu i'r gymysgedd oeri ychydig.

6 Rhowch y badell ffrio yn ôl ar y gwres ac ychwanegu'r stoc yn raddol a throi hyd nes iddo ddod i'r berw.

7 Ychwanegwch y *bouquet garni* a garlleg. Sgimiwch a gorchuddiwch â chaead.

8 Mudferwch yn dawel, mewn ffwrn gymedrol ar 180°C neu ar ochr y stôf, am tua 1½-2 awr.

9 Pan fydd wedi coginio, tynnwch y cig allan a'i roi mewn sosban lân.

10 Blaswch ac addaswch y saws, a'i basio drwy hidlydd dros y cig.

Awgrym gweini

Gweinwch gydag ychydig o bersli wedi'i falu wedi ei ysgeintio drosto.

Rhowch gynnig ar rywbeth gwahanol

- Naill ai yn y stiw neu ar wahân, coginiwch garnais o lysiau bach twt, fel moron, maip, nionod bach, tatws neu bys. Os ydych yn eu coginio yn y stiw, ychwanegwch nhw tua 30 munud cyn i'r cig orffen coginio.
- Gellir gwneud stiw cig eidion brown drwy ddilyn y rysáit hon a defnyddio cig eidion ar gyfer stiwio wedi ei baratoi a'i dorri'n ddarnau 2 cm yn lle'r cig oen.

Gweithgaredd ··

Mewn grŵp, paratowch, coginiwch, gweinwch, blaswch ac aseswch y rysáit gan ddefnyddio:

1 Stoc brown cyffredin (tudalen 99)

2 Stoc cig oen brown blasus

3 Dŵr.

Rysáit 4 · Cawl Gwyddelig

Cynhwysion	Digon i 4	Digon i 10
Cig oen ar gyfer stiwio: ysgwydd, blaen gwddf, brest	500 g	1½ kg
Dŵr neu stoc gwyn	400 g	1 kg
Bouquet garni	1	1
Halen		
Tatws	100 g	250 g
Nionod	100 g	250 g
Seleri	100 g	250 g
Bresych *Savoy*	100 g	250 g
Cennin	100 g	250 g
Nionod bach (dewisol)	100 g	250 g

Paratoi i goginio

1 Dylech gael gwared ar unrhyw esgyrn neu fraster gormodol oddi ar y cig, a'i dorri'n ddarnau cyfartal.
2 Piliwch a golchwch y llysiau.

Coginio

1 Rhowch y cig mewn sosban fas, ei orchuddio â dŵr a dod ag ef i'r berw.
2 Rhowch y cig o dan ddŵr sy'n llifo hyd nes ei fod yn lân, ac yna ei ddychwelyd i sosban lân.
3 Gorchuddiwch â dŵr neu stoc gwyn, ei sesno'n ysgafn gyda halen ac ychwanegu'r *bouquet garni*.
4 Sgimiwch ef, rhowch gaead arno a gadewch iddo fudferwi am dri chwarter awr.
5 Piliwch a golchwch y llysiau, eu torri'n ddarnau bach, twt a'u hychwanegu at y cig.
6 Mudferwch am 30 munud, gan sgimio'n rheolaidd.
7 Ychwanegwch y nionod bach a pharhau i fudferwi am 20-30 munud.
8 Sgimiwch, blaswch ac addaswch y sesnin.

Awgrym gweini

Gweinwch gydag ychydig o bersli wedi'i falu wedi ei ysgeintio drosto. Gallwch hefyd ei weini gyda saws Caerwrangon a/neu fresych coch wedi'u piclo.

Goulash cig eidion

Cynhwysion	Digon i 4	Digon i 10
Cig eidion ar gyfer stiwio, wedi ei baratoi	500 g	1½ kg
Lard neu olew	35 g	100 g
Nionod wedi'u torri	100 g	250 g
Blawd	25 g	60 g
Paprica	10–25 g	25–60 g
Purée tomato	25 g	60 g
Stoc neu ddŵr	750 ml	2 litr

Paratoi i goginio

1 Torrwch y cig yn ddarnau 2 cm².
2 Piliwch a thorrwch y nionod.

Coginio

1 Cynheswch y braster mewn sosban â gwaelod trwchus, sesnwch y cig yn ysgafn gyda halen a'i ffrio'n gyflym hyd nes bydd yn dechrau lliwio.
2 Ychwanegwch y nionod, rhowch gaead arno a'i goginio'n dawel am 3-4 munud hyd nes bydd y nionod yn feddal.
3 Defnyddiwch lwy bren i gymysgu'r paprica a'r blawd.
4 Gadewch i'r gymysgedd goginio ar ben y stôf neu yn y ffwrn am 2-3 munud.
5 Cymysgwch y *purée* tomato i mewn ac yna ychwanegwch y stoc, gan gymysgu'n dda.
6 Dewch ag ef i'r berw, sgimiwch, blaswch, addaswch y sesnin a gorchuddiwch.
7 Mudferwch, yn y ffwrn os yn bosib, am tua 1½-2 awr, hyd nes bydd y cig yn frau.
8 Sgimiwch, blaswch ac addaswch y sesnin eto.

Rhowch gynnig ar rywbeth gwahanol

Ychwanegwch ychydig o hufen neu iogwrt ar y funud olaf.

Rysáit 6 — Olifau cig eidion

Cynhwysion	Digon i 4	Digon i 10
Stwffin:		
Brwsion (bara gwyn neu gyflawn)	50 g	125 g
Persli wedi'i falu	1 llwy fwrdd	3 llwy fwrdd
Pinsiad bach o deim		
Siwed, wedi'i baratoi a'i falu	5 g	25 g
Nionod, wedi'u torri'n fan a'u meddalu fymryn mewn olew	25 g	60 g
Halen		
Wy	½	1
Olifau:		
Cig eidion coch, ochr orau'r forddwyd (*topside*)	400 g	1¼ kg
Halen		
Saim neu olew	35 g	100 g
Moron, wedi'u torri	100 g	250 g
Nionod, wedi'u torri	100 g	250 g
Blawd	25 g	60 g
Purée tomato	25 g	60 g
Stoc brown	500–700 ml	1¼–1½ litr
Bouquet garni		

Paratoi i goginio

1 Torrwch y cig yn bedair sleisen denau yn erbyn y graen a defnyddio morthwyl cig i deneuo'r sleisys.
2 Torrwch y sleisys i fod tua 10 cm x 8 cm, a thorrwch y trimins yn fân.
3 Piliwch a thorrwch y nionod a moron.
4 Paratowch y *bouquet garni*.
5 Paratowch a malwch y siwed.

Nodyn: Mae olifau cig eidion yn sleisys o gig eidion sydd wedi cael eu llenwi â stwffin a'u rholio cyn cael eu coginio. Maen nhw'n edrych fel olifau wedi'u stwffio!

Coginio

1 Cyfunwch holl gynhwysion y stwffin.
2 Ychwanegwch drimins y cig, a gwneud yn siŵr bod y stwffin wedi ei gymysgu'n drylwyr.
3 Sesnwch y cig yn ysgafn gyda halen.
4 Lledaenwch chwarter y stwffin ar ganol pob sleisen o gig. Rholiwch bob sleisen yn daclus a'u clymu gyda llinyn.

5 Cynheswch y saim neu'r olew mewn sosban â gwaelod trwchus, a ffrio'r rholiau hyd nes byddan nhw'n frown euraid ar bob ochr.

6 Hanner ffordd drwodd, ychwanegwch y moron a'r nionod wedi'u torri.

7 Rhowch yr olifau a'r llysiau mewn caserol neu sosban sy'n addas ar gyfer y ffwrn.

8 Draeniwch unrhyw fraster sydd ar ôl mewn i sosban lân, ac ychwanegwch fwy os oes angen er mwyn cael 25 ml. Cymysgwch y blawd i mewn gan droi'n barhaus. Browniwch yn ysgafn.

9 Cymysgwch y *purée* tomato i mewn, oerwch ac ychwanegwch y stoc berwedig.

10 Dewch ag ef i'r berw, sgimiwch a'i arllwys dros yr olifau.

11 Ychwanegwch y *bouquet garni*, gorchuddiwch a mudferwch, mewn ffwrn gymedrol ar 160°C os yn bcsib, am tua 1½-2 awr.

12 Pan fydd y cig wedi ei goginio, tynnwch ef allan a thorri'r llinynnau.

13 Sgimiwch, blaswch ac addaswch y saws, ei basio drwy hidlydd mân dros y cig, a'i weini.

Gweithgaredd

Mewn grŵp, dewiswch a defnyddiwch bedwar amrywiad ar y stwffin. Paratowch un heb roi halen ar y cig, ei flasu, ei asesu a'i drafod.

Rysáit 7 — Caserol llysiau gyda thwmplenni perlysiau

Cynhwysion	Digon i 4	Digon i 10
Caserol:		
Olew llysiau	2 lwy de	5 llwy de
Nionod, wedi'u torri	50 g	125 g
Clof garlleg, wedi'i falu	2	5
Moron, wedi'u deisio	100 g	250 g
Pannas, wedi'u deisio	100 g	250 g
Swêds, wedi'u deisio	100 g	250 g
Maip, wedi'u deisio	100 g	250 g
Artisiogau Jerwsalem, wedi'u deisio	60 g	150 g
Teim ffres, wedi'i dorri'n fân	1 llwy de	2½ llwy de
Persli ffres, wedi'i dorri'n fân	1 llwy de	2½ llwy de
Madarch bach, wedi'u chwarteru	100 g	250 g
Stoc llysiau	1 litr	2½ litr
Rhin burum (*yeast extract*) e.e Marmite	1 llwy de	2½ llwy de
Pupur wedi'i falu		
Twmplenni:		
Blawd plaen	200 g	500 g
Powdr codi	10 g	25 g
Siwed llysiau	100 g	250 g
Perlysiau ffres, wedi'u torri'n fân:		
Persli	1 llwy de	2½ llwy de
Gorthyfail (*chervil*)	1 llwy de	2½ llwy de
Taragon	1 llwy de	2½ llwy de
Oregano	1 llwy de	2½ llwy de
Rhosmari	1 llwy de	2½ llwy de
Basil	1 llwy de	2½ llwy de
Powdr mwstard Seisnig	2 lwy de	4 llwy de
Dŵr	60 ml	180 ml

Paratoi i goginio

1 Piliwch a thorrwch y nionod.
2 Piliwch y moron, pannas, swêds, maip ac artisiogau a'u torri'n ddarnau ½ cm.
3 Glanhewch y madarch a'u torri'n chwarteri.
4 Torrwch yr holl berlysiau ffres yn fân.

Coginio

1 Ffriwch y nionod, garlleg, moron, pannas, swêds, maip ac artisiogau mewn ychydig o olew am 5-10 munud. Trowch yn barhaus.

2 Ysgeintiwch y perlysiau ffres drostynt. Ychwanegwch y madarch a'u coginio am 5 munud.

3 Ychwanegwch y stoc llysiau, rhin burum a sesnwch gyda phupur wedi'i falu. Mudferwch hyd nes bydd y llysiau'n frau.

4 Paratowch y twmplenni drwy hidlo'r blawd a'r powdr codi gyda'i gilydd.

5 Ychwanegwch y siwed wedi'i falu.

6 Rhowch y powdr mwstard yn hanner y dŵr a'i gymysgu ac yna ei ychwanegu at y perlysiau. Cymysgwch yn dda.

7 Ychwanegwch y mwstard a gweddill y dŵr at y blawd a'r siwed a'u cymysgu i ffurfio toes meddal.

8 Tylinwch a ffurfiwch yn dwmplenni bychain.

9 Coginiwch y twmplenni yn y caserol, neu ar wahân mewn stoc llysiau am 10-15 munud.

Awgrym gweini

Gweinwch y caserol gyda'r twmplenni mewn dysgl addas.

Ryseitiau brwysio

Rysáit 8 Bol porc wedi'i frwysio

Cynhwysion	Digon i 4	Digon i 10
Bol porc, heb groen nac esgyrn	500 g	1¼ kg
Marinâd:		
Sinsir, wedi'i dorri'n fân	10 g	25 g
Tsili coch, wedi'i dorri	½	1
Clof garlleg	1	2
Saws soy	15 ml	40 ml
Powdr pum sbeis	½ llwy de	1 llwy de
Mêl	1 llwy de	2 lwy de
Saws tomato	1 llwy de	2 lwy de
Croen a sudd oren	½	1
Saws Caerwrangon	1–2 llwy de	5 llwy de
Arorwt	5 g	12 g

Paratoi i goginio

1 Tynnwch y croen ac esgyrn o'r bol porc os nad yw'r cigydd wedi gwneud hynny.
2 Cymysgwch y cynhwysion ar gyfer y marinâd. Marinadwch y porc dros nos.

Coginio

1 Tynnwch y porc o'r marinâd a'i ddraenio'n dda.
2 Seriwch y cig ar bob ochr mewn ychydig o olew mewn padell fas.
3 Gosodwch y porc mewn padell frwysio.
4 Rhowch y marinâd yn y badell ac ychwanegu digon o ddŵr neu stoc gwyn i ddod hanner ffordd i fyny'r cig, a mudferwch.
5 Gorchuddiwch â chaead tynn neu ffoil, a brwysiwch yn y ffwrn ar 160°C am tua 2½ awr (hyd nes bydd yn frau).
6 Draeniwch y cig a gadewch iddo orffwys.
7 Bydd angen lleihau'r hylif coginio neu ei dewychu gydag ychydig o arorwt mewn dŵr oer.
8 Sleisiwch y porc a'i weini ar blât gyda'r saws a garnais.

Awgrym gweini

Gweinwch gyda thatws ffondant a bresych coch wedi'u brwysio.
I wneud crofen (*crackling*), torrwch y croen yn stribedi tenau, eu gosod ar hambwrdd, rhoi halen arnyn nhw, eu gorchuddio â phapur silicon a hambwrdd arall, a'u rhostio mewn ffwrn ar 190°C hyd nes byddan nhw'n grensiog.

Reis wedi'i frwysio (pilaff)

Cynhwysion	Digon i 4	Digon i 10
Olew, menyn neu farjarîn	50 g	125 g
Nionod, wedi'u torri'n fân	25 g	60 g
Reis, gronyn hir	100 g	250 g
Stoc gwyn, llysiau neu gyw iâr	200 ml	500 ml
Halen		

Coginio

1 Rhowch hanner y braster mewn sosban â gwaelod trwchus.

2 Ychwanegwch y nionod a'u coginio'n ysgafn hyd nes byddan nhw'n meddalu heb liwio (2-3 munud).

3 Ychwanegwch y reis a chymysgwch. Coginiwch dros wres isel heb ei liwio am 2-3 munud.

4 Ychwanegwch *yn union* ddwy waith gymaint o stoc ag o reis.

5 Sesnwch yn ysgafn, ei orchuddio gyda phapur gwrth-saim, a dewch ag ef i'r berw.

6 Gosodwch mewn ffwrn boeth (230-250°C) hyd nes bydd y reis wedi coginio (tua 15 munud).

7 Pan fydd wedi coginio, rhowch y reis mewn cynhwysydd neu sosban oer. (Petai'r reis yn cael ei adael yn y sosban boeth byddai'n parhau i goginio ac yn cael ei orwneud a'i ddifetha.)

8 Cymysgwch hanner arall y braster i mewn yn ofalus gan ddefnyddio fforc ddwybig.

9 Blaswch, addaswch y sesnin a gweinwch.

Rhowch gynnig ar rywbeth gwahanol

- Ychwanegwch fadarch wedi'u sleisio ar yr un pryd â'r nionod
- Ychwanegwch gaws wedi'i gratio (10-100 g) gyda'r braster ar y diwedd.

Gweithgaredd

Coginiwch ddwy saig o bilaff, un gyda stoc cyw iâr blasus a'r llall gyda dŵr. Blaswch nhw a'u cymharu.

Rysáit 10 — Sianc oen wedi'i frwysio

Cynhwysion	Digon i 4	Digon i 10
Sianc oen	4	10
Olew	3 llwy fwrdd	7 llwy fwrdd
Nionod coch	50 g	125 g
Clof garlleg	2	5
Tomatos (o dun)	400 g	1 kg
Stoc cig oen	250 ml	625 ml
Ffa Ffrengig (o dun)	400 g	1 kg
Rhosmari ffres	1 llwy fwrdd	2½ llwy fwrdd
Mêl clir	1 llwy fwrdd	2½ llwy fwrdd
Halen		

Coginio

1 Sesnwch y darnau sianc yn ysgafn.
2 Cynheswch yr olew mewn padell frwysio addas.
3 Ffriwch y sianciau'n gyflym ar bob ochr hyd nes byddan nhw'n frown-euraid, eu tynnu o'r badell a'u rhoi i'r naill ochr.
4 Rhowch y nionod a'r garlleg wedi'u torri yn y badell (ychwanegwch fwy o olew os oes angen). Gadewch iddyn nhw goginio ychydig dros wres cymedrol hyd nes eu bod yn feddal.
5 Cymysgwch y tomatos a'r stoc i mewn.
6 Rhowch y sianciau yn ôl yn y badell.
7 Dewch â'r gymysgedd i'r berw ac yna trowch y gwres i lawr fel ei bod yn mudferwi wrth goginio. Gorchuddiwch, a rhoi'r cyfan yn y ffwrn ar 160°C am awr.
8 Defnyddiwch fforc ddwybig i wirio a yw'r sianciau'n barod. Dylai'r fforc lithro'n rhwydd i mewn i ran fwyaf trwchus y cig hyd at yr asgwrn.
9 Tynnwch y sianciau allan a chymysgwch y ffa, mêl a rhosmari i'r gymysgedd.
10 Rhowch y sianciau'n ôl, ac ailgynhesu'r cwbl i fudferwi'n dawel. Sgimiwch, blaswch yr hylif ac addaswch y sesnin.

Paratoi i goginio

1 Piliwch a thorrwch y nionod yn fân.
2 Piliwch a malwch y garlleg.
3 Draeniwch a thorrwch y tomatos.
4 Golchwch a draeniwch y ffa.
5 Torrwch y rhosmari.

Awgrym gweini

Gweinwch mewn llestri pridd a'i ysgeintio gyda phersli wedi'i dorri.

Gweithgaredd

1 Gellir gwneud llawer o amrywiadau ar y rysáit hon, gan ddefnyddio ffa gwahanol, llysiau ychwanegol, perlysiau gwahanol ac yn y blaen. Crëwch eich rysáit eich hun, ac yna ei pharatoi, ei choginio, ei blasu, ei hasesu a'i thrafod.
2 Awgrymwch beth yr hoffech ei weini gyda'r sianc.

Rysáit 11 Madarch 'Dwyrain-Gorllewin' wedi'u brwysio

Cynhwysion	Digon i 4	Digon i 10
Olew olewydd	2 lwy fwrdd	5 llwy fwrdd
Sialóts	4	10
Sinsir ffres ifanc	3 cm	7 cm
Madarch wicsen gron (*ceps*) wedi'u sychu	50 g	125 g
Madarch Tsieineaidd du	50 g	125 g
Madarch botwm gwynion	400 g	1 kg
Saws soy ysgafn	2 lwy fwrdd	5 llwy fwrdd
Cennin syfi (*chives*)	2 lwy fwrdd	5 llwy fwrdd
Stoc cyw iâr	120 ml	300 ml
Halen a grawn pupur du at eich dant		

 Nodyn: Math o fadarch gwyllt yw 'wicsen gron' (*ceps*).

Paratoi i goginio

1 Rhowch y *ceps* mewn dysgl, eu gorchuddio â dŵr poeth a'u gadael i socian am 30 munud.

2 Gwasgwch y dŵr allan ohonyn nhw a'u torri'n stribedi llydan. Rhowch i'r naill ochr.

3 Piliwch y sinsir a'r sialóts a'u torri'n fân.

4 Glanhewch a sleisiwch y madarch botwm.

5 Torrwch y cennin syfi.

Coginio

1 Cynheswch yr olew olewydd mewn padell ffrio o faint canolig. Ychwanegwch y sialóts, sinsir ac yna'r holl fadarch a'u ffrio (*sauté*) am 3 munud.

2 Ychwanegwch y saws soy, cennin syfi a'r stoc cyw iâr. Coginiwch dros wres cymedrol am 10 munud arall i leihau'r hylif yn llwyr.

3 Sesnwch gyda halen a phupur yn ôl y galw.

Rysáit 12 · Cig eidion traddodiadol wedi'i frwysio

Cynhwysion	Digon i 4	Digon i 10
Cig eidion coch (ochr orau'r forddwyd (*topside*) neu ystlys (*flank*) drwchus)	500 g	1½ kg
Saim neu olew	25 g	60 g
Nionod, wedi'u sleisio a'u ffrio'n ysgafn	100 g	250 g
Moron, wedi'u sleisio a'u ffrio'n ysgafn	100 g	250 g
Stoc brown	500 ml	1¼ litr
Halen, pupur		
Bouquet garni		
Purée tomato	25 g	60 g
Demi-glace or jus-lié	250 ml	625 ml

Paratoi i goginio

1 Cynheswch y ffwrn i 150-180°C.
2 Golchwch, piliwch a sleisiwch y nionod a'r moron a'u ffrio'n ysgafn.
3 Tociwch a chlymwch y cig.

 Nodyn: mae tua un rhan o dair o bwysau'r cig yn cyfateb i faint o lysiau sydd eu hangen.

▲ Fideo cig eidion wedi ei frwysio, http://bit.ly/10IIYyU

Coginio

1 Sesnwch y cig ar bob ochr a'i frownio'n gyflym mewn braster poeth i'w selio.

2 Rhowch y llysiau wedi'u ffrio'n ysgafn mewn padell frwysio fechan (unrhyw badell â chaead sy'n ffitio'n dynn sy'n addas ar gyfer y ffwrn) neu mewn caserol.

3 Rhowch y cig i mewn gyda'r llysiau.

4 Ychwanegwch y stoc. Dylai gyrraedd 2/3 o'r ffordd i fyny'r cig. Sesnwch yn ysgafn.

5 Ychwanegwch y *bouquet garni* a'r *purée* tomato ac ychydig o fadarch, os oes rhai ar gael.

6 Dewch â'r cwbl i'r berw, sgimiwch a rhowch gaead arno; coginiwch mewn ffwrn gymedrol ar 150-180°C.

7 Ar ôl tua 1½ awr, tynnwch y cig allan.

8 Ychwanegwch y *demi-glace* neu *jus-lié*, ail-ferwch, sgimiwch a hidlwch y gymysgedd.

9 Dychwelwch y cig; peidiwch â'i orchuddio, ond brasterwch yn gyson. Parhewch i goginio am tua 2-2½ awr. Dylai cig eidion wedi'i frwysio fod wedi ei goginio'n dryw̄r (tua 35 munud ar gyfer pob ½ kg, a 35 munud ychwanegol). I wirio a yw'r cig wedi ei goginio gwthiwch nodwydd rwymo (*trussing needle*) i mewn iddo. Dylai fynd drwy'r cig yn hawdd, ac ni ddylai fod gwaed o gwbl.

10 Tynnwch y cig allan ac addaswch y lliw, sesnin ac ansawdd y saws.

Awgrym gweini

● Tynnwch y llinyn a thorri sleisys yn erbyn graen y cig. Arllwyswch saws dros y sleisys, a'u gweini gyda gweddill y saws mewn jwg saws.

● Gweinwch gyda digonedd o datws a llysiau, neu gyda phasta.

Pobi, rhostio a grilio

Mae'r bennod hon yn rhoi sylw i Uned 109, Paratoi bwyd trwy bobi, rhostio neu grilio.

Erbyn diwedd y bennod hon fe ddylech chi fod yn gallu:

- Disgrifio'r broses o goginio eitemau bwyd trwy bobi, rhostio a grilio.
- Nodi pwrpas pobi, rhostio a grilio bwyd.
- Nodi bwydydd y gellir eu pobi, rhostio a grilio.
- Nodi pwysigrwydd defnyddio technegau cysylltiedig i gwblhau gofynion seigiau gorffenedig.
- Disgrifio'r cynnyrch cysylltiedig.

- Nodi'r pwyntiau y dylid eu hystyried wrth bobi, rhostio a grilio bwyd.
- Disgrifio'r dulliau a ddefnyddir i bobi, rhostio a grilio.
- Nodi offer addas ar gyfer pobi, rhostio a grilio.
- Rhestru'r pwyntiau ansawdd y dylid chwilio amdanynt wrth ddewis eitemau bwyd ac wrth baratoi, coginio a gorffen y seigiau.

Pobi

Proses

Coginio bwyd mewn ffwrn gan ddefnyddio gwres sych yw pobi. Er bod y bwyd yn cael ei goginio mewn ffwrn sych mae stêm yn bwysig iawn yn y dull coginio hwn.

Pwrpas

Pwrpas pobi yw:
- Cynhyrchu bwyd brau, blasus gyda blasau hyfryd sy'n bleserus i'w fwyta ac sy'n hawdd i'w dreulio.
- Gwneud y bwyd yn ddeniadol, gyda lliw a gweadedd da.
- Cynnal gwerth maethol y bwyd.
- Sicrhau bod y bwyd yn ddiogel i'w fwyta.

Bwydydd y gellir eu pobi

Mae'r bwydydd y gellir eu pobi yn cynnwys:
- Cynnyrch blawd (melys a sawrus), ac sy'n gallu cynnwys cig, pysgod neu ffrwythau
- Cynnyrch llaeth ac wyau
- Ffrwythau
- Llysiau
- Cynnyrch wedi ei baratoi ymlaen llaw (e.e. lasagne).

Cyngor proffesiynol

Gellir paratoi cynnyrch wedi eu pobi mewn swmp, gyda phob un wedi ei goginio am yr un faint o amser ac o'r un lliw.

▲ Leinio fflan, gan wasgu'r ymylon

Pwyntiau i'w hystyried wrth bobi

- Rhaid rheoli tymheredd. Cynheswch y ffwrn ymlaen llaw cyn rhoi'r bwyd i mewn bob tro neu bydd y cynnyrch yn cael ei ddifetha. Gwnewch yn siŵr bod y ffwrn yn cyrraedd y tymheredd angenrheidiol cyn rhoi'r bwyd i mewn.
- Mae'r rhan fwyaf o gynnyrch yn cynnwys dŵr, ac wrth boethi bydd hyn yn cynyrchu gwlybaniaeth neu leithder yn y ffwrn. Mae ffwrn bobi yn aml yn chwistrellu stêm i mewn i'r ffwrn wrth ddechrau coginio rhai mathau o gynnyrch toes.
- Mae'r amser sydd ei angen i bobi yn dibynnu ar faint o fwyd sydd angen cael ei bobi ac ansawdd y bwyd. Er enghraifft, mae torth o fara'n cymryd mwy o amser i bobi na rholiau bara.
- Bydd angen i chi ystyried lleoliad y silffoedd. Mewn ffwrn gyffredin, y rhan uchaf sydd boethaf, ond mewn ffwrn ddargludo (*convection*) mae'r tymheredd yr un peth ym mhob rhan a gallwch osod y silffoedd unrhyw le.
- Rhaid bod yn fanwl wrth bwyso a mesur.
- Dylid paratoi tuniau pobi a mowldiau yn gywir. Dylid cadw tun pobi yn wastad yn y ffwrn er mwyn i'r cynnyrch bobi'n gyson. Ni ddylid gorlwytho tun pobi.

Iechyd a diogelwch

Defnyddiwch glytiau ffwrn sych, trwchus i dynnu tun pobi o'r ffwrn.

- Dylid osgoi agor drws y ffwrn gymaint â phosib. Gall drafft effeithio ar safon y cynnyrch, a bydd tymheredd y ffwrn yn gostwng. Gall agor y drws yn rhy gyflym gael effaith anffafriol ar ymddangosiad cynnyrch fel pwdinau Efrog a *soufflés*.

Iechyd a diogelwch

Peidiwch ag agor drws ffwrn yn rhy gyflym oherwydd bydd stêm yn cael ei ryddhau, ac mae hwn yn gallu llosgi eich wyneb.

- Dylid gwneud y defnydd gorau o'r gofod sydd ar gael yn y ffwrn.
- Dylid osgoi symud y cynnyrch yn sydyn (yn enwedig cacennau ffrwythau, sbwng a *soufflés*) cyn ac wrth bobi oherwydd gall hyn gael effaith ar ansawdd y bwyd.

Dulliau

Mae tri dull o bobi:

- **Pobi sych** – pobi mewn ffwrn sych. Mae'r dŵr sydd yn y bwyd yn naturiol yn troi'n stêm wrth i'r bwyd gynhesu. Mae'r stêm hwn a gwres sych y ffwrn yn coginio'r bwyd. Mae'r dull hwn yn cael ei ddefnyddio ar gyfer cacennau, crwst a thatws drwy'u crwyn.
- **Pobi gyda lleithder uwch** – mae angen pobi rhai bwydydd, fel bara, mewn lleithder uwch. I wneud hyn, mae dysgl o ddŵr yn cael ei rhoi yn y ffwrn neu bydd stêm yn cael ei chwistrellu i mewn i'r ffwrn (mae botwm ar ochr y ffwrn i wneud hyn). Mae lleithder yr aer (y gwlybaniaeth sydd ynddo) yn cael ei gynyddu. Mae hyn yn cynyddu faint o ddŵr sydd yn y bwyd, sy'n ei gadw'n ffres ac yn flasus.
- **Pobi gyda gwres sydd wedi ei addasu** – ar gyfer bwydydd fel cwstard wy wedi'i bobi. Gyda'r bwydydd yma mae'n rhaid lleihau gwres y ffwrn. I wneud hyn, mae'r bwyd yn cael ei roi mewn *bain-marie* (hambwrdd o ddŵr). Mae hyn yn gwneud i'r bwyd goginio'n arafach

ac mae'n golygu nad yw'r bwyd yn gorboethi. Ar gyfer cwstard wy, mae'n golygu bod y gymysgedd wy yn llai tebygol o goginio gormod.

Technegau cysylltiedig

Mae sawl techneg yn gysylltiedig â phobi sy'n galluogi'r cogydd i baratoi'r seigiau yn gywir:

- **Awyru** – mae cynnyrch yn cael ei awyru trwy ei chwisgo (e.e. wyau a siwgr) er mwyn creu gweadedd ysgafn. Gellir defnyddio powdr codi i awyru'n gemegol (e.e. wrth wneud sgons); mae nwyon sy'n awyru yn cael eu rhyddhau wrth i eplesiad ddigwydd (mewn toes).
- **Cymysgu** – sicrhau bod y cynhwysion wedi'u cymysgu'n briodol i greu cymysgedd llyfn cyn coginio.
- **Rholio a siapio** – mae rholiau bara, er enghraifft, yn cael eu siapio'n ddarnau o'r un maint cyn eu coginio; mae crwst yn aml yn cael ei rolio i leinio neu orchuddio dysgl.
- **Torri** – lle mae cynnyrch yn cael ei dorri i siâp cyn ei bobi. Defnyddir y dechneg hon wrth wneud bisgedi neu fyns Chelsea.
- **Sefyll** – mae rhai mathau o gynnyrch yn coginio yn well ar ôl eu rhoi o'r neilltu am ychydig (e.e. sgons a bisgedi); mae gadael i'r cynnyrch sefyll yn helpu i gadw eu siâp.
- **Iro** – defnyddio olew neu fenyn ar dun pobi neu ddysgl i atal y bwyd rhag glynu.
- **Marcio neu sgorio** – bydd crwst yn cael eu marcio neu eu sgorio er mwyn gwella edrychiad y bwyd e.e. ar deisen frau (*shortbread*).
- **Llwytho** – gosod eitemau yn y ffwrn. Dylid gwneud y defnydd gorau o'r lle sydd ar gael yn y ffwrn.
- **Brwsio a sgleinio** – rhoi llaeth, dŵr, wy wedi'i guro neu surop ar y cynnyrch, naill ai cyn neu ar ôl ei bobi.
- **Oeri** – Mae eitemau wedi eu pobi yn cael eu gosod ar reseli oeri er mwyn eu hatal rhag mynd yn doeslyd.
- **Gorffen** – mae gorffen y bwyd yn cynnwys *glacé*, ysgeintio â siwgr neu hyd yn oed hollti a'i lenwi â hufen.

Rhostio

Proses

Rhostio yw coginio mewn gwres sych, naill ai mewn ffwrn neu ar gigwain (*spit*), gan ddefnyddio braster neu olew. Mae gwres cychwynnol y ffwrn yn selio'r bwyd, gan atal yr hylif naturiol rhag cael ei golli o'r bwyd. Unwaith mae'r bwyd wedi ei frownio'n ysgafn, dylai tymheredd y ffwrn (neu dymheredd y ffynhonnell wres gyda chigwain) gael ei ostwng i goginio y tu mewn i'r bwyd heb i'r tu allan fynd yn galed.

Pwrpas

Mae rhostio yn:

- Creu blas arbennig
- Creu bwyd sydd yn frau, sy'n hawdd i'w dreulio ac sy'n flasus i'r cwsmer
- Gwella blas a lliw bwyd, sy'n ei wneud yn fwy apelgar
- Gwneud bwyd yn ddiogel i'w fwyta.

Bwydydd y gellir eu rhostio

Mae'r bwydydd y gellir eu rhostio yn cynnwys:

- Cigoedd, fel cig eidion, porc a chig oen
- Dofednod, gan gynnwys cyw iâr a thwrci
- Llysiau

Pwyntiau i'w hystyried wrth rostio bwyd

- Rhaid cynhesu'r ffwrn i'r tymheredd coginio angenrheidiol ymlaen llaw. Dylech cdefnyddio'r tymheredd sy'n cael ei nodi yn y rysáit.
- Dylid addasu lleoliad y silffoedd yn ôl y cyfarwyddiadau sydd yn y rysáit. Bydd angen i chi ystyried lleoliad y silffoedd. Mewn ffwrn gyffredin, y rhan uchaf sydd boethaf, cnd mewn ffwrn ddargludol mae'r tymheredd yr un peth ym mhob rhan a gallwch osod y silffoedd mewn unrhyw ran o'r ffwrn.
- Bydd siâp, maint, math, ac ansawdd y bwyd yn ogystal â faint o esgyrn sydd yn y bwyd yn cael effaith ar yr amser sydd ei angen i goginio'r bwyd.
- Gellir defnyddio thermomedrau cig neu fesurydd digidol (*probes*) i fesur tymheredd canol darn o gig (y tymheredd craidd).

Dulliau

Mae dau brif ddull o rostio bwyd.

1 **Rhostio ar gigwain** – gosod cig neu ddofednod wedi eu paratoi ar gigwain sy'n troi, dros neu o flaen ffynhonnell o wres cryf.

2 **Rhostio mewn ffwrn** – gosod darnau mawr o gig neu bysgod ar drybedd (gweler tudalen 160). Mae hyn yn atal gwaelod y cynnyrch rhag coginio gormod neu losgi. Mae'n bosibl rhostio llysiau wedi eu torri hefyd (mae hyn yn debyg iawn i frwysio, ond yn ddarnau mwy na *mirepoix*). Gellir hefyd ei wneud o esgyrn neu ysgerbwd y cynnyrch sy'n cael ei rostio.

> **Cyngor proffesiynol**
>
> Wrth rostio ar gigwain, gellir gweld sut y mae'r coginio yn dod yn ei flaen yn glir. Mae'n hawdd hefyd i fynd at y bwyd i'w drin.

Iechyd a diogelwch

Byddwch yn ofalus wrth dynnu darn o gig o'r ffwrn. Efallai bod llawer o fraster wedi diferu o'r cig wrth iddo goginio, a gal ai hynny eich llosgi neu eich sgaldio. Defnyddiwch glwtyn ffwrn sych, trwchus bob amser.

Iechyd a diogelwch

Wrth rostio mewn ffwrn mae perygl tân yn fychan gan fod thermomedr yn cael ei ddefnyddio i reoli'r tymheredd, felly nid oes perygl o orboethi.

Technegau cysylltiedig

Mae sawl techneg yn gysylltiedig â rhostio sy'n galluogi'r cogydd i baratoi'r seiciau yn gywir:

- **Stwffio** – mae'r gymysgedd sy'n gallu cynnwys cig, llysiau, neu rawn yn cael ei osod yn y cig. Weithiau bydd y gymysgedd yn cael ei rholio yn y cig er mwyn ychwanegu blas a gweadedd i'r saig orffenedig.

- **Trysio a rhwymo** – defnyddio llinyn neu sawl sgiwer i gynnal siâp darnau o gig neu ddofednod. Bydd hyn yn sicrhau bod y cig yn coginio drwyddo'n gyfartal yn ogystal â chadw'r bwyd yn llaith.
- **Trybedd** – defnyddio rhestl neu lysiau fel sail i atal y cig rhag cyffwrdd â'r tun wrth rostio.
- **Brasteru** – arllwys llwyeidiau o'r braster a hylifau coginio dros y bwyd yn ystod y broses goginio i atal y bwyd rhag sychu. Bydd hyn hefyd yn gwella lliw ac edrychiad y saig orffenedig.
- **Rhoi cig o'r neilltu cyn ei weini** – mae darnau o gig yn haws i'w torri a'u bwyta ar ôl gadael iddyn nhw sefyll am gyfnod cyn eu gweini.

 Iechyd a diogelwch

Cymerwch ofal wrth frasteru'r cig. Gwnewch yn siŵr nad ydy'r braster yn tasgu er mwyn osgoi cael eich llosgi.

Torri cig – gair o gyngor

Mae'n bwysig rhoi darn o gig o'r neilltu am o leiaf 15 munud wedi'i goginio. Bydd hyn yn rhoi amser i'r cig 'setio', sy'n ei wneud yn haws i'w dorri.

I dorri cig yn llwyddiannus, rhaid cael cyllell gerfio dda, gyda chydbwysedd cywir ac wedi ei hogi'n iawn fel ei bod yn finiog. Ni ddylai fod yn gyllell ddanheddog (*serrated*) oherwydd bydd hyn yn gwneud i'r sleisys cig edrych yn flêr.

Darnau o gig ar yr asgwrn: Gafaelwch ym mhen yr asgwrn. Defnyddiwch dywel neu bapur cegin os oes angen mwy o afael arnoch chi. Cerfiwch y cig i ffwrdd o'r asgwrn. Dylai'r sleisys fod tua 1 cm o drwch.

Darnau di-asgwrn: (e.e. canol cefn oen): Defnyddiwch fforc gerfio neu efel (*tongs*) i ddal y cig yn ei le. Cerfiwch y cig yn erbyn y graen yn sleisys tua ½ cm o drwch.

Rac ac asennau: Daliwch y cig gyda'r esgyrn yn wynebu ar i fyny. Defnyddiwch dywel neu bapur cegin os oes angen mwy o afael arnoch chi. Torrwch i lawr rhwng yr esgyrn i greu gytledi cyfartal. Neu, gellir tynnu'r esgyrn allan yn llwyr trwy dorri ar hyd yr esgyrn trwy'r cig. Bydd hyn yn eich galluogi i dorri'r cig yn sleisys tenau.

Cynnyrch cysylltiedig

- Mae crefi rhost yn cael ei wneud trwy ychwanegu hylif at y tun rhostio (gweler Rysáit 23)
- Dyma rai sawsiau y gallwch eu hychwanegu at y seigiau er mwyn gwella'r blas ac i dreulio'r bwyd yn well: afal gyda phorc, mintys gyda chig oen, saws radis-poeth (*horseradish*) gyda chig eidion a saws bara gyda dofednod.

▲ Rhostio

Grilio

Proses

Mae grilio yn ddull cyflym o goginio sy'n defnyddio gwres pelydrol. Mae'r ffynhonnell wres yn trosglwyddo gwres i'r bwyd sy'n cael ei goginio yn uniongyrchol.

Pwrpas

Mae grilio yn creu blas unigryw ac yn cyflwyno amrywiaeth i'r fwydlen. Mae arogl grilio yn tynnu dŵr o ddannedd pobl. Dydy hi fawr syndod bod ardaloedd grilio yn agored i'w cwsmeriaid eu gweld mewn llawer o dai bwyta. Bydd yr aroglau hyfryd yn lledu ar draws y tŷ bwyta tra mae'r cwsmeriaid yn disgwyl am eu bwyd. Mae sawl pwrpas arall i grilio bwyd:

- Creu bwyd sy'n frau, sy'n hawdd i'w dreulio ac sy'n flasus i'r cwsmer
- Golosgi (*chargrill*) bwydydd, sy'n ychwanegu lliw ac yn creu blas arbennig
- Gwella blas y bwyd
- Gwneud bwyd yn ddiogel i'w fwyta
- Cynnal gwerth maethol y bwyd. Yn aml, mae grilio'n cael ei ystyried yn un o'r dulliau coginio gorau i leihau maint y braster a chadw'r maeth gan fod y bwyd yn cael ei goginio'n gyflym.

Eitemau bwyd y gellir eu grilio

Mae'r bwydydd y gellir eu grilio'n cynnwys:

- Cig (cig eidion, porc a chig oen). Mae gwres ffyrnig y gridyll yn selio arwyneb y cig, sy'n help i gadw'r hylif yn y cig cyn belled nad yw'r cig yn cael ei dyllu gyda fforc wrth goginio. Mae grilio yn addas ar gyfer toriadau cig o'r safon uchaf – bydd cig o safon isel yn troi'n wydn ac yn amhosib i'w fwyta.
- Dofednod (cyw iâr a thwrci)
- Llysiau
- Pysgod
- Cynnyrch wedi ei baratoi ymlaen llaw.

> **Cyngor proffesiynol**
>
> Mae grilio yn cynnig rheolaeth dros y broses goginio oherwydd mae modd gweld y bwyd a'i drin yn ôl yr angen.

Pethau i'w cofio wrth goginio bwyd o dan y gridyll

- Peidiwch â grilio am amser rhy hir. Bydd coginio'r bwyd yn araf yn ei sychu.
- Dylai eitemau llai a theneuach gael eu coginio'n gyflym iawn.
- Mae'r amser ar gyfer grilio yn dibynnu ar sut ydych chi am fwyta'r bwyd – mae coginio yn goch (*rare*) neu'n ganolig yn cymryd llai o amser na bwydydd sy'n cael eu coginio'n dda.
- Dylid selio a rhoi lliw i'r bwyd yn rhan boethaf y gridyll. Gellir ei symud i ran oerach o'r gridyll i orffen coginio.
- Bydd rhoi braster dros y bwyd ac iro'r barrau yn help i atal y bwyd rhag sychu a glynu ar y gridyll.
- Bydd safle'r gridyll neu silff dros neu o dan y gwres yn effeithio ar yr amser sydd ei angen i goginio'r eitemau.

Dull

Gellir grilio bwydydd dros wres (siarcol, barbeciw, nwy neu radell neu ridyll trydanol), o dan wres (salamandr nwy neu drydan, gridyll dan wres) neu rhwng gwres (barrau neu blatiau grilio trydanol).

▲ Grilio

1. **Grilio dros wres** – mae barrau'r gridyll yn cael eu poethi ynghyd â rhoi olew arnyn nhw ymlaen llaw i atal bwyd rhag glynu. Dylai'r barrau losgi'r bwyd ar y ddwy ochr i roi blas ac i edrych ei fod wedi'i grilio. Wrth ddefnyddio tanwydd solid, rhaid gadael i'r fflamau a'r mwg fudlosgi cyn gosod y bwyd ar y barrau neu bydd y bwyd yn cael ei ddifetha. Gellir marinadu rhai mathau o fwydydd (e.e. cyw iâr neu kebab ar sgiwer) cyn eu coginio. Dylid brwsio bwydydd eraill (e.e. rib asen (*spare ribs*)) yn dda gyda saws barbeciw ar y ddwy ochr cyn ac wrth ei goginio.

2. **Coginio o dan wres/salamandr** – cynhesu'r salamandr ymlaen llaw ac iro'r barrau. Gellir coginio stêc, golwythion (*chops*) a bwydydd a fyddai'n debygol o lithro rhwng barrau gridyll tros wres o dan salamandr.

3. **Grilio rhwng gwres** – grilio rhwng platiau neu farrau gridyll wedi eu gwresogi â thrydan, Mae'n addas ar gyfer darnau bach o gig.

 Iechyd a diogelwch

Wrth ymestyn i droi stecen drosodd ar gefn y gridyll, byddwch yn ofalus o'r gwres sy'n codi oddi tano oherwydd gallai hyn losgi eich braich.

Technegau cysylltiedig

Mae sawl techneg yn gysylltiedig â grilio sy'n galluogi'r cogydd i baratoi'r seigiau yn gywir:

- **Curo'r bwyd** – mae darnau o gig yn cael eu taro â morthwyl cig i sicrhau trwch cyson ac i ddechrau torri'r meinweoedd cysylltiol i gynorthwyo gyda'r broses goginio.

- **Iro, seimio a brasteru** – mae'r technegau hyn yn atal eitemau rhag glynu at farrau'r gridyll. Yn aml, mae bwyd yn cael ei iro neu seimio cyn eu coginio. Yn ogystal, mae braster yn cael ei arllwys dros y bwyd wrth iddo gael ei goginio er mwyn sicrhau nad ydy'r bwyd yn sychu.

- **Gosod ar hambwrdd coginio** – mae'r bwyd yn cael ei osod ar hambwrdd coginio cyn cael ei osod o dan salamandr; fel arfer mae'r hambwrdd yn cael ei iro'n ysgafn. Bydd angen gadael lle rhwng yr eitemau er mwyn gallu eu troi'n hawdd fel bod y bwyd yn cael ei goginio drwyddo'n gyfartal.

- **Marinadu** – mae bwyd yn cael ei socian ymlaen llaw neu ei orchuddio â marinâd er mwyn rhoi blas i fwydydd a'i wneud yn fwy brau. Bydd hyn hefyd yn cael ei ddefnyddio weithiau er mwyn rhoi lliw i'r bwyd cyn i'r broses goginio ddechrau.

Iechyd a diogelwch

Os yw cig neu bysgod wedi cael eu marinadu mewn olew, gwnewch yn siŵr eu bod wedi cael eu draenio'n dda cyn eu gosod ar y gridyll. Mae perygl o dân os oes gormod o olew ar y bwyd wrth i'r bwyd gael ei drosglwyddo i'r gridyll.

Offer sy'n cael ei ddefnyddio ar gyfer pobi, rhostio a grilio

Mae sawl darn o offer yn cael eu defnyddio ar gyfer pobi, rhostio a grilio:

- **Ffwrn** – ffwrn at ddefnydd cyffredinol, ffwrn ddarfudol (*convection*) neu ffwrn sy'n gyfuniad o'r ddau.

- **Gridyll** – gridyll dros wres neu gridyll traddodiadol, salamandr, gridyll is-goch a gridyll cyswllt.

- **Offer bach** – gefel, prôb, sleis, cyllell balet a sgiwer.

Mae mwy o wybodaeth am y mathau hyn o offer ym mhennod 5.

Iechyd a diogelwch

Defnyddiwch yr offer cywir i droi a chodi bwyd oddi ar y gridyll. Defnyddiwch efel i droi a chodi darnau bychain o gig a stêcs; defnyddiwch sleis bysgod (*fish slice*) i droi a chodi tomatos, madarch a darnau o bysgod neu bysgod cyfan.

Profi ansawdd y bwyd

I sicrhau ansawdd y seigiau gorffenedig, gall y cogydd wneud sawl peth yn ystod y broses:

- Dewis cynnyrch ffres, sydd ag edrychiad ac arogl da a sicrhau bod y cynnyrch wedi cael ei gadw ar y tymheredd priodol

- Paratoi bwydydd yn ôl gofynion y seigiau: trimio, torri a siapio yn ôl yr angen

- Sicrhau bod y tymheredd, yr amser ar gyfer coginio a'r swm o hylif sydd ei angen yn gywir. Bydd hyn yn effeithio ar flas, lliw a gweadedd y bwyd.

- Wrth orffen y saig, rhaid sicrhau cysondeb o ran edrychiad a maint y pryd. Cofiwch ychwanegu unrhyw sesnin neu addurn os oes angen.

Profwch eich hun

1 Rhowch ddisgrifiad cryno o'r dulliau coginio canlynol:
   - Pobi
   - Rhostio
   - Grilio

2 Rhestrwch dair ffordd wahanol o ddefnyddio gwres wrth goginio bwyd gyda gridyll.

3 Rhestrwch dri math o ffwrn sy'n cael eu defnyddio mewn cegin ar gyfer pobi neu rostio bwydydd.

4 Rhestrwch bump pwynt diogelwch y dylai cogydd eu hystyried wrth bobi neu rostio bwydydd.

5 Beth yw'r ychwanegiadau traddodiadol ar gyfer y cigoedd rhost canlynol:
   - Cyw iâr
   - Coes oen
   - Syrlwyn cig eidion?

6 Rhestrwch bedwar bwyd y gellir eu grilio.

7 Rhestrwch dri math o fwyd y gellir eu pobi.

8 Beth yw'r pedwar prif fesur o grilio ar gyfer stêc?

9 Beth yw trysio?

10 Beth yw pwrpas marinadu bwyd cyn grilio?

Ryseitiau pobi

Teisen frau'r miliwnydd

Cynhwysion	20 darn	40 darn
Teisen frau:		
Menyn	175 g	345 g
Blawd plaen	265 g	525 g
Siwgr mân	85 g	165 g
Llenwad:		
Menyn	265 g	525 g
Siwgr mân	175 g	345 g
Triog melyn	4 llwy fwrdd	9 llwy fwrdd
Llaeth cyddwysedig (*condensed*)	600 g	1200 g (3 tun)
Topin:		
Siocled llaeth	300 g	600 g
Siocled gwyn	75 g	150 g

Coginio

1 Rhowch y menyn, y blawd a'r siwgr gyda'i gilydd a'u cyfuno.

2 Gwasgwch y gymysgedd teisen frau i waelod ffrâm siâp petryal 40 cm x 20 cm (ar gyfer 40 darn) a phricio'r wyneb gyda fforc.

3 Pobwch yn y ffwrn (wedi ei chynhesu ymlaen llaw i 180°C/nwy 4) am 20-25 munud tan ei fod wedi pobi'n drylwyr ac yn euraid.

4 I wneud y llenwad, rhowch y menyn, y siwgr, y triog melyn a'r llaeth cyddwys mewn sosban sydd â gwaelod trwchus, a chynheswch yn ofalus nes bod y siwgr wedi toddi.

5 Dewch â'r gymysgedd i'r berw a mudferwch am 6-8 munud, gan droi'n barhaus nes bod y gymysgedd yn lliw tywod golau.

6 Arllwyswch y llenwad dros y deisen frau a'i adael i galedu.

7 Toddwch y siocled llaeth dros sosban o ddŵr cynnes. Defnyddiwch gyllell balet ledaenu'r siocled yn gyfartal dros y caramel. Toddwch y siocled gwyn yn yr un ffordd, a'i arllwys mewn i fag peipio. Peipiwch y siocled gwyn dros y siocled llaeth.

8 Gadewch iddo galedu.

9 Torrwch yn ddarnau 2 cm x 10 cm gan ddefnyddio cyllell fawr.

Rysáit 2 — *Frittata* nionod coch a chorn melys

Cynhwysion	Digon i 4	Digon i 10
Olew ar gyfer ffrio	5 ml	15 ml
Nionod coch	½ (neu 1 bach)	1
Moron	50 g	125 g
Paprica	$\frac{1}{8}$ llwy de	¼ llwy de
Tatws	100 g	250 g
Corn melys	20 g	50 g
Tomatos ffres, aeddfed	2	5
Persli	1 llwy de	1½ llwy de
Wyau	3	5
Llaeth	250 ml	625 ml
Caws Cheddar	100 g	250 g

Paratoi i goginio

1 Torrwch y tatws a'r moron yn fân.
2 Piliwch y tomatos, tynnu'r hadau a'u deisio'n fân.
3 Piliwch y tatws a'u deisio (torrwch yn giwbiau tua 1 cm).
4 Coginiwch y tatws wedi'u deisio mewn dŵr berwedig. Draeniwch yn dda.
5 Gratiwch y caws a thorrwch y persli.

Coginio

1 Ffriwch y nionod a'r moron yn yr olew heb iddyn nhw liwio.
2 Ysgeintiwch y paprica dros y moron a'r nionod, a draeniwch unrhyw olew sydd dros ben.
3 Ychwanegwch y tomatos wedi eu deisio, corn melys, tatws a'r persli wedi'i dorri at y badell a chymysgwch yr holl gynhwysion.
4 Rhowch y gymysgedd mewn dysgl addas ar gyfer y ffwrn.
5 Chwisgiwch yr wyau a'r llaeth gyda'i gilydd a'u sesno â phupur du.
6 Arllwyswch yr wyau a'r llaeth dros y llysiau yn y ddysgl ffwrn.
7 Ysgeintiwch â'r caws Cheddar.
8 Pobwch yn y ffwrn ar 180°C am tua 15 munud neu nes bod y gymysgedd wedi setio.
9 Gadewch iddo oeri am ychydig cyn torri a gweini.

Awgrym gweini

Gweinwch yn boeth, neu'n oer gyda salad.

Rysáit 3

Tatws Arlie

Cynhwysion	Digon i 4	Digon i 10
Tatws	4	10
Menyn, wedi'i feddalu	50 g	125 g
Pupur a halen		
Persli	1 tsp	2½ tsp
Caws (e.e. *Parmesan*)	60 g	150 g

Paratoi i goginio

1 Pobwch y tatws drwy'u crwyn:

  a Poethwch y ffwrn ymlaen llaw i 230-250°C.

  b Dewiswch datws da o faint tebyg a'u glanhau'n drylwyr.

  c Defnyddiwch flaen cyllell fechan, finiog i dorri drwy'r croen o amgylch y tatws.

  ch Gosodwch y tatws ar dun pobi yn y ffwrn boeth am tua awr. Trowch y tatws ar ôl 30 munud.

  d Profwch trwy ddal y tatws mewn lliain llestri glân. Os ydyn nhw wedi coginio, byddan nhw'n teimlo'n feddal. (Byddai'r lliain yn gwarchod eich dwylo petai'r daten yn byrstio.)

2 Torrwch y persli a gratiwch y caws.

Coginio

1 Torrwch dop pob taten i ffwrdd, tua un rhan o dair o'r ffordd i lawr.

2 Tynnwch y tatws o'r croen a'i roi mewn dysgl. Cadwch y crwyn. Gwnewch stwnsh neu *purée* c'r cnawd.

3 Ychwanegwch y menyn ac ychydig o'r persli. Sesnwch gyda halen a phupur. Cymysgwch.

4 Gan ddefnyddio bag peipio a thiwb seren, rhowch y gymysgedd yn ôl yn y crwyn gwag.

5 Ysgeintiwch â chaws wedi gratio, a choginiwch yn y ffwrn ar 200°C tan eu bod yn euraid.

Nodyn: os ydych yn defnyddio microdon i goginio'r tatws, gwnewch yn siŵr eich bod yn pricio'r crwyn cyn dechrau. Mae perygl y bydd y tatws yn byrstio yn y ffwrn os nad ydych chi'n gwneud hynny.

Rysáit 4 — Tatws sawrus (*Boulangère*)

Cynhwysion	Digon i 4	Digon i 10
Tatws, wedi'u golchi a'u pilio	400 g	1¼ kg
Nionod, wedi'u golchi a'u pilio	100 g	250 g
Halen		
Stoc gwyn	½ litr	1¼ litr
Menyn, marjarîn neu olew	25–50 g	60–100 g
Persli, wedi'i dorri		

Paratoi i goginio

1 Defnyddiwch y mandolin yn ofalus iawn i dorri'r tatws yn sleisys tua 2 mm.
2 Gan ddefnyddio cyllell fawr, piliwch, hanerwch a sleisiwch y nionod yn fân.
3 Cynheswch y ffwrn i 230-250°C.

Coginio

1 Rhowch y sleisys tatws taclusaf i'r naill ochr. Cymysgwch y gweddill gyda'r nionod.
2 Sesnwch yn ysgafn a'u gosod mewn dysgl bridd fas neu dun rhostio wedi ei iro'n dda.
3 Brwsiwch yn ysgafn gydag olew neu fymryn o fenyn. Gorchuddiwch y cyfan gyda stoc.
4 Coginiwch mewn ffwrn boeth (230-250°C) am tua 20 munud, tan eu bod yn lliwio'n ysgafn.

5 Gostyngwch y gwres i 180°C a pharhewch i goginio am ¾-1¼ awr arall. Gwasgwch y tatws i lawr gyda phadell lân, sydd â gwaelod fflat, o bryd i'w gilydd.
6 Unwaith bydd wedi coginio, dylai'r stoc i gyd fod wedi cael ei amsugno.
7 Os cafodd ei goginio mewn dysgl bridd, defnyddiwch liain llaith wedi ei drochi mewn halen i lanhau'r ymylon.

Awgrym gweini

Ysgeintiwch â phersli newydd ei dorri a gweinwch.

Rysáit 5

Pasta Macaroni wedi pobi

Cynhwysion	Digon i 4	Digon i 10
Macaroni	100 g	250 g
Olew neu fenyn (dewisol)	25 g	60 g
Caws wedi gratio	100 g	250 g
Saws *béchamel* tenau	500 ml	1¼ litr
Mwstard Seisnig neu Gyfandirol wedi'i wanhau	¼ llwy de	1 llwy de
Halen a phupur wedi'i falu		

Paratoi i goginio

1 Paratowch y saws *béchamel*, yn ôl y cyfarwyddiadau ar dudalen 110.

2 Gwanhewch y powdr mwstard.

Coginio

1 Rhowch y macaroni mewn sosban o ddŵr berwedig gydag ychydig o halen.

2 Berwch yn ysgafn, gan droi'n achlysurol, am tua 10-15 munud (nes ei fod yn *al dente*).

3 Draeniwch yn dda mewn colandr.

4 Rhowch y pasta mewn sosban lân a sych ac ychwanegwch olew neu fenyn.

5 Cymysgwch gyda hanner y caws, y mwstard a'r *béchamel*. Sesnwch yn ysgafn a gwiriwch y blas.

6 Rhowch y gymysgedd mewn dysgl bridd ac ysgeintiwch â gweddill y caws.

7 Browniwch yn ysgafn o dan y gridyll neu mewn ffwrn boeth.

Rhowch gynnig ar rywbeth gwahanol

Ychwanegwch haen o domatos wedi'u sleisio neu fadarch wedi'u sleisio a'u coginio'n ysgafn ar ben y macaroni gorffenedig cyn ychwanegu'r caws wedi gratio a'i frownio.

Rysáit 6 — Pastai'r bugail

Cynhwysion	Digon i 4	Digon i 10
Olew	35 g	100 g
Nionod	100 g	250 g
Cig oen neu gig dafad wedi'i goginio (briwgig)	400 g	1¼ kg
Saws Caerwrangon	2–3 diferyn	5 diferyn
Grefi wedi'i dewychu	125–250 ml	300–600 ml
Halen		
Tatws	400 g	1¼ kg
Llaeth neu sglein wyau		

Nodyn: Ysgwydd oen wedi ei rhostio yw'r darn delfrydol o gig ar gyfer y rysáit hon, ond gallwch ddefnyddio unrhyw gig oen dros ben ar yr amod eich bod yn cael gwared ar y braster a'r gwythi (*gristle*).

Paratoi i goginio

1 Tynnwch y braster oddi ar y cig wedi ei goginio a briwiwch (*mince*) y cig.
2 Piliwch, coginiwch a stwnsiwch y tatws.
3 Piliwch y nionod a'u torri'n fân.
4 Gwnewch y grefi wedi'i dewychu (gweler tudalen 113) a'r sglein wyau.

Coginio

1 Coginiwch y nionod yn ysgafn, heb eu lliwio, mewn sosban sydd â gwaelod trwchus nes eu bod yn feddal.
2 Ychwanegwch y cig wedi'i goginio a sesnwch yn ysgafn.

3 Ychwanegwch y saws Caerwrangon a digon o'r grefi wedi ei dewychu i glymu'r gymysgedd at ei gilydd. Ni ddylai fod yn rhy sych nac yn rhy wlyb.
4. Dewch â'r cwbl i'r berw gan ei droi yn aml, a mudferwch am 10-15 munud.

5 Gosodwch mewn dysgl sy'n addas i'w rhoi yn y ffwrn.
6 Peipiwch neu gosodwch y tatws stwnsh yn daclus dros y gymysgedd a brwsiwch laeth neu sglein wyau drostynt.
7 Lliwiwch nes ei fod yn frown euraid mewn ffwrn boeth ac o dan salmandr.

Awgrym ar gyfer gweini

- Gweinwch gyda grefi wedi ei dewychu a llysiau addas.
- Gallwch hefyd ei weini wedi ei ysgeintio'n ysgafn â *garam masala* gyda bara pitta.

Rhowch gynnig ar rywbeth gwahanol

Mae sawl amrywiad ar y saig sylfaenol hon.

- Gorchuddiwch y cig â ffa pob o dun cyn ychwanegu'r tatws.
- Ysgeintiwch â chaws wedi gratio cyn brownio.
- Defnyddiwch berlysiau a sbeisys i amrywio blas y cig.
- Ychwanegwch gaws wedi gratio neu nionod wedi eu torri'n fân at y tatws stwnsh er mwyn addasu'r topin.
- Gellir paratoi'r saig hon gyda chig eidion dros ben wedi ei goginio neu friwgig eidion heb ei goginio. Byddai angen mwy o amser coginio nes bod y cig yn eithaf meddal. Pastai'r bwthyn yw'r enw ar hwn.

Gweithgaredd

Ewch at i baratoi, coginio, gweini a blasu eich amrywiadau eich hun. Ewch at wedyn i asesu a thrafod pa mor llwyddiannus oedd y pryd a wnaethoch chi ei baratoi.

Rysáit 7 — Penfras wedi'i bobi, gyda chrwst caws a pherlysiau

Cynhwysion	Digon i 4	Digon i 10
Penfras, ffiledi tua 100 g yr un	4	10
Briwsion bara gwyn ffres	100 g	250 g
Menyn, marjarîn neu olew	100 g	250 g
Caws Cheddar	100 g	250 g
Persli	1 llwy fwrdd	1 llwy fwrdd
Halen		
Mwstard perlysiau	1 llond llwy de	2 llond llwy de

Paratoi i goginio

1 Paratowch y pysgodyn drwy dynnu'r croen. Yna glanhau, golchi a sychu'r pysgodyn yn drylwyr.
2 Gratiwch y caws a thorrwch y persli.

Coginio

1 Gosodwch y ffiledi ar hambwrdd wedi'i iro neu ddysgl sy'n addas i'w gosod yn y ffwrn.
2 Cyfunwch yr holl gynhwysion eraill yn drylwyr. Sesnwch yn ysgafn â halen.

3 Gosodwch haen wastad o'r gymysgedd ar y pysgod.
4 Pobwch mewn ffwrn ar dymheredd o 180°C am tua 15-20 munud hyd nes y bydd wedi coginio a'r crwst yn frown euraid golau.

Awgrym ar gyfer gweini

Gweinwch gyda chwarteri lemon a'r hadau wedi'u tynnu ohonyn nhw. Gallwch ychwanegu saws addas fel tomato neu wy.

Rhowch gynnig ar rywbeth gwahanol

- Ychwanegwch joch dda o sudd lemon cyn coginio.
- Ychwanegwch 2 lwy fwrdd/5 llwy fwrdd o laeth cyn coginio.
- Brwsiwch ag wy wedi'i guro cyn ychwanegu'r topin.
- Gorchuddiwch â sleisys o domatos wedi'u pilio cyn coginio.
- Ychwanegwch berlysiau ffres wedi'u torri, fel cennin syfi, dil, ffenigl, neu fymryn o sbeis, fel garam masala.

Gweithgaredd

Mewn grwpiau, ewch ati i baratoi, coginio, blasu ac asesu pedwar amrywiad o'r rysáit hon.

Pastai stêc

Cynhwysion	Digon i 4	Digon i 10
Cig eidion ar gyfer stiwio, stêc balfais (*chuck*) os yn bosib	400 g	1½ kg
Olew neu fraster	50 ml	125 ml
Nionod (dewisol)	100 g	250 g
Saws Caerwrangon	3–4 diferyn	8–10 diferyn
Persli	1 llwy de	3 llwy de
Stoc neu ddŵr	125 ml	300 ml
Blawd corn neu arorwt	10 g	25 g
Halen		
Crwst brau – defnyddiwch flawd o'r pwysau yma	200 g	500 g

Paratoi i goginio

1 Paratowch y crwst (gweler Rysáit 9).

2 Torrwch y cig yn stribedi 2 cm ac yna'n sgwariau.

3 Torrwch y nionod a'r persli.

Coginio

1 Cynheswch yr olew mewn padell ffrio, ychwanegwch y cig a browniwch yn gyflym ar bob ochr.

2 Draeniwch y cig i mewn i golandr.

3 Meddalwch y nionod yn ysgafn.

4 Rhowch y cig, nionod, saws Caerwrangon, persli a'r hylif mewn sosban. Sesnwch yn ysgafn gyda halen.

5 Dewch â'r gymysgedd i'r berw, sgimiwch, gadewch i fudferwi'n dawel nes bydd y cig yn frau.

6 Ailferwch, blaswch, addaswch y sesnin.

7 Rhowch y gymysgedd mewn dysgl bastai.

8 Rholiwch y crwst yn ofalus dros y rholbren ac yna ei ddad-rolio dros y bastai, gan ofalu peidio ag estyn y crwst yn ormodol.

9 Seliwch y crwst at ymyl y ddysgl yn gadarn a thorri unrhyw grwst dros ben i ffwrdd.

10 Gosodwch y bastai ar fwrdd pobi a phobwch ar 200°C am tua 30-45 munud. Os ydy'r crwst yn lliwio'n rhy gyflym, gorchuddiwch gyda phapur gwrthsaim neu ffoil.

Crwst brau

Cynhwysion	Digon i 5-8	Digon i 10-16
Blawd, meddal	200 g	500 g
Halen	Pinsiad	Pinsiad mawr
Lard neu fraster llysiau	50 g	125 g
Menyn neu farjarîn	50 g	125 g
Dŵr	2–3 llwy fwrdd	5–8 llwy fwrdd

Paratoi i goginio

1 Gwnewch yn siŵr bod eich dwylo wedi eu golchi'n dda, wedi eu rinsio o dan ddŵr oer a'u sychu'n drylwyr.

2 Torrwch y braster yn ddarnau bach.

Nodyn: Mae crwst brau yn cael ei wneud o flawd meddal a braster, sy'n rhoi gweadedd briwsionllyd, brau iddo. Mae faint o ddŵr sydd ei angen yn gallu amrywio yn ôl y math o flawd sy'n cael ei ddefnyddio. Gall blawd meddal mân iawn amsugno mwy o ddŵr. Bydd gwres (fel amodau tywydd cynnes, neu gyffwrdd â dwylo cynnes) yn amharu ar safon y cynnyrch.

Paratoi

1 Hidlwch y blawd a'r halen i mewn i bowlen neu ar ben arwyneb claear.

2 Gan ddefnyddio blaenau eich bysedd, rhwbiwch y braster i mewn i'r blawd nes bod ei weadedd yn debyg i dywod.

3 Gwnewch bant yng nghanol y gymysgedd.

4 Ychwanegwch ddigon o ddŵr i greu past eithaf solet. Cymysgwch gyda'i gilydd gan gyffwrdd â'r gymysgedd cyn lleied â phosib.

5 Parhewch i weithio'r gymysgedd yn ysgafn gyda'ch dwylo nes bod toes yn ffurfio.

6 Rhowch y crwst o'r neilltu, wedi ei orchuddio â lliain llaith, mewn lle oer (yn yr oergell) cyn ei ddefnyddio. Mae hyn yn galluogi'r crwst i sefyll, sy'n golygu ei fod yn llai tebygol o grebachu wrth gael ei rolio allan.

Rysáit 10 | Crwst melys

Cynhwysion	Digon i 4	Digon i 10
Wy, maint canolig	1	2–3
Siwgr mân	50 g	125 g
Menyn neu farjarîn	125 g	300 g
Blawd, meddal	200 g	500 g
Halen	Pinsiad	Pinsiad mawr

 Nodyn: Gellir defnyddio crwst melys ar gyfer paratoi tarten neu fflan.

Paratoi

1 Cyfunwch y braster a'r siwgr gyda'i gilydd nes eu bod wedi cyfuno'n llwyr.

2 Curwch yr wy. Cymysgwch yn dda.

3 Ychwanegwch y blawd yn raddol, yna casglwch y gymysgedd at ei gilydd yn ysgafn i ffurfio toes llyfn.

4 Gadewch idco orffwys yn yr oergell wedi ei orchuddio â *cling film* neu liain llaith.

Problemau posib wrth wneud crwst brau neu felys

Os ydy eich crwst yn rhy galed, efallai eich bod:
- Wedi ychwanegu gormod o ddŵr
- Heb ychwanegu digon o fraster
- Heb rwbio'r braster i mewn i'r gymysgedd yn ddigonol
- Wedi trin a thrafod a rholio gormod ar y toes
- Wedi ei bobi gormod.

Os ydy eich crwst yn rhy feddal a briwsionllyd, efallai eich bod:
- Heb ychwanegu digon o ddŵr
- Wedi ychwanegu gormod o fraster.

Os ydy eich crwst yn llawn swigod, efallai eich bod:
- Heb ychwanegu digon o ddŵr
- Heb ychwanegu'r dŵr at y gymysgedd yn gyfartal
- Heb rwbio'r braster i mewn i'r gymysgedd yn gyfartal.

Os ydy eich crwst yn doeslyd, efallai eich bod:
- Wedi ychwanegu gormod o ddŵr
- Heb ddefnyddio ffwrn ddigon poeth
- Heb ei bobi am ddigon o amser.

Os ydy eich crwst yn grebachlyd, efallai eich bod:
- Wedi trin a thrafod a rholio gormod ar y toes
- Wedi ei estyn gormod wrth ei drin.

Tartledi ffrwythau

Cynhwysion	Digon i 4	Digon i 10
Crwst melys	100 g	250 g
Hufen crwst (*crème pâtissière*)	4 llwy fwrdd	10 llwy fwrdd
Ffrwythau, ffres neu o dun	100 g	250 g
Arorwt ar gyfer sglein (dewisol)		

Nodyn: Mae ffrwythau meddal (e.e. mefus, mafon) a ffrwythau tun (e.e. pinafal, eirin gwlanog, gellyg) yn boblogaidd ar gyfer tartledi. Mae'r casys crwst yn cael eu pobi'n wag (*bake blind*), sy'n golygu eu bod yn cael eu coginio cyn i'r llenwad gael ei roi ynddyn nhw.

Paratoi i goginio

1 Paratowch y crwst melys yn ôl Rysáit 10.

2 Paratowch yr hufen crwst (*crème pâtissière* – gweler tudalen 119) neu gwstard.

3 Paratowch y ffrwythau os ydyn nhw'n ffres. Dylai mefus gael eu golchi'n dda, eu sychu'n llwyr ac, yn dibynnu ar eu maint, naill ai eu cadw'n gyfan neu eu torri'n sleisys.

4 Cynheswch y ffwrn ymlaen llaw i 200°C-220°C.

Coginio

1 Rholiwch y crwst melys i 3 mm o drwch.

2 Defnyddiwch dorrwr rhychiog i dorri'r crwst yn gylchoedd.

3 Gosodwch y cylchoedd crwst mewn mowldiau tartled wedi eu hiro'n ysgafn.

4 Tacluswch eu siapiau'n ofalus, gan ddefnyddio mymryn o flawd ar flaenau'r bysedd os oes angen.

5 Priciwch y gwaelodion yn ofalus gyda fforc mewn 2-3 lle.

6 Torrwch gylchoedd o bapur gwrthsaim i ffitio'n gyfforddus ym mhob un o'r casys tartled. Gosodwch y papur ar ben y crwst a llenwch y canol â phys, ffa neu fara sych.

7 Gosodwch y tartledi ar dun pobi. Pobwch ar 200°C-220°C am tua 20 munud nes eu bod wedi coginio a brownio'n dda.

8 Tynnwch y casys o'r ffwrn a'u gadael i oeri ar resel oeri.

9 Unwaith mae'r tartledi wedi oeri, tynnwch y papur a'r ffa.

10 Rhowch haen denau o hufen crwst (*crème pâtissière*) yng ngwaelod pob casyn.

11 Trefnwch y ffrwythau'n dwt ar ei ben. Gweithiwch yn drefnus. Yn y llun, mae'r cogydd wedi gosod y llus yr un pellter oddi wrth ei gilydd fel cam cyntaf.

12 Nawr mae'n rhaid llenwi'r bylchau rhyngddyn nhw. Mae'r patrwm yn daclus a rheolaidd.

13 Gwanhewch ychydig o arorwt mewn basn gydag ychydig o sudd ffrwythau (10 g o arorwt i ¼ litr o sudd). Os ydych yn defnyddio ffrwythau tun, defnyddiwch y sudd o'r tun.

14 Berwch weddill y sudd mewn sosban fechan a chymysgwch yr arorwt wedi'i wanhau i mewn yn raddol, gan droi'n barhaus tan i'r gymysgedd ddod yn ôl i'r berw. Gadewch i'r sglein oeri cyn ei ddefnyddio.

15 Defnyddiwch y sglein i orchuddio'r ffrwythau ar bob tartled.

Rhowch gynnig ar rywbeth gwahanol

Gyda ffrwythau meddal, gellir gwneud sglein coch trwy ddefnyddio jam sydd wedi cael ei wanhau gydag ychydig o ddŵr neu surop. Bydd angen ei gynhesu'n ysgafn tan ei fod wedi cymysgu ac yna ei basio trwy hidlydd gyda thyllau mân.

Rysáit 12 — Tarten ffrwythau

Cynhwysion	Digon i 4	Digon i 10
Ffrwythau	400 g	1 kg
Siwgr gronynnog (*granulated*)	100 g	250 g
Dŵr	2 lwy fwrdd	5 llwy fwrdd
Crwst brau – defnyddiwch flawd o'r pwysau yma.	100 g	250 g

Paratoi i goginio

1 Paratowch a golchwch y ffrwythau. Tynnwch unrhyw goesyn, deilen neu garreg o'r ffrwyth. Os ydych yn defnyddio afalau, piliwch, torrwch yn chwarteri, tynnwch y craidd a thorrwch yn sleisys.

2 Gwnewch y crwst brau a'i gadw yn yr oergell tan y byddwch yn ei ddefnyddio.

3 Cynheswch y ffwrn i 220°C ymlaen llaw.

Coginio

1 Rhowch y ffrwythau mewn dysgl darten hanner litr.

2 Ychwanegwch y siwgr a'r dŵr (rhowch glof mewn tarten afalau).

3 Rholiwch y crwst i siâp y ddysgl tan ei fod tua ½ cm o drwch. Defnyddiwch cyn lleied o flawd â phosibl i ysgeintio'r crwst, y bwrdd a'r rholbren. Rhowch y crwst o'r neilltu am ychydig funudau.

4 Rhowch ychydig o ddŵr neu laeth ar ymyl y ddysgl darten a gwasgwch haen denau o grwst arno.

5 Rholiwch y crwst dros y rholbren yn ofalus ac yna'i ddadrolio dros ben y ffrwythau, gan ofalu peidio ag estyn y crwst yn ormodol.

6 Seliwch y crwst ar ymyl y ddysgl yn gadarn a thorrwch unrhyw grwst dros ben i ffwrdd.

7 Brwsiwch ychydig o laeth dros y crwst ac ysgeintiwch â siwgr.

8 Gosodwch y darten ar fwrdd pobi a phobwch mewn ffwrn boeth ar 220°C am tua 10 munud.

9 Trowch y gwres lawr i 180°C a choginiwch am 20-30 munud eto (os yw'r crwst yn lliwio'n rhy gyflym, rhowch ffoil neu bapur gwrthsaim drosto).

Awgrym gweini

Gweinwch gyda chwstard, hufen neu hufen iâ.

Llenwad ffrwythau ar gyfer tarten

Mae afalau Bramley yn ddelfrydol. Gallwch ychwanegu naill ai mwyar duon, gwsberis neu eirin damson.

Mae tarten riwbob neu geirios yn boblogaidd iawn hefyd.

Rysáit 13   Rholiau bara

Cynhwysion	8 rhôl	20 rhôl
Blawd, cryf	200 g	500 g
Burum	5 g	12 g
Hylif – ½ cŵr, ½ llaeth	125 ml	300 ml
Menyn neu farjarîn	10 g	25 g
Siwgr mân	¼ llwy de	½ llwy de
Halen	Pinsiad bach	Pinsiad mawr
Wyau, wedi'u curo ar gyfer sglein wyau	1	2

Coginio

1 Hidlwch y blawd i mewn i bowlen a'i gynhesu yn y ffwrn neu ar ben stôf.
2 Cyfunwch y burum mewn basn gyda chwarter yr hylif.
3 Gwnewch bant yn y blawd ac arllwys y burum wedi toddi i mewn iddo.
4 Ysgeintiwch ychydig o flawd drosto, ei orchuddio â lliain a'i adael mewn lle cynnes nes fod y burum yn eplesu (byrlymu).
5 Ychwanegwch weddill yr hylif wedi ei gynhesu, y braster, y siwgr a'r halen.
6 Tylinwch yn gadarn tan ei fod yn llyfn a heb grychau.
7 Rhowch y toes yn ôl yn y ddysgl, gorchuddiwch â lliain a'i adael mewn lle cynnes i godi (dyblu mewn maint).
8 Tylinwch y toes yn ysgafn i gael gwared ar yr aer a'i gael yn ôl i'w faint gwreiddiol.
9 Moldiwch y toes yn rholyn a'i dorri'n ddarnau cyfartal.
10 Moldiwch y darnau i'r siapiau yr ydych am eu creu. Gosodwch nhw ar dun pobi wedi ei ysgeintio'n ysgafn â blawd a gorchuddiwch â lliain.
11 Rhowch mewn lle cynnes i ddyblu mewn maint.
12 Brwsiwch yn ofalus gyda sglein wyau.
13 Pobwch mewn ffwrn boeth ar 220°C am tua 10 munud.
14 Tynnwch o'r ffwrn a gosodwch y rholiau ar resel oeri.

Rhowch gynnig ar rywbeth gwahanol

Ychwanegwch 50 g o syltanas a 50 g o ganu Ffrengig wedi'u malu, yn ofalus yn ystod cam 8.

Rysáit 14 — Torth wen syml

Cynhwysion	Digon i 10
Blawd plaen, cryf	375 g
Burum, sych neu ffres	10 g
Dŵr, cynnes	125 ml
Llaeth, cynnes	125 ml
Siwgr mân	2 lwy de
Halen	1 llwy de
Menyn wedi'i doddi, marjarîn neu olew llysiau	30 g

Nodyn: Mae'r rhan fwyaf o fara heddiw yn fara lefain (*leavened bread*). Mae burum neu bowdr codi (gelwir bara a wnaed gyda phowdr codi yn fara soda) yn cael ei ddefnyddio i godi'r bara. Mae burum yn cynhyrchu carbon deuocsid, sy'n crynhoi'n swigod mân yn y toes ac yn gwneud i'r toes godi.

Mae'n bwysig bod y burum yn ffres a bod y swm cywir yn cael ei ddefnyddio i gymharu â'r blawd sy'n cael ei ddefnyddio. Rhaid cymysgu a thylino'n drylwyr i sicrhau bod y burum yn cyfuno â'r cynhwysion eraill. Ni ddylai'r ail dylinad fod yn rhy galed er mwyn osgoi colli gormod o'r nwy sydd yn y gymysgedd.

Defnyddiwch flawd cryf i wneud bara. Nid yw blawd meddal yn addas gan ei fod yn cynnwys llai o glwten.

Mae bara sydd wedi ei wneud heb furum na phowdr codi'n cael ei alw'n fara 'croyw'. Mae bara croyw yn wastad, e.e. bara pitta.

Coginio

1 Cyfunwch y burum, dŵr a siwgr mewn powlen. Chwisgwch y gymysgedd tan fod y burum wedi toddi. Gorchuddiwch a'i adael mewn lle cynnes i eplesu (byrlymu) am tua 10 munud neu tan fod y gymysgedd yn ewynnog (*frothy*).

2 Hidlwch y blawd a'r halen mewn i ddysgl gymysgu. Ychwanegwch y menyn wedi ei doddi, y llaeth a'r gymysgedd burum.

3 Cymysgwch i ffurfio toes, gan ddefnyddio'r bachyn ar y peiriant cymysgu. Dechreuwch ar gyflymder isel am 6 munud, yna cynyddwch i gyflymder canolig am 4 munud.

4 Rhowch y toes mewn dysgl wedi ei hysgeintio'n ysgafn â blawd. Gosodwch mewn lle cynnes wedi ei orchuddio â llian llaith a gadewch iddo godi (cynyddu mewn maint) tan ei fod wedi dyblu o ran maint.

5 Gall gymryd hyd at awr i'r toes ddyblu o ran maint.

6 Trowch y toes allan i arwynebedd wedi ei ysgeintio â blawd a'i ail-dylino i'w fwrw'n ôl i'w faint gwreiddiol a tan ei fod yn llyfn.

7 Rholiwch y toes yn betryal 18 cm x 35 cm. Rholiwch y petryal i fyny fel swiss-rôl. Gosodwch ef mewn tun bara 14 cm x 21 cm wedi ei iro. Gorchuddiwch a gadewch mewn lle cynnes am 20 munud tan ei fod wedi dyblu o ran maint.

8 Brwsiwch ychydig o laeth dros dop y dorth i roi lliw brown hyfryd iddi. Gosodwch mewn ffwrn wedi ei chynhesu ymlaen llaw (180°C-200°C) am tua 30 munud.

9 Trowch y dorth allan ar resel wifren.

Problemau posibl wrth wneud bara

Os ydy eich bara yn drwm, efallai eich bod:
- Wedi defnyddio hen furum
- Wedi dinistrio'r burum gyda hylif poeth neu amodau poeth yn ystod y broses baratoi
- Wedi gwneud y toes a'i adael i godi mewn lle rhy oer
- Heb ddefnyddio digon o hylif
- Heb adael i'r toes godi am ddigon o amser

Os ydy gweadedd eich bara yn anghyson, efallai eich bod:
- Heb dylino'r toes digon
- Wedi gadael i'r toes godi'n ormodol
- Wedi rhoi'r toes mewn ffwrn rhy oer wrth ddechrau coginio, a bod hyn wedi caniatáu i'r broses eplesu barhau am ormod o amser.

Os oes blas sur ar eich bara, efallai eich bod:
- Wedi defnyddio hen furum
- Wedi defnyddio gormod o furum
- Wedi gadael i'r toes godi'n ormodol.

Storio

Cofiwch storio bara a chynnyrch toes sydd heb eu coginio mewn oergell tan eu bod yn barod i'w coginio. Cofiwch hefyd i gadw bara a chynnyrch toes wedi eu rhewi yn y rhewgell tan eu bod yn barod ar gyfer pobi.

Rysáit 15 — Bara heb glwten

Cynhwysion	Digon i 10
Blawd plaen heb glwten	450 g
Powdr codi	2 lwy de
Halen	1½ llwy de
Bran ceirch	180 g
Hadau blodau'r haul	160 g
Menyn, marjarîn neu olew llysiau	70 g
Llaeth	375 ml
Wyau	2
Hadau pabi	2 lwy de

Nodyn: Mae rhai pobl yn dioddef o alergedd i glwten, sef protein sydd mewn gwenith. Mae clefyd coeliag yn cael ei achosi gan ymateb i glwten. Mae cynnyrch heb glwten yn ddewis amgen diogel i fara cyffredin ar gyfer pobl sy'n dioddef o'r clefyd coeliag neu alergedd i glwten.

Coginio

1 Hidlwch y blawd, powdr codi a halen i mewn i bowlen fawr. Ychwanegwch y bran ceirch a chymysgwch yn dda. Cymysgwch hadau blodau'r haul i mewn hefyd.

2 Rhwbiwch y menyn neu cymysgwch yr olew i mewn.

3 Curwch yr wyau a'r llaeth. Ychwanegwch at y gymysgedd.

4 Cymysgwch i ffurfio toes.

5 Gwasgwch y toes i mewn i dun torth 14 cm x 21 cm wedi ei iro. Brwsiwch â llaeth ac ysgeintiwch hadau pabi drosto.

6 Pobwch mewn ffwrn wedi ei chynhesu ymlaen llaw i 160°C-180°C am tua 1 awr.

7 Unwaith mae wedi pobi, gadewch y dorth yn y tun torth am 10 munud. Yna, trowch allan ar resel wifren i oeri.

Torth fanana

Cynhwysion	Digon i 10
Siwgr brown meddal	125 g
Marjarîn, menyn neu olew llysiau	140 g
Wyau	2
Blawd cyflawn	200 g
Powdr codi	12 g
Sinamon	$\frac{1}{8}$ llwy de
Bananas aeddfed, wedi eu stwnsio	2
Syltanas	50 g

Paratoi i goginio

1 Curwch yr wyau.
2 Tynnwch y croen oddi ar y bananas, a stwnsiwch y bananas.

Coginio

1 Cyfunwch y siwgr a'r marjarîn, menyn neu olew llysiau.

2 Ychwanegwch yr wyau wedi eu curo yn raddol a churwch y gymysgedd yn dda gyda phob ychwanegiad.

3 Hidlwch y powdr codi gyda'r blawd cyflawn.

4 Ychwanegwch y blawd a'r powdr codi'n raddol i'r gymysgedd siwgr, marjarîn ac wy.

5 Ychwanegwch y bananas a'r syltanas yn ofalus. Cymysgwch yn ysgafn ond yn drylwyr.

6 Rhowch y gymysgedd mewn tun torth tua 20 cm x 12 cm wedi ei leinio â phapur silicôn.

7 Pobwch mewn ffwrn ar 180°C am tua 30 munud.
8 Tynnwch allan a gadewch i oeri. Torrwch yn sleisys.

Rysáit 17 — Byns ffrwythau

Cynhwysion	8 bynsen	20 bynsen
Toes byns:		
Blawd, cryf	200 g	500 g
Burum	5 g	12 g
Llaeth a dŵr (yn fras)	60 ml	150 ml
Wyau, maint canolig	1	2–3
Menyn neu farjarîn	50 g	125 g
Siwgr mân	25 g	60 g
Ffrwythau sych (e.e. cyrens, syltanas)	50 g	125 g
Sbeis cymysg		
Sglein ar gyfer y byns:		
Siwgr	100 g	
Llaeth neu ddŵr	125 ml	

Paratoi i goginio

1 Golchwch y ffrwythau sych.

2 Curwch yr wy.

Coginio

1 Hidlwch y blawd i mewn i bowlen a'i gynhesu.

2 Rhwbiwch y burum i mewn i'r blawd.

3 Rhwbiwch y braster i mewn.

4 Gwrewch bant yng nghanol y blawd ac arllwys yr wy wedi'i guro i mewn iddo.

5 Arllwyswch y gymysgedd o laeth a dŵr i mewn i'r bowlen.

6 Cymysgwch gyda'i gilydd. Wrth i chi weithio, ychwanegwch y siwgr, ffrwythau sych a sbeis cymysg.

7 Tylnwch yn dda i ffurfio toes meddal, llac.

8 Parhewch i dylino tan ei fod yn llyfn a ddim yn ludiog.

9 Cadwch y toes wedi ei orchuddio yn y bowlen i godi. Bydd yn dyblu o ran maint. (Mae'r llun hwn yn dangos yr un faint o does, cyn ac ar ôl codi. Nid oes ffrwythau yn y toes yn y llun.)

10 Mowldiwch y toes yn beli. Gosodwch y rhain ar dun pobi wedi ei iro'n ysgafn. Gorchuddiwch â lliain a'u gadael i godi eto.

11 Pobwch mewn ffwrn boeth (220°C) am 15-20 munud.

12 Berwch y cynhwysion ar gyfer y sglein gyda'i gilydd tan eu bod yn ffurfio surop trwchus.

13 Tynnwch y byns o'r ffwrn a brwsiwch y sglein drostynt yn hael.

14 Rhowch y byns ar resel oeri.

Rhowch gynnig ar rywbeth gwahanol

I wneud byns y Grog (*hot cross buns*):

- Gwnewch fyns ffrwythau fel uchod, ond gydag ychydig mwy o sbeis.
- Pan fyddan nhw wedi eu mowldio, defnyddiwch gefn cyllell i dorri croes ar dop pob bynsen.
- Neu, gallwch wneud cymysgedd lac o flawd a dŵr mewn côn papur gwrthsaim a pheipio croes daclus ar bob un.

Sgons

Cynhwysion	8 sgon	20 sgon
Cynhwysion	200 g	500 g
Blawd codi	5 g	12 g
Powdr codi	Pinsiad bach	Pinsiad mawr
Halen	50 g	125 g
Menyn neu farjarîn	50 g	125 g
Siwgr mân	65 ml	175 ml
Llaeth neu ddŵr	50 g	125 g
Syltanas		

 Nodyn: Oherwydd y swm bychan o fraster yn y toes, rhaid i chi gymysgu'n ysgafn a thrin y toes yn ofalus i gynhyrchu sgons ysgafn.

Paratoi i goginio

Golchwch y syltanas. Sychwch yn dda.

Coginio

1 Hidlwch y blawd, y powdr codi a'r halen i mewn i bowlen.
2 Rhwbiwch y braster i mewn yn ysgafn nes bod gweadedd tywodlyd i'r gymysgedd.
3. Toddwch y siwgr yn yr hylif.

4 Yn raddol a gofalus, cymysgwch yr hylif i mewn i'r blawd.
5 Rhannwch y toes yn ddau.

6 Gan ddefnyddio cyn lleied o flawd â phosib, rholiwch y toes nes ei fod yn 1 cm o drwch.

7 Defnyddiwch dorrwr i dorri'r cylchoedd.
8 Gosodwch y cylchoedd ar fwrdd pobi wedi ei iro'n ysgafn.
9 Defnyddiwch gyllell finiog i dorri croes hanner ffordd drwy'r cylchoedd. Brwsiwch â llaeth a'u pobi ar 200°C am 15-20 munud.

Rhowch gynnig ar rywbeth gwahanol

Ysgeintiwch â siwgr eisin i wella eu hymddangosiad. Ar gyfer sgons cyflawn, defnyddiwch hanner blawd codi a hanner blawd cyflawn.

Rysáit 19 Crymbl afal

Cynhwysion	Digon i 4	Digon i 10
Llenwad y crymbl:		
Afalau Bramley	600 g	2 kg
Siwgr, brown neu ronynnog	100 g	250 g
Clof	1	2
Topin:		
Menyn neu farjarîn	50 g	125 g
Siwgr brown meddal	100 g	250 g
Blawd plaen	150 g	400 g

Coginio

1 Piliwch, tynnwch graidd a sleisiwch yr afalau.

2 Coginiwch yr afalau'n ofalus gydag ychydig o ddŵr, siwgr a chlofs mewn sosban gyda chaead.

3 Rhowch yr afalau wedi'u coginio mewn dysgl darten neu fowldiau unigol. Tynnwch y clofs allan.

4 Gwnewch y topin trwy rwbio'r braster i mewn i'r blawd yn ysgafn. Cyfunwch hyn gyda'r siwgr.

5 Pan mae'r ffrwythau wedi dechrau oeri, ysgeintiwch y topin drostyn nhw a phobwch am 190°C am tua 30 munud, nes ei fod wedi brownio'n ysgafn.

Awgrym gweini

Gweinwch gyda chwstard, hufen neu hufen iâ fanila.

Rhowch gynnig ar rywbeth gwahanol

Rhowch gynnig ar gyfuniadau eraill o ffrwythau fel:

● Afal a mwyar duon

● Afal a gwsberis

● Afal a riwbob

Rhowch gynnig ar amrywiadau ar gyfer y topin:

● Ychwanegwch ychydig o sbeis, e.e. sinamon, nytmeg, sbeis cymysg, sinsir wedi'i falu

● Defnyddiwch hanner blawd a hanner ceirch.

Rysáit 20

Pwdin reis wedi'i bobi

Cynhwysion	Digon i 4	Digon i 10
Reis, grawn byr	50 g	125 g
Siwgr mân	50 g	125 g
Llaeth, llawn neu hanner sgim	½ litr	1½ litr
Menyn	12g	30 g
Rhinflas fanila	2–3 diferyn	6–8 diferyn
Nytmeg, wedi gratio		

Coginio

1 Golchwch y reis a'i osod mewn dysgl tarten.

2 Ychwanegwch y siwgr a'r llaeth a chymysgwch yn dda.

3 Ychwanegwch y menyn, rhinflas fanila a'r nytmeg.

4 Gosodwch y ddysgl ar dun pobi. Sychwch unrhyw laeth o ymyl y ddysgl.

5 Pobwch ar 180°C-200°C nes bod y llaeth yn dechrau mudferwi.

6 Gostyngwch y gwres i 150°C a gadewch i'r pwdin goginio'n araf am 1½ -2 awr.

Ryseitiau rhostio

Rysáit 21

Ffolen oen Morgannwg rhost ar gacen datws bara lawr gyda saws mwyar a stowt Cymreig

Cynhwysion	Digon i 4	Digon i 10
Tatws newydd Sir Benfro	400 g	1 kg
Ffolen oen Morgannwg	4	10
Olew had rêp	2 lwy fwrdd	5 llwy fwrdd
Llysiau ar gyfer *mirepoix* (moron, cennin, nionod, seleri)	100 g	250 g
Cwrw du Cymreig (bragdy Bullmastif)	1 potel	2 botel
Jeli cyrens cochion	1 llwy fwrdd	2 lwy fwrdd
Stoc oen	400 ml	1 litr
Taragon	1 llwy fwrdd	2 lwy fwrdd
Cennin	100 g	250 g
Stribedi o gig moch	100 g	205 g
Orennau	1	2
Bara lawr (cynnyrch wedi ei baratoi o flaen llaw)	200 g	500 g
Mwyar neu gyrens duon ffres	1 bocs	2 focs

Nodyn: Mae Defaid Mynydd Cymreig yn lleol i Fro Morgannwg ac yn cynhyrchu cig coch blasus. Mae tatws newydd Sir Benfro yn fath poblogaidd yng Nghymru. Mae cwrw lleol o fragdy bychan yng Nghaerdydd yn rhoi dimensiwn lleol iawn i'r saig ac mae defnyddio cig moch wedi'i fagu'n lleol yn rhoi gwir flas o dde Cymru. Erbyn hyn, mae bara lawr yn cael ei ddefnyddio mewn nifer eang o seigiau ar hyd a lled Cymru, nid yn unig fel cynhwysyn brecwast.

Dull

1 Coginiwch y tatws mewn dŵr berwedig wedi'i halltu am tua 15 munud nes eu bod wedi coginio. Stwnsiwch yn ysgafn gyda fforc. Gorchuddiwch a gosodwch i'r naill ochr mewn lle cynnes.

2 Sesnwch y ffolennau oen gyda halen a phupur du newydd ei falu.

3 Cynheswch yr olew mewn padell ffrio y gellir ei rhoi yn y ffwrn a ffriwch y ffolennau oen nes eu bod wedi brownio'n ysgafn.

4 Trosglwyddwch y ffolennau i'r ffwrn a'u rhostio am 8-10 munud (ar gyfer lled-goch (*medium rare*)).

5 Tynnwch y cig allan o'r ffwrn a'i osod i'r naill ochr mewn man cynnes, cadwch y badell ar gyfer y cam nesaf.

6 Rhowch y torion oen wedi eu cadw a'r *mirepoix* llysiau yn y badell rostio a choginiwch dros wres uchel nes bod yr holl gynhwysion yn dechrau brownio a charameleiddio.

Paratoi i goginio

1 Paratowch a thrimiwch y cig oen (cadwch y torion i'r naill ochr). Sgoriwch y braster os ydych chi am gyflwyno'r ffolennau'n gyfan ar gyfer eu gweini.

2 Golchwch y tatws a'r llysiau.

3 Torrwch y llysiau yn *mirepoix*.

4 Torrwch y taragon a gratiwch groen yr orennau'n fân.

5 Cynheswch y ffwrn ymlaen llaw i 185°C-195°C.

7 Arllwyswch ddigon o gwrw i orchuddio'r cynhwysion i mewn i'r badell ac ychwanegwch y jeli cyrens cochion. Crafwch unrhyw ddarnau wedi brownio oddi ar waelod y badell i'w rhoi yn y grefi.

8 Coginiwch nes bod y cwrw wedi lleihau i hanner ei gyfaint gwreiddiol, yna ychwanegwch y stoc oen a'r taragon. Yna ei leihau yn ei hanner eto, gan brofi'r blas. Coginiwch nes ei fod yn cyrraedd trwch jus. Addaswch y sesnin yn ôl yr angen.

9 Hidlwch y saws a'i gadw'n gynnes yn barod i'w weini.

10 Poethwch badell ffrio sydd â gwaelod trwchus a ffriwch y stribedi cig moch, cennin a chroen oren yn gyflym yn y badell, gan ddefnyddio'r braster o'r cig moch fel cyfrwng ffrio (ffrio sych). Ffriwch nes bod y stribedi wedi brownio'n ysgafn ac ychydig yn greisionllyd.

11 Ychwanegwch y tatws a'r bara lawr i'r badell a chymysgwch yn ofalus, gan falu'r tatws ychydig yn fwy. Profwch y blas ac ychwanegwch unrhyw sesnin yn ôl yr angen.

12 Rhowch ychydig o'r gymysgedd tatws mewn mowld cylch bychan ar ganol pob plât ac yna tynnwch y mowld. Gosodwch y ffolen oen yn ofalus ar ei ben (wedi ei sleisio neu'n gyfan) yna arllwyswch y *jus* o amgylch y plât. Gorffennwch trwy roi garnais o fwyar neu gyrens duon dros y plât.

Rhowch gynnig ar rywbeth gwahanol

- Mae'r rysáit hon yn defnyddio tatws heb eu pilio – rhowch gynnig ar y rysáit gan ddefnyddio tatws wedi eu pilio i gael gweadedd mwy llyfn.

- Ychwanegwch y ffrwythau at y saws ar ôl ei hidlo. Wrth i'r saws gael ei ailgynhesu bydd y ffrwythau'n meddalu, a bydd hyn yn newid gweadedd y garnais.

Rysáit 22 **Tatws rhost**

Cynhwysion

Tatws wedi'u golchi, eu pilio a'u torri (bydd 1 kg o hen datws yn ddigon ar gyfer 4-6)

Olew neu doddion ar gyfer rhostio

Halen, pinsiad

Coginio

1 Cynheswch olew neu doddion mewn tun pobi.
2 Ychwanegwch y tatws (cofiwch eu sychu'n iawn) a'u brownio'n dda ar bob ochr.
3 Sesnwch gyda halen cyn eu coginio am ¾-1 awr mewn ffwrn boeth (230-250ºC).
4 Trowch y tatws drosodd tua hanner ffordd drwy'r broses goginio.
5 Coginiwch y tatws hyd nes y byddan nhw'n greisionllyd ac euraid. Draeniwch y braster cyn eu gweini.

Paratoi i goginio

1 Golchwch, piliwch ac ailolchwch y tatws.
2 Torrwch y tatws yn ddarnau cyfartal. Bydd angen tua 3-4 ar gyfer pob person.
3 Sychwch y tatws yn dda.
4 Cynheswch y ffwrn ymlaen llaw i tua 230-250ºC.

Cig eidion rhost a grefi traddodiadol

Cynhwysion

Darn o gig eidion yn ôl eich dewis chi o ran math a maint

Halen

Toddion neu olew

Nionod, moron a seleri, wedi eu torri'n fras

Stoc brown

Paratoi i goginio

1 Trimiwch y darn o gig i gael gwared ar fraster gormodol ac unrhyw esgyrn a fyddai'n gwneud cerfio'n anodd. Yn dibynnu ar y darn o gig a'r ffordd yr ydych yn ei baratoi, efallai y byddwch eisiau ei glymu â llinyn i gadw ei siâp.

2 Golchwch y llysiau, eu pilio a'u torri'n fras.

3 Paratowch stoc brown (tudalen 99).

4 Cynheswch y ffwrn ymlaen llaw i 250°C.

Nodyn: Y darnau addas ar gyfer rhostio yw:
- Dosbarth cyntaf – syrlwyn, syrlwyn ar yr asgwrn, asen flaen, ffiled
- Ail ddosbarth – asen ganol, ochr orau'r forddwyd

Coginio

1 Sesnwch y cig yn ysgafn gyda halen a'i osod ar drybedd (metel neu esgyrn) mewn tun rhostio.

2 Gosodwch ychydig o doddion neu olew dros y cig a'i goginio mewn ffwrn boeth ar 230-250°C am tua 15 munud, ac yna troi'r gwres lawr i 200-220°C, yn dibynnu ar faint y darn o gig. Mae amser rhostio fel arfer yn 15 munud ar gyfer pob ½ kg a 15 munud ychwanegol.

3 Brasterwch yn aml ac, ar gyfer darnau mawr o gig, dewch â'r gwres lawr yn raddol fesul 5-10°C (yn dibynnu ar faint y darn).

4 Gallwch ychwanegu nionod, moron a seleri wedi eu torri'n fras i mewn i'r tun rhostio tua 30 munud cyn bod y darn o gig yn barod er mwyn rhoi blas ychwanegol i'r grefi.

5 Tynnwch y tun o'r ffwrn a gosodwch y darn o gig ar blât neu ddysgl. Cofiwch sicrhau ei fod wedi'i goginio'n iawn (gweler isod).

6 Os ydych yn hapus bod y cig wedi coginio, gorchuddiwch y cig â ffoil a'i adael i orffwys mewn lle cynnes am o leiaf 15 munud. Mae hyn yn rhoi amser i'r cig setio fel ei fod yn frau cyn ei gerfio.

Profi'r darn cig i wneud yn siŵr ei fod wedi'i goginio

Os nad oes gennych brofwr tymheredd:

- Tynnwch y darn o gig allan o'r ffwrn a'i osod ar blât neu ddysgl.
- Gwasgwch y cig yn gadarn er mwyn gwasgu peth o'r hylif allan o'r darn cig.
- Gwiriwch beth yw lliw'r hylif:
  - Coch – mae'n dangos nad yw'r cig wedi coginio digon
  - Pinc – mae'n dangos bod y cig wedi ei goginio'n ganolig
  - Clir – mae'n dangos bod y cig wedi ei goginio drwyddo

Os ydych yn defnyddio profwr tymheredd

- Goscdwch y tymheredd ar y profwr ar y tymheredd cywir ar gyfer y cig. Rhowch y profwr i mewn i ganol y cig yn llorweddol.
- Gadewch y profwr yn y cig wrth iddo goginio.
- Bydd larwm yn canu i ddweud pryd mae'r cig wedi ei goginio'n berffaith.

Wrth ddefnyddio thermomedr cig:

- Rhowch y thermomedr i mewn i ran fwyaf trwchus y cig cyn iddo gael ei roi yn y ffwrn.
- Dylai'r tymheredd mewnol gyrraedd yr hyn sy'n cael ei ddangos isod:
  - Cig nad yw wedi coginio digon 52-55°C
  - Cig wedi ei goginio'n ganolig (pinc) 66-71°C
  - Cig prin wedi ei goginio (ychydig yn binc) 78-80°C

Gwneud y grefi

1 Tra bod y cig yn gorffwys gallwch wneud y grefi trwy arllwys cymaint o'r braster â phosibl, gan adael unrhyw hylif cig a llysiau ar ôl yn y tun.

2 Gosodwch dros wres isel ac ychwanegwch ddigon o stoc brown ar gyfer y grefi (digon ar gyfer yr hyn sydd ei angen arnoch). Gadewch iddo fudferwi am 5 munud gan grafu'r holl waddodion a hylif cig o'r darn o gig gyda llwy (peidiwch â defnyddio llwy fetel).

3 Blaswch y grefi, addaswch y sesnin a'i basio trwy hidlydd mân. Os nad oes digon o flas ar y grefi gallwch ychwanegu cynnyrch masnachol.

Awgrym gweini

- Cerfiwch y cig yn erbyn y graen, gan ddilyn y cyfarwyddiadau cerfio ar dudalen 160.
- Gosodwch y bwrdd gyda chyllyll stêc, miniog, heb ddannedd, a fydd yn torri drwy'r cig yn hawdd. Mae cyllell ddi-fin yn gwneud i gig ymddangos yn llai brau, ac mae cyllyll danheddog yn annog eich gwesteion i 'lifio'r cig'. Gall y ddau beth yma ddifetha'r cig, hyd yn oed os ydy'r cig wedi'i goginio'n arbennig o dda.
- Gweinwch gyda phwdin Efrog, grefi a dewis o lysiau wedi eu rhostio a'u stemio.

Rysáit 24 — Pwdin Efrog

Cynhwysion	Digon i 4	Digon i 10
Blawd plaen	85 g	215 g
Wyau	2	5
Llaeth	85 ml	215 ml
Dŵr	40 ml	100 ml
Halen, pinsiad		
Toddion cig eidion o'r darn o gig neu olew ysgafn	20 g	50 g

Coginio

Nodyn: Pwdin Efrog yw'r cyfwyd traddodiadol ar gyfer cig eidion rhost.

1 Rhowch y blawd a'r wyau mewn dysgl a'u cymysgu'n bast llyfn.

2 Ychwanegwch y llaeth a'r dŵr yn raddol, gan guro'n gryf i sicrhau bod digon o aer yn y gymysgedd. Dylai'r aer ymddangos yn swigod bychan ar wyneb y gymysgedd. Ychwanegwch yr halen a gadael y gymysgedd am awr.

3 Cynheswch y mowldiau pwdin mewn ffwrn boeth ar 190°C. Ychwanegwch ychydig o doddion i bob mowld (toddion o'r cig os yn bosib gan y bydd hyn yn rhoi blas). Fel arall, defnyddiwch olew.

4 Defnyddiwch letwad i lenwi dwy ran o dair o bob mowld.

5 Rhowch yn y ffwrn am 20-30 munud. Wrth wirio eu bod yn coginio'n iawn, agorwch ddrws y ffwrn cyn lleied â phosibl, ac yna caewch y drws yn dawel.

6 Am y 10 munud olaf o goginio, tynnwch y mowldiau allan, trowch y pwdinau drosodd a'u dychwelyd i'r ffwrn i sychu a gorffen coginio. Gweinwch yn syth.

Rysáit 25 — Saws radis-poeth

Cynhwysion	Digon i 4	Digon i 10
Radis-poeth, wedi gratio	25 g	65 g
Hufen, wedi'i chwipio'n ysgafn	120 ml	300 ml
Finegr brag neu sudd lemwn	1 llwy fwrdd	2½ llwy fwrdd
Halen		

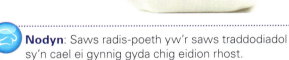
Nodyn: Saws radis-poeth yw'r saws traddodiadol sy'n cael ei gynnig gyda chig eidion rhost.

Gwneud y saws

1 Golchwch y radis-poeth yn drylwyr, ei bilio a'i gratio'n fân.

2 Cymysgwch yr holl gynhwysion, sesnwch yn ysgafn gyda halen a blaswch.

Betys coch wedi'u rhostio

Cynhwysion	Digon i 4	Digon i 10
Betys coch bach, ifanc	4	10
Olew olewydd	2 lwy fwrdd	5 llwy fwrdd
Crème fraîche	150 ml	375 ml
Radis-poeth, wedi gratio	2 lwy fwrdd	5 llwy fwrdd
Cennin syfi, wedi'u torri'n fân	1 llwy fwrdd	2½ lwy fwrdd

Paratoi i goginio

1 Trimiwch y betys coch a'u golchi'n drylwyr. Sychwch yn dda.

1 Cynheswch y ffwrn i 200°C ymlaen llaw.

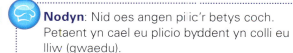

Nodyn: Nid oes angen pilic'r betys coch. Petaent yn cael eu plicio byddent yn colli eu lliw (gwaedu).

Coginio

1 Rhowch y betys coch mewn tun rhostio ac ysgeintiwch ag olew olewydd.

2 Rhostiwch ar 200°C am tua 1½ awr nes eu bod wedi coginio.

3 Cymysgwch y radis-poeth i mewn i'r *crème fraîche*.

Awgrym gweini

- Pan mae'r betys coch wedi coginio, gosodwch nhw ar ddysgl weini. Torrwch groes yn nhop pob un, hyd at hanner ffordd.

- Arllwyswch ychydig o'r *crème fraîche* ar ben pob betysen, ac ysgeintiwch â chennin syfi wedi'u torri'n fân.

Rhowch gynnig ar rywbeth gwahanol

Gallwch ddefnyddio iogwrt naturiol neu hufen wedi hanner ei chwipio yn lle *crème fraîche*.

Lwyn porc wedi'i rostio gyda saws afal a nionyn

Cynhwysion	Digon i 4	Digon i 10
Lwyn porc ar yr asgwrn	1 kg	2.5 kg
Halen		
Afalau coginio, wedi'u pilio, a'r craidd wedi'i dorri allan ac wedi'u chwarteru	2	5
Nionod, wedi'u pilio a'u chwarteru	1	2–3
Seidr	60 ml	150 ml

Paratoi i goginio

1 Defnyddiwch lwyn ar yr asgwrn. Llifiwch i lawr yr asgwrn cefn i'w wneud yn haws i gerfio'r cig. Yr asgwrn cefn yw'r asgwrn ar hyd y cefn sy'n cysylltu'r ddwy lwyn.

2 Trimiwch y gewynnau (*sinews*) i gyd a thorrwch y braster gormodol i ffwrdd.

3 Os nad yw'r cigydd wedi gwneud hynny'n barod, sgoriwch y croen (torri'n ddwfn gyda blaen cyllell fach finiog) yn y cyfeiriad y bydd y cig yn cael ei gerfio. Sesnwch yn ysgafn â halen.

4 Clymwch linyn trwy'r asgwrn cefn i'w gadw'n gadarn.

5 Piliwch, tynnwch graidd a chwarterwch yr afalau. Piliwch a chwarterwch y nionod.

6 Cynheswch y ffwrn ymlaen llaw i 250°C.

▲ Torri'r croen

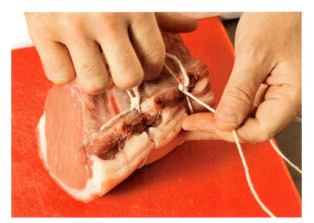

▲ Clymu'r darn o gig

Coginio

1 Cynheswch ychydig o olew mewn padell ffrio. Rhowch y porc yn yr olew a'i selio ar bob ochr.

2 Tynnwch y porc o'r badell. Coginiwch yr afalau a'r nionod yn yr un badell.

3 Arlwyswch ychydig o'r seidr i'r badell.

4 Rhowch y cig, yr afalau a'r nionod mewn tun rhostio. Ychwanegwch weddill y seidr a rhostiwch ar 200°C am 25 munud, yna dewch â'r tymheredd lawr i 170°C a choginiwch tan eu bod yn barod, tua 45 munud.

5 Tynnwch y darn o gig o'r tun a'i osod ar blât neu ddysgl.

6 Gwasgwch y cig coch i wirio a yw'r cig wedi ei goginio'n iawn – ni ddylai fod unrhyw arwydd o waed yn yr hylif.

7 Gorchuddiwch y darn o gig yn llac mewn ffoil a rhowch o'r neilltu am 10-15 munud cyn cerfio. Tynnwch y croen crensiog (*crackling*) a'i dorri'n ddarnau.

7 Gwnewch *purée* o'r afalau a'r nionod mewn prosesydd bwyd ac yna ei ailgynhesu. Dylai fod o weadedd eithaf trwchus – os yw'n rhy drwchus ychwanegwch fwy o seidr.

Awgrym gweini

Sleiswch y porc a'i weini gyda saws a grefi rhost. Dylai darn o'r croen crensiog gael ei weini gyda phob cyfran o borc.

Rag cig oen wedi'i rostio

Cynhwysion

Rag oen

Halen

Olew llysiau

Stoc brown ar gyfer grefi (gweler tudalen 99)

Paratoi'r darn o gig

1 Tynnwch y croen o'r pen i'r gynffon (top i'r gwaelod) ac o'r frest (blaen) i'r cefn, gan adael cymaint o fraster â phosibl ar y cig.

2 Tynnwch y gewynnau a blaen yr asgwrn palfais (*blade*).

3 Glanhewch y gewynnau rhwng yr asennau ac ar yr esgyrn.

4 Sgoriwch (torri'n ysgafn gyda blaen cyllell finiog) linell drwy'r braster, 2 cm o ben yr asgwrn.

5 Os oes angen, torrwch hyd cyfan yr asennau i ddwywaith a hanner hyd y 'gneuen' o gig coch. Y 'gneuen' yw'r prif ddarn o gig.

6 Sgoriwch i lawr canol cefn pob asgwrn.

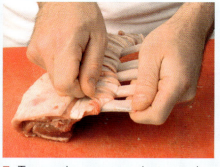

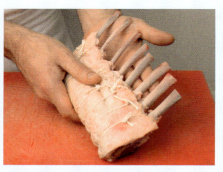

7 Tynnwch y croen, y braster a'r cig i ffwrdd o ben pob asgwrn er mwyn i'r esgyrn fod yn y golwg ar ôl iddyn nhw gael eu coginio. Torrwch unrhyw ewynnau i ffwrdd.

8 Torrwch y gewyn oddi ar yr ymyl arall.

9 Clymwch y darn o gig.

Coginio

1 Sesnwch y rag yn ysgafn gyda halen a'i osod, gyda'r ochr braster yn wynebu ar i fyny, ar wely o esgyrn neu drybedd fetel mewn tun rhostio.

2 Ychwanegwch ychydig o olew llysiau ar ei ben a'i goginio mewn ffwrn boeth ar 175-185°C.

3 Rhostiwch am tua 20-25 munud. Brasterwch y cig (arllwys llwyeidiau o fraster dros y cig) ddwywaith neu dair wrth goginio.

4 I brofi os ydy'r cig wedi'i goginio, tynnwch y rag, ei osod ar blât cynnes a gwasgu'r cig coch i gael ychydig o hylif allan o'r cig. Os nad oes unrhyw liw pinc (arwydd o waed) yn yr hylif mae'r cig wedi ei goginio drwyddo. Os ydych chi eisiau coginio'r oen yn binc, coginiwch am 5 munud yn llai.

Awgrym gweini

● Os ydych am baratoi grefi rhost gyda'r saig hon (gweler Rysáit 23 ar gyfer cig eidion rhost, sy'n cynnwys cyfarwyddiadau ar gyfer gwneud grefi), ychwanegwch nionyn, seleri a moronen wedi eu pilio a'u sleisio i mewn i'r tun rhostio gyda'r rag oen. Bydd hyn yn rhoi mwy o flas i'r grefi. Mae nifer o gynhyrchion grefi masnachol y gellir eu defnyddio i roi mwy o flas i'r grefi os nad yw'n ddigon blasus.

● Yn ogystal â grefi rhost, cynigwch saws mintys a/neu jeli cyrens coch.

<table>
<tr><td>**Rysáit 29**</td><td colspan="2">## Saws mintys</td><td></td></tr>
</table>

Cynhwysion	Quantity
Dail mintys, wedi'u torri	2–3 llwy fwrdd
Siwgr mân neu demarara	1 tsp
Dŵr	125 ml
Finegr brag	i flasu

Gwneud y saws

1 Berwch y dŵr a toddwch y siwgr ynddo. Gadewch i oeri.

2 Ychwanegwch y dail mintys wedi'u torri a digon o finegr brag i roi blas sydd ychydig yn siarp ond yn ddymunol.

Ryseitiau grilio

Rysáit 30 Morlas wedi grilio gyda phupur Jamaica (*allspice*)

	Digon i 4	Digon i 10
Tsilis 'scotch bonnet'	12 g	30 g
Nionod	12 g	30 g
Sinsir	8 g	20 g
Teim ffres	1½ g	3 g
Dail oregano	1½ g	3 g
Powdr paprica	1½ g	3 g
Halen	1½ g	3 g
Tyrmerig (powdr haldi)	1½ g	3 g
Pupur Jamaica	1 g	10 g
Powdr pupur du	2 g	5 g
Sudd leim	12 ml	30 ml
Sudd oren	12 ml	30 ml
Ffiledi morlas, heb groen	4	10
Olew llysiau	12 ml	30 ml

Paratoi i goginio

1 Torrwch y teim a'r tsilis.
2 Deisiwch y nionod.
2 Piliwch y sinsir a'i sleisio'n fân.

Coginio

1 Cymysgwch y tsilis, nionod, sinsir, perlysiau, sbeisys a'r sudd gyda'i gilydd.
2 Marinadwch y ffiledau pysgod yn y gymysgedd am 30 munud.
3 Brwsiwch y pysgod ag olew a'i grilio. Trowch unwaith. Coginiwch nes ei fod yn cyrraedd tymheredd craidd o 75°C.
4 Gweinwch ar blât addas.

Nodyn: Cafodd y rysáit hon ei datblygu'n benodol ar gyfer pentref yr athletwyr yng Ngemau Olympaidd 2012 yn Llundain. Fe wnaeth y tîm gwasanaethau coginio gynhyrchu amrywiaeth o brydau maethlon wedi eu hysbrydoli gan seigiau o bob rhan o'r byd. Roedd y rysáit safonol ar gyfer 24 person; cafodd ei lleihau ar gyfer y llyfr hwn.

Rysáit 31 Sardîns wedi'u grilio

Cynhwysion

Sardîns, dau neu dri i bob person, gan ddibynnu ar eu maint

Blawd

Olew ysgafn

 Nodyn: Coginio dan wres pelydrol yw grilio. Mae'n ddull cyflym sy'n addas ar gyfer pysgod cyfan bach neu ffiledi, yn gyfan neu wedi'u torri'n gyfrannau.

Paratoi i goginio

Paratowch, glanhewch a golchwch y pysgod, a'u sychu'n drylwyr. Torrwch nhw'n ffiledi os oes angen.

Coginio

1 Rhowch y pysgod drwy flawd, cyn cael gwared ag unrhyw flawd nad oes ei angen. Gosodwch y pysgod ar dun coginio ag olew arno.
2 Brwsiwch y topiau ag olew, a'u coginio'n ofalus dan gridyll poeth gan wneud yn siŵr nad ydyn nhw'n llosgi.
3 Ar ôl 2-3 munud, tynnwch y tun allan a throi'r sardîns â chyllell balet. Rhowch y sardîns yn ôl dan y gridyll a'u coginio am 2 funud, nes eu bod nhw'n lliw euraid ysgafn.

Awgrym gweini

Gweinwch gyda chwarteri lemon (a'r hadau wedi'u tynnu allan).

Gweithgaredd

Enwch chwe physgodyn arall y gellir eu grilio'n gyfan neu fel ffiledi.

Cebabau cig oen

Cynhwysion	Digon i 4	Digon i 10
Cig oen, coch	600 g	1½ kg
Pupur coch	2	5
Nionod	1	3
Dail llawryf (*bay*)	4	10
Teim, wedi'i sychu	½ llwy de	1 llwy de
Olew llysiau	2 lwy fwrdd	5 llwy fwrdd

Paratoi i goginio

1 Torrwch y cig yn giwbiau.
2 Tynnwch yr hadau allan o'r pupurau a'u torri'n giwbiau.
3 Piliwch y nionod a'u torri'n giwbiau.

Nodyn: Y 'gneuen' o gig coch o rag neu lwyn yw'r darn delfrydol o gig oen ar gyfer y rysáit hon.

Mae cebabau yn saig sy'n dod o Dwrci yn wreiddiol. Caiff darnau o fwyd eu rhoi ar sgiwer a'u coginio ar neu o dan y gridyll neu farbeciw. Defnyddir darnau brau o gigoedd amrywiol gyda darnau o lysiau neu ffrwythau rhyngddynt.

Coginio

1 Gwthiwch y darnau o gig ar y sgiwer, gan eu rhoi bob yn ail gyda sgwariau o bupur coch, nionod a dail llawryf.
2 Brwsiwch olew drostynt yn ysgafn a'u hysgeintio â theim wedi ei sychu.
3 Coginiwch dros neu o dan y gridyll.

Awgrym gweini

Gweinwch gyda reis pilaff (tudalen 151) a nionod amrwd wedi eu sleisio'n fân.

Rhowch gynnig ar rywbeth gwahanol

Gallwch ychwanegu blasau gwahanol trwy farinadu'r cebabau. Mae hyn yn golygu rhoi'r cig mewn cymysgedd o olew, finegr, sudd lemwn, sbeisys a pherlysiau am ddwy awr ar dymheredd ystafell neu bedair awr yn yr oergell cyn ei goginio.

Gweithgaredd

Bydd angen i bob aelod o'r grŵp ddyfeisio eu cebab eu hunain gan ddefnyddio ystod o gynhwysion: cig, llysiau, perlysiau a sbeisys.

Yna, bydd y grŵp yn coginio a gweini'r bwyd, yn ogystal â blasu ac asesu pob un.

Golwython porc wedi'u grilio

Cynhwysion

Golwython porc

Halen

Olew

Persli

Paratoi i goginio

Paratoi golwyth o lwyn:

- Torrwch y croen, y braster gormodol a'r gewynnau i ffwrdd.
- Torrwch neu llifiwch trwy'r lwyn yn sleisys tua 1 cm o drwch.
- Tynnwch unrhyw esgyrn nad oes eu hangen a thrimiwch yn daclus.

 Nodyn: Gallwch brynu eich golwython cig wedi eu paratoi'n barod neu gallwch brynu darn o lwyn a'i baratoi eich hun fel sy'n cael ei ddisgrifio uchod.

Coginio

1 Sesnwch y golwython yn ysgafn â halen.
2 Brwsiwch olew neu fraster drostyn nhw a'u coginio ar y ddwy ochr ar neu o dan gridyll neu salamandr eithaf poeth am tua 10 munud, tan eu bod wedi eu coginio.

Awgrym gweini

Rhowch sbrigyn o bersli arnynt fel garnais. Gweinwch gyda saws afal poeth.

Rysáit 34	Stêc eidion wedi'i grilio

Cynhwysion

Stêcs

Halen

Olew

> ### Paratoi i goginio
>
> Cynheswch y gridyll ymlaen llaw.

Coginio

1 Sesnwch y stêcs yn ysgafn gyda halen a brwsio'r ddwy ochr ag olew.
2 Gosodwch ar farrau gridyll poeth sydd wedi eu hiro o flaen llaw.
3 Trowch y stêc hanner ffordd drwy'r amser coginio a brwsiwch yn achlysurol ag olew.
4 Coginiwch yn unol â dymuniadau'r cwsmer (gweler y cyfarwyddyd ym Mhennod 10, tudalen 231).

Awgrym gweini

Gweinwch gyda bwndel bychan o ferwr dŵr wedi'i olchi a'i sychu'n drylwyr fel garnais, tatws wedi eu ffrio'n ddwfn a saws addas, fel saws menyn.

Defnyddio barbeciw

Yn hytrach na grilio'r stêcs, gallech eu coginio ar farbeciw. Defnyddiwch olew da, sesnin a/neu berlysiau i'w marinadu cyn eu coginio.

I baratoi'r barbeciw:

● Defnyddiwch nwy yn hytrach na siarcol os yw'n bosibl, oherwydd mae'n haws rheoli'r tymheredd.
● Rhowch haenen o ffoil dros y barbeciw.
● Arhoswch tan fod barrau'r gridyll yn boeth neu fod y siarcol yn goch. (Os ydych chi'n defnyddio siarcol, arhoswch i'r siarcol gochi bob amser cyn dechrau coginio. Bydd barbeciw nwy yn cymryd tua 30 munud i boethi ymlaen llaw)
● Tynnwch y ffoil a brwsiwch farrau'r gridyll gyda brws gwifren cadarn sydd â choes hir i gael gwared ar unrhyw ddarnau diangen.

▲ Fideo stêc wedi'i grilio http://bit.ly/XVkyZX

Rysáit 35 — Sleisys gamwn wedi'u grilio

Cynhwysion

Sleisys gamwn wedi'u torri'n drwchus

Olew

Paratoi i goginio

Cynheswch y gridyll ymlaen llaw.

Coginio

1 Brwsiwch ychydig o fraster neu olew ar ddwy ochr y sleisys gamwn.

2 Gosodwch y sleisys ar farrau'r gridyll sydd wedi eu cynhesu ymlaen llaw a choginiwch am tua 5 munud ar bob ochr.

Awgrym gweini

Gweinwch gydag wyau wedi'u ffrio, madarch agored wedi'u grilio a thomatos wedi'u grilio. Defnyddiwch sbrigyn o bersli fel garnais.

Rhowch gynnig ar rywbeth gwahanol

- Yn hytrach na choginio'r gamwn ar farrau gridyll, gallwch ei goginio ar dun pobi o dan salamandr. Irwch y bwrdd yn ysgafn cyn dechrau.

- Gellir coginio sleisys gamwn trwy eu ffrio'n ysgafn mewn ychydig o olew neu fraster. Defnyddiwch badell ffrio sydd â gwaelod trwchus neu badell *sauté*.

- Gellir coginio sleisys o gig moch cefn neu frith ar duniau pobi wedi eu hiro'n ysgafn o dan gridyll wedi'i boethi ymlaen llaw. Trowch y sleisys drosodd pan fyddan nhw wedi hanner coginio. Pan fyddan nhw'n barod, byddan nhw wedi brownio'n ysgafn ac ychydig yn grensiog. Peidiwch ag ychwanegu unrhyw fraster: byddan nhw'n cynhyrchu eu braster eu hunain wrth goginio.

- Gellir coginio sleisys cig moch hefyd mewn padell ffrio gydag ychydig o olew neu fraster i'w hatal rhag glynu.

Rysáit 36 — Llysiau wedi'u grilio gyda thopin briwsion bara

Cynhwysion	Digon i 4	Digon i 10
Planhigyn wy	250 g	725 g
Corbwmpen	400 g	1 kg
Pupur coch	3	8
Olew llysiau	90 ml	225 ml
Pesto	1 llwy fwrdd	2½ llwy fwrdd
Clof garlleg	2	5
Briwsion bara	60 g	150 g
Persli	1 llwy fwrdd	5 llwy fwrdd
Basil	1 llwy fwrdd	5 llwy fwrdd
Caws Swydd Gaer	80 g	200 g

Paratoi i goginio

1 Piliwch a malwch y garlleg.
2 Torrwch y planhigyn wy a'r corbwmpen yn sleisys 5 mm.
3 Tynnwch yr hadau o'r pupur, a'u torri'n sgwariau bach 1 cm.
4 Torrwch y persli a'r basil.
5 Gratiwch y caws.
6 Cynheswch y ffwrn i 150-180°C.

 Nodyn: Saws gwyrdd yw pesto, sydd wedi'i wneud â dail basil ffres, garlleg, cnau pinwydd, caws Parmesan ac olew olewydd. Gellir ei brynu fel saws parod.

Coginio

1 Ysgeintwch yr olew, y pesto a'r garlleg wedi'i dorri a'i falu dros y llysiau.
2 Griliwch y llysiau'n ysgafn ar radell.
3 Leiniwch ddysgl fas addas â hanner y briwsion bara a'r persli a'r basil wedi'u torri.
4 Trefnwch y corbwmpen a'r planhigyn wy yn y ddysgl, gan orgyffwrdd â'r pupur mewn rhesi.
5 Ychwanegwch weddill y briwsion bara at y caws wedi gratio. Ysgeintiwch y gymysgedd hon dros y llysiau.
6 Pobwch mewn ffwrn gymedrol (150-180°C) am ryw 20 munud.

Awgrym gweini

Gweinwch gyda salad addas neu gyda nwdls reis wedi'i sesno â saws soy gyda garnais o domatos, nionod wedi'u torri ac afocado.

Pwdin reis gyda ffrwythau sych a chnau

Cynhwysion	Digon i 4	Digon i 10
Reis, grawn byr	50 g	125 g
Siwgr mân	50 g	125 g
Llaeth, llawn neu sgim	½ litr	1½ litr
Menyn	12 g	30 g
Rhinflas fanila	2–3 diferyn	6–8 diferyn
Nytmeg, wedi gratio		
Ffrwythau sych	50 g	125 g
Cnau	50 g	125 g

Coginio

1 Berwch y llaeth mewn sosban sydd â gwaelod trwchus. Bydd angen ei droi'n achlysurol i atal y llaeth rhag llosgi.
2 Ychwanegwch y reis wedi ei olchi a chymysgwch tan iddo ddod i'r berw.
3 Mudferwch yn ysgafn, gan droi'n rheolaidd, nes bod y reis wedi ei goginio.
4 Tynnwch oddi ar y gwres a chymysgwch y siwgr, fanila, menyn a ffrwythau sych a chnau i mewn i'r gymysgedd.
5 Arllwyswch y gymysgedd i mewn i ddysgl addas, gratiwch ychydig o nytmeg drosto a'i osod o dan y gridyll i frownio ychydig.

 Nodyn: Gellir defnyddio unrhyw gymysgedd o ffrwythau sych, wedi eu torri'n ddarnau bach. Cnau almon wedi'u sleisio a'u tostio'n ysgafn yw'r cnau gorau ar gyfer y rysáit hon.

Mae'r bennod hon yn rhoi sylw i Uned 110, paratoi a choginio bwyd drwy ffrio dwfn a ffrio bas.

Erbyn diwedd y bennod hon, fe ddylech chi fod yn gallu:

- Disgrifio'r broses o goginio eitemau o fwyd drwy eu ffrio'n ddwfn neu'n fas
- Nodi pwrpas ffrio dwfn a ffrio bas
- Nodi'r eitemau o fwyd y gellir eu ffrio'n ddwfn neu'n fas
- Nodi'r dulliau ffrio y gellir eu defnyddio wrth ffrio bwydydd yn ddwfn ac yn fas
- Dweud beth yw pwysigrwydd defnyddio technegau cysylltiedig i gyflawni gofynion y pryd bwyd gorffenedig

- Disgrifio cynhyrchion eraill ar gyfer ffrio dwfn a bas
- Dweud beth sydd angen eu hystyried wrth ffrio'n ddwfn ac yn fas
- Rhestru'r dulliau sy'n cael eu defnyddio wrth ffrio'n ddwfn ac yn fas
- Nodi offer addas ar gyfer ffrio bwyd yn ddwfn ac yn fas
- Rhestru'r hyn sydd angen chwilio amdano o ran ansawdd wrth ddewis bwyd, paratoi a choginio bwyd yn ogystal â sut mae gweini'r bwyd.

Ffrio dwfn

Proses

Ffrio dwfn yw'r broses pan fydd darnau bach, tyner o fwyd yn cael eu rhoi'n gyfan mewn braster neu olew poeth, a'u coginio'n gyflym. Mae gwres yr olew yn treiddio drwy'r bwyd ac yn ei goginio. Er bod olew a lard yn 'wlyb', mae ffrio dwfn yn cael ei ystyried fel dull sych o goginio. Y rheswm am hynny yw ei fod yn effeithio ar y bwyd drwy ei sychu.

Mae'n bosibl coginio bwydydd sydd wedi'u ffrio'n ddwfn yn gyflym a'u gweini'n rhwydd.

▲ Ffrio dwfn

Pwrpas

Pwrpas ffrio dwfn yw paratoi bwyd o liw euraid blasus yr olwg, sy'n crensian ac sy'n bleserus i'w fwyta. Mae ffrio dwfn yn:

- Tyneru'r bwyd a'i wneud yn haws i'w dreulio
- Sicrhau bod bwyd yn ddiogel i'w fwyta
- Gwella lliw, blas a gweadedd y pryd bwyd gorffenedig
- Gwella cyflwyniad y pryd bwyd
- Rhwystro'r braster rhag cyrraedd y bwyd ei hun drwy 'orchuddio'r bwyd' (gyda llaeth, wy, briwsion neu gytew, fel arfer). Mae caenu'r (*coating*) bwyd yn golygu ei bod yn bosibl coginio amrywiaeth o fwydydd fel hyn. Mae'n rhwystro'r bwyd ei hun rhag mynd yn seimllyd.

Bwydydd y gellir eu ffrio'n ddwfn

Mae'n debyg mai pysgod a sglodion ydy un o'r mathau mwyaf poblogaidd o fwydydd sy'n cael eu ffrio'n ddwfn yng Nghymru. Ond mae'n bosibl coginio nifer o fwydydd eraill drwy eu ffrio'n ddwfn, er enghraifft:

- Cig (cig eidion, cig oen, porc)
- Cyw iâr a thwrci
- Llysiau
- Pysgod
- Ffrwythau
- Bwydydd wedi'u gwneud o flawd (melys a sawrus)
- Bwydydd parod.

Dulliau ffrio: mathau o olew sy'n cael eu defnyddio

Mae'n bosibl defnyddio mathau gwahanol o olew a braster ar gyfer ffrio dwfn. Mae amrywiaeth o olew llysiau yn cael eu defnyddio, er enghraifft:

- Blodau haul
- Corn
- Indrawn
- Hadau rêp
- Olewydd.

Bydd rhai yn dewis ffrio'n ddwfn drwy ddefnyddio saim gŵydd, saim hwyaden neu doddion eidion (*dripping*). Mae hyn wedi dod yn fwy poblogaidd gan ei fod yn ychwanegu blas da i'r bwyd, er enghraifft, sglodion a thatws rhost.

Pwyntiau i'w hystyried wrth ffrio'n ddwfn

> **!** **Iechyd a diogelwch**
>
> Mae olew poeth yn gallu achosi llosgiadau difrifol. Mae ffrio dwfn yn gallu bod yn ddull peryglus iawn o goginio, yn enwedig os nad ydy'r rhai sy'n coginio wedi derbyn hyfforddiant. Dim ond y rhai sydd wedi derbyn hyfforddiant ddylai ddefnyddio offer ffrio dwfn. Dylai offer ffrio dwfn safonol gynnwys mesurydd tymheredd a mesurydd i fesur lefel yr olew yn y ffriwr er mwyn diogelu'r defnyddiwr. Mae hyn yn go ygu bod defnyddio sosban ffrio ddwfn masnachol yn well dewis na defnyddio sosban gyffredin ar ben y stôf.

- Peidiwch byth â gorlenwi ffriwr dwfn gyda gormod o olew neu drwy roi gormod o fwyd ynddo.
- Wrth ffrio'r bwyd mae'n hanfodol cadw'r olew ar y tymheredd cywir drwy gydol yr amser. Y tymheredd arferol ar gyfer ffrio ydy rhwng 175°C a 195°C. Bydd tes gwres (*heat haze*) yn codi o'r olew pan fydd y tymheredd yn cyrraedd y tymheredd yma. Os byddwch chi'n defnyddio ffriwr sydd heb thermomedr gwres yna peidiwch byth â gadael i'r olew gynhesu gymaint fel bod mwg yn codi o'r olew. Bydd hyn yn rhoi blas ac arogl cas i'r bwyd.

> **!** **Iechyd a diogelwch**
>
> Cofiwch fonitro'r tymheredd yn gyson. Os ydy'r gwres yn rhy uchel yna bydd yr olew yn gallu mynd ar dân yn hawdd. Peidiwch byth â gadael i olew gynhesu gymaint fel bod mwg yn dod ohono. Mae mwg yn golygu y gallai'r olew poeth fflamio a chreu tân difrifol.

- Mae amseru'n bwysig iawn hefyd. Os ydych chi'n coginio darnau o fwyd sy'n fwy o faint yna dylech ostwng y tymheredd. Mae hyn yn rhoi cyfle i'r bwyd goginio'n drylwyr drwyddo ac yn osgoi llosgi ar y tu allan. Mae'r gwrthwyneb hefyd yn wir – os ydy'r darn o fwyd yn fychan yna mae angen i'r tymheredd fod yn boethach a'r amser coginio'n fyrrach.

- Gwnewch yn siŵr bod y bwyd yn sych cyn ei ffrio.
- Ar ôl tynnu bwyd allan o'r ffrïwr, rhowch amser i'r olew gynhesu eto cyn i chi roi'r bwyd nesaf i mewn i'w goginio. Rhaid gadael i dymheredd yr olew godi i'r tymheredd cywir cyn symud ymlaen i goginio mwy o fwyd yn y ffrïwr. Os nad ydych chi'n gwneud hyn yna ni fydd y bwyd yn coginio'n berffaith.
- Gwnewch yn siŵr eich bod chi'n defnyddio'r swm cywir o olew/braster ar gyfer faint o fwyd rydych chi'n ei goginio. Bydd rhoi gormod o fwyd gyda rhy ychydig o olew yn gostwng y tymheredd yn ormodol ac yn difetha'r bwyd.
- Peidiwch â ffrio'r bwyd yn rhy fuan ymlaen llaw cyn ei weini – mae bwydydd sy'n cael eu ffrio yn mynd yn llai creisionllyd mewn byr o dro.
- Hidlwch yr olew a'r braster ar ôl eu defnyddio er mwyn tynnu unrhyw ddarnau bach o fwyd allan ohono. Os ydy'r rhain yn cael eu gadael yn yr olew, byddan nhw'n llosgi pan fydd yr olew yn cael ei gynhesu eto, gan amharu'n sylweddol ar edrychiad a blas y bwyd.
- Gwnewch yn siŵr eich bod chi'n rhoi gorchudd dros yr olew pan fyddwch chi ddim yn ei ddefnyddio. Bydd hyn yn atal yr aer rhag troi'r olew yn sur.

> **! Iechyd a diogelwch**
> Peidiwch â symud ffrïwr dwfn sydd wedi'i gysylltu i'r trydan ac yn 'fyw'. Peidiwch chwaith â'i symud os yw'n dal yn gynnes. Peidiwch â gwneud symudiad sydyn o amgylch ffrïwr dwfn. Mae'n hawdd eu taro neu eu bwrw drosodd. Mae eitemau hefyd yn gallu syrthio i mewn i'r olew poeth.

Dulliau

I ffrio'n ddwfn:

- Cynheswch yr olew neu'r braster ymlaen llaw.
- Gorchuddiwch y bwyd yn ôl y galw (gweler y technegau cysylltiedig isod).
- Unwaith y bydd wedi dod i'r tymheredd cywir, rhowch y bwyd yn yr olew neu'r braster yn ofalus.

> **! Iechyd a diogelwch**
> Cofiwch gadw llygad barcud ar ffrïwr dwfn bob amser. Peidiwch byth â'i adael heb fod rhywun yn edrych ar ei ôl.

> **! Iechyd a diogelwch**
> Sefwch yn ôl wrth i chi roi'r bwyd yn y ffrïwr. Bydd hyn yn osgoi i chi gael eich llosgi gan stêm neu olew'n tasgu wrth i chi ychwanegu'r bwyd i'r olew. Peidiwch â rhoi eich wyneb, eich breichiau na'ch dwylo uwchben y ffrïwr dwfn.

- Ffriwch y bwyd nes ei fod wedi coginio a'i liw'n euraid.
- Draeniwch y bwyd yn dda cyn ei weini.

> **! Iechyd a diogelwch**
> Cyn defnyddio ffrïwr dwfn, mae'n bwysig eich bod yn gwybod sut i ddiffodd tân olew. Peidiwch byth â cheisio diffodd tân olew gyda dŵr. Gorchuddiwch y ffrïwr â chaead neu flanced dân, ac yna defnyddiwch yr offer diffodd tân cywir. Dylid cadw offer diffodd tân gerllaw. Mae'n bwysig hefyd bod staff yn derbyn hyfforddiant ar sut i ddefnyddio'r offer.

Yr enw a roddir ar goginio bwyd ychydig bach cyn ei ffrio'n ddwfn ydy **blansio**. Mae'r bwyd yn cael ei goginio'n rhannol (drwy ferwi, stemio neu ffrio) cyn i'r cyfnod gweini ddechrau ac yna mae'n cael ei orffen drwy ei ffrio'n ddwfn yn ôl yr archeb. Mae hyn yn gweithio'n arbennig o dda gyda mathau arbennig o datws. Bydd hyn yn cynnig sglodion sy'n 'ysgafn a blodiog' tu mewn tra bo'r sglodion yn greisionllyd tu allan. Mae paratoi'r bwyd ymlaen llaw a choginio'r bwyd yn nes ymlaen o help mawr yn ystod cyfnod gweini prysur. Mae hefyd yn arbed amser.

Technegau cysylltiedig

Mae nifer o dechnegau sy'n gysylltiedig â ffrio dwfn. Bydd y technegau hyn yn helpu'r cogydd i ddewis y dechneg fwyaf addas ar gyfer y bwyd sydd i'w goginio:

- **Caenu** (*coating*) – mae caenu neu orchuddio'r bwyd cyn eu ffrio yn helpu i selio'r bwyd cyn ei goginio. Bydd y 'gorchudd' yn gwarchod arwynebedd y bwyd rhag y gwres mawr o'r olew. Bydd y dechneg hon yn arafu'r gwres rhag treiddio'n rhy gyflym drwy'r bwyd. Bydd hefyd yn atal y bwyd rhag mynd yn rhy sych yn ogystal â rhwystro maetholion rhag cael eu colli. Mae briwsion bara, cytew a blawd yn rhai mathau o gaen y gellir eu rhoi ar fwyd.

- **Draenio a sychu** – dylai bwydydd sy'n cael eu ffrio fod mor sych â phosib cyn eu coginio. Unwaith y bydd y bwyd wedi'i goginio, dylai'r bwyd gael ei ddraenio i wneud yn siŵr bcd unrhyw olew/braster yn draenio oddi ar y bwyd cyn ei gyflwyno i'w fwyta.
- **Trochi** – rhoi'r bwyd yn yr olew mewn basged neu heb fasged. Mae hyn yn dibynnu ar y bwyd sydd i'w baratoi. Fel arfer gellir coginio eitemau mwy o faint heb ddefnyddio basged. Byddai coginio eitemau llai o faint yn fwy addas i'w coginio mewn basged.
- **Dal y bwyd yn ôl yn barod ar gyfer gweini** – os bydd bwyd sydd wedi'u ffrio yn cael ei ddal yn ôl cyn gweini yna peidiwch â gorchuddio'r bwyd tra'n disgwyl i'w weini. Os byddwch chi'n gwneud hyn yna fe fydd y gorchudd yn troi'n llaith ac yn diferu ar ben y bwyd. Bydd hyn yn difetha'r bwyd.

Cynhyrchion cysylltiedig

- Mae'r cynhyrchion cysylltiedig yn cynnwys saws, garnais neu fwydydd eraill traddodiadol sy'n cyd-fynd â bwydydd sy'n cael eu ffrio'n ddwfn.
- Fel arfer, bydd saws neu garnais arbennig ar gyfer pob pryd bwyd sydd wedi'i ffrio yn cael eu nodi yn y rysáit. Mae'r rhain yn cynnwys saws tartar neu bersli a lemon gyda physgod.

Ffrio bas

Proses

Ffrio bas ydy'r broses o goginio bwyd mewn ychydig bach o fraster neu olew sydd wedi cael ei gynhesu ymlaen llaw mewn padell fas (padell ffrio neu badell *sauté*) neu ar blât gradell. Gan fod y bwyd yn gymysg â'r olew, mae'r bwyd yn coginio'n gyflym. Mae'r tymheredd uchel a ddefnyddir wrth ffrio'n fas yn selio arwynebedd y bwyd bron ar unwaith. Mae hyn yn atal y sudd naturiol rhag cael ei golli o'r bwyd.

▲ Ffrio bas

Pwrpas

Pwrpas ffrio bas ydy brownio bwyd a rhoi lliw a blas diddorol a gwahanol i'r bwyd. Mae ffrio bas yn:
- Tyneru'r bwyd ac yn ei wneud yn haws i'w dreulio
- Gwneud yn siŵr bod y bwyd yn ddiogel i'w fwyta ynghyd â chadw'r gwerth maethol
- Gwella lliw, blas a gweadedd y pryd gorffenedig
- Gwella golwg y pryd gorffenedig.

▲ Fideo ffrio bas, http://bit.ly/Xt1t1R

Bwydydd y gellir eu ffrio'n fas

- Cig (cig eidion, cig oen, porc)
- Cyw iâr a thwrci
- Llysiau
- Pysgod

- Wyau
- Ffrwythau
- Cynhyrchion sydd wedi'u gwneud â blawd (melys a sawrus)
- Cynhyrchion parod.

Dulliau ffrio

Defnyddir yr un mathau o olew/braster ag mewn ffrio dwfn.

Os ydych chi'n coginio bwyd mewn menyn, yna dylech ddefnyddio menyn clir (*clarified*) gan nad yw hwnnw'n llosgi mor rhwydd. I wneud menyn clir, toddwch y menyn, yna draeniwch y braster i ffwrdd, gan adael yr hylif clir.

Pwyntiau i'w cofio wrth ffrio'n fas

- Os ydych chi'n ffrio'n fas yn ystod cyfnod gweini prysur bydd angen paratoi'r bwyd ymlaen llaw. Byddwch wedyn yn gallu coginio'r bwyd yn gyflym heb doriad.
- Bydd glanhau'r badell bob tro ar ôl ei defnyddio yn sicrhau safon y bwyd sy'n cael ei goginio.
- Dylai bwyd fod yn sych er mwyn gwneud yn siŵr ei fod yn ffrio'n iawn a bod dim olew/braster yn tasgu allan o'r badell gan achosi damwain.
- Cofiwch roi eitemau o fwyd i lawr yn y badell gyda'r ochr sy'n cael ei gyflwyno i'r cwsmer yn cael ei roi lawr gyntaf. Bydd troi'r bwyd unwaith yn y badell yn gwella golwg y pryd bwyd gorffenedig.

Mae rheoli'r tymheredd yn ogystal â rheoli'r amser coginio yn hynod o bwysig. Dylai bwyd sydd wedi cael ei ffrio'n fas fod o liw euraid hyfryd ar y ddwy ochr. Bydd angen i'r tymheredd fod yn boeth ar y dechrau. Bydd cyfle yn nes ymlaen i ostwng y tymheredd a throi'r bwyd fel y bydd y bwyd yn cael ei goginio.

Dulliau

Mae pedwar dull o ffrio bas:

- **Ar gyfer ffrio bas** (*meunière*), coginiwch y bwyd mewn ychydig bach o fraster neu olew mewn padell ffrio neu badell sauté. Ffriwch yr ochr o'r bwyd sydd i'w gyflwyno i'r cwsmer yn gyntaf (yr ochr a fydd yn y golwg pan fydd y bwyd ar y plât). Bydd yr ochr sy'n cael ei ffrio gyntaf yn edrych yn well am fod yr olew yn lân. Yna, trowch y bwyd i'w goginio a'i frownio ar yr ochr arall.
- **Ar gyfer ffrio *sauté*** (troi'r bwyd), rhowch ddarnau tyner o gig a chyw iâr mewn padell *sauté* neu badell ffrio, yn yr un ffordd ag y byddech chi wrth ffrio'n fas. Unwaith y bydd y bwyd wedi'i goginio ar y ddwy ochr, tynnwch y bwyd o'r badell, taflwch yr olew i ffwrdd a rhowch stoc neu win yn y badell boeth. Defnyddir yr hylif wedyn i wneud y saws sy'n mynd gyda'r bwyd. Gellir ffrio bwydydd fel tatws, nionod ac arennau (*kidneys*) yn y dull *sauté* hefyd. Torrwch nhw'n sleisys neu'n ddarnau a'u taflu mewn braster neu olew poeth, bas mewn padell ffrio, nes eu bod yn euraid ac wedi'u coginio.
- **Ar gyfer ffrio** bwyd fel byrgyrs, selsig a nionod wedi ei sleisio ar y **radell** (*griddle*). Rhowch nhw ar radell (plât metel solet) sydd wedi'i thaenu'n denau ag olew, ac sydd wedi'i chynhesu'n barod. Trowch y bwyd yn aml wrth iddo goginio. Gellir coginio crempog hefyd (peidiwch â'u troi fwy nag unwaith).
- Gellir **tro-ffrio** llysiau, ffiledau pysgod, cig a chyw iâr mewn wok neu badell ffrio drwy eu ffrio'n gyflym mewn ychydig o fraster neu olew.

Iechyd a diogelwch

Mae angen bod yn ofalus wrth symud y badell. Gwnewch yn siŵr nad ydych chi'n tolcio'r badell neu'n colli olew ar ben y ffwrn. Defnyddiwch glwtyn trwchus, glân, sych wrth ddal y badell.

Technegau cysylltiedig

Mae sawl techneg yn gysylltiedig â ffrio bas sy'n helpu'r cogydd i baratoi'r bwyd yn iawn.

- **Morthwylio** – bydd y darnau cig yn cael eu taro â morthwyl cig er mwyn gwneud y cig yr un trwch drwyddi draw. Bydd hyn hefyd yn torri'r meinweoedd o fewn y cig gan helpu'r broses o goginio'r bwyd.
- **Caenu** – rhoi ' gorchudd' o amgylch y bwyd er mwyn selio'r bwyd cyn ei goginio. Yn aml, bydd briwsion bara a blawd yn cael eu defnyddio ar gyfer caenu'r bwyd.
- **Troi a throsi** – efallai y bydd angen i eitemau sy'n cael eu ffrio'n fas gael eu troi drosodd i roi lliw ar ddwy ochr y bwyd. Mae hyn yn digwydd yn y dull *sauté* a'r dull tro-ffrio.
- **Brownio** – newid lliw sy'n digwydd drwy gydol y broses goginio ar y tymheredd priodol.
- **Dal y bwyd yn ôl cyn gweini** – pan fydd angen dal y bwyd yn ôl cyn gweini, ni ddylid gorchuddio bwyd gan y gallai'r lleithder wneud i'r bwyd fynd yn soeglyd (*soggy*).

Cynhyrchion cysylltiedig

Mae'r rhain yn cynnwys yr eitemau traddodiadol a fyddai'n cael eu cynnig gyda phrydau bwyd penodol. Fel arfer, mae saws neu/a garnais penodol yn cael eu nodi mewn rysáit. Mae hyn yn gallu cynnwys *jus-lié* gyda golwython o gig neu lemon gyda bwydydd eraill sydd wedi'u ffrio.

Offer ar gyfer ffrio'n ddwfn a ffrio'n fas

Fel arfer, bydd dewis o offer bach neu fawr ar gyfer ffrio. Mae'r dewis o offer yn ddibynnol fel arfer ar yr arddull coginio a'r bwydydd sy'n cael eu gweini. Rhoddir sylw llawn i'r rhain ym Mhennod 5. Mae offer sy'n benodol ar gyfer ffrio yn cynnwys:

- Ffrïwr dwfn sy'n cael ei reoli gyda thermostat, ffrïwr *friteur* neu ffrïwr gwasgedd (*pressure fryer*).
- Padell ffrio bas, padell *sauté* a phadell *brat* (ar gyfer paratoi prydau mawr o fwyd)
- Ffrïwr neu badell arbenigol, wok, platiau gradell omled, *blinis*, *tava*.

Sicrhau ansawdd

I sicrhau bod ansawdd da i fwyd sydd wedi cael eu ffrio'n fas neu'n ddwfn mae'r cogydd yn gallu gwneud sawl peth:

- Dewis cynnyrch sy'n ffres, sy'n edrych ac yn arogleuo'n dda ac sydd hefyd ar y tymheredd priodol
- Paratoi eitemau'n gywir: trimio, siapio a thorri i faint sy'n addas i ofynion y pryd bwyd yn ogystal â'r caen sy'n cael ei ddefnyddio

● Dilyn y broses goginio briodol: coginio ar y tymheredd cywir, am yr amser cywir a defnyddio'r maint cywir o olew neu fraster; bydd hyn yn effeithio ar flas, lliw, teimlad a blas y pryd bwyd gorffenedig

● Cyflwyno'r bwyd fel ei fod yn gyson, yn edrych yn dda a bod maint y pryd yn addas i'r gofynion. Ychwanegu sesnin a garnais os oes angen a gwneud yn siŵr bod yr offer ar gyfer gweini'r bwyd yn lân.

Profwch eich hun

1 Disgrifiwch yn gryno y broses o goginio gan ddefnyddio'r dulliau canlynol:
 a Ffrio dwfn
 b Ffrio bas.

2 Rhestrwch dri math o gaenu y gallwch ei ddefnyddio ar gyfer caenu pysgod cyn eu ffrio.

3 Rhestrwch bum (5) ystyriaeth o ran diogelwch y dylai cogydd eu cofio wrth ffrio'n ddwfn.

4 Beth yw'r saws neu'r garnais traddodiadol ar gyfer y bwydydd canlynol sydd wedi cael eu ffrio:
 a penfras wedi'i ffrio'n ddwfn
 b ffiled lleden sydd wedi'i ffrio mewn padell?

5 Rhestrwch bum (5) olew sy'n gallu cael eu defnyddio i ffrio bwyd.

6 Rhestrwch dri math o fwyd sy'n gallu cael ei ffrio'n ddwfn.

7 Disgrifiwch yn gryno beth yw ystyr y term 'blansio' yng nghyd-destun tatws sy'n cael eu ffrio'n ddwfn.

8 Disgrifiwch sut byddech chi'n coginio selsig ar radell.

9 Eglurwch pam y dylech chi ddefnyddio menyn clir wrth ffrio'n ddwfn.

10 Rhestrwch dri darn o offer y gallwch chi eu defnyddio wrth ffrio'n ddwfn neu ffrio'n fas.

Ryseitiau ffrio'n ddwfn

Rysáit 1 — Cacen cranc Dorset gyda salad berwr dŵr

Cynhwysion	Digon i 4	Digon i 10
Cig cranc gwyn	200 g	500 g
Sudd a chroen leim	½	1½
Sinsir	1 cm	2½ cm
Sibwns (*spring onions*)	1	3
Tsili Naga Dorset bychan	½	1½
Dail coriander	⅛ clwstwr	½ clwstwr
Briwsion bara gwyn meddal	200 g	500 g
Wyau	1	3
Blawd ac wyau wedi'u curo'n dda ar gyfer caenu (*coating*)		
Olew, ar gyfer coginio		
Pupur a halen		
Berwr dŵr	1 clwstwr	2½ clwstwr

Coginio

1 Rhowch y cig cranc mewn powlen gymysgu, ychwanegwch groen y leim (gan gadw'r sudd ar gyfer y dresin), sinsir, sibwns, tsili, coriander, hanner y briwsion bara (cadwch y gweddill ar gyfer y caenu) a'r wyau wedi'u cymysgu. Cymysgwch yn dda. Sesnwch yn ôl y galw.

2 Rhannwch y gymysgedd yn wyth cacen, gwasgarwch flawd, wy a briwsion bara (*pané à l'anglaise*) drostynt cyn eu siapio gan ddefnyddio cyllell balet.

3 Ffriwch yn ddwfn ar wres o tua 175°C nes eu bod yn euraid. Profwch nhw gyda thermomedr bwyd er mwyn sicrhau bod y tymheredd yn cyrraedd 75°C (tymheredd craidd) yng nghanol y bwyd. Wedi eu tynnu allan o'r ffrïwr draeniwch ar bapur amsugnol (*absorbent*).

4 Gweinwch yn gynnes ar wely o ferwr dŵr â dresin o finegrét wedi'i baratoi gyda mêl Cymru, sudd leim, mwstard, halen, pupur ac olew hadau grawnwin.

Paratoi

1 Golchwch y llysiau a'r perlysiau i gyd.
2 Piliwch a gratiwch y sinsir yn fân, sleisiwch y sibwns yn denau. Malwch y coriander a'r tsili.
3 Paratoi'r berwr dŵr trwy dynnu'r coesau cryf oddi ar ddail y berwr dŵr. Gosodwch nhw naill ochr yn barod ar gyfer gweini.

Rysáit 2 — Pysgodyn wedi'i ffrio mewn cytew

Cynhwysion	Digon i 4	Digon i 10
Ffiled o pysgodyn gwyn	400 g	1½ kg
Olew ysgafn ar gyfer y ffrïwr dwfn		
Lemon wedi ei dorri'n chwarteri	2	5
Cytew		
Blawd	200 g	500 g
Pupur a halen	5 g	12 g
Wy	1	2–3
Dŵr neu laeth	250 ml	625 ml
Olew	2 lwy fwrdd	5 llwy fwrdd

 Nodyn: Mae ffrio dwfn yn addas ar gyfer darn neu ffiled o bysgod gwyn, fel penfras (*cod*) a chorbenfras (*haddock*). Mae'n rhaid caenu'r pysgodyn gyda 'gorchudd' fydd yn rhwystro'r olew rhag cael ei amsugno i mewn i'r pysgodyn. Mae'r rysáit hon yn defnyddio cytew ar gyfer caenu'r pysgodyn.

Paratoi

1 Paratowch, glanhewch, golchwch a sychwch y pysgodyn yn drylwyr.
2 Torrwch y pysgodyn yn ddarnau o tua 100g.

Paratoi'r cytew

1 Hidlwch y blawd a'r halen i mewn i bowlen.
2 Gwnewch 'bant' yn y cynhwysion sych cyn ychwanegu'r wyau, y llaeth a'r dŵr.
3 Yn raddol, cyfunwch y blawd, gan ddefnyddio llwy bren neu chwisg.
4 Cymysgwch y gymysgedd hyd nes ei fod yn llyfn.
5 Cyfunwch yr olew a gadewch i'r gymysgedd sefyll am ryw hanner awr i awr cyn ei ddefnyddio.

Coginio

1 Gorchuddiwch y pysgodyn sydd wedi'i baratoi gyda blawd.

2 Bydd angen cael gwared ar unrhyw flawd rhydd drwy ysgwyd y pysgodyn cyn ei osod yn y cytew.

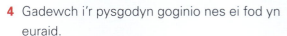

3 Yn ofalus, rhowch y pysgodyn yn araf bach i mewn i'r olew dwfn ar dymheredd o 175°C.

4 Gadewch i'r pysgodyn goginio nes ei fod yn euraid.

5 Tynnwch yn ofalus o'r ffrïwr a'i ddraenio'n dda.

Awgrym Gweini

Gweinwch gyda chwarteri o lemon (heb yr hadau) neu saws tartar. Gallwch wneud saws tartar trwy falu caprys (*capers*) (25g), gercyn (50g) a sbrigyn o bersli ac ychwanegu'r rhain i 250ml o *mayonnaise* (gweler tudalen 266).

Rhowch gynnig ar rywbeth gwahanol

- Ychwanegwch furum neu wynnwy (wedi'i guro'n dda) i'r cytew, yn ogystal â pherlysiau ffres wedi'u malu, sinsir wedi'i gratio neu *garam masala*.
- Os ydych yn defnyddio cytew burum, rhaid caniatáu amser er mwyn i'r burum eplesu (*ferment*) ac ysgafnhau'r cytew.
- Yn hytrach na chytew, gallai'r pysgodyn gael ei orchuddio gan y canlynol:
  - llaeth a blawd
  - blawd, wy wedi'i guro'n dda, a briwsion bara gwyn ffres.

Cacennau Pysgod

Cynhwysion	Digon i 4	Digon i 10
Pysgodyn gwyn a/neu eog wedi'i goginio	200 g	500 g
Tatws stwnsh	200 g	500 g
Wy wedi'i guro'n dda	1	2
Blawd	25 g	60 g
Briwsion bara gwyn ffres	50 g	125 g

Paratoi

1 Paratowch, glanhewch, golchwch a sychwch y pysgodyn yn drylwyr.

2 Paratowch y tatws stwnsh.

3 Cymysgwch yr wyau.

Coginio

1 Cymysgwch y pysgod a'r tatws. Blaswch a sesnwch.

2 Gan ddefnyddio ychydig o flawd, ffurfiwch rolyn hir o'r gymysgedd ar ardal waith glân.

3 Rhannwch y gymysgedd yn ddau neu bedwar darn ar gyfer pob pryd bwyd.

4 Siapiwch bob darn yn beli.

5 Gorchuddiwch y peli mewn blawd, wy wedi'i guro'n dda a briwsion bara.

6 Defnyddiwch gyllell balet i greu'r siâp cywir cyn cael gwared ag unrhyw friwsion bara sydd ddim eu hangen.

7 Ffriwch y cacennau mewn olew poeth (185°C am 2-3 munud nes eu bod yn euraid.

8 Tynnwch nhw allan o'r ffrïwr yn ofalus a'u gosod ar bapur cegin i amsugno'r olew.

Awgrym ar gyfer gweini

Gweinwch y cacennau gyda saws tomato neu saws tartar.

Rhowch gynnig ar rywbeth gwahanol

Pobwch y cacennau mewn popty cynnes (250°C) am 10-15 munud. Os ydyn nhw'n cael eu pobi nid oes angen gorchuddio'r cacennau gyda blawd, wy a briwsion. Rhaid eu siapio a'u gosod ar hambwrdd wedi'i iro.

Gweithgaredd

1 Mewn grwpiau, ewch ati i baratoi, coginio, blasu a gweini pedwar amrywiad o'r rysáit. Paratowch asesiad o ba mor llwyddiannus oedd yr amrywiadau hyn.

2 Ewch ati i addasu'r rysáit syml yma er mwyn darparu cacen bysgod i berson sydd ar ddeiet di-glwten.

Rysáit 4 — Cyw iâr wedi'i ffrio'n ddwfn

Cynhwysion

Darnau cyw iâr o'ch dewis, e.e. heb esgyrn.

Blawd

Sbeisys sych, e.e. paprica, sbeis Tsieineaidd

Cytew ysgafn

Braster mewn ffrïwr dwfn

Paratoi

1 Paratoi'r cytew.

2 Cymysgu'r blawd a'r sbeisys sych.

3 Cynhesu'r olew i dymheredd o 175°C

Coginio

1 Caenwch y darnau cyw iâr drwy eu 'tynnu drwy' cymysgedd o flawd a sbeisys.

2 Tynnwch nhw drwy'r cytew.

3 Ffriwch ar dymheredd o 175°C.

Rysáit 5 — Cyw iâr Kiev

Cynhwysion	Digon i 4	Digon i 10
Ffiled cyw iâr (heb y croen) 150g	4	10
Menyn	100 g	250 g
Blawd, wedi'i sesno â halen	25 g	65 g
Briwsion bara gwyn ffres	100 g	250 g
Sglein wy (*egg wash*)		

Paratoi

1 Sesnwch y blawd.

2 Curwch yr wyau ar gyfer y sglein wy (*eggwash*).

 Nodyn: Gallwch ychwanegu blas i'r menyn sydd o fewn y Kiev drwy ychwanegu garlleg a/neu berlysiau.

Coginio

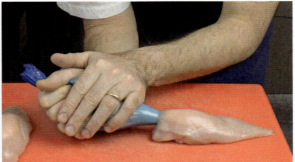

1 Gwnewch doriad ar ben uchaf pob ffiled (*Suprême*) gyda chyllell finiog. Cofiwch gymryd gofal.

2 Rhowch 25g o fenyn meddal i mewn i bob toriad o'r cig. Gwasgwch y toriad at ei gilydd er mwyn cadw'r menyn yn ei le.

3 Rhowch y cyw iâr mewn blawd wedi'i sesno, yr wy wedi'i guro a'r briwsion bara. Gofalwch fod y cyw iâr wedi'i gaenu'n dda. Rhowch y cig drwy'r gymysgedd wy a'r briwsion ddwywaith os bydd angen.

4 Bydd angen cael gwared ag unrhyw ormodedd o friwsion sydd ar y cig. Curwch y cig yn ysgafn â chyllell balet er mwyn cryfhau'r crystyn. Bydd briwsion rhydd yn llosgi wrth ffrio ac yn difetha golwg a blas y cyw iâr. Bydd hefyd yn difetha'r olew.

5 Ffriwch y cyw iâr mewn olew ar dymheredd o 175°C–180°C.

6 Ffriwch nes bod y cyw iâr yn euraid.

7 Tynnwch y cig o'r ffriwr yn ofalus a'i ddraenio'n dda ar bapur cegin.

Rysáit 6 Sglodion

Cynhwysion

Tatws, wedi'u sgwrio (bydd 1kg o datws yn ddigon ar gyfer 4 i 6 person)

Paratoi

1 Piliwch a golchwch y tatws.
2 Sleisiwch y tatws yn ddarnau tua 1 cm o drwch a thua 5 cm o hyd.
3 Torrwch bob sleisen yn sglodion tua 5 cm x 1 cm x 1 cm.
4 Golchwch y tatws yn drylwyr, a'u sychu â chlwtyn.
5 Cynheswch yr olew yn y ffrïwr dwfn i 165°C.

Coginio

1 Rhowch y sglodion mewn basged ffrio, a'u trochi'n araf mewn olew cymharol boeth (165°C).
2 Pan fydd y sglodion bron â bod yn barod, gosodwch nhw ar hambwrdd gyda phapur cegin arno er mwyn eu draenio nes bod galw amdanyn nhw.
3 Pan fyddwch yn barod ar eu cyfer, codwch dymheredd y ffrïwr i 185°C. Rhowch y sglodion sydd eu hangen mewn basged a'u rhoi yn yr olew.
4 Coginiwch nes eu bod yn euraid.

Awgrym ar gyfer gweini

Draeniwch yn dda, a'u sesno ag ychydig o halen cyn eu gweini.

Rysáit 7 — Polenta a madarch wedi'u ffrio

Cynhwysion	Digon i 4	Digon i 10
Madarch	32	80
Polenta (india-corn)	75 g	187 g
Hadau sesame	3 llwy fwrdd	7½ llwy fwrdd
Wyau	2	5
Olew llysieuol	2 lwy fwrdd	5 llwy fwrdd
Caws hufen	150 g	375 g
Cennin syfi (*chives*)	1 llwy de	2½ llwy de
Pupur i roi blas		

Paratoi

1 Tynnwch goesau'r madarch.
2 Torrwch ymylon y madarch a'u gosod fel bod modd gosod dwy fadarchen ar ben ei gilydd yn daclus.
3 Torrwch y cennin syfi.

Coginio

1 Sesnwch y caws hufen gyda chennin syfi a phupur du.
2 Gosodwch ddwy fadarchen, gyda'r caws hufennog yn y canol, at ei gilydd. Gwnewch yn siŵr eu bod yn ffitio'n daclus at ei gilydd.
3 Ychwanegwch yr hadau sesame at y polenta. Cymysgwch y madarch drwy'r gymysgedd o wyau, y polenta a'r hadau sesame.
4 Oerwch yn dda.
5 Ffriwch y madarch yn ddwfn mewn olew poeth, nes eu bod yn lliw euraid.
6 Wedi iddyn nhw goginio, draeniwch nhw gan ddefnyddio papur cegin sy'n amsugno'r braster.

Awgrym gweini

Yn boeth, gyda saws tomato.

Rhowch gynnig ar rywbeth gwahanol

- Ychwanegwch paprica neu tsili at y caws hufen.
- Ffriwch y madarch yn fas yn hytrach nag yn ddwfn.

Ryseitiau ffrio bas

Rysáit 8 'Floddies'

Cynhwysion	Digon i 4	Digon i 10
Floddie:		
Tatws	350 g	875 g
Nionod (canolig)	1	2
Tomatos (wedi'u sychu yn yr haul)	10	25
Blawd codi	25 g	65 g
Wyau (wyau'r maes, canolig o ran maint)	1	3
Pupur a halen		
Olew llysieuol	2 lwy fwrdd	5 llwy fwrdd
I weini:		
Pys slwtsh		
Wy wedi'i botsio	4	10

 Nodyn: Yn draddodiadol, roedd Floddies yn cael eu gwneud gan ddynion oedd yn gweithio ar Gamlas Manceinion. Roedden nhw'n arfer eu coginio ar eu rhawiau ar y tân.

Mae defnyddio tomatos wedi'u sychu yn yr haul yn lle cig moch yn rhoi blas mwy melys (a chyfoes) ar y pryd bwyd.

Paratoi

1 Torrwch y tomatos yn fân.

2 Piliwch y nionod a'r tatws.

3 I baratoi'r gymysgedd ar gyfer y floddie, curwch yr wyau gyda fforc.

Coginio

1 Gratiwch y tatws, gan ddefnyddio papur cegin i gael gwared ar unrhyw hylif.

2 Yna, gratiwch y nionod, gan eu cymysgu gyda'r tatws a'r tomatos.

3 Mewn powlen, ychwanegwch y blawd codi, ac yna'r wyau. Cymysgwch yn dda.

4 Ychwanegwch gymysgedd y tatws at y blawd a'r wyau. Sesnwch y cwbl a'i gymysgu'n dda.

5 Rhannwch y gymysgedd yn bedair rhan, gan eu siapio'n grwn.

6 Cynheswch yr olew mewn padell ffrio, a phan fydd yn boeth, ychwanegwch y floddies. Dewch â'r tymheredd i lawr fymryn a'u ffrio, gan eu troi nes bod y ddwy ochr wedi eu brownio'n dda, ac wedi eu coginio drwodd.

7 Draeniwch nhw gan ddefnyddio papur cegin.

8 Gosodwch y floddies ar blât, gan daenu'r pys slwtsh yn daclus ar eu pennau, ac yna'r wy wedi'i botsio.

Rysáit 9 — Crempog gyda lemon

Cynhwysion	Digon i 4	Digon i 10
Blawd	100 g	250 g
Halen	Pinsiad bach	Pinsiad
Llaeth	¼ litr	625 ml
Wyau	1	2–3
Menyn wedi'i doddi neu olew ysgafn	10 g	25 g
Olew ysgafn ar gyfer ffrio		
Siwgr mân (caster)	50 g	125 g
Lemon	1	2

Nodyn: Os ydych chi am wneud swp (*batch*) o grempogau, cofiwch eu cadw nhw'n fflat. Rhowch nhw ar ben ei gilydd ar blât cynnes, gan ysgeintio mymryn o siwgr rhwng pob un. Plygwch nhw pan maen nhw'n barod i'w gweini. Yna, ysgeintiwch fwy o siwgr drostyn nhw, a'u gosod ar blât gyda'r crempogau yn gorgyffwrdd ei gilydd.

Coginio

1 Gan ddefnyddio rhidyll (*sieve*), hidlwch y blawd a'r halen i mewn i bowlen.
2 Gwnewch bant yn y gymysgedd ar gyfer ychwanegu'r llaeth a'r wy. Yna'n araf, cymysgwch y blawd i mewn o ochr y bowlen.
3 Chwipiwch y cyfan yn drylwyr gyda llwy neu beiriant er mwyn paratoi cytew llyfn. Dylai fod yn ddigon tew i orchuddio cefn y llwy.
4 Ychwanegwch y braster (wedi'i doddi).
5 Cynheswch y badell ffrio, a'i glanhau hi'n drwyadl.
6 Ychwanegwch ddigon o olew i orchuddio gwaelod y badell. Cynheswch yr olew hyd nes mae'n dechrau mygu.
7 Ychwanegwch ddigon o'r gymysgedd i orchuddio gwaelod y badell.
8 Coginiwch am ychydig eiliadau hyd nes y bydd y crempog yn dechrau brownio.
9 Trowch y crempog drosodd a choginiwch yr ochr arall am hanner yr amser a gymerodd yr ochr gyntaf i goginio.
10 Rhowch y crempog ar blât cynnes, ysgeintiwch gyda siwgr, yna plygu yn ei hanner, ac yn ei hanner eto.

Awgrym gweini

Gweini 2 grempog ar gyfer pob person. Ychwanegwch chwarter darn o lemon (cofiwch dynnu'r hadau o'r lemon).

Rhowch gynnig ar rywbeth gwahanol

Os ydych chi eisiau crempog sy'n fwy trwchus yna ychwanegwch 20-60g o flawd i'r rysáit.
    Defnyddiwch ddarnau o oren yn lle lemon.
    Rhowch jam cynnes ar y crempogau cyn creu rholyn crempog.

Rysáit 10 — Wyau wedi'u sgramblo

Cynhwysion	Digon i 4	Digon i 10
Wyau (maint canolig neu o faint mawr)	6–8	15–20
Llaeth (dewisol)	2 lwy fwrdd	5 llwy fwrdd
Halen - peidiwch â defnyddio gormod		
Menyn, marjarîn neu olew	50 g	125 g

Coginio

1. Torrwch yr wyau i mewn i ddysgl, gan eu sesno'n ysgafn gyda halen a'u curo'n dda.

2. Mewn padell ddofn, toddwch hanner y braster.
3. Ychwanegwch yr wyau gan ddechrau eu coginio ar dymheredd isel. Daliwch ati i droi'r gymysgedd.

4. Daliwch ati i droi'r gymysgedd gyda llwy bren nes bydd yr wyau wedi'u coginio ychydig.
5. Symudwch y badell oddi ar y gwres. Blaswch ac ychwanegwch sesnin yn ôl y galw.
6. Yna, cymysgwch y braster sy'n weddill.

Nodyn: Dylid symud yr wyau oddi ar y gwres pan fyddan nhw'n dechrau coginio. Mae hynny oherwydd bod y badell yn dal i fod yn boeth, felly byddan nhw'n dal i goginio. Mae coginio wy wedi'i sgramblo yn gallu bod yn dasg heriol. Mae hi mor rhwydd i'w or-goginio.

Awgrym gweini

Gallwch ei weini ar ddarn o dost poeth gyda menyn neu ei roi mewn powlenni wy unigol.

Gweithgaredd

Fel grŵp, beth am roi cynnig ar y canlynol?

- Coginio dau wy wedi'u sgramblo gan ddilyn y rysáit hon.
- Coginio dau wy wedi'u sgramblo mor gyflym â phosib.
- Coginio dau wy wedi'u sgramblo gan ddefnyddio menyn.
- Coginio dau wy wedi'u sgramblo gan ddefnyddio marjarîn neu olew.

Blaswch yr amrywiadau hyn cyn mynd ati i drafod y pedwar math gwahanol o gyflwyno'r pryd bwyd.

Rysáit 11 — Wyau wedi'u ffrio

Cynhwysion

Wyau – defnyddiwch un neu ddau wy ar gyfer pob person

Menyn, marjarîn neu olew - 25 g i bob wy

 Nodyn: Dylech ddefnyddio wyau ffres o safon ar gyfer ffrio. Er mwyn cael y blas gorau, defnyddiwch fenyn neu olew blodyn haul.

Coginio

1 Torrwch yr wyau i mewn i bowlen.
2 Toddwch y menyn, y marjarîn neu'r olew mewn padell ffrio.

3 Ychwanegwch yr wyau i'r badell yn ofalus er mwyn osgoi torri'r melynwy.
4 Coginiwch nhw'n araf ar dymheredd cymedrol, a'u gweini ar blât cynnes.

Gweithgaredd

Fel grŵp, beth am roi cynnig ar y canlynol?
- Ffriwch un wy gan ddilyn y rysáit hon.
- Ffriwch un wy gan ddefnyddio menyn.
- Ffriwch un wy gan ddefnyddio olew.
- Ffriwch un wy gan ddefnyddio marjarîn.

Blaswch y cyfan cyn mynd ati i gymharu'r pedwar math gwahanol o wy wedi'i ffrio.

Rysáit 12 — Omled

Cynhwysion

Wyau 2-3 (ar gyfer pob person)

Pinsiad bach o halen

Menyn, marjarîn neu olew

Coginio

1 Torrwch yr wyau i bowlen, gan ei sesno'n ysgafn gyda halen.

2 Cymysgwch yn drylwyr gyda fforc neu beiriant nes y bydd y gwynnwy a'r melynwy wedi eu cymysgu'n dda fel nad oes unrhyw arwydd o'r gwynnwy i'w weld.

3 Cynheswch badell a'i sychu'n lân gyda chadach sych.

4 Ychwanegwch y menyn, gan godi'r tymheredd nes bydd y menyn yn ewynnog ond heb droi'n frown.

5 Ychwanegwch yr wyau a'u coginio'n gyflym, gan eu troi'n gyson gyda fforc tan eu bod yn dechrau ffurfio omled. Yna, symudwch y badell oddi ar y gwres.

6 Gan ddefnyddio fforc, plygwch y gymysgedd yn ei hanner yn ofalus, i gyfeiriad yr handlen.

7 Gan droi'r badell tuag at i lawr ychydig, rhowch ergyd sydyn gyda'ch llaw arall ar yr handlen, er mwyn dod â'r omled at waelod y badell.

8 Yn ofalus, gan ddefnyddio fforc, dewch a'r ochr gyferbyn i ymyl y badell.

9 Gafaelwch mewn plât cynnes, gan afael yn y badell gyda'r llaw arall, yn araf ac yn ofalus, ceisiwch osod yr omled ar y plât.

10 Os oes raid, tacluswch ei siâp gan ddefnyddio cadach glân a'i weini ar unwaith.

Beth am roi cynnig ar rywbeth gwahanol?

Drwy ychwanegu cynhwysion eraill at y gymysgedd cyn coginio mae nifer o amrywiadau ar gael, e.e.

- Ychwanegu perlysiau – persli, cennin syfi (*chives*), gorthyfail (*chervil*)
- Ychwanegu madarch – wedi eu sleisio a'u coginio mewn menyn.
- Gellir ychwanegu caws wedi gratio cyn plygu'r omled.

Gweithgaredd

Bydd angen i chi ymarfer cryn dipyn cyn llwyddo i baratoi omled yn llwyddiannus.

Awgrymwch dri amrywiad. Paratowch y tri amrywiad cyn mynd ati i'w blasu. Bydd cyfle wedyn i drafod ac asesu'r amrywiadau.

Pysgod wedi'u ffrio'n fas

Cynhwysion	Digon i 4	Digon i 10
Ffiled o bysgod gwyn neu un pysgodyn bach cyfan	400 g	1½ kg
Blawd		
Olew ysgafn	1 llwy fwrdd	2½ llwy fwrdd

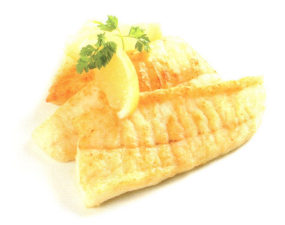

Paratoi

Paratowch, glanhewch, golchwch a sychwch y pysgod yn drylwyr.

Coginio

1 Gorchuddiwch y pysgodyn yn gyfan gwbl â blawd. Bydd angen cael gwared ag unrhyw flawd dros ben. (Os ydych chi'n defnyddio padell ffrio wrthlud (*non-stick*), yna nid oes angen rhoi blawd ar y pysgod.)

2 Cynheswch yr olew yn y badell ffrio.

3 Ffriwch y pysgodyn yn fas ar yr ochr fydd yn cael ei weini yn gyntaf.

4 Yn ofalus, trowch y pysgodyn drosodd a ffrio'r ochr arall.

Awgrym ar gyfer gweini

Ar ôl i chi goginio'r pysgod a'u rhoi ar blatiau neu ddysglau gweini, ychwanegwch:

- Un sleisen o lemon (tynnwch unrhyw hadau cyn gweini).
- Ychwanegu sudd lemon.

Rhowch gynnig ar rywbeth gwahanol

Nodyn: Peidiwch â gorlenwi'r badell ffrio. Bydd hyn yn achosi i dymheredd yr olew ostwng. Bydd hyn yn effeithio ar y ffordd y mae'r pysgodyn yn cael ei goginio. Gwnewch yn siŵr nad ydych chi'n gor-goginio'r pysgodyn. Fe ddylai fod yn lliw euraid golau hyfryd.

Unwaith y bydd y pysgodyn wedi'i goginio, cynheswch 10-25 g o fenyn ar gyfer pob darn o bysgodyn yn ofalus mewn padell ffrio nes iddo droi'n lliw brown fel cneuen. Arllwyswch hwn dros y pysgodyn ar y plât gweini, ysgeintiwch bersli wedi'i dorri'n fân drosto, a'i weini.

Rysáit 14

Cytledau cig oen wedi'u ffrio'n fas

Cynhwysion

Cig oen – darnau cytled a golwython (*chops*)

Halen

Olew ysgafn neu fraster

 Nodyn: Mae'r dull hwn o goginio yn addas ar gyfer coginio cytledau a golwython.

Coginio

1 Rhowch y badell ffrio sydd â gwaelod trwchus iddi neu badell *sauté* ar wres uchel.

2 Ychwanegwch ychydig o olew ysgafn neu fraster i'r badell.

3 Rhowch ychydig o halen ar y cig.

4 Pan fydd yr olew yn boeth, rhowch y cig yn ofalus yn y badell. Rhowch ymyl y cig agosaf atoch chi i mewn gyntaf, a'i osod i ffwrdd oddi wrthych. Fel hyn, ni fydd unrhyw olew poeth yn tasgu arnoch chi.

5 Coginiwch ar wres uchel nes bod y cig yn brownio ychydig, yna trowch y cig drosodd a gwneud yr un peth eto.

6 Trowch y gwres i lawr i'r hanner a choginio'r cig am ryw 4-5 munud i gyd (yn dibynnu ar ba mor drwchus ydy'r cig).

Awgrym ar gyfer gweini

Gweinwch y cytledau cig oen neu gallwch ychwanegu tatws a llysiau addas, fel tatws *sauté* (gyda neu heb nionod) neu sbigoglys (*spinach*) gyda chnau pîn wedi'u tostio.

Gweithgaredd

Ffriwch bryd o fwyd sy'n cynnwys cytledau neu olwython ac addurnwch y pryd yn ôl eich dewis chi. Gallwch gynnwys tatws, llysiau a/neu salad neu ddewis arall. Ewch ati i'w flasu a thrafod pa mor llwyddiannus oedd y pryd bwyd.

Rysáit 15

Stêc wedi'i ffrio mewn padell

Cynhwysion	Digon i 4	Digon i 10
Menyn neu olew	50 g	125 g
Golwython syrlwyn (tua 150-200 g yr un)	4	10
Pupur a halen		

Wedi'i goginio'n ysgafn, yn ganolig neu'n dda?

Efallai y bydd cwsmeriaid yn gofyn am gael coginio eu stêc am amser byr (wedi'i goginio'n ysgafn) neu am fwy o amser (wedi'i goginio'n ganolig neu'n dda). Mae'n bosib dewis coginio'r stêc yn:

- **Ysgafn iawn (neu'n las)** – wedi'i goginio dros wres uchel iawn am ychydig eiliadau'n unig ar y ddwy ochr i roi lliw brown da i'r cig

- **Ysgafn** (*rare*) – mae gan y cig liw cochlyd ar ôl ei goginio

- **Canolig** – mae'r cig ychydig yn binc ar ôl ei goginio

- **Da** – wedi'i goginio'n drylwyr heb ddim lliw pinc o gwbl.

Defnyddiwch bwysau bys a theimlad y stêc ynghyd â faint o waed sy'n dod allan o'r cig, i wirio faint mae'r stêc wedi'i goginio. Bydd stêc sydd wedi'i goginio'n ysgafn yn fwy meddal na chig sydd wedi'i goginio'n dda a bydd mwy o waed ar y plât.

Gallwch hefyd brofi'r cig gydag offer mesur tymheredd. Gwnewch hynny ar y darn tewaf o'r cig.

- Coginio'n ysgafn 45–50°C
- Coginio'n ganolig 55–60°C
- Coginio'n dda 75–77°C.

Nodyn: Mae'r dull hwn o goginio'n berffaith ar gyfer darnau bach a chanolig o gig.

Paratoi

Rhowch bupur a halen yn ysgafn ar ddwy ochr y stêc.

Coginio

1 Cynheswch y menyn neu'r olew mewn padell *sauté*.

2 Ffriwch y stêc yn gyflym ar yr ochr gyntaf, gan beidio â'u gor-goginio.

3 Trowch y stêc drosodd yn ofalus.

4 Ffriwch yr ochr arall, gan ddal i beidio â'i gor-goginio.

5 Addurnwch y stêc ar ddysgl weini.

Awgrym ar gyfer gweini

Gweinwch y stêc gyda madarch a thomatos.

Rysáit 16 — *Escalopes* porc mewn briwsion

Cynhwysion	Digon i 4	Digon i 10
Ffiled borc neu ddarn o lwyn (*loin*) 75-100 g	4	10
Blawd gyda phupur a halen	25 g	60 g
Wy	1	2
Briwsion bara gwyn ffres	50 g	125 g
Olew ar gyfer ffrio	60 ml	150 ml

Paratoi

1 Tynnwch y gewynnau (*sinews*) o'r cig.

2 Gan ddefnyddio ychydig o ddŵr, curwch y cig â morthwyl cig i'w gwneud mor denau ag y gallwch – hyd at ½ cm o leiaf.

3 Curwch yr wyau i wneud sglein wy (*eggwash*).

▲ *Escalopes* ar ôl cael eu curo â morthwyl cig

Coginio

1 Rhaid i bob *escalope* fynd drwy'r broses *pané*. Yn gyntaf, rhowch yr *escalope* mewn blawd wedi'i *sesno*.

2 Gwnewch yn siŵr bod y ddwy ochr wedi'u gorchuddio â blawd.

3 Rhowch yr *escalope* yn y sglein wy.

4 Rhowch gyfle i'r wy ddiferu i ffwrdd.

5 Rhowch yr *escalope* yn y briwsion bara.

6 Gwnewch yn siŵr eich bod chi'n ysgwyd unrhyw friwsion sydd dros ben oddi ar y cig, a gwasgwch y ddwy ochr yn gadarn â chyllell balet.

7 Ffriwch yn fas mewn olew poeth ar y ddwy ochr nes eu bod nhw'n euraid a chreisionllyd.

8 Sychwch ar bapur cegin.

Awgrym ar gyfer gweini

Gweinwch gyda saws addas, er enghraifft:

- Grefi wedi'i dewychu (tudalen 113) gydag ychydig o gercynau wedi'u sleisio'n denau.
- *Purée* afal wedi'i deneuo â hufen neu iogwrt.

Rysáit 17 — Ffiled porc wedi'i dro-ffrio (*stir fry*)

Cynhwysion	Digon i 4	Digon i 10
Olew	2 lwy fwrdd	5 llwy fwrdd
Sialóts	2	6
Garlleg (dewisol)	1	2
Madarch bach	200 g	400 g
Ffiled porc	400 g	2 kg
Powdr pum sbeis (China)	1 pinsiad	2 binsiad
Saws soy	1 llwy fwrdd	2 lwy fwrdd
Mêl clir	2 lwy fwrdd	3 llwy fwrdd
Stoc gwyn	2 lwy fwrdd	5 llwy fwrdd

Paratoi

1 Piliwch a thorrwch y sialóts yn fân.
2 Torrwch y madarch yn sleisys tenau iawn.
3 Torrwch y porc yn ddarnau tenau.

Coginio

1 Cynheswch yr olew mewn wok neu badell ffrio
2 Ychwanegwch y sialóts a'u coginio'n dyner i'w meddalu am funud.
3 Ychwanegwch y madarch a'u coginio'n dyner nes eu bod wedi meddalu.

4 Codwch y gwres ac ychwanegu'r darnau o ffiled porc.
5 Ychwanegwch ychydig o halen, ychwanegwch y powdr sbeis a choginiwch am 3–4 munud, gan droi'r cyfan drwy'r amser.
6 Trowch y gwres i lawr, ychwanegwch y saws soy, y mêl a'r stoc gwyn a gadewch iddo leihau am 2–3 munud.
7 Blaswch y bwyd, ychwanegwch sesnin os bydd angen a gweinwch.

Awgrym ar gyfer gweini

Gweinwch gyda nwdls, reis wedi'i frwysio (tudalen 151) neu lysiau wedi'u tro-ffrio neu gyfuniad o'r pethau hyn.

Rysáit 18 — *Sauté* cyw iâr

Cynhwysion	Digon i 4	Digon i 10
Cyw iâr cyfan (1¼–1½ kg)	1	2½
Menyn, marjarîn neu olew	50 g	125 g
Grefi wedi'i dewychu	250 ml	625 ml
Persli ffres		

Nodyn: Os ydych chi'n defnyddio cyw iâr cyfan, torrwch y carcas a chadwch unrhyw ddarnau dros ben i'w defnyddio ar gyfer gwneud y grefi.

Os ydych chi'n defnyddio cyw iâr sydd wedi'i dorri'n barod ar gyfer pedwar person, defnyddiwch ddwy goes, dwy glun a dwy ffiled *suprême* (y frest wedi'i thorri'n ddwy).

Paratoi

1 Os ydych chi'n defnyddio cyw iâr cyfan, torrwch y cyw iâr yn ddarnau.
2 Paratowch y grefi wedi'i dewychu (gweler tudalen 113).
3 Torrwch y persli'n fân.

Coginio

1 Rhowch y braster neu'r olew mewn padell *sauté* dros wres uchel.
2 Rhowch ychydig o halen ar y darnau cyw iâr. Rhowch nhw yn y badell yn y drefn yma: coesau, cluniau, brestiau (rydych chi'n rhoi'r darnau mwyaf gwydn i mewn yn gyntaf gan eu bod nhw'n cymryd mwy o amser i goginio).
3 Coginiwch nes bod y cig yn lliw euraid ar y ddwy ochr. Rhowch gaead ar y badell.
4 Trowch y gwres i lawr a choginiwch yn ysgafn nes bod y cyw iâr yn dyner.
5 Tynnwch y darnau cyw iâr o'r badell a thynnwch y braster o'r badell hefyd.
6 Rhowch y badell yn ôl dros wres cymedrol. Ychwanegwch y grefi wedi'i dewychu a'i godi i'r berw.
7 Blaswch y grefi a gwiriwch y sesnin. Rhowch y grefi ar ben y cyw iâr drwy ridyll mân.
8 Ysgeintiwch gyda phersli wedi'i falu cyn ei weini.

Rhowch gynnig ar rywbeth gwahanol

Gallwch amrywio'r rysáit hon drwy ychwanegu:

- Madarch wedi'u sleisio.
- *Concassé* tomato neu *purée* tomato tua hanner amser drwy'r cyfnod coginio.
- Perlysiau meddal ffres wedi'u torri'n fân, fel cennin syfi, gorthyfail (*chervil*) neu taragon.
- Sbeisys ysgafn fel powdr cyri neu bowdr pum sbeis.

Gweithgaredd

Mewn grwpiau, paratowch amrywiadau gwahanol ar gyfer *sauté* cyw iâr. Cofiwch ddefnyddio digon ar eich dychymyg. Blaswch brydau bwyd eich gilydd a thrafodwch y canlyniadau.

Rysáit 19 *Fajita* twrci

Cynhwysion	Digon i 4	Digon i 10
Olew ar gyfer ffrio	50 ml	125 ml
Nionod	100 g	250 g
Garlleg	2	5
Twrci, wedi'i dorri'n ddarnau	450 g	1⅛ kg
Pupur gwyrdd	100 g	250 g
Pupur coch	100 g	250 g
Sesnin Cajun (ar gyfer rhoi blas)	½ llwy de	1½ llwy de
Tomatos (tun)	500 g	1¼ kg
Pupur du		
Tortillas blawd	4	10

Paratoi

1 Torrwch y twrci yn sgwariau bach tua 2 cm o faint.
2 Piliwch a thorrwch y garlleg yn fân a thorrwch y nionod yn fân iawn.
3 Golchwch y pupur coch a gwyrdd, a'u torri'n fân.
4 Torrwch y tomatos.

Coginio

1 Cynheswch yr olew mewn padell addas. Ychwanegwch y nionod a'r garlleg a choginiwch am 2 funud.
2 Ychwanegwch y darnau twrci, y sesnin Cajun, a'r pupur wedi'i dorri'n fân a ffriwch am 5 munud arall.
3 Ychwanegwch y tomatos wedi'u torri a'r pupur du.
4 Coginiwch y cyfan nes bod y twrci'n dyner ac wedi coginio drwodd.
5 Gosodwch y tortillas yn fflat. Rhowch lwyaid o'r gymysgedd yng nghanol y tortilla a'i rolio.

Awgrym gweini

Gweinwch gyda phersli ar blât addas.

Llysiau cymysg wedi'u ffrio gyda llaeth cnau coco

Cynhwysion	Digon i 4	Digon i 10
Ffa Ffrengig	100 g	250 g
Blodfresych	75 g	185 g
Tomatos	50 g	125 g
Moron	50 g	125 g
Sialóts	3	8
Garlleg	2	5
Olew llysiau	2 lwy fwrdd	5 llwy fwrdd
Hadau mwstard	½ llwy de	1 llwy de
Dail cyri	6	10
Halen	½ llwy de	1 llwy de
Llaeth cnau coco	125 ml	310 ml
Powdr tsili wedi'i gymysgu ag 1 llwy de o ddŵr	½ llwy de	1 llwy de
Powdr tyrmerig wedi'i gymysgu ag 1 llwy de o ddŵr	¼ llwy de	¾ llwy de

Paratoi

1 Torrwch y ffa Ffrengig yn ddarnau tua 4 cm o hyd.
2 Torrwch y blodfresych yn ddarnau.
3 Tynnwch hadau'r tomatos a'u torri'n fras.
4 Torrwch y moron gan ddilyn dull torri *julienne*.
5 Torrwch y sialóts yn eu hanner ar eu hyd.
6 Torrwch y garlleg yn fân.

Coginio

1 Cynheswch yr olew mewn wok a ffriwch yr hadau mwstard a'r dail cyri am 1–2 funud. Daliwch ati i droi nes bod yr hadau yn dechrau 'popio'.
2 Ychwanegwch y sialóts a'r garlleg, a ffriwch nes bod y cyfan yn feddal ac yn sawrus.
3 Ychwanegwch y tsili, y past tyrmerig a'r tomatos a'i droi. Ffriwch nes bod y cyfan wedi cynhesu drwyddo.
4 Ychwanegwch y llaeth cnau coco a dowch â'r cyfan i'r berw. Ychwanegwch y llysiau i gyd.
5 Coginiwch am 4-5 munud nes bod y llysiau wedi coginio ond yn dal yn greisionllyd. Ychwanegwch ychydig o halen a'i fudferwi am 1-2 funud arall. Gweinwch ar unwaith.

Rysáit 21 — Tatws *sauté*

Cynhwysion

Tatws (bydd 1 kg o hen datws yn ddigon ar gyfer 4 i 6)

Olew ar gyfer ffrio *sauté*

Halen, pinsiad

Paratoi

Glanhewch y tatws yn dda (peidiwch â'u pilio).

Coginio

1 Berwch neu stemiwch y tatws am tua 15 munud.
2 Oerwch nhw am ychydig, ac yna eu pilio.
3 Torrwch y tatws yn sleisys tua 3 mm o drwch.
4 Rhowch y sleisys tatws mewn olew bas poeth yn y badell ffrio nes eu bod nhw wedi brownio'n braf.
5 Rhowch ychydig o halen arnyn nhw.

Awgrym gweini

Gweinwch gyda phersli ffres wedi'i dorri'n fân.

Mae'r bennod hon yn rhoi sylw i Uned 111, Adfywio bwyd a baratowyd ymlaen llaw.

Erbyn diwedd y bennod hon fe ddylech chi fod yn gallu:

- Rhestru'r mathau o fwydydd sydd wedi cael eu hadfywio a'r bwydydd sydd o ansawdd addas i'w hadfywio
- Disgrifio'r gwahaniaethau rhwng bwydydd a baratowyd ymlaen llaw sydd wedi cael eu hadfywio a mathau eraill o fwyd
- Egluro pwrpas bwydydd a baratowyd ymlaen llaw sydd wedi cael eu hadfywio yn y diwydiant bwyd
- Dweud beth yw'r cyfyngiadau posibl wrth ddefnyddio bwydydd a baratowyd ymlaen llaw
- Egluro goblygiadau posibl bwyta'n iach, a gwerth maethol a chynnwys bwyta gormodedd o fwydydd a baratowyd ymlaen llaw ac sydd wedi cael eu hadfywio

- Dweud beth yw'r dulliau cywir ar gyfer adfywio gwahanol fwydydd a baratowyd ymlaen llaw
- Nodi pwrpas adfywio bwydydd a baratowyd ymlaen llaw
- Nodi gwahanol fathau o fwyd y gellir eu hadfywio
- Dweud beth yw'r offer pwrpasol ar gyfer adfywio bwyd, a sut i'w defnyddio
- Rhestru'r pwyntiau ansawdd sy'n berthnasol i ddethol, paratoi ac adfywio bwydydd a baratowyd ymlaen llaw
- Egluro defnydd unrhyw gynnyrch cysylltiedig wrth adfywio bwydydd a baratowyd ymlaen llaw.

Mathau o fwydydd a baratowyd ymlaen llaw y gellir eu hadfywio

Mae'r term 'bwyd a baratowyd ymlaen llaw' yn disgrifio unrhyw fwyd sydd wedi cael ei baratoi cyn bod ei angen ac yna'n cael ei gynnal mewn modd fydd yn ei gadw'n ddiogel ac yn y cyflwr gorau tan iddo gael ei adfywio a'i weini. Mae bwyd sydd wedi cael ei adfywio'n fwyd a baratowyd ymlaen llaw ac sydd wedi cael ei drin mewn ffordd sy'n ei wneud yn ddiogel ac yn barod i'w fwyta. Mae dewis eang o gynnyrch a phrydau yn cael eu hadfywio.

Bwydydd wedi'u sychu (dadhydredig)

Mae gan y bwydydd hyn oes silff hir oherwydd mae'r lleithder sy'n gallu achosi iddyn nhw ddirywio a difetha wedi cael ei dynnu allan. Maen nhw ar gael mewn tri math sylfaenol:

- Bwydydd â rhywfaint, neu'r holl leithder wedi ei sychu. Mae bwydydd o'r fath yn cynnwys tomatos wedi'u sychu yn yr haul, ffrwythau, ffa a phys sych, a madarch wedi'u sychu.
- Bwydydd sydd wedi cael eu prosesu i dynnu eu lleithder naturiol allan gan greu cynnyrch ar ffurf powdr, er enghraifft powdr llaeth, stoc a chymysgeddau saws.
- Cyfuniad o gynhwysion sydd eisoes yn sych i ffurfio 'cymysgedd cyfleus', fel cymysgedd sgons, cymysgedd crwst neu gymysgedd sbwng.

Mae'r dull o adfywio bwydydd sych yn amrywio'n ôl eu math. Yn aml, bydd ffa sych yn cael eu mwydo mewn dŵr er mwyn amsugno'r lleithder sydd wedi cael ei dynnu allan ohonynt. Gydag eitemau eraill, fel cymysgeddau cacennau, bydd angen ichi ychwanegu hylif, fel llaeth, wyau neu ddŵr i'w gwneud yn barod i'w defnyddio. Ar y llaw arall, mae'n bosibl defnyddio rhai cynhwysion sych fel y maen nhw, er enghraifft ffrwythau sych.

▲ Ffrwythau sych

Bwydydd ffres

Er enghraifft, eitemau salad sydd wedi cael eu golchi a'u paratoi ymlaen llaw, a llysiau sydd wedi cael eu blansio ac yna eu hoeri yn barod i'w gorffen. Mae'n bosibl prynu llysiau sydd wedi cael eu pilio a'u trimio eisoes, ac sydd wedi cael eu cyflwyno mewn arddull traddodiadol, fel tatws wedi eu turnio. Mae hyn yn arbed llawer o waith ac amser, er y bydd y cynnyrch yn costio mwy. Gellir prynu cig, pysgod neu ddofednod ffres sydd wedi cael eu trimio a'u paratoi ymlaen llaw mewn sawl ffordd ac sy'n barod i'w goginio.

▲ Pecynnu MAP

Cynnyrch parod

Mae rhai cynnyrch yn 'barod'. Mae'r rhain yn cael eu defnyddio'n aml, fel bara, cacennau, pwdinau, peis ac eitemau eraill sy'n gallu cymryd llawer o amser i'w cynhyrchu ac angen offer a sgiliau penodol i'w cynhyrchu. Fel arfer, nid oes angen unrhyw brosesu pellach ar y cynnyrch heblaw efallai eu cynhesu, eu torri'n ddarnau neu eu gorffen.

 Iechyd a diogelwch

Mae cynnyrch parod fel peis, *quiches*, rholiau selsig a phwdinau yn eitemau diogelwch bwyd 'risg uchel' a dylid cymryd gofal mawr i beidio â'u halogi â bacteria, oherwydd gallai hyn achosi gwenwyn bwyd. I gael mwy o wybodaeth am wenwyn bwyd gweler Pennod 2.

Cyngor proffesiynol

Mae cynnyrch sydd wedi cael ei bobi'n rhannol yn golygu bod modd gweini bara, rholiau a thoesenni Danaidd 'ffres' ac ati mewn lleoliad lle nad oes lle, amser, offer neu sgiliau i greu'r eitemau hyn. Hefyd, gellir pobi cynnyrch yn aml ac mewn niferoedd bychan, fel bod cacennau neu fara poeth ffres ar gael trwy'r dydd.

Bwydydd rhewedig

Mae'r nifer a'r dewis o fwydydd rhewedig sydd ar gael i'r cogydd yn enfawr, ac maen nhw'n cynnwys bwydydd amrwd, cynnyrch parod-i'w-goginio, eitemau wedi eu coginio a phwdinau cymhleth.

Mae cyfarwyddiadau llawn ar y pecyn ar sut i adfywio pob eitem benodol. Mae'n bwysig darllen a dilyn y cyfarwyddiadau hyn yn ofalus. Gyda rhai eitemau, fel darnau o gig neu gyw iâr, mae'n hanfodol eu dadmer yn llwyr cyn eu coginio. Gallai peidio â dadmer yr eitemau hyn yn drylwyr olygu na fyddan nhw'n cynhesu digon wrth goginio, gan arwain at achosi gwenwyn bwyd. Gweler Pennod 2 am fwy o wybodaeth ar wenwyn bwyd. Fel arfer, gellir coginio eitemau bychan neu denau o fwyd, fel pitsa neu bysgodyn mewn briwsion bara, tra maen nhw'n dal wedi rhewi gan fod hyn, yn aml, yn sicrhau'r canlyniad gorffenedig gorau.

Gyda rhai mathau o gynnyrch, yr unig beth sydd angen ei wneud yw eu dadmer cyn eu gweini, fel *gateau*, *Mouse* a fflan; mae eraill yn cael eu gweini wedi eu rhewi, fel *parfait* ffrwythau neu gacen hufen iâ. Cofiwch ddilyn y cyfarwyddiadau, a gofynnwch am gyngor gan oruchwyliwr.

Gall cogyddion hefyd ddefnyddio rhewi fel ffordd i gadw bwydydd i'w defnyddio'n hwyrach. Gellid defnyddio hyn ar gyfer bwydydd amrwd fel cig a dofednod, eitemau wedi eu coginio fel cawliau a stiwiau neu ar gyfer eitemau na fydd angen gorffen pellach, fel pei cig eidion sydd â chaead crwst heb ei goginio. Pan fyddwch yn rhewi bwydydd sydd wedi cael eu coginio, dylid eu hoeri mor gyflym â phosibl – oerwr chwyth (*blast chiller*) sydd orau ar gyfer hyn. Gyda phob eitem o fwyd, dylid ei lapio neu ei phecynnu'n dda, a rhoi label gydag enw'r eitem a phryd y cafodd ei rhewi. Gosodwch y bwyd mewn rhewgell sy'n -18°C neu'n is, a chadwch fwydydd amrwd a bwydydd sydd wedi'u coginio ar wahân. Bydd angen eu dadmer yn ofalus, fel y nodwyd uchod.

 Iechyd a diogelwch

Dylai bwydydd sydd wedi cael eu coginio er mwyn eu hoeri a'u rhewi gyrraedd 8˚C o fewn 90 munud.

Bwydydd a baratowyd ymlaen llaw

Un enghraifft o fwydydd a baratowyd ymlaen llaw yw prydau sy'n cael eu creu ar gyfer cwmnïau hedfan, er mwyn eu hailgynhesu ar yr awyren. Mae llawer mwy o enghreifftiau, fel cadwyni o dai bwyta lle mae'r bwyd yn cael ei gynhyrchu mewn uned ganolog ac yna'n cael ei ailgynhesu neu ei orffen a'i weini yn y tŷ bwyta unigol.

Mae hwn yn ddull effeithlon ar gyfer cynhyrchu bwyd ac mae'n golygu bod modd i unrhyw offer arbenigol a sgiliau staff angenrheidiol fod yn yr un lle, gyda dim ond yr offer gorffen ac ailgynhesu wrth y man gweini.

Nid yw pob math o fwyd yn addas ar gyfer eu paratoi ymlaen llaw. Eitemau fel stiwiau a bwydydd mewn saws sydd orau fel arfer. Mae eitemau sydd wedi cael eu ffrio neu eu grilio, a rhai seigiau pysgod ac wyau, yn llai llwyddiannus. Gellir coginio'r bwyd ac yna'i becynnu mewn cyfrannau unigol, neu mewn unedau mwy o faint ar gyfer eu torri'n gyfrannau wrth y man gweini.

 Iechyd a diogelwch

Dylid dilyn gweithdrefnau diogelwch bwyd gofalus iawn ar gyfer oeri, storio ac ailgynhesu bwydydd a baratowyd ymlaen llaw. Dylech ddilyn unrhyw gyfarwyddiadau ysgrifenedig sydd ar y pecynnau'n ofalus neu ofyn am gyngor gan eich goruchwyliwr.

Bwydydd tun

Nid oes angen unrhyw goginio pellach ar y rhan fwyaf o fwydydd tun oherwydd mae coginio'n rhan o'r broses canio, ond mae'n amlwg y bydd angen ailgynhesu rhai eitemau, fel cawliau a ffa pob. Pan ddefnyddir bwydydd tun fel rhan o saig arall neu fel cynhwysyn, mae'n cael ei goginio ymhellach, er enghraifft tomatos fel rhan o saws neu ffrwythau fel llenwad mewn tarten. Mae hylif yn gorchuddio rhai bwydydd tun. Mae'r tabl isod yn dangos rhai enghreifftiau o hylifau sydd mewn bwydydd tun.

Tabl 11.1 Hylifau mewn bwydydd tun

Hylif	Enghraifft o'r math o fwyd
Dŵr	Llysiau
Dŵr hallt	Ham neu bysgod
Surop neu sudd	Ffrwythau
Olew	Pysgod
Saws (gall y saws fod yn rhan o'r eitem)	Ffa pob, pennog Mair (*pilchards*), sardîns, stiwiau

▲ Bwydydd tun (prynir yr olew llysiau mewn tun ond ni chafodd ei brosesu yn y tun)

Cyngor proffesiynol

Mewn rhai gwledydd mae potelu'n fwy poblogaidd na chanio. Mae'r broses yr un fath ond defnyddir jariau gwydr yn hytrach na chaniau. Hefyd, mae rhai prosesau modern yn defnyddio cydau ffoil yn lle caniau.

Bwydydd a baratowyd ymlaen llaw sydd wedi cael eu hadfywio, ac ansawdd

Mae nifer o ffactorau yn gallu effeithio ar ansawdd bwydydd a baratowyd ymlaen llaw ac sydd wedi cael eu hadfywio.

- **Ffresni** – rhaid i'r bwyd fod yn ffres, o ansawdd da ac yn y cyflwr gorau posibl cyn iddo gael ei brosesu neu bydd y cynnyrch gorffenedig yn israddol ac, o bosibl, yn annerbyniol.
- **Niferoedd** – gellir paratoi bwydydd ymlaen llaw mewn niferoedd mawr a'u pecynnu mewn maint cyfrannau unigol, cyfrannau lluosog neu becynnau sylweddol ar gyfer arlwyo.
- **Codau dyddiadau** – bydd y rhain yn amrywio yn ôl y math o fwyd. Bydd bwydydd darfodus sydd angen cael eu storio mewn oergell wedi eu labelu â'r dyddiad erbyn pryd y dylid eu defnyddio a dylid glynu at hwn o dan y gyfraith. Bydd bwydydd sydd ddim angen cael eu storio mewn oergell, neu sydd wedi eu rhewi, wedi eu labelu â dyddiad cyn pryd y maen nhw ar eu gorau a'r cyngor yw peidio â defnyddio'r bwyd wedi'r dyddiad hwn.
- **Tymheredd** – dylech chi wastad storio bwydydd a baratowyd ymlaen llaw ar y tymheredd sy'n cael ei argymell ac yn yr amgylchedd cywir neu byddan nhw'n dirywio'n gyflymach nag y mae'r dyddiadau ar y bwyd yn ei nodi.
- **Golwg, arogl a gweadedd** – gall y rhain newid mewn rhai bwydydd a baratowyd ymlaen llaw. Er enghraifft, mae golwg a gweadedd eog tun yn wahanol iawn i eog ffres. Gall yr arogl hefyd fod yn wahanol o ganlyniad i'r broses canio a'r hylif sy'n gorchuddio'r eog. Gellir adfywio pys sych trwy eu mwydo mewn dŵr ac yna'u berwi, ond bydd y rhain yn wahanol iawn i bys ffres. Ceir newidiadau mewn rhai bwydydd rhewedig hefyd. Gyda bwydydd tyner, fel mefus, mae'r broses rewi'n effeithio ar ei strwythur ac mae'r lliw, y golwg, y gweadedd, yr arogl a'r blas yn newid hefyd. Gyda rhai bwydydd rhewedig, bydd lefel sylweddol o ddŵr yn rhedeg oddi arnyn nhw wrth iddyn nhw ddadmer; bydd hyn hefyd yn effeithio ar eu golwg a'u gweadedd.

▲ Eog tun ac eog ffres

Gwahaniaethau rhwng bwydydd a baratowyd ymlaen llaw sydd wedi cael eu hadfywio a mathau eraill o fwyd

Mae rhai gwahaniaethau rhwng bwydydd a baratowyd ymlaen llaw sydd wedi cael eu hadfywio a bwydydd sy'n ffres, oherwydd bod y bwyd wedi mynd drwy'r broses adfywio. Gall y gwerth maethol newid, yn ogystal â'r ansawdd, y golwg a'r blas cyffredinol.

Gellir addasu dulliau coginio a gofynion gweini arferol er mwyn caniatáu i'r prosesau paratoi ymlaen llaw ac adfywio ddigwydd, sy'n gallu digwydd ar wahanol adegau ac mewn gwahanol leoliadau. Gellid dethol yr offer a sgiliau'r staff i gydweddu â'r gwaith paratoi bwyd ymlaen llaw a'r prosesau adfywio sy'n cael eu gwneud. Mewn rhai achosion, bydd y bwyd wedi cael ei baratoi ymlaen llaw yn llwyr, a'r unig waith adfywio fydd ei rannu'n gyfrannau, ei gynhesu a'i weini, felly mae'n bosibl na fydd angen i staff fod mor fedrus a bydd angen llai o offer paratoi nag ar gyfer bwyd ffres.

Gweithgaredd

1 Pa fath o godau dyddiad sydd ar y bwydydd canlynol:
 a Cawl ffres mewn carton
 b Tiwna tun
 c Coleslaw ffres
 ch Cymysgedd sgons
 d Ffa pob tun
 dd Eog mwg wedi'i oeri
 e Resins
2 Rhestrwch bump o fwydydd sych sy'n cael eu defnyddio yn eu cyflwr sych a heb eu hailhydradu mewn dŵr.
3 Beth fyddai'r fantais i gaffi myfyrwyr o ddefnyddio cynnyrch toes wedi'u pobi'n rhannol?
4 Awgrymwch bedwar o fwydydd lle mae prosesu yn newid eu golwg, eu gweadedd neu eu blas.
5 Rhestrwch bedair eitem o fwyd y mae'n bosibl eu coginio'n syth o'r rhewgell.

Pwrpas defnyddio bwydydd a baratowyd ymlaen llaw ac sydd wedi cael eu hadfywio

Costau

Yn aml, bydd defnyddio bwydydd a baratowyd ymlaen llaw ac sydd wedi cael eu hadfywio yn lleihau costau mewn cwmni neu fusnes bwyd, oherwydd:

- Gellir prynu symiau mawr o fwyd a phan maen nhw yn eu tymor, ac felly ar eu rhataf, ac yna'u cadw ar gyfer eu defnyddio fel bo angen
- Gellir lleihau gwastraff bwyd i'r lefel lleiaf posibl gan adfywio dim ond yr union swm sydd ei angen
- Bydd modd i'r bwyd gael ei adfywio a'i orffen gan staff lled-grefftus neu rai sydd heb sgiliau, felly byddan nhw'n rhatach i'w cyflogi na chogyddion hyfforddedig
- Fel arfer, bydd adfywio bwyd yn gyflymach na phrosesau coginio cyfan, felly bydd yn arbed ar gostau oriau staffio hir a'r amser y bydd angen i'r gweithle fod yn agored
- Bydd angen llai o offer costus, oherwydd gellir gwneud y gwaith paratoi a'r coginio i gyd mewn man canolog, gydag offer gorffen penodol lle mae'r bwyd yn cael ei adfywio.

Llafur ac offer

Gellir lleoli sgiliau staff ac offer mewn man canolog lle mae'r bwyd yn cael ei baratoi ymlaen llaw. Bydd hyn yn lleihau'r costau sy'n gysylltiedig â llafur ac offer. Yn aml, gall bwydydd gael eu hadfywio gan staff sydd heb sgiliau neu rai lled-grefftus.

Sicrhau safon cyson

Bydd y bwyd sy'n cael ei weini yn tueddu i fod o'r un ansawdd oherwydd mae'n bosibl ei gynhyrchu yn yr un lle, gan ddefnyddio technegau a phrosesau safonol. Byddai hyn yn bwysig mewn cadwyni tai bwyta, er enghraifft, lle bydd angen i'r bwyd fod yr un fath ym mhob cangen.

Bodloni ffyrdd o fyw, gofynion a thueddiadau defnyddwyr

Mae bwydydd a baratowyd ymlaen llaw yn helpu i fodloni gofynion cwsmeriaid a thueddiadau bwyd gan sicrhau cyflenwad cyson o eitemau poblogaidd trwy'r amser. Gellir cadw neu baratoi bwyd tymhorol ymlaen llaw, pan mae'n fwyaf toreithiog ac ar ei rataf, fel ei fod ar gael trwy gydol y flwyddyn. Enghraifft o hyn yw pys wedi eu rhewi.

Yn aml, bydd patrymau bwyta a ffyrdd modern o fyw yn mynnu bod bwyd ar gael yn gyflym. Mae bwyd a baratowyd ymlaen llaw sydd wedi cael ei adfywio yn caniatáu i hyn ddigwydd, tra'n cynnal safon cyson mewn lleoliadau lletygarwch ac ar gyfer cwsmeriaid yn eu cartrefi.

Cyfyngiadau posibl defnyddio bwyd a baratowyd ymlaen llaw ac sydd wedi cael ei adfywio

Mae paratoi bwyd ymlaen llaw ac yna ei adfywio'n hynod o lwyddiannus mewn rhai achosion ac mae wedi cael effaith sylweddol iawn ar y diwydiannau bwyd a lletygarwch, yn ogystal ag ar farchnadoedd defnyddwyr. Ond, ni fyddai hi'n realistig disgwyl i bob cynnyrch a baratowyd ymlaen llaw fod cystal â'r eitem ffres gyfatebol, ac ni fydd llawer o fwydydd yn dychwelyd i'w cyflwr gwreiddiol ar ôl iddyn nhw gael eu hadfywio.

- **Ffrwythau meddal** – ni fydd ffrwythau fel mefus a mafon cochion yn gallu goddef cael eu rhewi, eu canio na'u sychu'n dda. Gellid defnyddio eirin neu fefus rhewedig mewn crymbl neu gompot, ond wedi ichi eu rhewi byddech chi ddim yn gweini'r mefus fel 'mefus a hufen' traddodiadol.
- **Ffrwythau a llysiau eraill** – bydd y rhain yn newid yn sylweddol hefyd. Er enghraifft, gellir rhewi neu ganio moron ond byddan nhw'n colli eu strwythur a byddan nhw'n feddalach. Gellir sychu bricyll ond ni fyddan nhw byth yn dychwelyd i fod fel bricyll ffres ar ôl eu hailhydradu.
- **Pysgod** – byddan nhw'n newid o ran strwythur ac yn mynd yn feddalach ac yn wlypach.
- **Wyau, reis wedi'i goginio** – bydd y rhain a llawer o fwydydd eraill yn newid.
- Mae rhai bwydydd sydd ddim yn addas ar gyfer unrhyw fath o broses, ar wahân i'w pecynnu a'u hoeri, er enghraifft **dail salad**.

O ystyried hyn, bydd y mathau o fwydydd a ddefnyddir ar gyfer eu paratoi ymlaen llaw a'u hadfywio'n cael eu dethol yn ofalus ac efallai y bydd angen addasu'r swm o gynhwysion penodol, sut maen nhw'n cael eu coginio a'u gorffen a hynny heb gynyddu fawr ddim ar gost y cynnyrch gorffenedig.

Dylid ystyried hefyd beth yw cost gychwynnol a chostau cynnal a chadw'r offer ar gyfer paratoi bwyd ymlaen llaw a'i adfywio. Mae'n bosibl y bydd costau ychwanegol yn gysylltiedig â chynhyrchu bwydydd sydd wedi eu paratoi ymlaen llaw, a bydd hyn yn dibynnu ar y prosesau a ddefnyddir. Efallai y bydd angen profi, addasu neu newid y bwydydd, y dulliau coginio a'r dulliau gorffen yn llwyr er mwyn gallu storio ac adfywio bwydydd penodol. Gall hyn i gyd ychwanegu at gostau cynhyrchu'r saig. Gall costau eraill gynnwys lleoliad addas, staff crefftus, offer arbenigol fel oerwyr chwyth a rhewgelloedd mawr, offer pecynnu a selio ac ardaloedd storio lle mae'r tymheredd yn cael ei reoli.

Cyn buddsoddi yn y costau ychwanegol, bydd yn bwysig deall y farchnad (pwy fydd yn prynu'r bwyd), y mathau o leoliadau lletygarwch a'r mathau o fwyd y maent eu heisiau ar gyfer eu busnes, yn ogystal â gofynion defnyddwyr am fathau penodol o fwyd a'r pris maen nhw'n fodlon ei dalu amdano.

Cyngor proffesiynol

Enghraifft o sut y gallai saig gael ei haddasu pan mae'n cael ei pharatoi ymlaen llaw a'i hadfywio:

Os bydd saig llysiau'n mynd i gael ei hoeri, mae'n bosibl na fydd yn cael ei choginio'n llwyr er mwyn caniatáu i'r llysiau gael eu coginio ychydig yn fwy pan gaiff y saig ei hailgynhesu. Efallai y bydd angen newid y topin neu'r garnais arferol, neu ei ychwanegu ar ôl i'r saig gael ei hadfywio.

Goblygiadau bwyta'n iach, a gwerth a chynnwys maethol bwydydd a baratowyd ymlaen llaw sydd wedi cael eu hadfywio

Mae prydau a baratowyd ymlaen llaw wedi cael eu beirniadu weithiau am gynnwys lefelau uwch o **fraster, siwgr a halen** na'r hyn sy'n cael ei argymell. Mae'r cyngor iechyd diweddaraf yn dweud y dylen ni leihau faint o'r rhain yr ydym yn ei fwyta wrth i bryderon am ordewdra a chlefyd y galon gynyddu. Oherwydd eu bod yn cynnwys lefelau uchel o siwgr a braster, mae'n bosibl y bydd gan rai o'r bwydydd hyn gynnwys caloriffig uchel hefyd.

Mae'n bosibl y bydd rhai prosesau'n lleihau gwerth maethol bwyd hefyd – efallai bydd y **fitaminau a'r mwynau** sy'n bresennol yn y bwyd yn naturiol yn cael eu colli yn ystod y broses, neu efallai bydd fitaminau sy'n toddi mewn dŵr yn cael eu colli yn yr hylif sy'n amgylchynu'r

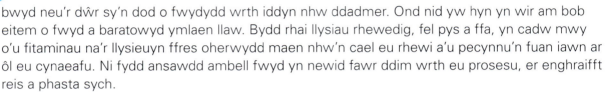

bwyd neu'r dŵr sy'n dod o fwydydd wrth iddyn nhw ddadmer. Ond nid yw hyn yn wir am bob eitem o fwyd a baratowyd ymlaen llaw. Bydd rhai llysiau rhewedig, fel pys a ffa, yn cadw mwy o'u fitaminau na'r llysieuyn ffres oherwydd maen nhw'n cael eu rhewi a'u pecynnu'n fuan iawn ar ôl eu cynaeafu. Ni fydd ansawdd ambell fwyd yn newid fawr ddim wrth eu prosesu, er enghraifft reis a phasta sych.

Mae cwmnïau bwyd wedi cymryd camau i gynhyrchu bwydydd iachach sydd â **gwybodaeth maeth** glir, hawdd ei ddeall ar y pecyn. Darllenwch y pecyn i chwilio am wybodaeth am faetholion a chyngor alergedd, a chadwch y pecyn er mwyn troi at y rhestr gynhwysion os oes gan gwsmer alergedd.

Oherwydd y gall prosesu bwydydd penodol newid eu cyfansoddiad a'u strwythur, weithiau defnyddir **ychwanegion** i wella'r bwyd a gwneud iddo ymddangos yn fwy tebyg i'r cynnyrch sydd heb ei brosesu. Efallai bydd **cadwolion** yn cael eu defnyddio hefyd i ymestyn oes y cynnyrch a'i atal rhag dirywio. Efallai bydd rhywbeth sy'n cael ei ystyried yn fuddiol i iechyd yn cael ei ychwanegu at fwydydd neu ddiodydd penodol, er enghraifft, protein, fitaminau neu fwynau ychwanegol. Gelwir y rhain yn **elfennau gwellhaol**.

Ond, yn ddiweddar bu ymgyrchu i leihau'r nifer o ychwanegion a chadwolion sydd mewn bwyd, yn rhannol o ganlyniad i bwysau gan y cyhoedd a'r llywodraeth ar y diwydiannau prosesu bwyd. Mae'r prif bryderon yn ymwneud â'r effeithiau tymor byr a thymor hir y gallai ychwanegion bwyd eu cael ar iechyd a lles. Mae pryderon penodol am ychwanegion bwyd a'r effaith y gallen nhw ei chael ar blant ifanc sy'n eu bwyta.

Y cyngor cyffredinol yw defnyddio bwyd a baratowyd ymlaen llaw yn synhwyrol fel rhan o ddeiet cytbwys, ynghyd â bwydydd ffres.

Gyda phrydau a baratowyd ymlaen llaw, mae'n bosibl y bydd yn anoddach i'r defnyddiwr 'fesur' y mathau o fwyd y maent yn eu bwyta. Mae'r cyhoedd, yn gyffredinol, yn deall y cyngor i fwyta '5 cyfran y dydd' o ffrwythau a llysiau ac i fwyta mwy o fwydydd grawn cyflawn er mwyn hybu iechyd da, ond mae'n anodd gwybod faint yn union sydd mewn pryd sydd wedi cael ei baratoi ymlaen llaw, er bod gwybodaeth ar gael ar fwydydd sydd wedi eu pecynnu. Hefyd, efallai y bydd hi'n anodd monitro'r cydbwysedd rhwng maetholion. Er enghraifft, os bydd rhywun yn dewis darn o bysgodyn gwyn wedi grilio bydd ganddo lefel uchel o brotein gyda fawr ddim braster a dim carbohydrad. Os bydd y person yn dewis stribedi o bysgodyn gwyn mewn briwsion bara, sydd wedi eu ffrio'n ddwfn, mae'n debygol bydd gan y saig lefel uchel o fraster a charbohydrad.

Am fwy o wybodaeth am faetholion, gweler Pennod 4.

GEIRIAU ALLWEDDOL

Canio – rhoi bwyd addas yn y tun, ei selio a'i wresogi dan bwysedd i dymheredd uchel iawn er mwyn lladd unrhyw ficro-organebau allai fod yn bresennol yn y bwyd. Yna, mae'r tun yn cael ei oeri a'i labelu.

Addasu – newid fel ei fod yn fwy addas.

Cynnwys caloriffig – nifer y calorïau mewn eitem benodol.

Ychwanegion – rhywbeth sy'n cael ei ychwanegu at fwyd er mwyn ei wella neu ei gadw.

Cadwolion – rhywbeth sy'n cael ei ychwanegu er mwyn gwneud i fwyd bara'n hirach.

Elfennau gwellhaol – rhywbeth sy'n cael ei ychwanegu at fwyd sy'n cael eu hystyried yn fuddiol i iechyd, er enghraifft protein, fitaminau neu fwynau ychwanegol.

Dirywio – colli ansawdd a chwalu.

Gweithgaredd

1 Awgrymwch dair ffordd y gallai gwerth maethol bwyd gael ei newid trwy ei gadw a'i adfywio.

2 Beth yw ychwanegion bwyd, a beth yw'r rhesymau dros roi'r rhain mewn bwyd?

3 Rhestrwch dri o fwydydd sy'n gallu edrych a blasu'n wahanol ar ôl iddyn nhw gael eu prosesu i wneud iddyn nhw bara'n hirach.

4 Rhestrwch dri maetholyn / eitem sy'n cael eu hystyried yn wael ar gyfer iechyd, ac y gallai rhai bwydydd wedi eu prosesu gynnwys gormod ohonynt.

Adfywio bwydydd a baratowyd ymlaen llaw

Pwrpas

Defnyddir bwydydd a baratowyd ymlaen llaw oherwydd eu bod yn gyfleus, yn effeithlon, yn hawdd i'w defnyddio ac, weithiau, fel ffordd o arbed costau. Bydd angen iddyn nhw gael eu hadfywio i'w gwneud yn fwytadwy ac er mwyn sicrhau eu bod o gyflwr tebyg i gynnyrch sy'n cael ei goginio'n ffres.

Mae'n bwysig bod y bwydydd hyn yn cael eu hadfywio'n gywir er mwyn cadw neu wella'u blas ac er mwyn sicrhau'r golwg a'r ansawdd gorau. Dilynwch y cyfarwyddiadau ar y cynnyrch, neu'r rhai a roddir ichi gan oruchwyliwr neu gogydd, yn ofalus. Bydd hyn yn sicrhau bod y weithdrefn yn cael ei dilyn yn ddiogel, i'r safonau diogelwch bwyd gofynnol a bod ansawdd y bwyd yn parhau i fod yn gyson.

Dulliau

Bydd y ffordd y mae bwyd yn cael ei adfywio yn dibynnu ar y math o fwyd a sut y cafodd ei brosesu. Weithiau, gall bwydydd a baratowyd ymlaen llaw gael eu cymysgu neu eu defnyddio gyda dewis eang o gynhwysion eraill yn ystod y broses adfywio a gorffen. Er enghraifft, gellid ychwanegu llysiau ffres at saig gig a baratowyd ymlaen llaw neu eu gweini ar yr ochr, gellid rhoi caws ar ben saig basta a gellid ychwanegu saws a defnyddio garnaisiau gwahanol.

Mae pedwar dull ar gyfer adfywio bwydydd a baratowyd ymlaen llaw:

- **Ailgynhesu** – sicrhau bod y bwyd yn cyrraedd y tymheredd angenrheidiol ar gyfer ei weini a'i wneud yn ddiogel i'w fwyta. Dylid gwneud hyn yn ofalus, gan ddilyn y cyfarwyddiadau er mwyn sicrhau'r ansawdd gorau. Dylid ailgynhesu bwyd i 75°C+ yn y canol a'i gynnal ar y tymheredd yma am 2 funud o leiaf (yn yr Alban, mae'r rheoliadau'n nodi mai 82°C yw'r tymheredd ar gyfer ailgynhesu). Dylid ailgynhesu bwydydd yn gyflym er mwyn atal bacteria rhag lluosogi a sborau rhag ffurfio. (I gael mwy o wybodaeth ar ailgynhesu bwyd, gweler Pennod 2.)

- **Ailhydradu** – ailgyflwyno'r dŵr a dynnwyd o fwyd sych pan oedd yn ei gyflwr naturiol. Er enghraifft, mae reis wedi ei sychu, sy'n golygu bod modd ei storio am amser hir heb iddo ddirywio a heb ei gadw mewn oergell. Er mwyn ei wneud yn addas i'w fwyta, bydd rhaid rhoi'r lleithder yn ei ôl gan ddefnyddio proses fel berwi. Mae'r reis yn cael ei ail-hydradu a'i goginio ar yr un pryd.

- **Coginio** – newid bwyd o fod yn amrwd i fod wedi ei goginio gan ddefnyddio un neu fwy o'r dulliau coginio sydd ar gael, i wneud iddo flasu'n well ac yn ddiogel i'w fwyta. Yn ogystal, mae coginio'n gallu tyneru bwyd pan fo angen, ac ychwanegu blas, lliw ac ansawdd.

● **Dadmer** – cynhesu bwyd sydd wedi ei rewi i'r tymheredd angenrheidiol ar gyfer ei fwyta, ei goginio neu ei ailgynhesu. Y ffordd orau o wneud hyn yw mewn cwpwrdd dadmer arbennig neu, ar gyfer cig, pysgod a dofednod yng ngwaelod oergell mewn hambwrdd dwfn wedi ei orchuddio â *cling film*. Gellid dadmer eitemau eraill, fel peis a chacennau sydd wedi cael eu coginio eisoes, ar silffoedd uchaf yr oergell ond dylid eu gorchuddio a'u cadw'n ddigon pell oddi wrth eitemau amrwd.

Tabl 11.2 Sut i adfywio bwydydd

Bwydydd ffres – wedi eu paratoi neu eu pecynnu'n barod i'w defnyddio	
Bwydydd	**Sut i adfywio'r bwyd**
Saladau Cig a physgod wedi'u coginio Ffrwythau Bwydydd amrwd a baratowyd ymlaen llaw	Dilynwch y cyfarwyddiadau ar y pecyn. Mae llawer o'r eitemau hyn yn 'barod i'w bwyta', felly cofiwch eu trin yn ofalus a'u cadw rhag cael eu halogi. Coginiwch fel bo'n briodol.
Bwydydd sych (dadhydredig)	
Mae'r lleithder wedi ei dynnu o'r bwyd er mwyn iddo gadw'n hirach. Bydd angen ail-hydradu'r bwyd.	
Bwydydd	**Sut i adfywio'r bwyd**
Ffrwythau sych	Bydd y rhain, fel arfer, yn cael eu bwyta ar eu ffurf sych. Dylid eu mwydo cyn eu defnyddio os yw'r rysáit yn dweud hynny.
Reis Pasta sych Corbys sych	Mae angen i'r eitemau hyn gael eu hailhydradu a'u coginio fel bo angen. Defnyddiwch ddigon o ddŵr i wneud y ddau beth.
Cymysgeddau stoc neu saws Cymysgeddau cawl neu stwffin	Dilynwch y cyfarwyddiadau ar y pecyn. Cymysgwch â dŵr, stoc neu laeth, ac yna'i goginio.
Cymysgeddau bara, sgons, crwst neu gacennau	Dilynwch y cyfarwyddiadau ar y pecyn. Cymysgwch â dŵr, stoc, llaeth a / neu wyau, ac yna'i goginio.
Llaeth powdr	Cymysgwch â dŵr gan ddilyn y cyfarwyddiadau ar y pecyn. Gellir defnyddio llaeth sydd wedi ei adfywio mewn ryseitiau, yn union fel llaeth ffres.
Bwydydd rhewedig	
Bydd angen dadmer rhai cyn eu defnyddio. Yn gyffredinol, bydd eitemau mwy solet neu mwy o faint angen cael eu dadmer. Ni fydd angen dadmer eitemau llai trwchus, llai o faint. *Peidiwch â dechrau coginio bwyd tra ei fod yn dadmer; dylech aros tan nad oes dim crisialau rhew ar ôl o gwbl.*	
Bwydydd	**Sut i adfywio'r bwyd**
Cig, dofednod neu bysgod amrwd rhewedig	Mae'n debyg y bydd angen dadmer y rhain (gwiriwch y cyfarwyddiadau ar y pecyn).
Eitemau bychan (e.e. pysgod mewn briwsion bara, byrgyrs, pitsa)	Gan fod yr eitemau hyn yn fach neu'n denau, bydd gwres yn treiddio drwyddyn nhw'n gyflym, felly bydd y bwyd yn dadmer ac yn coginio'n ystod yr un broses. Dilynwch y cyfarwyddiadau ar y pecyn, gan gynnwys y tymheredd a'r amser coginio cywir.
Eitemau crwst heb eu coginio (e.e. peis, pasteiod) a chynnyrch toes	Gall llawer o'r rhain gael eu coginio yn syth o'r rhewgell – dilynwch y cyfarwyddiadau ar y pecyn.

(continued)

Tabl 11.2 (parhad)

Llysiau wedi'u rhewi	Gellir coginio'r mwyafrif o'r rhain yn syth o'r rhewgell. Os ydych yn coginio niferoedd mawr, dylid eu dadmer cyn eu coginio.
Stiwiau, cawliau, sawsiau neu stoc Peis mawr	Gyda niferoedd mawr, dylech eu dadmer yn llwyr cyn eu coginio neu eu hailgynhesu. Mae perygl i'r bwyd gael ei halogi os na chwblheir y broses ddadmer Gellir coginio niferoedd bychan, a pheis bychan, yn syth o'r rhewgell.

Bwydydd oer a baratowyd ymlaen llaw

Storiwch fwyd parod i'w fwyta o dan 5°C tan mae ei angen.

Ar gyfer bwydydd parod eraill, dilynwch y cyfarwyddiadau coginio ar y pecyn neu gofynnwch i'r cogydd / goruchwyliwr.

Bwydydd	Sut i adfywio'r bwyd
Bwyd wedi ei goginio ymlaen llaw (prydau unigol neu sawl cyfran o fwyd)	Dylid ei ailgynhesu'n drylwyr. Gwnewch yn siŵr bod y bwyd yn cyrraedd y tymheredd craidd diogel (gweler uchod) a'i fod yn aros ar y tymheredd yma am ddau funud o leiaf. Os ydych yn cynnal y bwyd ar gyfer gwasanaeth gweini, peidiwch â gadael i'r tymheredd gwympo'n is na 63°C.
Pwdinau wedi'u hoeri	Dylid eu storio neu eu harddangos o dan 5°C tan mae eu hangen.

Bwyd tun

Coginiwyd y bwyd yma'n ystod y broses canio, ond efallai y bydd angen ei goginio ymhellach wrth ei ddefnyddio mewn saig.

Bwydydd	Sut i adfywio'r bwyd
Bwyd tun	Bydd ei ansawdd fel bwyd sydd wedi ei goginio eisoes, felly cymerwch ofal i beidio â'i orgoginio. Bydd tomatos sy'n cael eu rhoi mewn saws yn iawn, ond mae asbaragws yn fwy bregus. Y cyfan sydd angen ei wneud gyda bwydydd fel ffa pob neu gawl, yw eu hailgynhesu. Cofiwch eu hailgynhesu'n drylwyr. Dylid ei ddal ar 63°C a throsodd tan ei weini. Cofiwch wneud yn siŵr bod eog tun neu ffa coch yn cael eu codi o'r hylif sy'n eu gorchuddio cyn eu defnyddio.
Bwyd o dun sydd wedi ei agor eisoes	Unwaith i'r tun gael ei agor, dylech drin y bwyd fel bwyd ffres, h.y. ei gadw o dan 5°C neu'n uwch na 63°C. Dylech dynnu'r bwyd o'r tun i'w storio mewn oergell. Dylech ei roi mewn dysgl lân, ei orchuddio, rhoi label a dyddiad.

Cynnyrch wedi eu pobi'n rhannol

Bwydydd	Sut i adfywio'r bwyd
Rholiau / torthau o fara Croissants a thoesenni Danaidd *Brioche*	Tynnwch y cynnyrch o'r pecyn gwactod a'u gosod ar dun pobi. Gorffen (e.e. gyda sglein wyau, ysgeintio â hadau) fel bo angen. Dylech eu pobi'n unol â'r cyfarwyddiadau ar y pecyn, gan gynnwys y tymheredd a'r amser coginio cywir. Unwaith y byddan nhw wedi eu pobi, dylech eu trin fel bara ffres.
Eitemau rhewedig wedi eu pobi'n rhannol	Gellir coginio'r rhan fwyaf o eitemau yn syth o'r rhewgell.

Offer

Defnyddir dewis o offer mawr a bach wrth adfywio bwydydd a baratowyd ymlaen llaw. Gall y rhain fod yn eitemau traddodiadol o offer cegin, fel ffrïwr saim dwfn a salamandr, neu eitemau a ddyluniwyd yn arbennig fel ffwrn adfywio arbenigol. Unwaith eto, gall offer gwasanaeth gweini fod yn draddodiadol neu wedi'i ddylunio'n arbennig ar gyfer yr eitem benodol o fwyd sydd wedi ei hadfywio. Dylai'r holl offer gael ei gadw'n lân, yn hylan a'i gynnal a'i gadw'n dda.

Ansawdd

Dylech gymryd yr un faint o ofal ar gyfer ansawdd bwydydd a baratowyd ymlaen llaw ac sydd wedi cael eu hadfywio ag y byddech gyda seigiau a goginiwyd mewn modd traddodiadol.

- Ni ddylech chi ond adfywio cynnyrch o ansawdd da sydd wedi eu storio'n gywir, ar y tymheredd cywir ac sydd o fewn y dyddiadau pryd dylid eu defnyddio. Peidiwch â defnyddio unrhyw eitemau pan fo'r ansawdd yn anghywir (er enghraifft, rhy wlyb neu'n rhy sych), pan maent yn arogli neu'n blasu'n annymunol neu'n edrych mewn cyflwr gwael / israddol.
- Cofiwch wastad gydymffurfio â'r tymheredd cywir ar gyfer coginio, ailgynhesu, cynnal yn boeth a chynnal yn oer ar gyfer pob math o fwyd. Peidiwch â thynnu bwyd allan o'r storfa oer i mewn i'r gegin gynnes yn rhy fuan.
- Dylech goginio neu ailgynhesu bwyd yn unol â'r cyfarwyddiadau gan ddefnyddio'r dulliau, yr offer a'r technegau angenrheidiol i sicrhau'r lliw, y blas, y gweadedd a'r golwg angenrheidiol.
- Dylech hefyd ystyried eitemau ychwanegol neu gyfwydydd. Gall saws fod yn rhan o'r saig a byddech yn ei adfywio ar yr un pryd â'r prif eitemau o fwyd, er enghraifft fel gyda stiw neu gyri. Gyda seigiau eraill, efallai fod y saws neu'r cyfwydydd yn cael eu gweini ar wahân a gallen nhw ddod mewn pecynnau ar wahân, fel pecyn gwactod neu gwdyn neu dwb plastig. Dilynwch unrhyw gyfarwyddiadau'n ofalus. Efallai y bydd angen addasu unrhyw garnais fel ei fod yn dal i gyfoethogi'r saig ond hefyd yn gallu gwrthsefyll y prosesu; mae'n fwy tebygol y byddai unrhyw garnais ffres yn cael ei ychwanegu ar adeg adfywio'r saig.
- Cymerwch ofal wrth osod garnais ac arddangos y saig, er mwyn i'r bwyd gael ei gyflwyno ar ei orau. Cadwch y garnais ac unrhyw elfennau gorffen eraill yn daclus, yn bwrpasol ac yn gyson. Dylai offer arddangos a gweini fod mewn cyflwr da, yn gwbl lân, o'r maint cywir ac yn bwrpasol.

Paratoi wyau wedi eu potsio ymlaen llaw a'u hadfywio

Un enghraifft o baratoi ymlaen llaw ac adfywio mewn sefyllfaoedd bob dydd mewn cegin yw os oes wyau wedi eu potsio'n rhan o eitem ar y fwydlen. Bydd paratoi ymlaen llaw'n cyflymu'r gwasanaeth ac yn ei wneud yn fwy effeithlon.

Paratoi ymlaen llaw

Gweler y rysáit ym Mhennod 7 am luniau ychwanegol o'r broses hon.

1 Paratowch sosban o ddŵr, ychwanegwch rywfaint o finegr (1 llwy fwrdd i bob litr o ddŵr) a dod â'r cyfan i'r berw. Unwaith iddo ferwi, trowch y gwres i lawr fel bod y dŵr ychydig o dan y pwynt berwi.

2 Torrwch yr wyau, un ar y tro, i mewn i gwpan neu ddysgl fechan cyn rhoi'r wy, yn ofalus iawn, yn y dŵr.

3 Coginiwch tan eu bod ond prin wedi eu coginio (3-3½ munud).

4 Codwch yr wyau o'r dŵr yn ofalus iawn gyda llwy dyllog ac yna'u gosod mewn dysgl o ddŵr â rhew ynddo (bydd hyn yn stopio'r wyau rhag coginio ymhellach ac yn eu hoeri'n gyflym). Trimiwch ymylon y gwynnwy os oes angen.

Adfywio

1 Paratowch sosban o ddŵr a'i gynhesu tan ei fod fymryn o dan y pwynt berwi.

2 Ychwanegwch yr wy pan fo'i angen gan ddefnyddio llwy dyllog a'i ailgynhesu am 1-1½ munud.

3 Codwch yr wy o'r sosban yn ofalus gyda'r llwy dyllog a'i ddraenio'n dda (gallech osod yr wyau ar gadach glân neu ar bapur cegin i'w sychu'n iawn).

4 Gweinwch fel bo angen.

GEIRIAU ALLWEDDOL

Ailgynhesu – sicrhau bod bwyd sydd wedi cael ei goginio, ei oeri ac yna'i gadw mewn oergell, neu ei rewi, yn cyrraedd y tymheredd gweini angenrheidiol

Ailhydradu – ailgyflwyno'r dŵr a dynnwyd o'r bwyd eisoes, fel gyda reis neu basta sych

Coginio – gwresogi bwyd er mwyn ei wneud yn ddiogel i'w fwyta, ei dyneru ac ychwanegu'r lliw, y gweadedd a'r blas angenrheidiol

Dadrewi – galluogi bwyd rhewedig i ddychwelyd i dymheredd oergell

Profwch eich hun ••

1 Pam mae'n rhaid i'r broses o ailgynhesu bwydydd oer gael ei gwneud yn unol â'r cyfarwyddiadau?

2 Os byddwch yn defnyddio cymysgeddau sych ar gyfer cacennau a sgons, pam dylech chi gadw'r pecyn neu'r wybodaeth ysgrifenedig?

3 Pam allai hi fod o fantais i dŷ bwyta mewn canolfan siopa brysur ddefnyddio rhywfaint o gynnyrch a baratowyd ymlaen llaw? Enwch bum cynnyrch y gallen nhw eu defnyddio.

4 Beth sy'n gwneud i'r mathau canlynol o fwyd bara'n hirach na'r eitem ffres gyfatebol?
  a Pasta sych
  b Cacen gaws rewedig
  c Eog tun
  ch Bricyll sych.

5 Petaech chi'n dadmer llond hambwrdd o gywion ieir yn barod i'w rhostio, ac yn credu bod arogl drwg arnynt, beth fyddech chi'n ei wneud?

6 Beth fyddai tair anfantais petaech chi'n bwyta bwyd a baratowyd ymlaen llaw ac sydd wedi'i adfywio drwy'r amser?

7 Pam **nad** yw bwydydd tun angen cael eu coginio'n drylwyr cyn i chi eu defnyddio?

8 Pa dri bwyd tun y byddech yn eu gweini'n boeth?

9 Pa dri bwyd tun y byddech yn eu gweini'n oer?

10 Pa rai o'r eitemau rhewedig yma fyddech chi'n eu dadmer cyn eu coginio?

    a Cyw iâr cyfan

    b Pitsa

    c Stribedi lleden

    ch Eog cyfan

    d Coes oen

    dd Crempogau llysiau bychan

    e Dwy gyfran o gawl

    f Lasagne mawr dwfn.

11 Beth yw pedwar o'r pwyntiau y byddech yn eu dilyn er mwyn sicrhau ansawdd bwyd sydd wedi cael ei adfywio?

12 Beth yw tri o'r arbedion cost y gellid eu cael drwy ddefnyddio bwyd a baratowyd ymlaen llaw ac sydd wedi cael ei adfywio, a beth yw dau o'r costau ychwanegol posibl?

12 Bwyd oer

Mae'r bennod hon yn rhoi sylw i Uned 112, Paratoi bwyd oer.

Erbyn diwedd y bennod hon fe ddylech chi fod yn gallu:

- Nodi'r adegau pryd mae bwyd oer yn gallu cael ei gyflwyno
- Rhestru'r mathau o fwyd sy'n cael eu defnyddio wrth baratoi bwyd oer
- Nodi'r pwyntiau ansawdd wrth baratoi bwyd oer
- Esbonio'r term *hors d'oeuvre*
- Nodi enghreifftiau o fathau o salad ar gyfer paratoi bwyd oer
- Nodi mathau o frechdanau ar gyfer paratoi bwyd oer
- Esbonio pam mae cyflwyniad bwyd oer yn bwysig
- Esbonio sut bydd gwahanol arddulliau gweini yn effeithio ar gyflwyniad bwyd oer
- Nodi offer pwrpasol ar gyfer cyflwyno bwyd oer
- Rhestru'r technegau sy'n cael eu defnyddio i gyflwyno bwyd oer
- Nodi'r pwyntiau ansawdd wrth gyflwyno bwyd oer
- Dweud am faint o amser mae'n bosibl gadael cynnyrch bwyd oer ar dymheredd ystafell.

Paratoi bwyd oer

Mae bwydydd oer yn seigiau poblogaidd a hyblyg. Rhaid bod yn drefnus a chael cynllun da er mwyn sicrhau bod bwydydd oer yn cael eu paratoi'n gywir. Bydd angen trefnu'r gwaith paratoi fel bod y bwyd yn cael ei baratoi yn ôl trefn amser benodol ac yn barod mewn pryd. Gellir paratoi bwyd oer ymlaen llaw, felly mae'n bosibl gweini ar nifer fawr o bobl mewn cyfnod byr.

Dylid cadw'r bwyd i gyd mewn lle oer neu oergell cyn, yn ystod ac ar ôl ei roi at ei gilydd, er mwyn lleihau'r perygl o halogi'r bwyd a thwf bacteria. Dylid cynnal safonau uchel o hylendid personol, bwyd ac offer gyda phob gwaith oer.

Adegau pryd mae'n bosibl gweini bwydydd oer

Mae bwydydd oer yn cael eu gweini adeg brecwast, cinio, te prynhawn, te hwyr a swper. Gellir eu gweini ar eu pen eu hunain neu gyda dewis o seigiau poeth.

Brecwast

Mae brecwast cyfandirol yn cynnwys *croissants*, *brioche*, bara ffres a chyffeithiau (jam). Gall hefyd gynnwys iogwrt, platiau o ffrwythau ffres, cawsiau a chigoedd oer (ham, salami).

Byrbrydau

Bwydydd sydd ar gael trwy gydol y dydd. Rhai enghreifftiau yw dewis o gnau, ffrwythau sych, bisgedi egni a ffrwythau ffres.

Cinio canol dydd

Bydd cinio bwffe oer yn aml yn cynnwys dewis o frechdanau, *baguettes*, panini, cigoedd oer, pysgod mwg, terinau a saladau. Bydd amrywiaeth o bwdinau oer, *gateaux* weithiau, ac yn aml llechen gaws, ar gael hefyd.

Pan fydd bwyd yn cael ei weini wrth y bwrdd, bydd y dewis o gyrsiau cyntaf yn cynnwys terinau, saladau, pysgod a choctels pysgod cregyn.

Te prynhawn

Mae te prynhawn yn draddodiad yng Nghymru a Phrydain. Mae'n cynnwys dewis o frechdanau, sgons wedi eu gweini â hufen tolch, jam, te a chacennau (er enghraifft, tartledi ffrwythau, *eclairs* a theisennau bach ffansi).

Te hwyr

Yn aml, bydd te hwyr yn cynnwys yr eitemau a geir mewn te prynhawn, ond gall hefyd gynnwys rhai eitemau mwy sylweddol, fel brechdanau agored, coesau cyw iâr oer neu *wraps*.

Cinio nos

Gall bwydlenni cinio nos gynnig eitemau oer fel cwrs cyntaf. Bydd rhai tai bwyta, yn enwedig mewn gwestai mawr ac ar longau mordaith, yn cynnig bwffe oer gyda'r nos ond bydd hyn yn aml iawn yn cynnwys rhai eitemau poeth.

Swper

Fel arfer, mae bwydlenni swper yn cael eu cynnig yn hwyr y nos. Mae'n bosibl y bydd rhai gwestai'n cynnig swper ar ôl y gwasanaeth cinio nos arferol, pan fydd gwesteion yn cael cynnig dewis o gigoedd oer a salad, pwdinau oer a ffrwythau ffres. Yn dibynnu ar y tywydd, gall cawl poeth fod ar gael hefyd yn ogystal â'r bwyd oer. Gellir gweini cawliau oer, fel *gazpacho*, amser cinio canol dydd neu ginio nos, yn enwedig yn yr haf.

Achlysuron arbennig

Yn aml iawn mewn gwestai a thai bwyta, bydd disgwyl i gogyddion gynllunio bwffe arbennig. Mae hyn yn gallu cynnwys dilyn thema benodol, er enghraifft mewn noson wobrwyo neu lansiad llyfr neu ffilm. Bryd hynny, mae'r cogydd yn gallu arddangos ei allu creadigol llawn.

Y mathau o fwyd a ddefnyddir

Bydd prif gyrsiau oer yn cynnwys dewis o fwyd:
- **Ffrwythau** – Er enghraifft melon, grawnffrwyth, afocado ac oren.
- **Llysiau** – Er enghraifft tatws; nionod (wedi'u pilio a'u torri'n fân; wedi'u blansio weithiau); madarch (wedi'u coginio neu'n amrwd); blodfresych (wedi'u torri'n ddarnau; yn amrwd neu wedi'u coginio); moron (wedi'u pilio a'u gratio neu eu torri'n stribedi mân); seleri (wedi'i dorri'n sleisys neu ddarnau mân); bresych (wedi ei thorri'n ddarnau); betys (wedi'u pilio, eu torri, eu sleisio neu eu gratio); corbwmpenni (wedi'u pilio, eu sleisio'n fân a'u gweini'n amrwd mewn salad); sbigoglys (wedi'i dorri'n fân a'i ddefnyddio'n amrwd mewn salad).
- **Cigoedd** – Gellir gweini nifer o gigoedd yn oer: ham, cig eidion, porc, salami, cyw iâr, twrci, pate, terîn a phei.

Cyngor proffesiynol

Pan fyddwch chi'n gweini cigoedd oer, y cyngor yw coginio'r cig, gadael iddo oeri ac yna ei weini ar unwaith. Fe ddylai hyn helpu i gynnal y blas. Bydd gadael cigoedd oer yn yr oergell am gyfnod hir yn effeithio ar ansawdd a blas y cig.

- **Pysgod** – Mae sawl math o bysgod ar gael i'w gweini'n oer, gan gynnwys pysgod mwg (er enghraifft eog, macrell neu frithyll), pysgod tun (er enghraifft sardîns a thiwna), pysgod picl (er enghraifft, penwaig), pysgod ffres a rhai wedi eu coginio ymlaen llaw (er enghraifft, corgimychiaid ac eog), neu bysgod rhewedig (er enghraifft, cranc neu gorgimychiaid – cofiwch eu dadmer yn drylwyr cyn eu defnyddio).

> **Cyngor proffesiynol**
>
> Awgrymiadau gweini pysgod:
> - Gellir gwisgo a garnisio eog ffres yn daclus gyda dail letys, sleisys o giwcymbr a chwarteri tomato, a'i weini gyda *mayonnaise*
> - Gellir gweini pysgod tun yn syml gyda dail letys
> - Gellir gweini corgimychiaid gyda *mayonnaise* a bara menyn brown, neu eu tynnu o'u cragen a'u gweini gyda letys wedi ei dorri'n fân, sleisys tenau o giwcymbr a / neu domato a *mayonnaise* neu *vinaigrette*.

- **Eitemau salad** – Mae'r rhain yn cynnwys letys (er enghraifft, *friseé, oakleaf, rosso, raddicio, little gem, lollo*), ciwcymbr (wedi'i bilio neu heb ei bilio a'i dorri'n sleisys tenau), tomato (gyda'r croen ymlaen neu wedi'u pilio, a'u torri'n sleisys neu'n ddarnau), berwr, radis a phupur (gwyrdd, oren, coch neu felyn; wedi'u torri'n stribedi mân).

> **Cyngor proffesiynol**
>
> I bilio tomato, dylech ei roi mewn dŵr berwedig am ddeg eiliad, yna ei dynnu allan a'i oeri o dan ddŵr oer. Piliwch.

- **Cynnyrch llaeth** – Er enghraifft caws (yn aml ar fwrdd caws gyda bisgedi neu fara ffres a ffyn seleri); a gall wyau (wedi'u berwi'n galed, eu piclo neu wy Sgotyn a dewis o *quiches*, ynghyd â salad greu pryd deniadol, iachus).
- **Bara** – Yn aml, mae dewis da o fara neu / a rholiau (gan gynnwys rhai gwyn, brown, gwenith cyflawn, grawn cyflawn ac arbenigol) yn cael eu gweini gyda phrydau oer.

Cynnal ansawdd wrth baratoi bwydydd oer

- **Ffresni** – Dylid prynu bwydydd oer yn rheolaidd, eu storio'n gywir (fel arfer mewn oergell o dan 5°C) a'u gwirio'n ofalus er mwyn sicrhau eu bod mewn cyflwr da (heb unrhyw frychau) ac o fewn y dyddiad erbyn pryd y dylid eu defnyddio.
- **Arogl** – Dylai arogl y bwyd wastad fod yn ffres a dymunol.
- **Paratoi** – Dylid paratoi pob pryd bwyd yn unol â'r rysáit a'r cyfarwyddiadau penodol, eu torri o'r un maint a'u trimio os oes angen, gan greu cyn lleied o wastraff â phosibl.
- **Maint y pryd bwyd** – Bydd maint y pryd bwyd yn amrywio yn ôl y math o sefydliad a'r math o gwsmeriaid yr ydych yn eu gweini. Er enghraifft, bydd gweithwyr swyddfa, yn gyffredinol, angen llai o bryd bwyd na phobl sy'n gwneud gwaith corfforol.
- **Golwg** – Dylai'r pryd bwyd fod yn ddeniadol gyda garnais syml.

Hors d'oeuvres

Mewn lleoliadau sy'n cynnig cinio canol dydd a chinio nos, bydd bwydlenni'n aml yn cynnwys *hors d'oeuvres* oer, sy'n cael eu gweini fel bwyd archwaeth (*appetizer*) cyn y prif bryd. Bydd *hors d'oeuvres* yn agor y pryd, a dylent greu argraff dda.

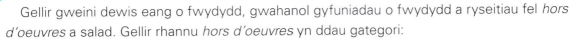

Gellir gweini dewis eang o fwydydd, gwahanol gyfuniadau o fwydydd a ryseitiau fel *hors d'oeuvres* a salad. Gellir rhannu *hors d'oeuvres* yn ddau gategori:

- Eitemau unigol o fwyd oer (er enghraifft, eog mwg, *paté* neu felon)
- Dewis o seigiau oer sawrus.

Gellir gweini *hors d'oeuvre* i ginio canol dydd, cinio nos neu swper. Mae'r dewis eang o seigiau, eu lliw, eu hapêl a'u hamlbwrpasedd yn golygu bod llawer o eitemau a chyfuniadau o eitemau'n addas fel byrbrydau a salad ar unrhyw adeg o'r dydd.

Mathau o salad

Gellir creu salad gan ddefnyddio dewis eang o fwydydd – yn amrwd neu wedi eu coginio. Gellir eu gweini fel cyfwydydd i fynd gyda bwydydd poeth ac oer neu fel seigiau ar eu pen eu hunain. Gellir eu gweini ar gyfer cinio canol dydd, te, te hwyr, cinio nos, swper ac fel byrbrydau. Mae dau fath o salad:

- Syml, sy'n defnyddio un cynhwysyn (er enghraifft, tomato, ciwcymbr, salad gwyrdd, salad tatws)
- Cymysg neu gyfansawdd, sy'n defnyddio mwy nag un cynhwysyn (er enghraifft, coleslaw, Rwsiaidd, cymysg, Waldorf).

Gall salad reis neu basta fod yn salad syml os yw wedi ei sesno'n syml; bydd yn troi'n salad cyfansawdd pan gaiff ei gymysgu â chynhwysion eraill fel pupurau wedi eu torri'n fân, corn melys, pys, tomatos neu giwcymbr wedi ei dorri'n sgwariau.

Cyfwydydd (dresins a sawsiau)

Mae cyfwydydd ar gyfer saladau'n cynnwys dresins a sawsiau oer. Mae dau saws sylfaenol yn cael eu defnyddio gyda bwyd oer, ac mae gan y ddau ohonyn nhw nifer fawr o amrywiadau. Enwau'r rhain yw:

- *Vinaigrette* (rysáit 6)
- *Mayonnaise* (rysáit 7)

Mae nifer o wahanol fathau o *mayonnaise* a *vinaigrette* masnachol ar werth. Os penderfynwch chi ddefnyddio un o'r rhain, cofiwch ei flasu i wneud yn siŵr eich bod yn ei hoffi cyn ei ddefnyddio.

▲ Gall rhai mathau o saladau fod yn rhan o hors d'oeuvre cyfansawdd

Brechdanau

Mae brechdanau'n fyrbryd cyflym, sy'n arbed amser ac maen nhw ar gael mewn nifer fawr o leoliadau bwyd. Mae'r frechdan draddodiadol yn cael ei chreu trwy daenu menyn, neu rywbeth tebyg yn lle menyn, ar ddwy dafell o fara, gosod llenwad ar un dafell ac yna rhoi'r dafell arall ar ei ben. Gellir gadael y crwstyn ar y bara neu ei dorri i ffwrdd, ac yna torri'r frechdan yn ddau neu'n bedwar darn.

Mathau o fara

Mae dewis eang o fara ar gael (er enghraifft, gwyn, brown, bara cyflawn, bara brown garw, gyda hadau) a bydd llawer o bobyddion yn barod i bobi bara'n arbennig ar eich cyfer (er enghraifft, tomato, basil, rhosmari, cnau Ffrengig ac olewydd) a'i sleisio'n barod i chi ei ddefnyddio.

▲ Brechdanau

Llenwadau

Mae'n bosibl defnyddio dewis diddiwedd o bethau i'w cynnwys mewn brechdanau – gellir defnyddio eitemau unigol o fwyd, fel ham, caws, neu gig eidion wedi ei rostio; neu gellir defnyddio cyfuniad o eitemau, fel ham a thomato, wy a berwr dŵr, cyw iâr a letys.

Mathau o frechdanau

Mae nifer o wahanol fathau o frechdanau ar gael:
- Brechdan wedi ei thostio
- Brechdan 'club'
- Brechdan y Bwci
- Brechdan ddwbl neu driphlyg
- Brechdanau agored.

Mae cyfarwyddiadau ar gyfer creu'r mathau hyn o frechdanau ar gael yn yr Adran Ryseitiau yn nes ymlaen yn y bennod hon; mewn gwestai, mae brechdanau twt, maint bys wedi eu garnisio â berwr dŵr yn cael eu cynnig ar gyfer te prynhawn.

Canapés oer

Mae *canapés* yn cael eu gweini mewn sawl gwahanol ddigwyddiad, cyn cinio nos ffurfiol neu dderbyniad bwffe, a gellir eu cynnig hefyd fel cyfwydydd i fynd gyda diodydd.

Mae *canapés* yn eitemau bychan sydd heb fod yn fwy na darn hanner can ceiniog y gellir eu bwyta ag un gegaid.

Gellir creu gwaelod ar gyfer *canapés* gan ddefnyddio sawl gwahanol fath o fara (gan gynnwys bara rhyg a bara Ffrengig), crwst (pwff a brau) a *brioche*, neu heb waelod o gwbl fel tomato bychan a'i ganol wedi ei dynnu allan ac yna'i lenwi â chig neu gaws hufen.

▲ Dewis o *canapés* wedi eu paratoi ar gyfer digwyddiad arbennig

Mae enghreifftiau o canapés yn cynnwys:
- bara rhyg gyda thopin yn cynnwys sleisen o gimwch, blaenau asbaragws wedi'u garnisio â pherlysiau ffres
- bara rhyg gyda sleisiau o hwyaden mwg wedi'u garnisio â mango
- tatws newydd bychain wedi eu coginio a'u canol wedi eu tynnu allan, ac yna'u llenwi â hufen wedi'i sawru a chennin syfi

- *eclairs* crwst *choux* bychan wedi'u llenwi â *paté* iau/afu
- *croutes Brioche* gyda siytni bricyll a *gorgonzola*
- byns *choux* bychan wedi 'u llenwi â chorgimychiaid mewn saws coctel.

Rhaid defnyddio ystod o sgiliau wrth baratoi *canapés* oer er mwyn eu gwneud yn hawdd i'w bwyta, yn flasus a deniadol. Dylid torri'r garnais yn daclus, a gellir torri'r *canapés* yn sawl siâp creadigol, gan gynnwys crwn, hirsgwar, triongl, sgwâr neu'n siâp cwch.

Mae *canapés* yn cael eu cyflwyno mewn sawl arddull ar blatiau a grëwyd yn arbennig (crwn, sgwâr neu betryal; gwyn a du); gellir eu cyflwyno hefyd ar lechen neu ddrych.

Cyflwyno bwydydd oer

Mae'n bwysig i fwyd oer gael ei gyflwyno'n dda fel ei fod yn ddeniadol ac fel ei fod yn apelio at y cwsmer.

Gwahanol arddulliau gweini

Mae sawl arddull gweini ar gael, sy'n helpu i wneud y bwyd yn ddeniadol cyn ei gyflwyno i'r cwsmer.

- **Gwasanaeth bwyd ar blât** – Fel arfer, bydd bwyd sy'n cael ei weini mewn tŷ bwyta yn cael ei blatio yn y gegin a'i weini ar y plât i'r cwsmer.
- **Gwasanaeth arian** – Mae'r bwyd yn cael ei ddanfon i mewn i'r tŷ bwyta ar hambyrddau arian neu ddur gwrthstaen, dysglau llysiau neu fathau eraill o offer gweini, a bydd y gweinyddion yn gweini'r bwyd o'r llestri gan ddefnyddio fforc a llwy i osod y bwyd ar blât y cwsmer. Prin iawn yw'r tai bwyta sy'n defnyddio gwasanaeth arian heddiw.
- **Gwledd / Derbyniad** – Mewn cinio ffurfiol bydd y bwyd oer wedi ei blatio. Mewn bwffe bydd y bwyd yn cael ei arddangos ar fwrdd gweini.

▲ Mae dulliau cyflwyno newydd yn arddangos sgiliau creadigol a dyfeisgarwch y cogydd

- **Bwffe bys a bawd** – Fel arfer, mae eitemau'n cael eu pasio o gwmpas gan weinyddion ar blatiau. Mae'n bwysig bod y bwyd sy'n cael ei weini mewn bwffe bys a bawd wedi ei baratoi fel bod yr eitemau'n hawdd i'w dal gyda'r bysedd.
- **Bwffe fforc** – Dylai'r bwyd sy'n cael ei gynnig fod yn hawdd i'w fwyta â fforc. Bydd angen paratoi'r bwyd er mwyn iddo fod yn hawdd 'w weini. Mae wedi dod yn ffasiynol i gynnig bwyd bwffe mewn dysglau, dyma fwyd sy'n hawdd ei fwyta o ddysgl fechan, naill ai â fforc neu â llwy.
- **Bwyd i fynd allan** – Mae'r bwyd wedi ei brisio'n unigol mewn bocsys i fynd allan ac nid oes rhaid iddo gael ei fwyta yn y lleoliad sy'n ei weini. Mae hyn yn boblogaidd iawn gyda phobl sydd am weithio dros ginio.

Offer sy'n cael eu defnyddio i gyflwyno bwyd oer

Bydd y math o offer y mae'r cogydd yn ei ddefnyddio yn dibynnu ar arddull y gwasanaeth. Mae'n bosibl gweini'r bwyd ar blatiau neu hambyrddau, neu mewn dysglau neu lestri gweini. Fel arfer, mae'n cael ei weini'n syth o'r cwpwrdd arddangos. Os yw'r bwyd i'w arddangos am gyfnod hir, yna bydd angen cwpwrdd arddangos oer arnoch chi. Er enghraifft, mewn bar salad mewn tŷ bwyta byddai'r salad i gyd yn cael ei gadw mewn cwpwrdd arddangos oer.

Mae hambyrddau arian a dur gwrthstaen yn cael eu defnyddio i gyflwyno bwyd oer ar fwrdd bwffe oer. Heddiw, mae nifer o sefydliadau'n gweini bwyd ar blatiau gwyn plaen o sawl maint a siâp.

▲ Platiau gwyn plaen ar gyfer gweini bwyd oer

Ar gyfer gwasanaeth bwyd i fynd allan, mae sawl cynhwysydd deniadol ar gael erbyn hyn; dylid labelu pob eitem o fwyd a'i dyddio'n glir ac, os yw'n bosibl, dylid nodi'r gwerth maethol.

Technegau cyflwyno bwyd oer

Mae'n bwysig iawn cofio'r canlynol pan fyddwch chi'n paratoi'r cynhwysion. Mae'n bwysig fod y cogydd yn gallu meistroli'r sgiliau hyn oherwydd byddan nhw'n gwella ansawdd a golwg y prydau sy'n cael eu paratoi.

- **Pilio** – bydd angen pilio rhai llysiau; dylid gwneud hyn yn ofalus er mwyn peidio â philio gormod o gnawd y llysieuyn. Er enghraifft, pan fyddwch yn pilio corbwmpen mae'n bwysig tynnu digon o'r croen er mwyn dangos yr wyneb gwyrdd; os byddwch yn pilio'n rhy ddwfn yna bydd y gorbwmpen yn wyn.
- **Torri** – bydd torri gofalus yn gwella cyflwyniad, gweadedd, a blas y saig a theimlad y bwyd yn y geg. Bydd perlysiau wedi eu torri'n fân mewn saig yn gwella'r blas yn fawr iawn; os byddwch yn eu torri'n fras fyddan nhw ddim yn cyfrannu cystal.
- **Cerfio a rhannu cigoedd** – mae gwneud hyn yn gywir yn grefft bwysig ac mae'n golygu eich bod yn rheoli maint y cyfrannau er mwyn osgoi gwastraffu bwyd. Bydd cerfio da'n gwella'r cyflwyniad; mewn rhai achosion bydd cerfio medrus yn cael ei wneud yn y tŷ bwyta o flaen y cwsmeriaid.
- **Sleisio** – mae bwyd sy'n cael ei sleisio yn cynnwys eog mwg, tomatos a chiwcymbr. Gall ciwcymbr sydd wedi'i sleisio'n rhy drwchus fod yn anodd iawn i'w fwyta; mae ciwcymbr wedi'i sleisio'n denau'n edrych yn well ac mae'n haws i'w fwyta.
- **Torri'n fân iawn** – mae llawer o lysiau'n cael eu torri'n fân iawn, gan gynnwys bresych gwyn ar gyfer gwneud coleslaw, a bresych coch i'w piclo neu i'w defnyddio'n amrwd mewn salad. Mae letys hefyd yn cael eu torri'n fân iawn ar gyfer coctels pysgod cregyn. Bydd llysiau sydd wedi cael eu torri'n fân iawn yn creu ansawdd da ac maen nhw'n hawdd i'w bwyta. Mae llysiau sydd wedi cael eu torri'n fras yn anodd eu bwyta a fyddan nhw ddim yn cyd-fynd â chynhwysion eraill yn dda iawn.
- **Rhannu'r bwyd** – fe ddylai pob cwsmer dderbyn yr un faint o fwyd ar eu plât. Bydd rhannu'r bwyd yn gyfartal hefyd yn helpu gyda chynllunio a chostio.
- **Cyfwydydd a dresins** – bydd cyfwydydd a dresins yn ychwanegu blas, lleithder a gwead at y bwyd, ac maen nhw'n gwella ansawdd cyffredinol y pryd.

- Bydd *vinaigrette* da yn gwella blas salad. Mae'n bosibl ychwanegu nifer o wahanol berlysiau i'r *vinaigrette*; mae gwahanol sbeisys yn gwneud prydau oer yn fwy diddorol.
- Mae *mayonnaise* yn cael ei ddefnyddio fel dresin neu ar yr ochr.
- Mae'n bosibl defnyddio *crème fraîche* yn lle iogwrt.
- Mae hufen wedi'i sawru yn cael ei ddefnyddio mewn ambell salad.

● **Garnisio a chyflwyno** – bydd hyn yn gwneud seigiau'n fwy deniadol ac atyniadol. Mae seigiau oer yn cael eu garnisio mewn nifer o ffyrdd: gan ddefnyddio dewis o ddail cymysg, lemon, leim, tomato, radis, sibwns (*spring onion*) wedi'u torri'n ddeniadol. Dylai'r garnais gynnwys cyfuniad cytbwys o liw, blas ac ansawdd.

● **Sesno** – gellir sesno bwyd oer drwy ddefnyddio sbeisys a pherlysiau ffres; dylid osgoi defnyddio halen am resymau iechyd.

▲ Garnisio seigiau oer: enghraifft

Diogelwch bwyd ac ansawdd ar gyfer cyflwyno bwydydd oer

- Dylech bob amser sicrhau'r safon uchaf o ddiogelwch bwyd pan fyddwch yn paratoi a gweini bwyd oer. Dylech gadw eitemau amrwd ac eitemau wedi eu coginio ar wahân er mwyn osgoi traws-halogiad.
- Dylid cadw'r holl offer yn lân ac mewn cyflwr da er mwyn atal halogi'r bwyd.
- Dylai bwyd sydd i'w gyflwyno'n oer fod o'r ansawdd gorau ac os yw am gael ei goginio, dylai gael ei baratoi a'i goginio'n ddigonol gan ddilyn y rysáit a'r gofynion tymheredd yn fanwl gywir. Peidiwch ag ailgynhesu unrhyw fwyd sydd wedi'i goginio unwaith iddo gael ei arddangos, oherwydd mae hyn yn arfer peryglus. Gadewch iddo oeri rhywfaint ac yna'i weini.
- Dylai pob eitem o fwyd gael ei storio mewn oergell lân a thaclus, wedi ei labelu, ei gorchuddio a'i dyddio. Tynnwch y gorchudd ar yr eiliad o af cyn gweini. Yn ddelfrydol, dylech weini'r bwyd yn syth o'r oergell er mwyn osgoi halogiad posibl. Dylai cownteri, offer a llestri gweini gael eu glanhau'n gwbl drylwyr.
- Cofiwch ei bod yn ofyniad cyfreithiol o dan y Ddeddf Diogelwch Bwyd i fwyd sydd ar dymheredd ystafell gael ei weini o fewn 4 awr. Gall bwyd sydd heb ei weini ar ôl yr amser yma fod yn beryglus, felly dylid ei daflu ac ni ddylid ei gynnig i gwsmeriaid nac i'r staff.

Profwch eich hun ••

1 Enwch dair adeg gwahanol pryd gellir gweini eitemau o fwyd oer.

2 Beth yw'r gwahaniaeth rhwng brechdan agored, brechdan draddodiadol a brechdan 'club'?

3 Enwch ddau salad syml.

4 Enwch ddau salad cyfansawdd.

5 Nodwch bedair enghraifft o *hors d'oeuvres* oer sy'n gallu ymddangos ar fwydlen.

6 Pan fyddwch yn cyflwyno seigiau oer, ar wahân i'r cyflwyniad a'r garnais, beth arall fydd angen ei ystyried?

7 Beth yw'r cyflwyniad priodol ar gyfer bwyd oer ar gyfer:

    a Bwffe bys a bawd

    b Derbyniad *canapés*.

8 Enwch y mathau o offer gweini mae'n bosibl eu defnyddio i gyflwyno bwyd.

9 Beth yw'r cyfnod hiraf mae'n bosibl gadael bwffe oer ar fwrdd gweini ar dymheredd ystafell?

Ryseitiau bwyd oer

Rysáit 1 — Brechdanau wedi'u tostio

Gellir paratoi brechdanau wedi'u tostio mewn dwy ffordd.

1 Ychwanegwch y llenwad rhwng y ddwy dafell o dost poeth gyda menyn arnyn nhw.
2 Defnyddiwch yr offer priodol ar gyfer tostio'r brechdanau. Rhowch y llenwad rhwng dwy dafell o fara, a thostiwch y frechdan gyfan yn y peiriant tostio. Bydd rhai peiriannau tostio'n selio'r frechdan hefyd. Torrwch y crystyn a thorrwch y frechdan yn ei hanner.

Rysáit 2 — Brechdanau 'club'

1 Taenwch fenyn ar dair tafell o dost poeth.

2 Ar y dafell gyntaf, gosodwch sleisys o gig moch rhesog (*streaky*), wedi'u grilio nes byddan nhw'n greisionllyd.

3 Gosodwch sleisys o domato a letys ar y cig moch.

4 Gosodwch yr ail dafell o dost ar ben y letys, a thaenwch *mayonnaise* arni. Gosodwch sleisys o frest cyw iâr wedi'i choginio arni.

5 Ychwanegwch sleisys o wy wedi'i ferwi'n galed.

6 Yn olaf, gosodwch y drydedd dafell o dost ar ben y cyfan. Yna, gwasgwch y frechdan i lawr yn ofalus, gan ei chywasgu gymaint â phosibl, ac yna ei dal yn ddiogel gyda ffyn coctel.

7 Torrwch y frechdan yn ei hanner neu'n chwarteri. Gweinwch gyda chreision.

Rhowch gynnig ar rywbeth gwahanol

Defnyddiwch dair neu bedair tafell o fara, wedi eu tostio neu heb eu tostio, i greu brechdanau dwbl a thriphlyg eraill.

Brechdan y Bwci

Gosodwch stêc syrlwyn denau, heb ei choginio ormod, rhwng dwy dafell o dost o dorth gron (*bloomer*).

 Nodyn: Enw'r math yma o stêc yw stêc sydyn oherwydd dim ond munud dros wres tanbaid fydd ei angen i'w choginio.

Brechdanau agored

I baratoi brechdanau agored, taenwch fenyn ar dafelli o unrhyw fath o fara a gosodwch wahanol fwydydd arnynt, fel:

- Eog mwg, letys, perdys (*shrimps*), sleisen o lemon
- Cig eidion rhost oer, tomato wedi'i sleisio, gercin
- Letys wedi'i dorri'n fân iawn, sleisys o wy wedi'i ferwi'n galed, sleisys ciwcymbr a *mayonnaise*
- Pennog wedi'i biclo, sleisys o wy wedi'i ferwi'n galed wedi'u hysgeintio â darnau mân o gaprys, gercin a phersli.

Rysáit 5

Penwaig neu fecryll wedi piclo

Cynhwysion	Digon i 4	Digon i 10
Penwaig neu fecryll	2	5
Pupur a halen		
Nionod botwm	25 g	60 g
Moron, wedi'u pilio a'u rhigoli	25 g	60 g
Deilen llawryf	½	1½
Grawn pupur	6	12
Teim	1 sbrigyn	2 sbrigyn
Finegr	60 ml	150 ml

Paratoi i goginio

1 Glanhewch a ffiledwch y pysgod.

2 Piliwch a golchwch y nionod a'r moron, a'u torri'n gylchoedd tenau, twt.

Coginio

1 Golchwch y ffiledau pysgod yn dda a'u sesno â phupur a halen.

2 Rholiwch y ffiledau gyda'r croen ar y tu allan.

3 Gosodwch y pysgod mewn dysgl bridd (*earthenware dish*).

4 Blansiwch y nionod a'r moron am 2-3 munud.

5 Gosodwch y llysiau ar ben y pysgod gyda gweddill y cynhwysion.

6 Gorchuddiwch y ddysgl â phapur gwrthsaim neu ffoil alwminiwm, a choginiwch mewn ffwrn yn gymedrol am 15-20 munud.

7 Gadewch i'r saig oeri.

8 Gosodwch y pysgod mewn llestr gyda'r nionod a'r moron.

Awgrym gweini

Garnisiwch gyda darnau ffres o bersli, dil neu gennin syfi.

 Nodyn: enw arall am y saig hon yw pennog picl (*pickled herring*).

Rysáit
6
Vinaigrette

Cynhwysion	Digon i 4-6
Olew olewydd	3–6 llwy fwrdd
Finegr	1–2 lwy fwrdd
Mwstard Ffrengig	1 llwy de
Halen	1 llwy de

Paratoi'r saig

1 Cyfunwch y finegr â'r mwstard a'r halen.

2 Chwisgiwch yr olew i mewn i'r gymysgedd yn araf.

Rhowch gynnig ar rywbeth gwahanol

Gallech ddefnyddio:

- mwstard Seisnig yn lle mwstard Ffrengig
- perlysiau ffres wedi'u torri'n fân, fel cennin syfi, persli, taragon, ac yn y blaen
- gwahanol olew, fel olew sesame
- gwahanol finegr, neu sudd lemon yn lle finegr.

▲ Fideo creu vinaigrette, http://bit.ly/XYuqis

Gweithgaredd •

Awgrymwch ddau amrywiad arall ar *vinaigrette* sylfaenol.

Mayonnaise

Cynhwysion	Digon i 8
Melynwy, wedi'i basteureiddio (hyn sy'n cael ei argymell)	3
Finegr neu sudd lemon	2 lwy de
Pinsiad bach o halen	
Mwstard Seisnig neu gyfandirol	½ llwy de
Olew â blas mwyn, fel olew corn neu olew olewydd ysgafn iawn	250 ml
Dŵr berwedig	1 llwy de

 Nodyn: Oherwydd y risg o wenwyn bwyd salmonela, y cyngor yw defnyddio melynwy wedi'i basteureiddio.

Paratoi'r saig

1 Gosodwch y melynwy, y finegr, yr halen a'r mwstard yn y peiriant cymysgu.

2 Chwisgiwch tan eu bod wedi eu cymysgu'n drylwyr.

3 Daliwch ati i chwisgio a dechreuwch ychwanegu'r olew – bydd angen gwneud hyn yn araf.

4 Daliwch i chwisgio nes bydd yr olew i gyd wedi cael ei ychwanegu.

5 Chwisgiwch y dŵr berwedig i mewn i'r gymysgedd.

6 Blaswch y gymysgedd ac ychwanegu sesnin, os oes angen.

Rhowch gynnig ar rywbeth gwahanol

Ychwanegwch y canlynol:

- perlysiau ffres wedi'u torri'n fân
- sudd garlleg – piliwch y garlleg a'i wasgu mewn gwasg garlleg
- sudd tomato trwchus.

Nodyn: Os bydd y *mayonnaise* yn rhy drwchus wrth i chi ei baratoi, ychwanegwch ychydig o ddŵr neu finegr a'i chwisgio eto.

Gall *mayonnaise* wahanu, troi neu geulo am nifer o wahanol resymau:
- rydych chi wedi ychwanegu'r olew yn rhy gyflym
- mae'r olew yn rhy oer
- nid ydych chi wedi chwisgio digon ar y gymysgedd
- roedd y melynwy'n hen neu'n rhy wan.

Er mwyn ei ail-ansoddi, dylech naill ai:
- Gymryd powlen, arllwys un llwy de o ddŵr berwedig ynddi a chwisgio'r gymysgedd sydd wedi ceulo i mewn i'r bowlen newydd yn raddol.
- Mewn powlen lân, chwisgiwch felynwy ffres gyda ½ llwy de o ddŵr oer ac yn raddol, chwisgiwch y gymysgedd sydd wedi ceulo ato.

Gweithgaredd

1 Awgrymwch dri amrywiad arall.
2 Ewch ati'n fwriadol i greu *mayonnaise* sydd wedi ceulo ac yna, ceisiwch ei ail-ansoddi.

Ryseitiau salad

Rysáit 8

Salad tatws

Cynhwysion	Digon i 4	Digon i 10
Tatws	200 g	500 g
Vinaigrette	1 llwy fwrdd	2½ llwy fwrdd
Mayonnaise, iogwrt naturiol neu *crème fraiche*	125 ml	300 ml
Nionyn neu gennin syfi (dewisol)	10 g	25 g
Persli neu gymysgedd o berlysiau ffres	½ llwy de	1½ llwy de
Halen		

Paratoi

1 Golchwch a philiwch y tatws (neu gallwch eu coginio yn eu crwyn ac yna'u pilio).
2 Coginiwch y tatws trwy naill ai eu berwi neu eu stemio.
3 Torrwch y tatws yn sgwariau bach ½-1 cm neu'n sleisys.
4 Os dymunwch, blansiwch y nionyn trwy ei roi mewn dŵr berwedig am 2-3 munud, ei oeri a'i ddraenio. (Bydd hyn yn gwneud ei flas yn llai cryf.) Yna, malwch y nionyn.
5 Torrwch y perlysiau.
6 Paratowch y *vinaigrette* (gweler Rysáit 6).

Paratoi'r saig

1 Rhowch y tatws mewn dysgl ac ysgeintio'r *vinaigrette* drostyn nhw.
2 Ychwanegwch y *mayonnaise*, y nionyn a'r cennin syfi a'u cymysgu.
3 Yn olaf, torrwch y persli, neu'r perlysiau eraill, a'u hychwanegu at y gymysgedd, a'i sesno.

Rhowch gynnig ar rywbeth gwahanol

Ar y diwedd, ychwanegwch fintys wedi'i dorri'n fân neu wy wedi'i ferwi'n galed ac wedi'i dorri'n fân.

Rysáit 9 — Salad llysiau

Cynhwysion	Digon i 4	Digon i 10
Moron	100 g	250 g
Ffa Ffrengig	50 g	125 g
Meipen	50 g	125 g
Pys	50 g	125 g
Vinaigrette	1 llwy fwrdd	2–3 llwy fwrdd
Mayonnaise neu iogwrt naturiol	125 ml	300 ml
Halen		

Paratoi

1 Piliwch a golchwch y moron a'r feipen a'u torri'n sgwariau bach taclus (*macédoine*).
2 Torrwch goesau a blaenau'r ffa a'u torri'n ddarnau ½ cm o hyd.
3 Paratowch y *vinaigrette* (gweler Rysáit 6).

Paratoi'r saig

1 Coginiwch y moron, y ffa a'r maip ar wahân mewn dŵr â mymryn o halen ynddo, yna dylech eu hoeri a'u draenio'n dda.
2 Coginiwch, oerwch a draeniwch y pys. Draeniwch yn dda.
3 Cymysgwch y llysiau i gyd mewn dysgl gyda'r *vinaigrette* ac yna ychwanegwch y *mayonnaise* neu'r iogwrt a'i gymysgu.
4 Blaswch a chywirwch y sesnin, os oes angen.

Rhowch gynnig ar rywbeth gwahanol

Gellir defnyddio tatws yn lle'r maip.

Gellir torri ac ychwanegu unrhyw un o'r canlynol, neu gymysgedd ohonynt: cennin syfi, persli, gorthyfail (*chervil*), taragon.

Gweithgaredd

Awgrymwch ddau neu dri chynhwysyn arall y gellid eu hychwanegu.

Salad betys

Cynhwysion

Betys (cymaint ag sydd angen)

Vinaigrette, os dymunwch

Paratoi

Golchwch y betys.
Paratowch y *vinaigrette* (gweler Rysáit 6).

Paratoi'r saig

1 Coginiwch y betys yn eu crwyn mewn stemiwr, neu mudferwch mewn dŵr tan eu bod yn feddal.
2 Oerwch a phrofwch trwy rwbio'r croen rhwng eich bys a'ch bawd. Pan mae wedi coginio, dylai'r croen bilio (rhwbio) i ffwrdd yn hawdd.
3 Torrwch y betys yn sgwariau bach ½ cm, a naill ai eu gweini'n blaen neu wedi'u hysgeintio'n ysgafn â *vinaigrette*.

Rhowch gynnig ar rywbeth gwahanol

Ysgeintiwch â nionyn wedi'i dorri'n fân, neu gennin syfi a phersli, neu berlys au ffres eraill.

Salad tomato

Cynhwysion	Digon i 4	Digon i 10
Tomatos	200 g	500 g
Dail letys		
Vinaigrette	10 g	25 g
Nionod (wedi'u sleisio) neu gennin syfi (dewisol)		
Persli a / neu gymysgedd o berlysiau ffres wedi'u torri'n fân		

Paratoi

1 Golchwch a sychwch y tomatos.
2 Tynnwch y dail.
3 Gadewch y croen arnynt, neu piliwch y tomatos trwy eu trochi mewn dŵr berwedig am ddeg eiliad, yna'u tynnu o' dŵr a'u hoeri o dan y tap dŵr oer.
4 Sleisiwch y nionyn ac, os dymunwch, blansiwch mewn dŵr berwedig.

 Nodyn: Bydd nifer y letys sydd ei angen yn dibynnu ar y math a'u maint.

Paratoi'r saig

1 Sleisiwch y tomatos.
2 Gosodwch y rhain yn daclus ar ddail letys wedi'u golchi a'u sychu'n dda.
3 Ysgeintiwch y *vinaigrette* a'r nionyn dros y tomatos.
4 Torrwch y persli neu'r perlysiau eraill a'u hysgeintio dros y salad.

Coleslaw

Cynhwysion	Digon i 4	Digon i 10
Bresych, gwyn neu Tsieineaidd	200 g	500 g
Moron	50 g	125 g
Nionyn (dewisol)	25 g	60 g
Mayonnaise neu iogwrt naturiol	125 ml	300 ml
Halen		

Paratoi i goginio

1 Tynnwch ddail allanol y bresych i ffwrdd.
2 Golchwch a philiwch y moron.
3 Torrwch y nionyn yn fân iawn, ei flansio a'i oeri er mwyn cael gwared â'r blas cryf (dewisol).

Paratoi'r saig

1 Torrwch y bresych yn chwarteri a thynnwch y coesyn caled o'r canol.
2 Golchwch y bresych, eu torri'n fân iawn a'u draenio'n dda.

3 Torrwch y moron yn stribedi mân (a elwir yn *julienne* – gellir gwneud hyn mewn prosesydd bwyd os oes angen llawer ohonyn nhw).
4 Cymysgwch y llysiau gyda'i gilydd.

5 Ychwanegwch y *mayonnaise*, a'i gymysgu.
6 Blaswch y bwyd a'i sesno'n ysgafn iawn gyda halen os oes angen.

Gweithgaredd

Paratowch wahanol fathau o coleslaw:
1 heb y nionyn
2 gyda'r nionyn
3 gyda'r nionyn wedi ei flansio.
Mewn grŵp, blaswch ac aseswch y gwahanol fathau o coleslaw, a chadwch nodyn o'ch casgliadau.

Rysáit
13 Salad Reis

Cynhwysion	Digon i 4	Digon i 10
Tomatos	100 g	250 g
Pys	50 g	125 g
Reis grawn hir, wedi'i goginio	50 g	125 g
Vinaigrette	1 llwy fwrdd	2½ llwy fwrdd
Halen		

Paratoi

1 Coginiwch y reis.
2 Coginiwch y pys.
3 Piliwch y tomatos.
4 Paratowch y *vinaigrette* (gweler Rysáit 6).

Paratoi'r saig

1 Torrwch y tomatos yn chwarteri, tynnwch yr hadau a thorri'r tomatos yn sgwariau bach tua ½ cm o faint.
2 Cymysgwch y tomatos gyda'r reis, y pys a'r *vinaigrette*.
3 Blaswch a chywirwch y sesnin.

Rysáit
14 Salad gwyrdd

- Mae nifer fawr o ddail salad a gwahanol fathau o letys ar gael. Gallwch ddefnyddio pa rai bynnag sy'n apelio, neu gallwch ddewis cymysgedd o rai gwahanol.

- Mae salad gwyrdd yn gymysgedd o ddail salad, wedi'u golchi a'u sychu'n dda, wedi'u gweini ar blât neu mewn dysgl, gyda'r *vinaigrette* wedi'i weini ar wahân.

- Mae salad gwyrdd cymysg yr un fath â salad gwyrdd ond gyda'r *vinaigrette* wedi'i ychwanegu ato. Caiff y dail eu taflu i mewn i ddysgl salad gan ddefnyddio dwy lwy salad i orchuddio'r dail yn y dresin.

- Mae salad gwyrdd cymysg gyda pherlysiau yn salad cymysg sydd â pherlysiau ffres wedi'u torri'n fân a'u cymysgu i mewn iddo.

Rysáit 15 — Salad ffa Asiaidd cynnes gyda dresin *satay*

Cynhwysion	Digon i 4	Digon i 10
Pwmpen cnau menyn, wedi'i philio, yr hadau wedi'u tynnu ohoni ac wedi'i thorri'n sgwariau 2 cm	250 g	625 g
Ffa, wedi'u coginio a'u plisgo	240 g	600 g
Mêl clir	1 llwy fwrdd	2 lwy fwrdd
Leim, y croen wedi gratio a'r sudd	½	2
Satay pysgnau	80 g	200 g
Coriander, wedi'i dorri'n fân	6	15
Radisys, wedi'u sleisio'n denau	4	10
Cnau cashiw wedi'u rhostio a'u torri'n fras	50 g	125 g

Paratoi

1 Piliwch a thynnwch yr hadau o'r bwmpen cnau menyn (*butternut squash*), ac yna'i thorri'n sgwariau bach 2 cm.
2 Coginiwch a thynnwch y ffa o'u plisgyn.
3 Golchwch a sleisiwch y radisys.
4 Torrwch ychydig o sibwns (*spring onions*) yn fras.
5 Rhostiwch a thorrwch y cnau cashiw.

Nodyn: Saws pysgnau (*peanut*) yw *satay*. Gallwch brynu math parod ohono, neu ei wneud eich hun. I'w wneud, rhowch y cynhwysion canlynol mewn prosesydd bwyd a'u cymysgu tan yn llyfn:

- 4 llwy fwrdd o fenyn pysgnau
- 2 lwy fwrdd o olew sesame
- 1 llwy fwrdd o saws soy
- 1 llwy fwrdd o fêl
- 1 llwy fwrdd o laeth neu ddŵr
- 1 clof garlleg, wedi'i bilio a'i wasgu/torri'n fân
- ½ leim, y sudd yn unig

Paratoi'r saig

1 Blansiwch y bwmpen cnau menyn mewn dŵr berwedig am 3-4 munud ac yna'i draenio.
2 Gosodwch y bwmpen cnau menyn mewn powlen fawr gyda'r ffa wedi'u coginio.
3 Paratowch y dresin trwy gymysgu'r mêl, y sudd leim a'r *satay* pysgnau gyda'i gilydd.
4 Torrwch y coriander yn fras ac ychwanegu hwn, ynghyd â'r sibwns wedi'u torri, y sleisys radis a'r cnau cashiw, at y bwmpen a'r ffa.
5 Ychwanegwch hanner y dresin a'i gymysgu.

Awgrym gweini

Gweinwch ar blatiau ar wely o ddail salad cymysg. Ysgeintiwch weddill y dresin drosto a'i weini.

Salad reis Asiaidd

Cynhwysion	Digon i 4	Digon i 10
Persli dail fflat, wedi'i dorri	2 lwy fwrdd	5 llwy fwrdd
Coriander, wedi'i dorri	2 lwy fwrdd	5 llwy fwrdd
Mintys, wedi'i dorri	1 llwy fwrdd	2½ llwy fwrdd
Garlleg, wedi'i dorri'n fân	1 clof	4 clof
Sinsir, wedi'i dorri'n fân	2 cm	5 cm
Saws soy halen isel	2½ llwy fwrdd	6 llwy fwrdd
Sudd leim	1 llwy fwrdd	2½ llwy fwrdd
Mêl	1 llwy fwrdd	2½ llwy fwrdd
Olew blodau'r haul	4 llwy fwrdd	10 llwy fwrdd
Reis Basmati, wedi'i goginio	400 g	1 kg
Corbwmpen	1	3
Pys, wedi'u coginio'n ysgafn	125 g	300 g
Sibwns	2	5

Paratoi i goginio

1 Coginiwch y pys yn ysgafn.
2 Coginiwch y reis yn ysgafn mewn dŵr â halen ynddo. Draeniwch ac oerwch y reis.
3 Torrwch y gorbwmpen yn sgwariau mân iawn a sleisiwch y sibwns yn fân, gan eu torri ar ongl – dylai'r darnau fod yn fach ar gyfer y salad hwn.
4 Piliwch a thorrwch y garlleg a'r sinsir yn fân iawn.
5 Torrwch y perlysiau'n fras.

Paratoi'r saig

1 Cymysgwch y perlysiau, y garlleg, sinsir, saws soy, sudd leim a'r mêl mewn prosesydd bwyd.
2 Ychwanegwch yr olew yn araf i greu cymysgedd sgleiniog.
3 Ychwanegwch y gorbwmpen, y pys a'r sibwns at y reis, a'u cymysgu.
4 Ychwanegwch y dresin a'i gymysgu.

Rysáit 17 Salad pasta pesto

Cynhwysion	Digon i 4	Digon i 10
Pesto gwyrdd	70 g	200 g
Sudd lemon	1 llwy fwrdd	3 llwy fwrdd
Mayonnaise braster isel	2½ llwy fwrdd	6 llwy fwrdd
Pasta penne	400 g	1 kg
Olew olewydd pur iawn	1 llwy fwrdd	2 lwy fwrdd
Brestiau cyw iâr wedi'u coginio	1 – 1½	3
Persli, wedi'i dorri	1 llwy fwrdd	5 llwy fwrdd

Paratoi'r saig

1 Cymysgwch y pesto, y sudd lemon a'r *mayonnaise* gyda'i gilydd ac yna'i gymysgu i mewn i'r pasta.
2 Torrwch y cyw iâr yn sleisys tenau a'u cyfuno â'r pasta.
3 Torrwch y persli a'i gymysgu gyda'r pasta.

Rhowch gynnig ar rywbeth gwahanol

Gallwch ei weini fel salad pasta syml gyda phesto a pheidio cynnwys y cyw iâr a'r *mayonnaise*.

Paratoi i goginio

1 Coginiwch y pasta tan yn *al dente* mewn dŵr berwedig, gydag ychydig o halen ynddo. Draeniwch a chymysgwch gyda'r olew.
2 Coginiwch y brestiau cyw iâr trwy eu potsio, eu stemio, eu ffrio'n fas neu eu rhostio. Tynnwch y croen oddi arnynt.

Rysáit 18 Salad ffa gwyrdd

Cynhwysion	Digon i 4	Digon i 10
Ffa gwyrdd	200 g	500 g
Vinaigrette	1 llwy fwrdd	2½ llwy fwrdd
Nionyn (dewisol)	15 g	40 g
Cennin syfi		
Halen		

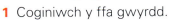

Paratoi'r saig

1 Cyfunwch y cynhwysion i gyd.
2 Blaswch ac ychwanegwch sesnin fel bo angen.

Rhowch gynnig ar rywbeth gwahanol

- Gellir paratoi'r rysáit yma gan ddefnyddio unrhyw fath o ffa sych hefyd. Mae llawer o ffa sych ar gael wedi'u coginio'n barod mewn tun.
- Gallwch greu salad tri math o ffa gan ddefnyddio tri math gwahanol o ffa sych, fel ffa coch, ffa llygatddu a ffa fflageolet.

Paratoi i goginio

1 Coginiwch y ffa gwyrdd.
2 Torrwch a blansiwch y nionod.
3 Paratowch y *vinaigrette* (gweler Rysáit 6).

Rysáit 19 — Salad Groegaidd

Cynhwysion	Digon i 4	Digon i 10
Tomatos mawr – yn dal ar y coesyn os yn bosibl	2	6
Ciwcymbr, wedi'i sleisio	½	1
Caws feta, mewn sgwariau	150 g	400 g
Olew olewydd	60 ml	150 ml
Sudd lemon	2 lwy fwrdd	6 llwy fwrdd
Halen a phupur du		
Oregano, i addurno	1 llwy fwrdd wastad	3 llwy fwrdd wastad
Olewydd duon heb gerrig, i addurno	6	15

Paratoi i goginio

1 Golchwch y tomatos a'u torri'n eu hanner ar eu hyd. Torrwch y craidd allan o'r tomatos, a thorri pob hanner yn bedwar darn.
2 Golchwch a sleisiwch y ciwcymbr.
3 Torrwch y caws feta yn sgwariau bach.

 Nodyn: Os nad ydych chi'n or-hoff o'r syniad o fwyta olewydd, rhowch gynnig arnyn nhw a gweld beth ydych chi'n ei feddwl. Maen nhw'n gweddu'n arbennig o dda gyda blasau eraill ac ansawdd y salad hwn.

Paratoi'r saig

1 Rhowch y tomatos mewn dysgl salad fawr ac ychwanegwch y ciwcymbr a'r caws feta.
2 Defnyddiwch lwy i ysgeintio'r olew olewydd a'r sudd lemon dros y salad.
3 Sesnwch yn ysgafn gyda halen a phupur du. Peidiwch â'i gorwneud hi gyda'r halen, gan fod caws feta yn gaws hallt!
4 Cymysgwch yn ofalus.

Awgrym ar gyfer gweini

Ysgeintiwch ychydig o oregano ffres dros y salad a'i addurno gyda'r olewydd.

Salad gardd

Cynhwysion	Digon i 4	Digon i 10
Letys o faint canolig, math crensiog fel *iceberg* neu *cos*	½	1
Moron, wedi'u torri'n *julienne* mân	1	2
Bresych coch, wedi'u torri'n fân	125 g	350 g
Radisys, wedi'u sleisio'n denau	2	8
Nionod, wedi'u sleisio'n denau	1	3
Pupur coch, wedi'i sleisio'n denau	1	2
Seleri, wedi'i sleisio'n denau	1 goes	3 coes
Pys rhewedig, wedi'u coginio	250 g	500 g

Paratoi i goginio

Dewch â'r pys i'r berw a'u coginio nes eu bod yn troi'n feddal. Draeniwch y rhain a'u hoeri.

Paratoi'r saig

1 Golchwch a sychwch y letys ac yna'u rhwygo'n ddarnau.
2 Torrwch y moron yn *julienne* ac yna sleisio cweddill y llysiau'n fân.
3 Cyfunwch y cynhwysion mewn powlen fawr gyda'r pys.

Awgrym ar gyfer gweini

Ysgeintiwch ddresin salad o'ch dewis eich hun drosto, fel *vinaigrette*, neu gweiniwch y salad yn blaen.

Rhowch gynnig ar rywbeth gwahanol

- Mae hwn yn gweithio'n dda gydag egin ffa (*bean sprouts*) os hoffech i'r saig fod yn fwy creisionllyd.
- Ychwanegwch ddarnau tenau o diwna tun i greu salad tiwna diddorol.
- Ychwanegwch ffa, fel gwygbys (*chickpeas*) neu ffa ymenyn, i greu teimlad gwahanol.
- Mae'n gweithio'n dda hefyd gyda 300g (125 g) o gaws feta.

Gweithgaredd

Paratowch chwe salad, a'u cyflwyno mewn tair neu bedair o wahanol ffyrdd.

Rhestr termau

Addasu newid rhywbeth er mwyn ei wneud yn fwy cymwys ar gyfer y gwaith.

Aflonyddu (ar berson) ymddygiad, gan gynnwys bwlio, sy'n gwneud i rywun deimlo dan fygythiad neu'n anghyfforddus.

Ailgynhesu dod â bwyd sydd wedi'i goginio, ei oeri ac yna wedi'i gadw'n oer neu ei rewi yn ôl i'r tymheredd angenrheidiol ar gyfer ei weini.

Ail-hydradu rhoi dŵr yn ôl mewn bwydydd fel reis neu basta sych sydd wedi cael eu sychu'n flaenorol.

Alergedd sylwedd sy'n achosi adwaith anffafriol yn y corff, lle mae'r system imiwnedd yn adweithio i rai mathau o fwyd.

Alldafliad rhywbeth yn cael ei daflu allan yn gyflym iawn.

Amgylcheddol eich amgylchfyd neu'ch lleoliad.

Amserlen lanhau rhaglen o lanhau ardaloedd ac offer sydd wedi'i pharatoi.

Anoddefedd mae'r corff yn ymateb i rai mathau o fwyd. Nid yw hyn ynghlwm â'r system imiwnedd, ac felly mae'r symptomau'n llai dramatig.

Anwedd lleithder a diferion o ddŵr sy'n cael eu creu gan stêm.

Ardal risg isel man lle mae prosesau glân yn cael eu cynnal.

Ardal risg uchel man lle mae'n bosibl i halogiad ddigwydd, er enghraifft, man paratoi cig amrwd.

Arlwyo darparu bwyd a diod.

Asesiad risg nodi peryglon a risgiau yn y gweithle.

Bacteria pathogenig micro-organebau sy'n gallu lluosogi mewn bwyd ac achosi gwenwyn bwyd.

Blaenoriaethu rhoi'r tasgau pwysicaf yn gyntaf.

Blanquette stiw gwyn; mae'r hylif coginio yn cael ei dewychu ar ddiwedd y broses goginio er mwyn gwneud saws.

Cadwolyn rhywbeth sy'n cael ei ychwanegu at fwyd er mwyn gwneud iddo bara'n hirach.

Canio rhoi bwyd addas mewn tun, ei selio a'i gynhesu, o dan bwysau, i dymheredd uchel iawn er mwyn lladd unrhyw ficro-organebau a all fod yn y bwyd. Yna oeri a labelu'r tuniau.

Cap corun cogydd het sy'n ffitio'n dynn.

Clefyd siwgr cyflwr meddygol lle nad yw'r corff yn gallu rheoli lefelau'r glwcos yn y corff.

Codi a chario codi eitemau trwm neu lletchwith.

Cofnodi/adrodd gwneud adroddiad am rywbeth, yn aml yn ysgrifenedig. Mae angen adrodd am ddigwyddiad neu ddamwain.

Coginio cynhesu bwyd er mwyn ei wneud yn ddiogel i'w fwyta, ei wneud yn frau ac ychwanegu'r lliw, y gweadedd a'r blas angenrheidiol.

Colesterol sylwedd sy'n cael ei gynhyrchu gan y corff sy'n gallu clogio'r rhydweliau i'r galon. Nid yw pob colesterol yn ddrwg; mae rhai mathau o golesterol yn bwysig ar gyfer y system nerfol a swyddogaethau eraill yn y corff.

Contract/cytundeb cyflogaeth dogfen sy'n gytundeb ffurfiol rhwng cyflogwr a gweithiwr.

Cwrtais ystyriol a moesgar.

Cwsmer-ganolog mae popeth yn cael ei gynllunio a'i weithredu gyda'r cwsmer mewn golwg.

Cydweithwyr y bobl yr ydych chi'n gweithio gyda nhw.

Cyfarpar (a dillad) Diogelu Personol (PPE) Offer neu ddillad i'ch diogelu rhag peryglon yn y gwaith. Mewn cegin mae'r rhain yn gallu cynnwys gwisg llawn cogydd ond hefyd eitemau fel menig, masgiau tafladwy ac esgidiau diogelwch.

Cyfathrebu electronig yn cynnwys ystod eang o systemau cyfrifiadurol a ffonau symudol. Mae rhai systemau electronig wedi'u cynllunio'n benodol ar gyfer busnesau lletygarwch.

Cynhyrchiant faint o waith sy'n bosibl ei gwblhau o fewn amser penodol.

Cynnwys caloriffig nifer y calorïau mewn eitem benodol o fwyd neu ddiod.

Cyrydiad adwaith sy'n torri deunydd i lawr, er enghraifft rhydu.

Dadansoddiad o beryglon nodi'r holl beryglon posibl a rhoi mesurau ar waith er mwyn eu hatal rhag achosi niwed.

Dadmer gadael i fwyd wedi'i rewi ddychwelyd i dymheredd oergell.

Damwain digwyddiad heb ei gynllunio sy'n gallu achosi anaf.

Deiet cytbwys mae deiet cytbwys yn cynnwys digon o ffibr a'r gwahanol faetholion (carbohydradau, braster, proteinau, fitaminau a mwynau) sydd eu hangen er mwyn sicrhau iechyd da. Dylai bwyd hefyd ddarparu'r swm priodol o egni a digon o ddŵr.

Dermatitis problem croen sy'n achosi llid ar y croen, gan ei wneud yn goch, yn gennog ac yn goslyd.

Dermatitis cyffwrdd mae croen rhai pobl yn ymateb i rai cemegion neu fwydydd y maen nhw'n gweithio gyda nhw. Gellir ei reoli trwy osgoi cyswllt uniongyrchol rhwng y sylweddau neu'r bwyd a'r croen, er enghraifft trwy wisgo menig.

Dibynadwy rhywun y gellir ymddiried ynddo ac sy'n gyson.

Difetha bwyd bwyd yn dirywio. Mae hyn fel arfer yn amlwg ar ei flas, arogl, ymddangosiad, gweadedd, lliw ac yn y blaen.

Diheintio dod â lefel unrhyw facteria pathogenig i lefel ddiogel.

Diogelwch bwyd rhoi mesurau ar waith er mwyn gwneud yn siŵr bod bwyd yn ddiogel i'w fwyta ac na fydd yn achosi salwch.

Dirywiad colli ansawdd.

Diwydrwydd dyladwy profi eich bod wedi cwblhau'r gweithdrefnau angenrheidiol er mwyn sicrhau diogelwch bwyd.

Diwylliannol credoau ac arferion ethnig neu gymdeithasol.

Dyddiad 'ar ei orau cyn' ar gyfer bwydydd sydd ddim yn ddarfodus ac felly sydd ddim angen eu cadw yn yr oergell. Yr arfer gorau yw peidio â'u defnyddio ar ôl y dyddiad hwn.

Dyddiad 'defnyddio erbyn' mae'r rhain ar fwydydd darfodus sydd angen eu cadw yn yr oergell, ac mae'n rhaid ufuddhau i'r dyddiad yn ôl y gyfraith.

E-ddysgu dysgu gan ddefnyddio adnoddau ar-lein.

Echdynnu (cegin) cael gwared ar aer drewllyd, stêm ac anwedd.

Esgeulus peidio â chymryd gofal neu anwybyddu rhywbeth.

Esgidiau diogelwch esgidiau cryf, amgaeedig gyda blaenau wedi'u hatgyfnerthu sy'n amddiffyn y traed rhag gwrthrychau trwm neu finiog a hylifau poeth.

FIFO (*first in first out*) defnyddio'r stoc o fwyd hŷn yn gyntaf.

Fricassé stiw gwyn; mae'r saws yn cael ei dewychu fel rhan o'r broses goginio.

Galwedigaethol rhywbeth sy'n gysylltiedig â gwaith.

Geliau tanwydd geliau fflamadwy sy'n aml yn cael eu defnyddio i wresogi cyfarpar gwasanaeth bwyd.

Glanweithio glanhau a diheintio gydag un cynnyrch.

Gofyniad cyfreithiol rhywbeth sy'n rhaid ei wneud yn ôl y gyfraith.

Gordewdra cyflwr meddygol lle mae gormodedd o fraster yn casglu yn y corff, i'r graddau ei fod yn gallu cael effaith andwyol ar iechyd, gan arwain at ddisgwyliad oes fyrrach a / neu broblemau iechyd cynyddol.

Gorfodol rhywbeth sy'n rhaid i chi ei wneud neu ei ddefnyddio.

Gwacáu/gwagio gadael yr adeilad

Gwaharddiad rhywbeth na ddylech chi ei wneud, na ddylech chi ei ddefnyddio neu ardal na ddylech chi fynd i mewn iddi.

Gweithdrefn weithredol y safonau sydd wedi'u gosod gan gyflogwr sy'n nodi'r ffordd y mae'n rhaid gwneud pethau.

Gweithle y lleoliad lle mae'r rhan fwyaf o'ch gwaith yn cael ei wneud; mae hefyd yn gallu cynnwys gwahanol safleoedd, digwyddiadau oddi ar y safle neu gerbydau gwaith.

Gwenwyn tocsin sy'n cael ei gynhyrchu gan rai bacteria.

Gwenwynig tocsig a niweidiol.

Gwrthdrawiad cael eich taro gan rywbeth neu daro yn erbyn rhywbeth.

Gwrthocsidydd moleciwlau sy'n helpu i atal celloedd canser rhag ffurfio yn y corff.

Halogiad unrhyw beth mewn bwyd na ddylai fod yno. Mae bwyd wedi'i halogi yn gallu achosi niwed neu fod yn annymunol.

Hylendid personol cadw eich hun yn lân a hylan er mwyn osgoi halogi bwyd.

Hysbysiad gwahardd pan mae hi'n anniogel i fusnes weithredu ac y gellir ei gau i lawr.

Hysbysiad gwella mae busnes yn cael amser penodol i wella rhai materion penodol.

Iawndal taliad sy'n cael ei wneud oherwydd damwain neu anaf.

Iechyd galwedigaethol gofalu am iechyd gweithwyr tra'u bod yn y gweithle.

Jargon termau, byrfoddau neu ddisgrifiadau sy'n cael eu defnyddio gan grŵp penodol.

Lletygarwch bod yn groesawus, gofalu am bobl trwy ddarparu gwasanaethau fel bwyd, diod a llety.

Llidiwr rhywbeth sy'n gallu achosi adwaith neu lid y croen.

Llif gwaith dulliau o weithio sy'n effeithlon a rhesymegol.

Llwybr gwacáu y llwybr sydd wedi'i ddynodi ar gyfer gadael yr adeilad yn gyflym.

Maetholyn cemegyn sy'n darparu maeth ac sydd â phwrpas yn y deiet.

Malurion sbwriel, gwastraff ac eitemau diangen.

Man ymgynnull y man lle dylai pobl sefyll pan fyddan nhw wedi cael eu symud o adeilad.

Meddwdod bod o dan ddylanwad alcohol neu sylwedd arall.

Mesur rheoli rhywbeth sydd wedi ei roi ar waith er mwyn gwneud perygl mor ddiogel â phosib.

Mirepoix cymysgedd o nionod a moron wedi'u torri'n fras, sbrigyn o deim a deilen llawryf sy'n cael ei defnyddio fel sylfaen ar gyfer rhai seigiau, e.e. stiwiau.

Navarin stiw cig oen brown; mae'r saws wedi'i dewychu fel rhan o'r broses goginio.

NVQ (National Vocational Qualification) Cymhwyster Galwedigaethol Cenedlaethol. Cymwysterau sy'n cael eu cyflwyno a'u hasesu yn y gweithle ac sy'n cael eu hasesu trwy arsylwi yn y gweithle a drwy bortffolio.

Ocsidio pan mae rhywbeth yn adweithio ym mhresenoldeb ocsigen.

Parth peryglus yr ystod o dymheredd lle mae bacteria'n gallu lluosogi: 5°C - 63°C.

PAT (Portable Appliance Testing) Profi Teclynnau Symudol. Fel arfer mae trydanwr cymwys yn profi'r offer trydanol mewn ardal fel cegin er mwyn gwneud yn siŵr bod popeth yn ddiogel i'w ddefnyddio.

Perygl rhywbeth sydd â'r potensial i achosi niwed.

Pla creadur sy'n gallu mynd i mewn i sefydliad bwyd, achosi difrod a halogi bwyd

Pwynt rheoli critigol y pwynt lle mae rhywbeth yn gallu mynd o'i le ac y mae'n bosibl rhoi mesur rheoli ar waith er mwyn cadw'r perygl o dan reolaeth.

Refeniw arian y mae sefydliad yn ei dderbyn (incwm).

Risg y tebygolrwydd o rywun yn cael niwed o ganlyniad i berygl.

Rhagori yn well na'r disgwyl.

Rheoli amser cynllunio eich gwaith fel eich bod yn gwneud y defnydd gorau o'r amser sydd ar gael.

Rheoli Sylweddau sy'n Beryglus i Iechyd (COSHH) deddfwriaeth sy'n sicrhau bod cemegau'n cael eu defnyddio'n ddiogel.

Rhwystr rhyw berygl neu rywbeth yn y ffordd.

Sbôr cragen amddiffynnol sy'n caniatáu i rai bacteria ddiogelu eu hunain er mwyn goroesi tymheredd uchel a diheintio.

Sector gwasanaeth cyhoeddus nid darparu lletygarwch yw prif ddiben y sefydliad. Er enghraifft ysgolion ac ysbytai.

Sector masnachol darparu lletygarwch ac arlwyo yw prif bwrpas y sefydliad.

Septig briwiau, llosgiadau ac yn y blaen sydd wedi'u heintio â bacteria pathogenig. Yn aml maen nhw'n wlyb ac yn wyn neu felyn.

Sioc drydan pan fydd llif trydanol yn pasio drwy'r corff.

Staff goruchwylio staff sy'n cadw golwg ac arolygu gwaith y staff gweithredol ac sy'n ymwneud â materion o ddydd i ddydd a phroblemau sy'n gallu digwydd.

Staff gweithredol staff sy'n gwneud gwaith ymarferol.

Staff rheoli staff sy'n monitro a datblygu safonau ansawdd cyffredinol gan wneud yn siŵr bod yr holl staff yn cyrraedd y safon ofynnol y mae'r cwsmeriaid yn ei disgwyl. Mae rheolwyr hefyd yn gyfrifol am gydymffurfio â gofynion deddfwriaethol. Mae uwch reolwyr hefyd yn gyfrifol am gyllidebu, cyllid a chynllunio ar gyfer y dyfodol.

Statws safle neu swydd rhywun o fewn y sefydliad.

Sŵn yn aml yn sŵn diangen sy'n gallu bod yn uchel.

Swyddog iechyd yr amgylchedd/ ymarferydd iechyd yr amgylchedd (EHO/EHP) mae'r unigolion hyn yn cael eu cyflogi gan yr awdurdod lleol i orfodi safonau iechyd a diogelwch (a diogelwch bwyd) yn eu hardal, ond hefyd i gynnig cymorth, cyngor a hyfforddiant ar y materion hyn.

System imiwnedd y system yn y corff sy'n ymladd yn erbyn clefydau.

Taflu'r llais gwneud i'ch llais gario ychydig ymhellach fel bod mwy o bobl yn gallu eich clywed.

Toque het uchel, draddodiadol cogydd.

Torrwr cylched dyfais ddiogelwch sy'n torri'r llif trydan mewn argyfwng neu mewn achos o orlwytho trydanol.

Traws-halogiad pan mae halogyddion yn cael eu trosglwyddo o un lle i'r llall, er enghraifft, trosglwyddo bacteria o fwyd amrwd i fwyd wedi'i goginio.

Velouté saws gwyn sylfaenol wedi'i wneud gan ddefnyddio stoc a roux golau.

VRQ (Vocational Related Qualification) Cymhwyster Cysylltiedig â Galwedigaeth. Cyrsiau llawn amser yn y coleg sy'n cael eu hasesu trwy asesiad ysgrifenedig ac ymarferol.

Ychwanegyn rhywbeth sy'n cael ei ychwanegu at fwyd er mwyn ei wella, gwneud iddo gadw neu sy'n cael ei ystyried o les i iechyd, er enghraifft protein, fitaminau neu fwynau ychwanegol.

Ynganiad y ffordd yr ydych yn dweud geiriau ac yn siarad.

Ymrwymiad yn benderfynol ac yn awyddus i wneud rhywbeth.

Mynegai

Mae rhif tudalen mewn testun **trwm** yn dynodi rysáit.

Coginio Ymarferol ar gyfer Diploma Lefel 1